उपन्यास और लोकतन्त्र

उपन्यास और लोकतन्त्र

मैनेजर पाण्डेय

वाणी प्रकाशन

वाणी प्रकाशन

4695, 21-ए, दरियागंज, नयी दिल्ली 110 002

फ़ोन : +91 11 23273167 फ़ैक्स : +91 11 23275710

शाखाएँ

अशोक राजपथ, पटना 800 004, बिहार

कॉफ़ी हाउस कैम्पस, महात्मा गांधी मार्ग, इलाहाबाद 211 001, उत्तर प्रदेश

महात्मा गांधी अन्तरराष्ट्रीय हिन्दी विश्वविद्यालय, वर्धा 442 001, महाराष्ट्र

www.vaniprakashan.in
marketing@vaniprakashan.in
sales@vaniprakashan.in

UPANYAS AUR LOKTANTRA
by Manager Pandey

ISBN : 978-93-5072-556-6
Criticism

प्रथम संस्करण 2013

आवृत्ति 2018

मूल्य : ₹ 495

सिटी प्रेस, दिल्ली-110 095 में मुद्रित

वाणी प्रकाशन का लोगो मक़बूल फ़िदा हुसेन की कूची से

भूमिका

हिन्दी में उपन्यास का जितना और जैसा विकास हुआ है उतना और वैसा विकास उपन्यास की आलोचना का नहीं हुआ है। वैसे हिन्दी में उपन्यास की आलोचना का इतिहास लगभग उतना ही पुराना है जितना उपन्यास लेखन का। जहाँ तक मुझे मालूम है हिन्दी में उपन्यास की आलोचना का आरम्भ बालकृष्ण भट्ट ने किया था जनवरी, 1883 ईस्वी में। उन्होंने 'हिन्दी प्रदीप' में 'उपन्यास' शीर्षक निबन्ध लिखा था। उसके बाद 1899 ईस्वी में 'हिन्दी प्रदीप' में काशीप्रसाद जायसवाल का एक लेख छपा जिसका शीर्षक था 'हिन्दी उपन्यास लेखकों को उलाहना। उन्नीसवीं सदी के लगभग अन्त में 1897 ईस्वी में अंबिकादत्त व्यास की 'गद्य-काव्य मीमांसा' पुस्तक छपी जिसमें उपन्यास के स्वरूप का विवेचन है। बीसवीं सदी के आरम्भ में माधवप्रसाद मिश्र का एक लेख 'उपन्यास और समालोचक' 'सुदर्शन' नाम की पत्रिका में छपा। चन्द्रधर शर्मा गुलेरी का 1905 में एक लेख 'समालोचक' में छपा था, जिसका शीर्षक था 'हिन्दी के उपन्यास लेखकों के नाम'। 1910 ईस्वी में आचार्य रामचन्द्र शुक्ल का 'उपन्यास' नाम का निबन्ध प्रकाशित हुआ। महावीर प्रसाद द्विवेदी ने 1922 ईस्वी में 'उपन्यास रहस्य' नामक लेख प्रकाशित करवाया। उसके बाद प्रेमचन्द, हजारी प्रसाद द्विवेदी, निराला, जैनेन्द्र कुमार, अज्ञेय, निर्मल वर्मा, नलिन विलोचन शर्मा और नामवर सिंह ने उपन्यास लेखन से सम्बन्धित सैद्धान्तिक प्रश्नों पर निबन्ध लिखे। इन निबन्धों में सैद्धान्तिक चिन्ताओं के साथ-साथ उदाहरण के रूप में व्यावहारिक पक्ष भी मौजूद हैं।

हिन्दी में उपन्यास की आलोचना के सैद्धान्तिक पक्षों पर विचार करने वाले लेखन का संक्षिप्त इतिहास पेश करने का एक प्रयोजन यह है कि पाठक और आलोचक यह जाने कि हिन्दी में उपन्यास के सैद्धान्तिक विचार-विमर्श की एक परम्परा रही है जिसे अब उपन्यास के आलोचक भूल गये। परिणाम यह है कि हिन्दी में आजकल उपन्यास की आलोचना केवल पुस्तक समीक्षा बन गयी है।

यह उपन्यास की आलोचना की किताब है। इसमें तीन खण्ड हैं। पहले खण्ड में उपन्यास का सिद्धान्त है और इतिहास भी। इसके आधार लेख में यह मान्यता

है कि उपन्यास का जन्म लोकतन्त्र के साथ हुआ है। लोकतन्त्र उपन्यास का पोषक है और उपन्यास लोकतन्त्र का। यही नहीं उपन्यास का स्वभाव भी लोकतान्त्रिक है। इसके साथ ही इसमें उपन्यास के समाजशास्त्र का स्वरूप भी स्पष्ट किया गया है। इस खण्ड में एक निबन्ध इतिहास और ऐतिहासिक उपन्यासों पर है जिसमें इतिहास से उपन्यास के अन्तरंग सम्बन्धों का विवेचन है। हिन्दी में यूरोप के उपन्यास साहित्य पर बहुत कुछ लिखा गया है, लेकिन तीसरी दुनिया के उपन्यासों पर कम बातें हुई हैं। इसमें एक निबन्ध में भारतीय उपन्यास की भारतीयता पर विचार किया गया है और एक निबन्ध में तीसरी दुनिया में उपन्यास की विशेषताओं का विवचेन है। इस पुस्तक में अफ्रीका और दक्षिण अमेरिका के देशों में विकसित उपन्यासों की विशिष्टता की पहचान है।

इस पुस्तक के दूसरे खण्ड में प्रेमचन्द के कथा-साहित्य पर छह निबन्ध हैं जिनमें उनके उपन्यासों और कहानियों को रचना सन्दर्भों के साथ समझने की कोशिश है। तीसरे खण्ड में जैनेन्द्र के उपन्यास 'सुनीता', नागार्जुन के 'रतिनाथ की चाची', रणेन्द्र के 'ग्लोबल गाँव के देवता', साद अजीमाबादी के 'पीर अली', संजीव के 'रह गयी दिशाएँ इसी पार', और मदन मोहन के 'जहाँ एक जंगल था' की संवेदना और शिल्प का विश्लेषण तथा मूल्यांकन है। इस पुस्तक के निबन्ध समय-समय पर लिखे गये हैं इसलिए कुछ निबन्धों में दोहराव मिल सकता है।

मुझे उम्मीद है कि जो पाठक आलोचना में सिद्धान्त और व्यवहार की एकता के पक्षधर हैं उन्हें यह किताब पसन्द आएगी। इस किताब की सामग्री के संचयन और संयोजन में डॉ. श्रीधरम ने जो मेरी मदद की है उसके लिए उन्हें धन्यवाद।

—मैनेजर पाण्डेय

बी-डी/8 ए
डी.डी.ए. फ्लैट्स, मुनिरका
नयी दिल्ली-110067

अनुक्रम

खण्ड : एक

उपन्यास और लोकतन्त्र

साहित्य के रूपों का विकास समाज के विकास से जुड़ा हुआ होता है, इसीलिए साहित्य रूपों की संरचना का उस सामाजिक संरचना से गहरा सम्बन्ध होता है, जिसमें साहित्य के रूप पैदा होते हैं। प्रत्येक साहित्य-रूप का एक विचारधारात्मक आधार भी होता है जो सामाजिक विकास की विशेष अवस्था में व्याप्त विचारधारा से प्रेरित और प्रभावित होता है। महाकाव्य का जन्म सामन्ती दौर से पहले के जनपदीय समाजों में हुआ था और उसका विकास सामन्ती समाजों में होता रहा। ऐसे सामाजिक आधार के कारण ही महाकाव्यों की संरचना में एक ओर जनपदीय समाजों का खुलापन मिलता है तो दूसरी ओर सामन्ती समाजों की सांस्कृतिक और विचारधारात्मक परिणतियों की अभिव्यक्ति भी। विकासशील महाकाव्यों से कलात्मक महाकाव्यों की संरचना भिन्न प्रकार की होती है, लेकिन दोनों में नायक और अन्य मुख्य पात्र अभिजात वर्ग के होते हैं। यही नहीं कथा की संरचना में निर्णायक भूमिका पारलौकिक तत्वों, शक्तियों और प्रवृत्तियों की होती है। महाकाव्यों का आधार वह मिथकमाला होती है जो आदिम समाजों से लेकर सामन्ती समाज-व्यवस्था तक निर्मित और विकसित होती रहती है। सामन्ती समाज-व्यवस्था के अन्त के साथ दुनिया भर में महाकाव्यों का युग समाप्त होता दिखाई देता है। बाद के समय के महाकाव्य केवल पुराने महाकाव्यों की स्मृतियाँ की अभिव्यक्ति ही है। यही कारण है कि आधुनिक काल में महाकव्यों की रचना सम्भव नहीं रही। महाकाव्य एक स्तर पर अपने समय और समाज के मनुष्य की स्थिति और नियति की पहचान और अभिव्यक्ति के प्रयत्न करते थे। आधुनिक काल में यह काम उपन्यास के माध्यम से होने लगा, इसीलिए उपन्यास को आधुनिक युग का महाकाव्य भी कहा जाता है।

उपन्यास और लोकतन्त्र के सम्बन्ध पर विचार करते समय यह ध्यान में रखना जरूरी है कि आधुनिक काल में दोनों का जन्म लगभग एक साथ हुआ है। महाकाव्यों में व्यक्ति कुछ प्रवृत्तियों के प्रतीक हुआ करते थे, जबकि उपन्यास में व्यक्ति अपनी स्वतन्त्र सत्ता के साथ उपस्थित होता है। उपन्यास में व्यक्ति की वैयक्तिकता जिन सामाजिक सन्दर्भों से बनती है उनसे व्यक्ति के सम्बन्धों की जटिलता का बोध उपन्यास में व्यक्त होता है। उपन्यास में उपस्थित व्यक्ति

ऐतिहासिक व्यक्ति होता है। वह इतिहास से बनता है और इतिहास को बनाता भी है। उपन्यास के आख्यान में कथा के पुराने रूपों की स्मृतियाँ होती हैं और उनका उपयोग भी होता है। कुछ उपन्यासों में लोककथा की पद्धति मिलती है तो कुछ में नीति-कथाओं की। उपन्यास ने फैंटेसी से लेकर मिथकों तक का प्रयोग अपनी संरचना के भीतर किया है, लेकिन उपन्यास हर स्थिति में ऐतिहासिक यथार्थ से जुड़ा हुआ होता है। उसमें सामाजिक यथार्थ की जटिल समग्रता का चित्रण ही नहीं, विश्लेषण भी होता है। मिशेल जेराफा ने इतिहास से उपन्यास के सम्बन्ध का विवचेन करते हुए ठीक ही लिखा है कि ''उपन्यास के पाठ में यह बात निहित होती है कि मनुष्य अकेला नहीं जीता है, उसका एक अतीत, एक वर्तमान और एक भविष्य होता है। उपन्यास यह भी सिद्ध करता है कि इतिहास के बिना कोई समाज नहीं होता और समाज के बिना इतिहास भी नहीं होता है। उपन्यास वह कला-रूप है जो ऐतिहासिक और सामाजिक रूप से परिभाषित मनुष्य की पुनःप्रस्तुति करता है।''

इतिहास से कविता का सम्बन्ध वैसा नहीं होता जैसा उपन्यास का होता है। यद्यपि महाकाव्यों में इतिहास उपस्थित रहता था, लेकिन वह भी सारतत्व के रूप में, न कि अपनी समग्रता में। प्रगीत तो इतिहास से मुक्ति में ही अपनी सार्थकता मानता है। कविता में कवि का स्वर प्रमुख और निर्णायक होता है, जबकि उपन्यास में समाज के इतिहास का स्वर अनेक रूपों में व्यक्त होता है। कविता में अनेकार्थता मूल्यवान मानी जाती है जबकि उपन्यास में सुनिश्चित अर्थ की स्पष्ट अभिव्यक्ति महत्त्वपूर्ण होती है। कविता की संरचना की समाज की संरचना से तुलना करने पर कविता के स्वभाव का एक और पक्ष सामने आता है। कॉलरिज ने कहा था कि कविता सर्वोत्तम शब्दों की सर्वोत्तम व्यवस्था है। कविता की इस संरचना को समाज से जोड़कर देखिए तो एक अभिजनवादी समाज-व्यवस्था सामने आती है, जिसमें विभिन्न प्रकार के मनुष्यों के समावेश के बदले अपवर्जन की प्रवृत्ति प्रधान होगी, जो कमजोरों, दलितों, भदेसों और बेजुबानों के बहिष्कार को प्रमुखता देगी। सम्भवतः इसी बात को ध्यान में रखकर डब्ल्यू. एच. ऑडेन ने कहा था कि ''अगर कोई समाज उस अच्छी कविता की तरह हो, जिसमें सुन्दरता, सुव्यवस्था, संक्षिप्तता और समग्रता के अन्तर्गत ब्यौरों की पराधीनता को ही महत्त्व दिया जाता है तो वह भयावह दुःस्वप्न की तरह होगा। अगर हम वास्तविक मनुष्यों की ऐतिहासिक स्थिति पर ध्यान दें तो यह मानना होगा कि वैसा समाज तभी बन सकता है जब उच्च कोटि के मनुष्य चुन-चुनकर पैदा किये जाएँ, शारीरिक और मानसिक रूप से अयोग्य लोगों को मार दिया जाए, सर्वोच्च सत्ता के परम आज्ञापालकों को बढ़ावा दिया जाए और गुलामों के समूह को समाज की नजरों से दूर तहखानों में बन्द कर दिया जाए।'' इसलिए ऑडेन ने यह भी कहा था कि

एक कवि उदार लोकतान्त्रिक समाज का जिम्मेदार आलोचक नहीं हो सकता। कविता और गद्य के मूलभूत अन्तर को समझते हुए ही निराला ने कहा था कि "कविता की भाषा से मनोरंजन होता है परन्तु वह जीवन संग्राम के काम की नहीं होती।" निराला ने यह भी कहा था कि "गद्य जीवन-संग्राम की भाषा है।"

जनजीवन के इतिहास से मुठभेड़ के प्रसंग में कविता से उपन्यास का अन्तर स्पष्ट दिखाई देता है। 1947 में भारत का विभाजन हुआ और साम्प्रदायिक उन्माद के कारण अभूतपूर्व दंगे हुए। बड़े पैमाने पर जनता अपनी जमीन से उजड़कर दूसरी जगह जाने और बसने के लिए मजबूर हुई। यह भारतीय समाज के इतिहास की अपूर्व त्रासदी थी। उस समय छायावाद के तीन महत्त्वपूर्ण कवि जीवित थे—निराला, पन्त और महादेवी वर्मा। उसी समय अन्य कवियों के साथ-साथ प्रगतिशील आन्दोलन के पाँच कवि कविताएँ लिख रहे थे—नागार्जुन, केदारनाथ अग्रवाल, मुक्तिबोध, शमशेर बहादुर सिंह और त्रिलोचन। क्या यह आश्चर्य की बात नहीं है कि देश के विभाजन और उससे जुड़ी हुई सम्पूर्ण त्रासदी पर निराला, पन्त, नागार्जुन, केदारनाथ अग्रवाल, मुक्तिबोध, शमशेर बहादुर सिंह और त्रिलोचन में से किसी ने कोई महत्त्वपूर्ण कविता नहीं लिखी है। उस समय ही नहीं, बाद में भी नहीं। उस समय के कवियों में केवल अज्ञेय ने 12 अक्तूबर 1947 से 12 नवम्बर 1947 के बीच 'शरणार्थी' शीर्षक से 11 कविताएँ लिखी थीं और साथ ही अनेक कहानियाँ भी, जो 1948 में 'शरणार्थी' नाम से प्रकाशित पुस्तक में मौजूद हैं। विभाजन की त्रासदी की जटिल समग्रता की अभिव्यक्ति उपन्यासों और कहानियों में ही हुई है; क्योंकि कथा-साहित्य ही अपने समय के इतिहास से सार्थक मुठभेड़ में सक्षम रहा है और मनुष्य विरोधी प्रवृत्तियों की निर्मम आलोचना के लिए तत्पर भी। आज भी जिसे विभाजन की त्रासदी की भयावहता को समझना होगा, वह यशपाल के 'झूठा-सच', राही मासूम रज़ा के 'आधा गाँव' और भीष्म साहनी के 'तमस' को पढ़ेगा और साथ ही अज्ञेय, मोहन राकेश, भीष्म साहनी तथा कृष्णा सोबती की कहानियों को भी।

इतिहास से मुक्ति की चिन्ता कविता को मिथक के करीब ले जाती है या मिथक बनाने की कोशिश करती है और मिथक प्रायः इतिहास के बन्धनों से मुक्त कल्पना की उपज होता है। रोला बार्थ ने लिखा है कि "मिथक वस्तुओं के ऐतिहासिक गुणों को खोकर निर्मित होता है, उसमें वस्तुएँ यह भूल जाती हैं कि वे इतिहास में बनी हैं। मिथक में वास्तविकता उलट-पुलट जाती है। वह इतिहास को खोकर प्राकृतिक बनता है।" इसके ठीक विपरीत उपन्यास स्थितियों और वास्तविकताओं को पुनः ऐतिहासिक सन्दर्भ और अर्थ देता है, इसीलिए प्रत्येक उपन्यास मूल रूप से ऐतिहासिक ही होता है, चाहे उसे प्रचलित अर्थ में ऐतिहासिक कहा जाए या न कहा जाए। उपन्यास के आख्यान में मानव जीवन समाज की

गतिशील प्रक्रिया के हिस्से के रूप में चित्रित होता है, इसलिए वह ऐतिहासिक होता है। यह कहा जा सकता है कि जब अपने समय और समाज को जानने की रचनाकार की आकांक्षा इतिहास में प्रवेश करती है तब उपन्यास का जन्म होता है। उपन्यास के आख्यान की गति हमेशा वर्तमान से भविष्य की ओर होती है, इसीलिए जो लोग उपन्यास में अतीत का आख्यान रचते हैं, वे पुराण रचते हैं, उपन्यास नहीं।

20वीं सदी के उत्तरार्द्ध में साहित्यिक विधाओं की शुद्धता का आग्रह कम हुआ है और उनकी प्रकृति में अनेक प्रकार के परिवर्तन भी हुए हैं। जब कविता साहित्य की केन्द्रीय विधा मानी जाती थी, तब उपन्यासों और कहानियों में भी कविता या काव्यत्व या कवि दृष्टि की खोज की जाती थी, लेकिन अब स्वयं महत्त्वपूर्ण कवि कविता में उपन्यास की संवेदना का सर्जनात्मक उपयोग कर रहे हैं। जिन कवियों ने जनजीवन के इतिहास की जटिल प्रक्रिया और गति को कविता में व्यक्त करने की कोशिश की है, उन्होंने अपनी कविता की संरचना को उपन्यास से जोड़ा है। मानव-समाज और मानव-मन की घाटियों तथा शिखरों की कठिन काव्य-यात्रा करने वाले मुक्तिबोध को 'अँधेरे में' कविता में अचानक तॉल्स्तॉय' याद आते हैं :

"हाय! हाय! तॉल्स्तॉय
कैसे मुझे दीख गये
सितारों के बीच-बीच
घूमते व रुकते
पृथ्वी को देखते।
शायद तॉल्स्तॉय-नुमा
कोई वह आदमी
और है,
मेरे किसी भीतरी धागे का आखिरी छोर वह,
अनलिखे मेरे उपन्यास का
केन्द्रीय संवेदन
दबी हाय-हाय-नुमा।
शायद तॉल्स्तॉय-नुमा।"

मुक्तिबोध मानते थे कि कविता 'जन-चरित्री' होती है। जन-जीवन में कविता की कम और उपन्यास-कहानियों की सम्भावनाएँ अधिक होती हैं, इसीलिए मुक्तिबोध को जन-जीवन से जुड़ने की प्रक्रिया में कहानियाँ मिलती हैं और उपन्यास भी :

"कहानियाँ लेकर और
मुझको कुछ देकर ये चौराहे फैलते

जहाँ जरा खड़े होकर
बातें कुछ करता हूँ...
...उपन्यास मिल जाते।"

जैसे-जैसे भारतीय समाज में जन-जीवन जटिल से जटिलतर और कठिन से कठिनतर हुआ है वैसे-वैसे जन-जीवन की चिन्ता करने वाली कविता की संस्कृति में परिवर्तन आया है और वह इतिहास से मुठभेड़ की क्षमता अर्जित करने का प्रयत्न करती दिखाई देती है। इसके संकेत नागार्जुन, मुक्तिबोध और धूमिल की कविता में मिलते रहे हैं, लेकिन पिछले दो दशकों से हिन्दी कविता जन-जीवन के इतिहास की त्रासदियों को पहचानने और व्यक्त करने में पहले से अधिक सक्रिय और समर्थ हुई है। इसके प्रमाण अयोध्या की दुर्घटना और गुजरात के जनसंहार पर लिखी कविताओं में मिलते हैं। जाहिर है ऐसी कविता में केवल 'सर्वोत्तम शब्दों का सर्वोत्तम क्रम-विधान' ही नहीं चल सकता, उसमें भदेस, देशज और तिरस्कृत शब्दों के विस्फोटक अर्थों का प्रयोग जरूरी होता है।

उपन्यास केवल एक साहित्यिक रूप नहीं है, वह जीवन-जगत को देखने की एक विशेष दृष्टि है और मानव-जीवन तथा समाज का एक विशिष्ट बोध भी। उपन्यास का इतिहास इस दृष्टि और बोध के परिवर्तन का इतिहास भी है, वह केवल उपन्यास के बदलते रूपों का इतिहास नहीं है। प्रसिद्ध रूसी आलोचक मिखाईल बाख्तिन ने उपन्यास के स्वभाव की व्याख्या करते हुए लिखा है कि उसमें दृष्टियों और स्वरों की अनेकता होती है। दृष्टियों और स्वरों की अनेकता से उपन्यास की संरचना में लोकतन्त्र आता है। उपन्यास में केवल रचनाकार की दृष्टि और स्वर की निर्णायक भूमिका नहीं होती। अच्छे उपन्यास में प्रत्येक पात्र की दृष्टि और स्वर की स्वतन्त्र सत्ता होती है जिससे उसकी मानवीय गरिमा और अर्थवत्ता का निर्माण भी होता है। बाख्तिन ने यह भी लिखा है कि उपन्यास की औपन्यासिकता उसकी संवादधर्मिता में निहित होती है। यही संवादधर्मिता उपन्यास से पाठक के विशेष प्रकार के सम्बन्ध का निर्माण करती है और भाषा को उसकी सम्पूर्ण अर्थवत्ता में सामने लाती है। हेगेल और जार्ज लुकाच ने उपन्यास में विशिष्टता और एकता को महत्त्व दिया था, लेकिन बाख्तिन अनेकता और विविधता को उपन्यास की संरचना की बुनियादी विशेषता मानते हैं। हेगेल और लूकाच की तरह बाख्तिन उपन्यास में चेतना की ऊर्ध्वगामी प्रगति को महत्त्व नहीं देते, बल्कि वे एकालाप और संवाद के बीच निरन्तर द्वन्द्व को आवश्यक मानते हैं। बाख्तिन के अनुसार उपन्यास आधुनिक युग की रचना इसलिए नहीं है कि उसमें आत्म के अन्वेषण की प्रवृत्ति मिलती है, बल्कि उसमें स्व द्वारा पर की निरन्तर खोज और पहचान होती है। उपन्यास में एक संरचना के भीतर अनेक प्रकार के सम्बन्धों की क्रियाशीलता मौजूद रहती है; उसमें सामाजिक, ऐतिहासिक,

वैयक्तिक, वैचारिक और पाठ से जुड़े सम्बन्ध परस्पर क्रिया-प्रतिक्रिया करते हुए उपन्यास के ढाँचे का निर्माण करते हैं।

बाख्तिन कहते हैं कि उपन्यासकार विभिन्न पात्रों के स्वतन्त्र स्वरों की अनेकता के माध्यम से उपन्यास के भीतर एक ऐसी दुनिया रचता है, जिसमें स्वरों की अनेकता ही सच है। उन्होंने दास्तोवस्की के उपन्यासों की कला की व्याख्या करते हुए लिखा है कि उसमें कोई पात्र लेखक का प्रवक्ता नहीं होता, उसका स्वतन्त्र अस्तित्व होता है और दूसरे पात्रों से वह उसी तरह संवाद करता है जैसे समाज में मनुष्य एक-दूसरे से करते हैं। इसी कारण उपन्यास की संरचना में एक प्रकार का खुलापन होता है जो उपन्यास के अन्त को भी जीवन की निरन्तरता से जोड़ता है। उपन्यास में केवल स्वरों की अनेकता ही नहीं होती उसमें सामाजिक भाषाओं की अनेकता भी होती है और सामाजिक भाषाओं की अनेकता के माध्यम से ही विभिन्न सामाजिक समूहों और वर्गों के जीवन के अनुभवों, स्थितियों, वास्तविकताओं और आकांक्षाओं की अभिव्यक्ति भी होती है। जिसे उपन्यास की संवादधर्मिता, स्वरों की अनेकता और सामाजिक भाषाओं की अनेकता का रचनात्मक रूप देखना हो उसे फणीश्वरनाथ रेणु के 'मैला आँचल' को पढ़ना चाहिए। उपन्यास अपनी भाषिक चेतना की विशिष्टता के कारण भी जन-जीवन के इतिहास से अन्तरंग सम्बन्ध स्थापित करता है।

उपन्यास में लोकतन्त्र के पीछे यह मान्यता है कि मानव-स्वभाव और मानव-समाज परिवर्तनशील है। इस परिवर्तनशीलता की पहचान और अभिव्यक्ति उपन्यास का प्रयोजन है। परिवर्तन की चिन्ता ही उपन्यास को द्वन्द्वात्मक चिन्तन से जोड़ती है, जिसमें डेविड हार्वे के शब्दों में प्रक्रियाओं, प्रवाहों और परिवर्तनों की समझ को विशेष महत्त्व दिया जाता है। इसी बोध के कारण उपन्यास इतिहास से जुड़ता है और ऐतिहासिक चिन्तन से भी, जिसके परिणामस्वरूप उपन्यास में यथार्थवाद का विकास हुआ है। इतिहासवादी चिन्तन ने मनुष्य को धर्मशास्त्रीय और आध्यात्मिक आग्रहों से मुक्त किया है और सच की खोज की स्वतन्त्रता की भावना का विकास भी किया है। सच की खोज की भावना ही उपन्यास को यथार्थवादी बनाती है। हाल के वर्षों में उत्तर-आधुनिकतावाद के साथ उत्तर-यथार्थवाद की चर्चा चल पड़ी है। फूको, बार्थ और क्रिस्तोवा आदि यथार्थवाद को 'बुर्जुआ षड्यन्त्र' कहते हैं; क्योंकि एक तो यथार्थवादी उपन्यास बुर्जुआ वर्ग के उदय के साथ अस्तित्व में आया और दूसरे उनके अनुसार यथार्थवाद कल्पना, फैंटेसी और भाषिक सृजनशीलता को सीमित करता है, इसलिए वह षड्यन्त्र है। यथार्थवाद के बारे में उत्तर-आधुनिकतावादियों की इस मान्यता के प्रसंग में कई सवाल पैदा होते हैं। एक तो यही कि अगर यथार्थवादी उपन्यास बुर्जुआ वर्ग की देन है तो उससे षड्यन्त्र करने वाले उत्तर-आधुनिकतावादी किस वर्ग के हैं? क्या वे बुर्जुआ वर्ग के बुद्धिजीवी नहीं

हैं? एक और महत्त्वपूर्ण प्रश्न यह है कि उपन्यास के माध्यम से किसानों, मजदूरों और अन्य पराधीन तथा शोषित जन समुदायों के जीवन की यातनाओं, पीड़ाओं की अभिव्यक्ति हुई है और उनसे मुक्ति की आकांक्षा की भी। ऐसी स्थिति में उपन्यास को केवल बुर्जुआ वर्ग से जोड़कर देखना गलत तो है ही। एक प्रकार की चालाकी भी है। इस प्रसंग में यह भी ध्यान देने की बात है कि यथार्थवाद कला और साहित्य की दुनिया में उपन्यास और बुर्जुआ वर्ग दोनों के पहले से मौजूद रहा है।

यथार्थवाद उपन्यास में और अन्यत्र भी सच की खोज की चिन्ता से संचालित होता है। वह इस मान्यता पर आधारित है कि मानव-जीवन के बारे में सच मनुष्य और समाज से उसके सम्बन्ध के बोध के माध्यम से ही पाया जा सकता है। लेकिन उत्तर-आधुनिकतावादी सच को केवल भाषिक निर्मिति मानते हैं, इसलिए उनके अनुसार रचना के बाहर के किसी सच से रचना का कोई सम्बन्ध नहीं होता। उपन्यास ने सामाजिक वर्गों, कानूनों, परम्पराओं, संस्थाओं, परिवारों, नैतिकताओं और राजनीति के रूपों की छान-बीन करते हुए यह देखने-दिखाने का प्रयत्न किया है कि ये सब मानव-व्यवहार और व्यक्ति की नियति को कैसे प्रभावित करते हैं। उत्तर-आधुनिकतावादी जब भाषा से स्वतन्त्र किसी यथार्थ के अस्तित्व को स्वीकार नहीं करते तब वे यथार्थवाद को क्यों स्वीकार करेंगे। यथार्थवाद का महत्त्व उसके ज्ञानात्मक मूल्य पर निर्भर होता है। यथार्थवाद यह मानता है कि शब्द ही सब कुछ नहीं है, बल्कि शब्दों से परे और स्वतन्त्र एक संसार भी है, जिससे शब्द भी जुड़े हैं और शब्द के माध्यम से बनने वाली रचनाएँ भी। यथार्थवाद के बारे में यह आरोप भी झूठा है कि वह लेखकों की कल्पना और रचनाशीलता को सीमित करता है। यथार्थ का बोध विविध रूपों में होता है; क्योंकि यथार्थ एक तो परिवर्तनशील होता है और दूसरे उसके रूपों में अपार विविधता होती है। यथार्थवादी उपन्यासों के इतिहास से यह साबित होता है कि यथार्थ की अभिव्यक्ति सुखद, दुखद, आशाप्रद, भयावह, विडम्बनात्मक आदि अनेक रूपों में हुई है और इन सबकी अभिव्यक्ति की कलात्मक पद्धतियाँ भी भिन्न-भिन्न प्रकार की रही हैं। हिन्दी में प्रेमचन्द का यथार्थवाद एक प्रकार का है तो रेणु का यथार्थवाद दूसरे प्रकार का। इसी तरह 'झूठा-सच', 'आधा गाँव', 'राग दरबारी' में यथार्थवाद के अनेक रूप दिखाई देते हैं।

ब्रेश्ट ने ठीक ही कहा था कि ''यथार्थवाद केवल एक साहित्यिक दृष्टि और पद्धति ही नहीं है, वह एक राजनीतिक दृष्टिकोण भी है।'' समाज के ज्ञान की आवश्यकता उन्हें होती है जो समाज को बदलकर उसे बेहतर बनाना चाहते हैं। यथार्थवादी उपन्यास ऐसे लोगों को सामाजिक वास्तविकता और सच्चाई का ज्ञान देकर उन्हें क्रियाशील बनाता है। इसलिए जो यथास्थिति के पोषक हैं, वे यथार्थवाद के विरोधी होते हैं। आज के समय में यथार्थवाद पहले से अधिक जरूरी है; क्योंकि ब्रेश्ट के शब्दों में "शासकवर्ग पहले से अधिक और बड़े झूठ बोल रहे हैं। जनता

की यातना बढ़ रही है और यातनाग्रस्त लोगों की संख्या भी।" ऐसे में सामाजिक यथार्थ और सच की अभिव्यक्ति अधिक आवश्यक है। उसके लिए अभिव्यक्ति की कोई भी वह पद्धति अपनाई जा सकती है, जो यथार्थ और सच को पूरी तरह तथा प्रभावशाली ढंग से पाठकों तक पहुँचाए। सेमुअल डेलेनी ने ठीक ही लिखा है कि आज के समय में यथार्थ राजनीति का पर्यायवाची है। इसलिए यह कहना जरूरी है कि यथार्थवाद उपन्यास के माध्यम से एक राजनीतिक हस्तक्षेप भी है।

उपन्यास केवल यथार्थ की खोज और उसकी गति की पहचान का आख्यान ही नहीं है, वह सम्भावनाओं की तलाश का आख्यान भी है। उसमें वर्तमान की सीमाओं के बोध के पार जाने की आकांक्षा के कारण सम्भावित संसार की रचना की कोशिश भी होती है। उपन्यास के माध्यम से ऐसी दुनिया निर्मित की जाती है जो पाठकों को वास्तव में सम्भव लगे। ऐसी दुनिया रचने वाला उपन्यासकार ही सम्भावनाओं का व्याख्याकार भी कहा जा सकता है। आजकल ऐसे उपन्यास लिखे जा रहे हैं जो पूँजीवाद की बर्बरता से मुक्ति की आकांक्षा के कारण एक बेहतर दुनिया की कल्पना पाठकों के सामने रखते हैं। आक्टेविया बट्लर का उपन्यास 'पैरेबल ऑफ सोवर' ऐसा ही उपन्यास है। ऐसे उपन्यासों में साहित्यिक कल्पना सामाजिक कल्पना बनकर क्रियाशील होती है और इस प्रक्रिया में वह आम जनता की लोकतांत्रिक आकांक्षा का प्रतिनिधित्व करती है। यद्यपि उत्तर-आधुनकितावादी अनिश्चितता, आकस्मिकता और भविष्यहीनता की वकालत करते हुए आख्यान की सम्भावना को अस्वीकार करते हैं और मुक्ति के आख्यान की सम्भावना तक को नकारते हैं, लेकिन उपन्यासकार आज भी समकालीन जीवन की असंगतियों और यातनाओं से मुक्ति की आकांक्षा का आख्यान उपन्यासों के रूप में रच रहे हैं। यूटोपिया और उपन्यास अनेक अर्थों में समानधर्मा हैं। दोनों में कल्पना की स्वतन्त्रता और सृजनशीलता की अभिव्यक्ति होती है, इसलिए लम्बे समय से उपन्यासकार यूटोपिया की रचना करते रहे हैं। अंग्रेजी में एडवर्ड बेलामी, विलियम मौरीस और एच. जी. वेल्स ने उपन्यास के रूप में अत्यन्त महत्त्वपूर्ण यूटोपिया की रचना की है। हिन्दी में राहुल सांकृत्यायन का 'बाईसवीं सदी' एक यूटोपिया ही है। बीसवीं सदी में मानव-समाज के अनेक सपनों के विकृत होने के कारण एण्टी यूटोपिया की दृष्टि से भी कुछ उपन्यास लिखे गये हैं, जिनमें जार्ज आरवेल का '1984' और हक्सले का 'ब्रेव न्यू वर्ल्ड' विशेष रूप से उल्लेखनीय हैं।

उन्यास का जन्म यूरोप में उस समय हुआ जब यूरोप के अनेक देश उपनिवेश बनाने के अभियान में लगे थे। उस उपनिवेशवादी अभियान के प्रमाण और प्रभाव स्पेन और इंग्लैंड के उपन्यासों में दिखाई देते हैं, जिनका विश्लेषण एडवर्ड सईद ने 'कल्चर एंड इम्पेरियलिज्म' नामक किताब में किया है। 'राबिन्सन क्रूसो' जैसे उपन्यास उपनिवेशवाद के रूपक प्रतीत होते हैं। बाद के डिकेन्स और जेन

आस्टीन के उपन्यासों में भी उपनिवेशवाद की छाया मौजूद है। किप्लिंग के 'किम' और फॉस्टर के 'ए पैसेज टू इंडिया' में इस प्रवृत्ति का विस्तार दिखाई देता है। मिलान कुंडेरा ने लिखा है कि उपन्यास सबसे अधिक यूरोपीय कला है, वह यूरोपीय आधुनिकता की देन है और उसका प्रतीक भी। लेकिन यह भी सच है कि यूरोप ने एशिया, अफ्रीका और दक्षिण अमेरिका के जिन देशों को अपना उपनिवेश बनाया उन देशों के सजग और सचेत उपन्यास लेखकों ने अपनी रचनाओं के माध्यम से राष्ट्र की कल्पना को मूर्त्तिमान करने और राष्ट्रीय चेतना जगाने के लिए उपन्यास को उपनिवेशवाद विरोधी बनाया और स्वदेशी भी। एशिया, अफ्रीका और दक्षिण अमेरिका में उपन्यास ने अपने पाठकों के मानस को उपनिवेशवादी सम्मोहक प्रभावों से मुक्त करने में महत्त्वपूर्ण भूमिका निभाई है। फैनन ने पराधीन देशों में चेतना के विकास की प्रक्रिया का विवेचन करते हुए उसकी चार अवस्थाओं की चर्चा की है। पहली अवस्था में अनेक लेखकों ने पश्चिमी प्रभाव को अपनी रचनाओं में आत्मसात किया, दूसरी में उसकी स्मृति से स्वदेशी स्मृतियों की टकराहट हुई, तीसरी अवस्था में पश्चिमी प्रभाव का विरोध विकसित हुआ और चौथी अवस्था में जुझारू चेतना विकसित हुई। वैसे तो एशिया, अफ्रीका और दक्षिण अमेरिका के उपन्यास के इतिहास में चेतना की इन चारों अवस्थाओं को खोजा और पाया जा सकता है, लेकिन चेतना की इस विकास-प्रक्रिया को ध्यान में रखकर भारतीय उपन्यास का इतिहास लिखा जाना अभी बाकी है।

भारत में उपन्यास का उदय तब हुआ जब वह पराधीन था। अंग्रेजी राज भारतीयों को असभ्य और असंस्कृत मानता था, इसलिए वह अपने यहाँ के घटिया साहित्य को भारत में खपाने की कोशिश करता था। परिणाम यह हुआ कि भारत की विभिन्न भाषाओं में आरम्भ में अंग्रेजी के रहस्य-रोमांच, जासूसी और सतही यथार्थवाद के उपन्यासों की भरमार थी। बांग्ला, हिन्दी, गुजराती और मराठी में रोनाल्ड्स के 'लन्दन-रहस्य' के अनुवादों की धूम मची हुई थी। काशीनाथ विश्वनाथ राजवाड़े ने उपन्यास पर 1902 में लिखे अपने प्रसिद्ध निबन्ध में लिखा है कि "भारतीय यथार्थवादी उपन्यासों का मूल स्रोत ही विदेशी नहीं है, बल्कि नमूने के तौर पर जिन उपन्यासों को चुना गया, वे भी वहाँ के सामान्य स्तर के उपन्यास ही रहे हैं। अंग्रेजी के उपन्यासकारों में से हीन स्तर के रोनाल्ड्स के घटिया उपन्यासों का आस्वादन करने वाले माई के लाल अपने यहाँ अधिक हैं। बहुत हुआ तो कुछ लेखकों ने रोनाल्ड्स से परे छलाँग लगायी और मुश्किल से पहुँचे तो मिसेज हेनरीवुड, लार्ड रीटन जैसे सामान्य लेखकों तक ही।" ऐसे में यह स्वाभाविक ही था कि आरम्भिक दौर में भारतीय उपन्यास का स्तर बहुत ऊँचा न हो। 'लन्दन रहस्य' के अनुकरण में लिखे गये रहस्य-रोमांस और ज़ासूसी के उपन्यास ही शुरू में अधिक लोकप्रिय हुए।

भारतीय उपन्यास वास्तव में तब आरम्भ हुआ जब वह मुक्ति के आख्यान के रूप में विकसित होने लगा। बांग्ला में बंकिमचन्द्र ने ऐतिहासिक रोमांस के माध्यम से राष्ट्र की कल्पना, राष्ट्रीय चेतना की सजगता और स्वाधीनता की आकांक्षा को व्यक्त करते हुए उपन्यास को मुक्ति का आख्यान बनाया। हिन्दी में आरम्भ में उपन्यास सामाजिक रूढ़ियों से मुक्ति की आकांक्षा के रूप में विकसित हुआ, लेकिन उसे सामाजिक के साथ-साथ राजनीतिक स्वाधीनता का आख्यान बनाया प्रेमचन्द ने। उनके उपन्यासों में किसान-जीवन के चित्रण के साथ ही हिन्दी उपन्यास का स्वतन्त्र स्वरूप विकसित हुआ और वह स्वाधीनता आन्दोलन से जुड़ा। किसान-जीवन से जुड़कर ही भारतीय उपन्यास की सच्ची भारतीयता विकसित हुई और उपन्यास भारतीय जीवन के आख्यान का प्रतिनिधि साहित्य-रूप बना। किसान भारतीय समाज का मेरुदण्ड था, भारतीय चेतना का मूर्त-रूप भी और औपनिवेशिक व्यवस्था का सर्वाधिक शोषित और पीड़ित समुदाय भी था। उस समय भारतीय किसान एक ओर साम्राज्यवादी शोषण का शिकार था तो दूसरी ओर देशी सामन्ती लूट का भी। किसान-जीवन से उपन्यास के जुड़ने का अर्थ था भारतीय समाज की समग्रता के केन्द्र से जुड़कर उसकी इतिहास-प्रक्रिया में क्रियाशील विभिन्न शक्तियों के सम्बन्धों को पहचानना। उस समय किसान-जीवन से जुड़कर ही साम्राज्यवाद और सामन्तवाद के गठजोड़ को भी समझना सम्भव था। यही कारण है कि उपन्यास के केन्द्र में जब किसान-जीवन आया तभी उपन्यास राष्ट्रीय भावना और जनचेतना का अभिव्यंजक बना। भारतीय उपन्यास में जब किसान आया तो अपने साथ वह अपने जीवनानुभव, अपनी संस्कृति, अपनी भाषाएँ और कथन भंगिमाएँ भी लेकर आया, जिससे उपन्यास का नया यथार्थवादी स्वरूप विकसित हुआ और उपन्यास जन-जीवन के इतिहास का आख्यान बना।

प्रेमचन्द के कथा-लेखन का लक्ष्य था—स्वराज्य। उन्होंने 1930 ई. में बनारसीदास चतुर्वेदी को एक पत्र में लिखा था—"मेरी आकांक्षाएँ कुछ नहीं हैं। इस समय सबसे बड़ी आकांक्षा यही है कि हम स्वराज्य-संग्राम में विजयी हों। यह जरूर चाहता हूँ कि दो-चार उच्च कोटि की पुस्तकें लिखूँ, पर उनका उद्‌देश्य भी स्वराज्य-प्राप्ति ही हो।" इसी उद्‌देश्य की पूर्ति का माध्यम प्रेमचन्द ने उपन्यास को बनाया। उनके सामने स्वराज्य की कई कल्पनाएँ थीं। एक ओर गाँधी का 'हिन्द स्वराज' था तो दूसरी ओर कुछ लोगों का हिन्दू स्वराज भी था। प्रेमचन्द की स्वराज की धारणा इन दोनों से अलग थी। वे देश की राजनीतिक स्वतन्त्रता के साथ-साथ भारतीय समाज में व्याप्त सांस्कृतिक और सामाजिक पराधीनताओं से भी जनता की मुक्ति चाहते थे। वे उपनिवेशवाद से ही नहीं, देशी सामन्तवाद और उभरते हुए पूँजीवाद के शोषण से आम जनता को बचाना चाहते थे। साथ ही वे संकीर्ण राष्ट्रवाद और भारतीय समाज में फैली जाति-व्यवस्था से मुक्ति में जनता

का स्वराज्य देखते थे। वे अमीरों का नहीं, गरीबों का स्वराज्य चाहते थे। वे किसानों, मजदूरों, दलितों, स्त्रियों और अन्य शोषित समुदायों की स्वतन्त्रता लाने वाला स्वराज्य चाहते थे। प्रेमचन्द के उपन्यास सभी प्रकार की पराधीनताओं से मुक्ति के आख्यान के रूप में रचे गये हैं।

प्रेमचन्द के कथा-साहित्य में किसान-मजदूर, दलित और स्त्रियाँ आदि प्रायः यह प्रश्न पूछते हैं कि अगर देश आजाद होगा तो किसकी कल्पना, आकांक्षा और स्वप्नों का स्वराज्य आयेगा। 'ग़बन' उपन्यास में देवीदीन खटिक एक सुराजी नेता से यह पूछता है—"साहब, सच बताओ, जब तुम सुराज का नाम लेते हो, उसका कौन-सा रूप तुम्हारी आँखों के सामने आता है? तुम भी बड़ी-बड़ी तलब लोगे; तुम भी अंग्रेजों की तरह बंगलों में रहोगे, पहाड़ों की हवा खाओगे, अंग्रेजी ठाट बनाये घूमोगे; इस सुराज से देश का क्या कल्याण होगा। तुम्हारी और तुम्हारे भाई-बन्दों की जिन्दगी भले आराम और ठाट से गुजरे, पर देश का तो कोई भला न होगा।" देवीदीन के इस कथन पर ध्यान दीजिए तो प्रेमचन्द एक भविष्यद्रष्टा कथाकार के रूप में आपके सामने आयेंगे। देवीदीन के प्रश्न और आशंका का उत्तर आज देश का शासक वर्ग अपने आचरण से दे रहा है। प्रेमचन्द के लिए स्वराज्य का अर्थ केवल सत्ता का हस्तान्तरण नहीं था। उनकी 'आहुति' नाम की कहानी की नायिका कहती है कि "मेरे लिए स्वराज्य का यह अर्थ नहीं है कि जॉन की जगह गोविन्द बैठ जाए।" प्रेमचन्द ऐसा स्वराज्य चाहते थे, जिसमें विषमता के लिए जगह न हो।

प्रेमचन्द की कथा-दृष्टि की विशिष्टता को समझने के लिए उनके उपन्यास 'कर्मभूमि' के मुन्नी-प्रसंग को ध्यान से पढ़ना जरूरी है। मुन्नी के साथ एक अंग्रेज बलात्कार करता है। बलात्कारी अंग्रेज की रक्षा के लिए दो अंग्रेजी फौजी भी मौजूद हैं, जिनसे अमरकान्त और सलीम की लड़ाई होती है। बलात्कार के बाद मुन्नी अपने घर नहीं जाती है, क्योंकि उसकी ऊँची जाति वाले लोग उसे स्वीकार नहीं करते। मुन्नी को चमारों के गाँव में आश्रय मिलता है। वहाँ उसे अपूर्व सुख और स्वतन्त्रता भी मिलती है। प्रेमचन्द मुन्नी-प्रसंग के माध्यम से एक साथ अनेक काम करते हैं। उपनिवेशवादी विमर्श में भारतीय मनुष्य को प्रायः असभ्य और बर्बर कहा जाता था। 1857 के महाविद्रोह के बाद अंग्रेजी राज ने विभिन्न यात्रा-वर्णनों, संस्मरणों, उपन्यासों और सरकारी रिपोर्टों के माध्यम से यह प्रचारित-प्रसारित किया था कि भारतीय सिपाहियों ने विद्रोह के दौरान अंग्रेज स्त्रियों के साथ बलात्कार किया। यह एक प्रकार से अंग्रेजी राज को अधिक खूँखार और दमनकारी बनाने का बहाना भी था तो दूसरी ओर भारतीयों को सभ्य बनाने का ढोंग भी। मुन्नी-प्रसंग के माध्यम से प्रेमचन्द ने एक तो अंग्रेजों के इस दुष्प्रचार का उत्तर दिया और यह बताया कि भारतीय स्त्रियों के साथ सत्ता के नशे

में डूबे अंग्रेज बलात्कार करते थे। बलात्कारियों से संघर्ष के माध्यम से प्रेमचन्द यह भी संकेत करना चाहते थे कि भारतीय जनता अंग्रेजी राज के जुल्म और अत्याचार को चुपचाप सहन करने की मनो-दशा में नहीं थी। स्वयं मुन्नी एक दिन दो फौजियों को मार डालती है। इससे यह भी संकेत मिलता है कि प्रेमचन्द अत्याचार को चुपचाप सहने और अत्याचारी के हृदय-परिवर्तन की प्रतीक्षा करने की भावना से मुक्त हो चुके थे। इस प्रसंग के माध्यम से प्रेमचन्द ऊँची जातियों की हृदयहीनता और पवित्रता के ढोंग का भी पर्दाफाश करते हैं। अपनी जाति में अस्वीकृत होने का जो सन्देह मुन्नी के मन में था, वह 1947 के दंगों के दौरान बलात्कार की शिकार हिन्दू स्त्रियों के साथ ऊँची जातियों के व्यवहार से बड़े पैमाने पर सिद्ध हुआ। प्रेमचन्द यह भी दिखाते हैं कि जाति व्यवस्था में नीच समझे जाने वाले दलित समुदाय में सहृदयता और स्वतन्त्रता अधिक होती है। इस तरह प्रेमचन्द एक साथ मुन्नी-प्रसंग के माध्यम से एक ऐसा आख्यान रचते हैं जो साम्राज्यवाद विरोधी तो है ही, सामन्ती रूढ़ियों, मान्यताओं और पूर्वग्रहों का भी प्रभावशाली खंडन करता है।

प्रेमचन्द अपने उपन्यासों के माध्यम से लोकतन्त्र की सम्भावनाओं की तलाश का आख्यान रचते हैं। उनके सामने जो स्वाधीनता-आन्दोलन था, उसके साथ होते हुए भी वे उससे न तो पूरी तरह सहमत थे और न सन्तुष्ट। उनकी आस्था अमीरों के आन्दोलन से अधिक जनता की शक्ति में थी। उनकी दृष्टि जितनी स्वाधीनता-आन्दोलन पर थी, उससे अधिक जनजीवन की समस्याओं और उन समस्याओं से जुड़े छोटे-बड़े आन्दोलनों पर रहती थी, इसीलिए उनके उपन्यासों में किसानों, मजदूरों, स्त्रियों और दलितों के जीवन की वास्तविकताओं और उनसे जुड़े आन्दोलनों के चित्र अधिक प्रभावशाली हैं। फ्रैंज फैनन ने लिखा है कि "अगर साम्राज्यवाद विरोधी संघर्ष के समय राष्ट्रीय चेतना को सामाजिक चेतना नहीं बनाया जाता तो भविष्य मुक्ति का नहीं, उपनिवेशवाद के बदले हुए रूप का होगा। इसलिए राष्ट्रीय चेतना को सामाजिक और राजनीतिक आवश्यकताओं में रूपान्तरित करते हुए उसे अधिक व्यापक और गहरा अर्थात् वास्तविक रूप में मानवीय बनाना जरूरी है।" यही वास्तविक लोकतांत्रिक दृष्टि की माँग भी है। प्रेमचन्द ने ऐसा ही प्रयत्न अपने उपन्यासों के माध्यम से किया है। इसीलिए उनके उपन्यासों में एक ओर संकीर्ण राष्ट्रवाद की आलोचना है तो दूसरी ओर उसके साथ ही जनता की मुक्ति-चेतना के विकास का समर्थन भी।

जब से पश्चिम में उत्तर-आधुनिकतावाद का शोर बढ़ा है और वह हिन्दी में अफवाह की तरह आया है तब से आधुनिकता की आलोचना के साथ-साथ उपन्यास के अस्तित्व के बारे में भी तरह-तरह के प्रश्न खड़े किये जा रहे हैं। पश्चिम में भी आधुनिकता के मिथक की आलोचनाएँ हो रही हैं, लेकिन वहाँ

उपन्यास-रचना की जरूरत को अस्वीकार नहीं किया जा रहा है; बल्कि अमेरिका में भेद-भाव की जिन्दगी के शिकार नीग्रो समुदाय के लेखक आधुनिकता के मिथक के सम्मोहन से मुक्ति के मार्ग के रूप में उपन्यास के आख्यान को देख रहे हैं। वे उत्तर-आधुनिकतावाद का उपयोग आधुनिकता और आधुनिकतावादी रचना-दृष्टि की आलोचना के लिए करते हैं, उपन्यास की रचना के अन्त की घोषणा के लिए नहीं। वे मानते हैं कि उत्तर-आधुनिकतावाद पूँजीवाद के वर्तमान दौर की सांस्कृतिक परिणति है और उसकी विचारधारा भी। इसलिए वे उत्तर-आधुनिकतावाद की विचारधारा की सीमाओं के बोध के साथ अपने समुदाय की लोकतांत्रिक आकांक्षाओं की अभिव्यक्ति के लिए उपन्यास के आख्यान का उपयोग कर रहे हैं। यद्यपि उत्तर-आधुनिकतावादी कहते हैं कि अब मुक्ति के आख्यान का अन्त हो गया है, लेकिन अमेरिका में रहने वाले अफ्रीकी लेखक अपने जीवन और रचनाशीलता में मुक्ति का आख्यान विकसित करते दिखाई देते हैं। उनके उपन्यास पूँजीवादी सभ्यता के भीतर पैदा होने वाले असन्तोषों का आख्यान रचते हुए लोकतन्त्र की सम्भावनाएँ खोजते हैं। ऐसे लेखकों में टोनी मोरीसन के अलावा ऑक्टेविया बट्लर, वाइडमैन, इस्माएल रीड आदि प्रमुख हैं।

यद्यपि अनेक उत्तर-आधुनिकतावादी यथार्थवाद का विरोध करते हैं, लेकिन उसमें से कुछ यथार्थ की चिन्ता को आवश्यक भी मानते हैं। लिंडा हाँचेन ने लिखा है कि ''उत्तर-आधुनिकता अति यथार्थ के पीछे पागल होना नहीं है, बल्कि यथार्थ के अर्थ और उसके बोध की प्रक्रिया के बारे में प्रश्नाकुल होना है। ऐसा नहीं है कि अब पुनःप्रस्तुति ही प्रमुख है या सामाजिक सन्दर्भ का कोई अर्थ नहीं है, बल्कि उत्तर-आधुनिकतावाद यथार्थ की पुनःप्रस्तुति को पुनःप्रस्तुति के रूप में स्वीकार करने की सजगता है। इसका अर्थ यह है कि उत्तर-आधुनिकता के अनुसार यथार्थ की व्याख्या और रचना महत्त्वपूर्ण है, न कि यथार्थ का प्रत्यक्ष और तात्कालिक ज्ञान।" इस कथन को ध्यान में रखें तो उपन्यास में यथार्थवाद के नये रूपों के विकास की सम्भावना बनती है, उसके विनाश की नहीं। उत्तर-आधुनिकतावादी दृष्टि का उपयोग करते हुए भी बट्लर जैसे उपन्यासकार अपनी रचना में सच कहने के लक्ष्य पर जोर देते हैं। सच कहने की यही प्रवृत्ति व्यापक अर्थ में राजनीतिक प्रभाव भी पैदा करती है। अमेरिका के अनेक काले लेखक लिंग और जाति के साथ-साथ वर्ग के महत्त्व की भी पहचान कर रहे हैं और इस प्रक्रिया में वे नस्ल से सम्बन्धित अनुभवों की जटिलता की अभिव्यक्ति कर रहे हैं। वे यह भी जानते हैं कि नस्ल की तरह वर्ग-विभाजन भी दमन को प्रेरित करता है और वर्गीय चेतना दमन के विरुद्ध संगठित होने में मदद भी करती है। यद्यपि कुछ लेखक वर्ग की धारणा पर जोर देने को काले समुदाय की अस्मिता बोध में बाधक मानते हैं, लेकिन कुछ दूसरे लेखक यह जानते हैं कि काले समुदाय में भी कुछ अमीर हैं

तो कुछ गरीब और मजदूर भी। इन दोनों की वर्गीय स्थितियों में फर्क के कारण दमन और भेद की स्थितियों में भी फर्क होता है। आन्द्रिया ली के उपन्यास 'साराह फिलीप्स' में नस्ल और वर्ग की जटिल स्थितियों से उत्पन्न समस्याओं का प्रभावशाली चित्रण है। ऐसे चित्रणों से उपन्यास और लोकतन्त्र के सम्बन्धों की सूक्ष्मताएँ सामने आती हैं। यह एक विडम्बनापूर्ण स्थिति है कि उत्तर-आधुनिकतावादी विचारक यथार्थ और यथार्थवाद दोनों के अन्त की घोषणा कर रहे हैं, जबकि उपन्यास लेखक दोनों से अपने सम्बन्ध की बात कर रहे हैं। डेविड लॉज एक महत्त्वपूर्ण आलोचक हैं और उपन्यासकार भी। उन्होंने लिखा है कि मेरे उपन्यासों ने यथार्थ से कभी छुट्टी नहीं ली, उनमें वास्तविक जगत की सार्थक पुनःप्रस्तुति है और अगर मेरे पाठक मेरे उपन्यास पढ़ते समय वास्तविक संसार की कुछ सच्चाइयों की पहचान नहीं करेंगे तो मैं खुद को असफल उपन्यासकार मानूँगा।

आजकल आलोचना की एक दृष्टि स्वयं को उत्तर-औपनिवेशिकतावादी कहती है। इस दृष्टि से ऐसे आलोचक जुड़े हुए हैं, जो अनिवासी या प्रवासी भारतीय बुद्धिजीवी हैं। वे उपनिवेशवाद से मुक्त हुए देशों के साहित्य को उत्तर-औपनिवेशिक साहित्य कहते हैं। यद्यपि ऐसे आलोचक भूमंडलीकरण के माध्यम से नये प्रकार के उपनिवेशवाद के फैलाव को नहीं देखते और एशिया, अफ्रीका तथा दक्षिण अमेरिका के साहित्य में पैदा होने वाले नये प्रकार के औपनिवेशिक प्रभावों को भी स्वीकार नहीं करते। फिर भी वे उत्तर-औपनिवेशिक साहित्य में उत्तर-आधुनिकतावाद की छाप और छाया की खोज जरूर करते हैं। अगर यह पूछा जाय कि उत्तर-औपनिवेशिक साहित्य की केन्द्रीय विधा क्या है तो यह कहा जा सकता है कि वह उपन्यास ही है। उपन्यास ने उपनिवेशवाद से मुक्ति के बाद समाज में स्वतन्त्रता और लोकतन्त्र के लिए संघर्ष को सामने लाने में महत्त्वपूर्ण भूमिका निभायी है। एशिया, अफ्रीका और दक्षिण अमेरिका के अनेक देशों में उपनिवेशवाद से मुक्ति के बाद की शासन-व्यवस्थाएँ ऐसी रही हैं, जिन्हें आन्तरिक उपनिवेशवाद कहना अधिक सही होगा। ऐसी व्यवस्थाओं के सच को सामने लाने वाले उपन्यासों को उत्तर-औपनिवेश कहने के बदले उपनिवेशवाद विरोधी कहना ज्यादा सही होगा। उपनिवेशवाद से स्वतन्त्र हुए देशों के जिन लेखकों ने अपने देश के शासकों के अत्याचारों और जनता की बदहाली का चित्रण अपने उपन्यासों में किया है उनका स्वदेशी शासकों ने तरह-तरह से दमन भी किया है। ऐसे ही सऊदी अरब के एक लेखक हैं अब्दुल रहमान मुनीफा। उन्होंने 'सिटीज ऑफ साल्ट' नामक उपन्यास माला में एक ओर साम्राज्यवादी शक्तियों द्वारा अपने देश की लूट और तबाही का चित्रण किया है तो दूसरी ओर अपने देश के शासकों के लोकतन्त्र विरोधी और दलाल चरित्र का भी फर्दाफाश किया है। इसीलिए उन्हें देश से बाहर निकाल दिया गया। वे यह मानते हैं कि उपन्यास अपने समाज का ऐसा पाठ प्रस्तुत करता है जो राजनीतिक

इतिहास या फिर सरकारी इतिहास से अधिक सच्चा और महत्त्वपूर्ण हो सकता है। यही काम उन्होंने अपने उपन्यासों के माध्यम से किया भी है। उनके उपन्यासों में अरब के विभिन्न देशों में व्याप्त सामन्ती प्रवृत्तियों और धार्मिक कट्टरताओं की खरी आलोचना है। ऐसे ही एक दूसरे उपन्यासकार हैं इंडोनेशिया के प्रमोद्य अनन्त तोयर, जिन्हें 'द फ्यूजिटीव' नामक उपन्यास लिखने के कारण 1965 में स्थापित सैनिक सत्ता ने कैद किया और बारह वर्षों तक जेल में रखा। उनके परवर्ती उपन्यासों में सुहार्तो की तानाशाही की बर्बरता का ऐसा चित्रण है जिसे इंडोनेशिया के सैनिक शासक पचा नहीं पाये। उनके अनेक उपन्यासों पर इंडोनेशिया में पाबन्दी लगा दी गयी थी। उनके उपन्यास यह सवाल पूछते हैं कि क्या सुहार्तो का शासन उपनिवेशवादी शासन का ही विस्तार नहीं है। यह सच्चाई है कि आजादी के बाद इंडोनेशिया की सैनिक सत्ता ने जैसा अत्याचार और हत्याकांड किया वैसा उपनिवेश के समय भी नहीं हुआ था। दक्षिण अमेरिका में भी ऐसे उपन्यास लिखे गये हैं जिनमें स्पेन के उपनिवेशवाद से मुक्ति के बाद के तानाशाह शासकों की बर्बरता का चित्रण है। इन सबसे यह जाहिर है कि उपन्यास ने सोचने और कल्पना करने की स्वतन्त्रता के लिए संघर्ष करते हुए विभिन्न देशों में लोकतांत्रिक आकांक्षाओं को जगाये रखने और उनके लिए संघर्ष करने की प्रेरणा दी है।

उपनिवेशवाद से मुक्त हुए सभी देशों में उपन्यास का विकास एक जैसा नहीं हुआ है। अफ्रीका में लोकतन्त्र और स्वदेशी उपन्यास के विकास के सामने एक बड़ी समस्या विदेशी भाषाओं के प्रभुत्व से मुक्ति की है। उपनिवेशवाद के काल से ही अफ्रीका के विभिन्न देशों में यूरोप की तीन भाषाओं का प्रभुत्व बना हुआ है। ये भाषाएँ हैं—अंग्रेजी, फ्रांसीसी और पुर्तगाली। इन भाषाओं को अफ्रीका के स्वदेशी शासक वर्ग ने अपनाकर इन्हें शासन, शिक्षा, संस्कृति और साहित्य का माध्यम बना रखा है। यूरोप की इन भाषाओं के प्रभुत्व के खिलाफ अफ्रीकी भाषाओं के लेखक संघर्ष कर रहे हैं। केन्या के लेखक न्गुगी वा थिआंगो ने लिखा है कि अपने प्राकृतिक और सामाजिक परिवेश से वास्तविक सम्बन्ध बनाने और विश्व में अपनी पहचान पाने के लिए भाषा का चुनाव और उसके प्रयोग की स्वतन्त्रता अनिवार्य है। इसीलिए 20वीं सदी के अफ्रीका में परस्पर विरोधी सामाजिक शक्तियों के बीच संघर्ष का केन्द्रीय मुद्दा भाषा बनी हुई है। न्गुगी पहले अंग्रेजी में लिखते थे और अंग्रेजी के लेखक रूप में उन्हें अच्छी ख्याति भी मिली, लेकिन अब उन्होंने अंग्रेजी में लिखना छोड़कर केन्या की एक भाषा गोकुयु में लिखना आरम्भ किया है। गोकुयु में लिखा उनका उपन्यास 'माँ मेरे लिए गा' बहुत चर्चित हुआ है। न्गुगी कहते हैं कि "केन्या की एक भाषा गोकुयु में लिखने का मेरा संकल्प केन्या और पूरे अफ्रीका की जनता के साम्राज्यवाद विरोधी संघर्ष से अविभाज्य रूप से जुड़ा हुआ है। केन्या के स्कूलों और विश्वविद्यालयों में केन्या की भाषाओं को

हेय माना जाता है। उनको पिछड़ेपन का प्रतीक समझा जाता है। मैं यह नहीं चाहता कि केन्या के बच्चे साम्राज्यवादी विरासत के प्रभुत्व के कारण केन्या के जनजीवन और इतिहास का प्रतिनिधित्व करने वाली भाषाओं से घृणा करें।'' अफ्रीका के एक दूसरे उपन्यासकार सेंबेन ओस्मन ने एक साक्षात्कार में कहा है कि ''1960 में हमने सोचा था कि अफ्रीका में आजादी के साथ स्वर्ग आ जाएगा। अब हम जानते हैं कि गोरे गये लेकिन उनकी जगह आज जो सत्ता में आये हैं, वे गोरों के ही काले प्रतिनिधि हैं। यह शासक वर्ग साम्राज्यवाद का दलाल है। इसकी करतूतों की निन्दा का साहस हममें होना चाहिए।'' ओस्मन के कथन से स्पष्ट है कि अफ्रीका में उपन्यास लेखन केवल बैठे ठाले का काम नहीं है और न वह आत्ममुग्ध बुद्धिजीवियों की नितान्त निजी कला-साधना का माध्यम है। व्यापक जनजीवन से गहरी सम्बद्धता के साथ उपन्यास अफ्रीकी जनता के इतिहास-निर्माण के प्रयत्न का साक्षी है।

एशिया और अफ्रीका की तरह दक्षिण अमेरिका में भी उपन्यास उपनिवेशवाद से मुक्ति के बाद विभिन्न देशों की जनता की लोकतांत्रिक आकांक्षाओं की अभिव्यक्ति का साधन बना है और उन आकांक्षाओं के दमन का साक्षी भी।

1950 से 1970 के बीच दक्षिण अमेरिका के विभिन्न देशों में ऐसे उपन्यासों की रचना हुई है जिनसे दुनिया में उपन्यास का नक्शा ही बदल गया है। दक्षिण अमेरिका में नये ढंग के उपन्यासों का आरम्भ कार्पेन्तियर के उपन्यास 'इस दुनिया की बादशाहत' (1949) से हुआ। उसके बाद 1960 तक जार्ज आमादों (ब्राजील), मार्खेज (कोलम्बिया), जोस मेरिया अर्गुदस (पेरू), जुआन रूफो (मेक्सिको), कार्लोस फोएत (मेक्सिको), राव बस्तोव (पेरागुए) आदि के महत्त्वपूर्ण उपन्यास सामने आये, जिनसे दक्षिण अमेरिका के उपन्यासों पर विचार की नयी प्रक्रिया शुरू हुई और उन उपन्यासों को जादुई यथार्थवाद के उपन्यास कहा गया। दक्षिण अमेरिका में विकसित उपन्यासों के सामाजिक, राजनीतिक आधार को समझने के लिए दो उपन्यासों पर ध्यान देना जरूरी है। उनमें से एक है मार्खेज का 'सौ वर्षों का एकान्त' और दूसरा है ईसाबेल अलेंदे का 'भूतों का घर'। पहले उपन्यास का नाम दक्षिण अमेरिका के विभिन्न समाजों और संस्कृतियों के इतिहास की विडम्बनाओं और त्रासदियों की ओर संकेत करता है। दूसरे उपन्यास की लेखिका चिली की हैं; जहाँ राष्ट्रपति अलेंदे, उनकी सरकार और जनतन्त्र की हत्या करके जो बर्बर तानाशाह सामने आया उसने पूरे देश को भूतों का भयानक घर बना दिया। दोनों उपन्यासों में स्थानीयता के साथ-साथ समूचे दक्षिण अमेरिका के इतिहास और वर्तमान का सजीव और साकार रूप चित्रित है। इन दोनों उपन्यासों से यह स्पष्ट है कि दक्षिण अमेरिका में उपन्यास कोई मनोरंजक कला नहीं है, वह इतिहास-निर्माण का प्रेरणास्रोत है और इतिहास-प्रक्रिया में सहभागी भी।

दक्षिण अमेरिका के अधिकांश देशों में कहीं सैनिक तानाशाही है तो कहीं असैनिक तानाशाही। लेखकों, बुद्धिजीवियों और पत्रकारों का दमन आम बात है। हमेशा के लिए इस दुनिया से लेखकों और पत्रकारों के गायब होने की घटनाएँ रोज-रोज घटती रहती हैं। ऐसी स्थितियों को उपन्यास में व्यक्त करने के लिए लेखक फैंटेसी की मदद लेते हैं। भारत में भी आपात्काल के बाद लेखक यूटोपिया और फैंटेसी की ओर मुड़े थे। जातक, पंचतन्त्र और हितोपदेश की रचना-पद्धतियाँ आपात्काल में रचनाकारों के काम आयी थीं। दक्षिण अमेरिका के उपन्यासों में यूटोपिया, फैंटेसी और मिथकों के प्रयोग का एक कारण वहाँ की राजनीतिक परिस्थितियाँ भी हैं। दक्षिण अमेरिका की जनता ऐसी सत्ताओं का सामना करती रही है, जो यथार्थ को भ्रम और भ्रम को यथार्थ बनाने की कोशिश करती हैं। ऐसी स्थिति में जो सच होता है वह दिखाई नहीं देता और जो दिखाई देता है वह सच नहीं होता। जनता की चेतना, स्मृति और अनुभव से सच्चाई को दूर रखने के लिए तरह-तरह के छल-प्रपंचों का जाल फैलाया जाता है। दक्षिण अमेरिका के उपन्यासकारों ने इन स्थितियों की जटिलता और भ्रामकता को मूल रूप में व्यक्त करने के लिए प्रायः भूलभुलैया के रूपकों और बिम्बों का प्रयोग किया है। ये सारे प्रयोग उपन्यास को जनता की लोकतान्त्रिक आकांक्षा से जोड़ते हैं और उन आकांक्षाओं के लिए संघर्ष की राह की कठिनाइयों से भी परिचित कराते हैं।

उपन्यास और लोकतन्त्र के सम्बन्ध पर विचार करते समय यह ध्यान में रखना जरूरी है कि लोकतन्त्र केवल एक राजनीतिक व्यवस्था और शासन-पद्धति ही नहीं है, वह एक ऐसी मानसिकता भी है जो सहिष्णुता की संस्कृति, दूसरों का सम्मान, दूसरों के अन्तरों का स्वीकार, विचारों की अनेकता का आदर, अभिव्यक्ति की स्वतन्त्रता और संवाद की तत्परता विकसित करती है। लोकतन्त्र की ये विशेषताएँ उपन्यास के स्वभाव और संरचना में निहित होती हैं और उपन्यास ऐसी ही मानसिकता का निर्माण भी करता है। वह व्यक्ति की स्वतन्त्रता के साथ-साथ समाज के हित को भी ध्यान में रखता है, जो लोकतन्त्र का भी अनिवार्य गुण है। उपन्यास मनुष्य की गरिमा और उसकी स्वतन्त्रता की रक्षा का प्रयत्न करते हुए ही व्यक्ति को सामाजिक और समाज को मानवीय बनाने में सफल हुआ है। उपन्यास अपने पाठकों को दूसरों के अनुभवों का साक्षी ही नहीं, साझीदार भी बनाता है और इस प्रक्रिया से वह मानवीय चेतना का विस्तार करता है। लोकतन्त्र में अनेकता, अनेकरूपता, विविधता और बहुवचनता का स्वीकार होता है, जो उपन्यास की संरचना की भी बुनियादी विशेषताएँ हैं। अन्तरों और अन्तर्विरोधों के अस्तित्वों का ज्ञान और उनकी अर्थवत्ताओं की पहचान के बिना न उपन्यास की रचना सम्भव है, न लोकतन्त्र का व्यवहार। समाज में लोकतन्त्र के होने और बने रहने के लिए समता का होना जरूरी है। समता का बोध, उसकी चेतना तथा आर्थिक, सामाजिक,

सांस्कृतिक और राजनीतिक स्तरों पर समता की उपस्थिति लोकतन्त्र के अस्तित्व के लिए जरूरी है। साथ ही समता के विरुद्ध क्रियाशील प्रवृत्तियों, परम्पराओं और स्थितियों का बोध भी लोकतन्त्र की रक्षा के लिए आवश्यक है। उपन्यास ने, विशेषरूप से हिन्दी उपन्यास ने अपने जन्मकाल से ही समाज में विषमता की वास्तविकताओं से पाठकों को परिचित कराने और समता की चेतना जगाने का काम किया है। सबसे महत्त्वपूर्ण बात यह है कि उपन्यास ने लोकतन्त्र के शत्रुओं की पहचान करने और कराने में पाठकों की मदद की है।

मानव समाज के इतिहास में जो विषमता सबसे अधिक लम्बी, गहरी, स्थायी और अमानवीय है वह पुरुष और स्त्री के बीच की विषमता है। मातृसत्तात्मक व्यवस्था से पितृसत्तात्मक व्यवस्था में मानव-समाज का प्रवेश पुरुषों के लिए सभ्यता का इतिहास है तो स्त्रियों के लिए बर्बरता का। पितृसत्तात्मक व्यवस्था में स्त्री की पराधीनता की शृंखला की कड़ियाँ असंख्य हैं, जिनमें से कुछ दृश्य हैं और कुछ अदृश्य भी। आधुनिक काल में स्त्री की पराधीनता का बोध समाज को हुआ और उस पराधीनता से मुक्ति की कोशिशें भी शुरू हुई हैं। स्त्री की पराधीनता मानव-समाज के विकास में एक बड़ी बाधा रही है, इसलिए जिन विचारकों ने समाज के विकास की चिन्ता की है उनमें से कुछ ने स्त्री की स्वतन्त्रता की जरूरत पर भी जोर दिया है। लेकिन स्त्री की पराधीनता का संघर्ष वास्तविक रूप से तब शुरू हुआ जब स्वयं स्त्रियों को अपनी पराधीनता का बोध हुआ और उससे मुक्ति की चिन्ता और चेतना जगी। उपन्यास ने अपने उदयकाल से ही स्त्री की पराधीनता के बोध और स्वतन्त्रता की आवश्यकता की ओर संकेत किया है। फ्रांस की क्रान्तिकारी महिला मादाम स्तेल ने आज से दो सौ वर्ष पहले यह कहा था कि समाज में नारी की स्थिति से उपन्यास का गहरा सम्बन्ध है। उन्होंने यह भी लिखा है कि जिन समाजों में स्त्रियों की स्थिति सम्मानजनक होगी और स्त्री-पुरुष सम्बन्धों में समाज की गहरी रुचि होगी वहीं उपन्यास का विकास होगा। वैसे तो पुराने जमाने की स्त्रियों की कविता में भी जहाँ-तहाँ पराधीनता के बोध और स्वाधीनता की आकांक्षा व्यक्त हुई है, लेकिन उपन्यास के साथ ही जीवन की सम्पूर्णता के भीतर स्त्री की गुलामी का चित्रण दिखाई देता है और स्वाधीनता के लिए उसका संघर्ष भी। आधुनिक काल में जिन लेखिकाओं के उपन्यासों में स्त्रियों के संघर्ष की अत्यन्त सार्थक अभिव्यक्ति हुई है उनमें वर्जीनिया वुल्फ का नाम विशेष रूप से उल्लेखनीय है। उन्होंने अपनी पुस्तक 'ए रूम ऑफ वन्स ओन' में उपन्यास से स्त्री के सम्बन्ध पर विस्तार से विचार किया है। उन्होंने लिखा है कि "उपन्यास का वास्तविक जीवन से संवाद होता है इसलिए इसके मूल्य भी कुछ हद तक वास्तविक जीवन के मूल्य होते हैं। लेकिन यह स्पष्ट है कि औरतों के मूल्य मर्दों द्वारा निर्मित मूल्यों से अक्सर भिन्न होते हैं।" इसलिए यह बहुत स्वाभाविक

है कि पुरुषों द्वारा लिखे उपन्यासों में स्त्रियाँ जिस रूप में आती हैं उसी रूप में वे स्त्रियों द्वारा लिखित उपन्यासों में नहीं हो सकतीं। वर्जीनिया वुल्फ के अनुसार चरित्रों की कल्पना ही नहीं बल्कि उपन्यास की भाषा में भी स्त्री-पुरुष का फर्क दिखायी देता है। उन्होंने उपन्यास में मर्दाना वाक्य की जगह स्त्री वाक्य की रचना पर जोर दिया था। उपन्यास और स्त्री के बीच सहज सम्बन्ध की चर्चा करते हुए वर्जीनिया वुल्फ ने लिखा है कि "जब औरत लेखक बनी तब साहित्य के सभी पुराने रूप कठोर और स्थिर हो चुके थे। केवल उपन्यास ही इतना युवा था कि औरत लायक लचीलापन उसमें था—शायद यह भी एक वजह है जिसके चलते उसने उपन्यास लिखे।"

हिन्दी में उपन्यास का उदय ही समाज में स्त्री की स्थिति के बोध के साथ हुआ था। आरम्भ के अधिकांश उपन्यास स्त्री केन्द्रित उपन्यास ही थे। चाहे गौरीदत्त का 'देवरानी-जेठानी की कहानी' हो या ईश्वरी प्रसाद और कल्याण राय का 'बामाशिक्षक' या श्रद्धाराम फिल्लौरी का 'भाग्यवती', इन सभी उपन्यासों में भारतीय समाज में स्त्री की दुर्दशा का चित्रण है और स्त्रियों की दशा सुधारने की चिन्ता भी। जाहिर है इन उपन्यासों में पुरुष-दृष्टि से स्त्री के वर्तमान और भविष्य को देखा गया है। इस दौर के उपन्यासों में 1889 में लिखा गया किशोरी लाल गोस्वामी का उपन्यास 'कुसुमकुमारी' ही ऐसा है जिसमें समाज-व्यवस्था और धर्म के भीतर स्त्री की पराधीनता और यातना का चित्रण ही नहीं उससे मुक्ति की चेतना भी है। यह हिन्दी का पहला उपन्यास है जिसमें वेश्या जीवन की त्रासदी को व्यक्त किया गया है और साथ ही देवदासी प्रथा के विरुद्ध आवाज उठायी गयी है। इस उपन्यास में एक जगह कुसुमकुमारी कहती हैं कि "जिस प्रथा से व्यभिचार और वेश्यावृत्ति की दिन-दूनी और रात चौगुनी बढ़वार हुई जा रही है, उस प्रथा को धर्म का अंग मानना—यह कैसा विचार है?" उपन्यास ने प्रायः समाज के उन लोगों पर अधिक ध्यान दिया है जो मुख्यधारा से बहिष्कृत रहे हैं, लेकिन उसके शोषण का शिकार भी होते रहे हैं। ऐसे लोगों में वेश्याएँ भी आती हैं। किशोरीलाल गोस्वामी के 'कुसुमकुमारी' और मिर्जा हादी रुसवा के 'उमरावजान' से वेश्याजीवन की त्रासदी की जो आख्यान-परम्परा शुरू होती है, वह प्रेमचन्द के 'सेवासदन' में विकसित होती दिखाई देती है। आरम्भिक हिन्दी उपन्यासों में पहला स्त्री-स्वर मल्लिका के लिखित या अनूदित उपन्यासों में सुनाई देता है। उनके उपन्यासों में रूढ़िग्रस्त भारतीय समाज में स्त्री की यातना भरी जिन्दगी की त्रासद कथा कही गयी है।

हिन्दी उपन्यास की दुनिया में सचमुच लोकतन्त्र तब आया जब स्त्री लेखिकाओं ने अपने उपन्यासों में एक ओर पुरुष-सत्ता का विश्लेषण और चित्रण आरम्भ किया और दूसरी ओर स्त्री के संघर्ष की कथा को उपन्यास के केन्द्र में लाने का

प्रयत्न किया। कृष्णा सोबती के उपन्यासों में स्त्री की दृष्टि से देखे गये भारतीय समाज और उसमें स्त्री-पुरुष के सम्बन्धों के सच को अनेक रूपों में व्यक्त किया गया है। कृष्णा सोबती और मन्नू भंडारी यद्यपि स्त्रीवादी लेखिकाएँ नहीं हैं, फिर भी इनके लेखन में पुरुष के छल-छद्म की शिकार स्त्री की विडम्बनापूर्ण स्थिति की अभिव्यक्ति है। मृदुला गर्ग ने कुछ अधिक साहस के साथ स्त्री-पुरुष सम्बन्ध के प्रसंग में स्त्री के अनुभव के ऐसे पक्षों को व्यक्त किया है, जो केवल एक स्त्री कर सकती है, कोई पुरुष नहीं। इस प्रक्रिया में उपन्यास के माध्यम से स्त्री ने अपनी स्वतन्त्र पहचान बनाई है और अपनी रचनात्मक स्वतन्त्रता को जीवन की स्वतन्त्रता से जोड़ने का प्रयत्न किया है। मैत्रेयी पुष्पा के 'इदन्नमम्' और 'चाक' में स्त्री केवल एक व्यक्ति के रूप में ही नहीं, एक सामाजिक शक्ति के रूप में भी सजग होती, अपनी पहचान खोजती, पुरुषों के पौरुष से संघर्ष करती और अपने लिए स्वतन्त्र राह बनाती दिखाई देती है। हिन्दी उपन्यास में इन लेखिकाओं का रचनात्मक संघर्ष इनका सामाजिक और सांस्कृतिक संघर्ष तो है ही, राजनीतिक संघर्ष भी है। इन लेखिकाओं ने उपन्यास को पहले से अधिक मानवीय, सामाजिक और परिवर्तनकामी बनाते हुए साहित्य की दुनिया के लोकतन्त्र को राजनीति के लोकतन्त्र से जोड़ने की कोशिश की है। प्रायः दुनिया में स्त्रीवादी आन्दोलन से प्रेरित कथा-लेखन में स्त्री के आत्मबोध की चार अवस्थाएँ दिखाई देती हैं। पहली अवस्था अपनी वास्तविक स्थिति के बोध की है, दूसरी अवस्था उससे विद्रोह की है, तीसरी अवस्था पुरुष और पुरुषवादी मूल्यों के विरोध की है और चौथी अवस्था अपने स्वतन्त्र अस्तित्व और आकांक्षा की अभिव्यक्ति की है। लेकिन स्त्रीवादी लेखन के विकास की एक और अवस्था है जिसकी ओर वर्जीनिया वुल्फ ने संकेत किया है। उसने लिखा है कि अच्छा स्त्री लेखन वह होगा जिसमें लेखिका औरत की तरह ही लिखे "लेकिन ऐसी औरत की तरह जो भूल चुकी हो कि वह औरत है ताकि उसके लेखन में वह विचित्र लिंगीय गुण भर उठे जो केवल तभी प्रकट होता है जब लिंग अपने ही अस्तित्व के प्रति अचेत हो जाता है।" यही लेखन के माध्यम से स्त्री की स्वतन्त्रता का चरम रूप है और समाज में लोकतन्त्र की महत्त्वपूर्ण उपलब्धि भी।

भारतीय समाज में लोकतन्त्र के विकास में एक बड़ी बाधा है जाति-व्यवस्था। वह हिन्दू समाज की सामाजिक संरचना की ऐसी बुनियादी विशेषता है जो समाज और संस्कृति को ही नहीं, भारतीय राजनीति को भी प्रभावित, अनुशासित और संचालित करती है। यहाँ व्यक्ति की विश्व-दृष्टि के आदि और अन्त में जाति-दृष्टि मौजूद रहती है। कुरूपता का सौन्दर्यशास्त्र लिखने वाले एक लेखक ने कहा था कि "सुन्दरता केवल चमड़ी तक सीमित रहती है, लेकिन कुरूपता मज्जा तक फैली होती है।" उसी तरह भारतीय समाज में आधुनिक विचारधाराएँ केवल सतह

पर सक्रिय रहती हैं, जब कि जातिगत भावना चेतना की अन्तिम गहराई तक व्याप्त होती है। जाति-व्यवस्था समाज में भेद-भाव को स्थायी भाव बनाने वाली अचूक व्यवस्था है। इसमें व्यक्ति की वैयक्तिक स्वतन्त्रता महत्त्वपूर्ण नहीं होती, उसकी स्वतन्त्र पहचान भी नहीं होती; उसे जाति से जोड़कर ही समझा जाता है। जाति-व्यवस्था काल्पनिक शुद्धता-अशुद्धता पर आधारित ऊँच-नीच के अन्तर की ऐसी श्रेणीबद्ध व्यवस्था है जो आदि में जन्म से जुड़ी रहती है और अन्त में धर्म से, इसलिए उसके बन्धनों से मुक्त होना अत्यन्त कठिन होता है। ऐसी व्यवस्था हर हाल में लोकतन्त्रविरोधी होगी। भारतीय उपन्यास ने जाति-व्यवस्था से उपजी पराधीनताओं की पहचान करते हुए उनका चित्रण किया है और उनकी आलोचना भी। उपन्यास ने व्यक्ति की स्वतन्त्र चेतना और अस्मिता की खोज करते हुए जाति-व्यवस्था की दमनकारी सामूहिकता से मुक्त होने में भारतीय मनुष्य की मदद की है।

जाति-व्यवस्था भारत के दूसरे धर्मों और समाजों में भी घुसी हुई है। इसका प्रभाव ईसाई और मुसलमान-समाजों में भी दिखाई देता है। यद्यपि ईसाई और इस्लाम धर्म में जाति के लिए कोई जगह नहीं है, लेकिन भारत के ईसाई और मुसलमान समाजों में जाति-व्यवस्था मिलती है। केरल में ईसाई समुदाय भी जातिगत भेद-भावना से मुक्त नहीं है। 19वीं सदी में मलयालम में ऐसे अनेक उपन्यास लिखे गये थे, जिनमें दलित जातियों की गुलामी और उनके क्रूर दमन की कथा कही गयी है। 'सरस्वती विजयम' (1893) और 'सुकुमारी' (1897) ऐसे ही उपन्यास हैं। 19वीं सदी में केरल के दलित समुदाय के लोगों ने हिन्दू धर्म की जाति-व्यवस्था की गुलामी से स्वतन्त्र होने के लिए ईसाई बनना स्वीकार किया, लेकिन वह भी अरुन्धती राय के शब्दों में जलती कड़ाही में से आग में कूदने जैसा साबित हुआ। वहाँ भी उन्हें पहले जैसी विषमता और यातना का सामना करना पड़ा। अरुन्धती राय ने अपने उपन्यास 'द गॉड ऑफ स्माल थिंग्स' में अत्यन्त प्रभावशाली ढंग से यह दिखलाया है कि केरल में दो हजार वर्षों से ईसाई धर्म की उपस्थिति और 20वीं सदी में मार्क्सवाद के प्रवेश के बावजूद जाति-व्यवस्था का सर्वग्रासी प्रभाव अत्यन्त आतंककारी रूप में बना हुआ है। वहाँ जाति-व्यवस्था के साथ पितृसत्ता के प्रभुत्व के कारण दलितों और स्त्रियों की गुलामी अत्यधिक घातक है। मार्क्सवादियों से अरुधन्ती राय की शिकायत यह है कि वे इस गठजोड़ को समझने और तोड़ने के बदले या तो उसके शिकार हुए हैं या फिर उसका अपनी सत्ता के लिए उपयोग किया है।

भारतीय गाँव जाति-व्यवस्था के गढ़ हैं। गाँव की जिन्दगी की कथा लिखने वाला कोई भी उपन्यासकार जाति की उपेक्षा करके उस जिन्दगी की जटिल समग्रता का आख्यान निर्मित नहीं कर सकता। हिन्दी में फणीश्वरनाथ रेणु ने गाँव

की प्रकृति, संस्कृति और विकृति की सम्पूर्ण कथा लिखी है। रेणु के शब्दों में 'मैला आँचल' में गाँव के जीवन में व्याप्त "फूल भी है, शूल भी, धूल भी है, गुलाब भी, कीचड़ भी है, चन्दन भी, सुन्दरता भी है, कुरूपता भी।" मैला आँचल का कथाकाल स्वाधीनता आन्दोलन के अन्तिम दौर का है जिसके रेणु सहभागी के रूप में साक्षी थे और उसका रचनाकाल आजादी के ठीक बाद का है, जब वे स्वतन्त्र भारत में स्वदेशी सत्ता की रीति-नीति और उसके जनजीवन पर पड़ रहे प्रभावों को देख रहे थे। मैला आँचल की कथा अनुमान से नहीं रची गयी है, वह अनुभव से उपजी हुई कथा है। मैला आँचल में गाँव के जीवन की समग्रता है, उसमें जमींदार है और किसान भी हैं, जिनके बीच संघर्ष है, धर्म की आड़ में स्त्री का क्रूर दैहिक शोषण है और राजनीति का छल-छद्‌म भी। मैला आँचल में गाँव की ज़िन्दगी में फैली गरीबी और जहालत के साथ सामाजिक विद्वेष और कौमी नफरत के अनेक रूपों की कथाएँ हैं।

प्रेमचन्द अपने उपन्यासों में वर्तमान के बोध के आधार पर भारत में लोकतन्त्र के भविष्य की सम्भावनाओं और सन्देहों की अभिव्यक्ति कर रहे थे। रेणु उन सम्भावनाओं के अन्त के साथ और सन्देहों का सच होना देख रहे थे, इसीलिए वे मैला आँचल में भारत के लोकतन्त्र की समस्याओं और संकटों की पहचान का आख्यान रच रहे थे। वैसे तो मैला आँचल में लोकतन्त्र की अनेक समस्याओं और संकटों की पहचान है, लेकिन उनमें सबसे बड़ी समस्या है जाति की भावना। जाति-व्यवस्था गाँव की जनता को सामाजिक रूप से ही विभाजित नहीं करती, वह भौगोलिक विभाजन और अलगाव भी पैदा करती है। गाँव में अलग-अलग जातियों के लोग अलग-अलग टोलों में रहते हैं। मैला आँचल के आरम्भ में ही यह स्पष्ट हो जाता है कि गाँव के लोग जाति के आधार पर विभिन्न टोलों में बँटे हुए हैं, कोई गुअर टोले का है तो कोई राजपूत टोले का, कोई कायथ टोले का है तो कोई यादव टोले का, कोई बाम्हन टोले का है तो कोई कोइरी टोले का। जितने टोले उतनी टोलियाँ। गाँव के लोग प्रत्येक प्रसंग में जाति की भाषा में बात करते हैं। रेडियो पर गाँधी जी की हत्या की खबर आती है तो लोग हत्यारे की जाति के बारे में सोचते हैं—"अरे, बाभन कभी ऐसा काम नहीं कर सकता, जरूर वह साला चांडाल होगा।" एस.पी. साहब कह रहे हैं—"जिसने एक गरीब बनिया को बाल-बच्चा सहित मार डाला वही...।" गाँधी जी भी अन्ततः एक गरीब बनिया ही हैं। मैला आँचल में चुनाव की राजनीति में भी जाति के निर्णायक प्रभाव का उल्लेख है—"भूमिहार, राजपूत, कैथ, यादव, हरिजन सब लड़ रहे हैं। अगले चुनाव में तिगुने मेले (एम.एल.ए.) चुने जाएँगे। किसका आदमी ज्यादे चुना जाए इसी की लड़ाई है।" लम्बे समय तक स्वाधीनता आन्दोलन में शामिल रहने के बाद बालदेव सोचते हैं—"वह अब अपने गाँव में रहेगा, अपने समाज में, अपनी जाति

में रहेगा। जाति बहुत बड़ी चीज है। जाति की बात ऐसी है कि बड़े-बड़े लीडर अपनी-अपनी जाति की पार्टी में हैं। यह तो राजनीति है।"

'मैला आँचल' में साधारण आदमी की दृष्टि से देखा गया जीवन और रचा गया आख्यान है। उसमें साधारण आदमी अपनी भाषा, बोली-बानी और बात करने के ढंग के साथ मौजूद है। जो लोग 'मैला आँचल' में अंग्रेजी, फारसी और संस्कृत के शब्दों तथा खड़ी बोली के वाक्यों के बिगड़े हुए रूप को देखकर दुःखी या नाराज होत हैं, वे यह नहीं समझते कि आम जनता परायी भाषा के शब्दों और वाक्यों को अपना बनाने की प्रक्रिया में इसी तरह सँकरीकरण करती है। इससे भाषा और संवेदना के बीच अन्तरंग सम्बन्ध स्थापित होता है और उपन्यास में भाषा का लोकतन्त्र विकसित होता है जो व्याकरण की तानाशाही की उपेक्षा करता है बाख्तिन ने लिखा है कि "किसी भी राष्ट्रीय भाषा के भीतर सामाजिक बोलियों के अनेक स्तर होते हैं, जिनमें पेशा सम्बन्धी विशिष्ट शब्दावली, पीढ़ियों की भाषा गालियों की भाषा, अधिकारियों की भाषा आदि का समावेश होता है और उ सबका सामाजिक, राजनीतिक प्रयोजन भी होता है। भाषा की इस ऐतिहासिक स्थिति का बोध उपन्यास की रचना के लिए आवश्यक होता है। उपन्यास बोलि की सामाजिक बहुलता के माध्यम से ही वस्तुओं, विचारों और भावों की दुनिया व समग्रता को व्यक्त करता है और अपने पात्रों के स्वरों की स्वतन्त्रता को भी काय रखता है। 'मैला आँचल' में सामाजिक बोलियों की इसी बहुलता का बोध है अ उनकी रचनात्मक क्षमता का प्रयोग भी।

रेणु ने 'मैला आँचल' के अन्त में बावनदास की हत्या के माध्यम से र स्पष्ट संकेत दिया है कि स्वतन्त्र भारत में कैसी सत्ता, कैसी राजनीति और कै लोकतन्त्र स्थापित हो रहा है। बावनदास गाँधी जी का प्रतिनिधि है। विचार में नहीं, व्यवहार में भी। वह आजाद भारत में चोरबाजारी रोकने की कोशिश करता तो बैलगाड़ी से कुचलकर उसकी हत्या कर दी जाती है। उसके हत्यारे स्वाधी भारत की सत्ता के दलाल और सेवक हैं। हत्या का हुक्म देने वाला कापरा ए ओर चोरबाजारी करता है, जुआ कम्पनी चलाता है तो दूसरी ओर कांग्रेस क सेक्रेटरी भी है। उसके हाथ लम्बे हैं और पहुँच भी। इसीलिए वह ईमानदार, अकेल और निहत्था बावनदास को बैलगाड़ी के पहियों के नीचे कुचलकर मार डालता है रेणु ने ठीक ही लिखा है कि "बावन ने दो आजाद देशों की, हिन्दुस्तान और पाकिस्तान की—ईमानदारी, इंसानियत को, बस दो डग में ही नाप लिया।" बावनदास की हत्या देखकर एक ओर 'रंगभूमि' के सूरदास की हत्या की याद आती है, तो दूसरी ओर गाँधी की हत्या भी। जाहिर है ईमानदारी और सच्चाई की ऐसी हत्या के बाद जो लोकतन्त्र कायम हुआ वह लूटतंत्र के रूप में आज हमारे सामने है।

प्रत्येक प्रकार का कट्टरतावाद उपन्यास और लोकतन्त्र दोनों का दुश्मन है। उपन्यास और लोकतन्त्र के लिए बहुभाषिकता और बहुलता का विशेष महत्त्व है, लेकिन कट्टरतावाद को न बहुलता स्वीकार है और न बहुभाषिकता। उपन्यास के लिए सच सापेक्षिक होता है, जब कि कट्टरतावाद अपने सच को निरपेक्ष मानकर चलता है। उपन्यास और लोकतन्त्र में आलोचनात्मक चेतना क्रियाशील होती है, लेकिन कट्टरतावाद आलोचना के प्रति अत्यन्त असहिष्णु होता है। धार्मिक कट्टरतावाद उपन्यास और लोकतन्त्र का जानलेवा दुश्मन पहले भी रहा है और आज भी है। 16वीं सदी में ईसाई पादरियों ने वैचारिक पुलिस की तरह व्यवहार करते हुए उस समय के प्रसिद्ध फ्रांसीसी कथाकार रिबेला का जीना हराम कर दिया था, इसलिए उसे बार-बार जगह-जगह छिपना पड़ता था। 20वीं सदी में धार्मिक कट्टरतावाद से उपन्यास की दुश्मनी का सबसे बड़ा प्रमाण 13 फरवरी, 1989 को 'द सेटॅनिक वर्सेज' के लेखक सलमान रुश्दी की हत्या के लिए ईरान के धार्मिक नेता अयतुल्ला खुमैनी के फतवे के रूप में सामने आया। इस फतवे की दुनिया भर के लेखकों और बुद्धिजीवियों ने आलोचना की है, पर वह फतवा अब भी कायम है और सलमान रुश्दी के लिए खतरा बना हुआ है। बंगलादेश की लेखिका तसलीमा नसरीन अपने देश के धार्मिक कट्टरतावादियों के आक्रोश का सामना करती हुई अपने देश के बाहर रहने के लिए मजबूर हैं। नैतिकता के ठेकेदार आरम्भ से ही उपन्यास की स्वतन्त्रता को सामाजिक नैतिकता के लिए खतरनाक मानते रहे हैं और उपन्यासों के प्रकाशन तथा पढ़ने पर तरह-तरह की पाबन्दियाँ लगाते रहे हैं। भारतीय नवजागरण के अनेक विचारक स्त्रियों को उपन्यास पढ़ने से बचने की सलाह देते थे ताकि स्त्रियों में अनैतिक आदतें पैदा न हों। 19वीं सदी के मध्य में जापान में कानून बनाकर उपन्यासों के लिखने, छपने और पढ़ने पर कई तरह की बन्दिशें लगायी गयी थीं, इसलिए उपन्यास लेखन का ह्रास भी हुआ था। हिन्दी में नागार्जुन के उपन्यास 'रतिनाथ की चाची' पर अनैतिक होने का आरोप लगा तो दूसरे संस्करण में नागार्जुन को उपन्यास के कुछ प्रसंग निकालने पड़े। अज्ञेय के 'शेखर : एक जीवनी' के प्रकाशन पर भी नैतिकता के आग्रहियों ने हंगामा किया था और कुछ जगहों पर उपन्यास की प्रतियाँ भी जलायी गयी थीं। मृदुला गर्ग को अपने उपन्यास 'चितकोबरा' के लिए मुकदमे का सामना करना पड़ा।

उपन्यास ने आरम्भ से ही धार्मिक कट्टरता और नैतिक जड़ता का विरोध किया है, क्योंकि उपन्यास धर्मनिरपेक्ष आख्यान है। दुनिया के अनेक बड़े उपन्यासकारों ने धार्मिक अन्धविश्वास और जड़ता का विरोध करते हुए अपने पाठकों को अन्ध आस्था से बचाते हुए विवेकशील बनाया है। ऐसे लेखकों में टॉलस्टॉय और टॉमसमान विशेष रूप से उल्लेखनीय हैं। हिन्दी उपन्यास में आरम्भ से ही धार्मिक पाखंड और शोषण की तीव्र आलोचना होती रही है। ज्ञानचंद जैन ने अपनी पुस्तक

'प्रेमचन्द पूर्व के हिन्दी उपन्यास' में ठीक ही लिखा है कि "बालकृष्ण भट्ट ने अपने उपन्यासों में धूर्तों, पाखंडियों, दम्भियों, लम्पटों, ढोंगी साधुओं, मठों के गोसाइयों, जोगियों, बैरागियों, कनफटे और उदासी साधुओं, संन्यासियों, नामभात्र के अपढ़ उजड्ड धर्मशास्त्रबहिर्मुख, जजमानों को मूड़ने और टका कमाने तथा बछिया पुजाने वाले पेटार्थी ब्राह्मणों के बड़े यथार्थवादी चित्र दिये हैं। उन्होंने 'गुप्त वैरी' उपन्यास में मठ के पंडे-पुजारी जटाधारी जोगी तथा गुसाइयों की आवारगी, उजड्डपन और असत् व्यवहार का चित्रण किया है।" लज्जाराम मेहता के 'आदर्श हिन्दू' उपन्यास में भी तीर्थ स्थानों पर सक्रिय धूर्त साधुओं और लुटेरे पंडे-पुजारिये के व्यवहारों का चित्रण है। हिन्दी उपन्यास में धर्म के छल-छद्म और धोखाधड़ी की आलोचना की परम्परा 20वीं सदी में प्रेमचन्द के 'कर्मभूमि', प्रसाद व 'कंकाल', नागार्जुन के 'इमरतिया', रेणु के 'मैला आँचल' तथा 'जुलूस' में विकसि होती दिखाई देती है। हाल के वर्षों में धर्म और राजनीति के बीच साँठ-गाँठ व कारण बाबरी मस्जिद के विध्वंस और भयावह दंगों का जो सिलसिला चला उसका चित्रण और विश्लेषण—'हमारा शहर उस बरस' तथा 'आखिरी कलाम' दिखाई देता है।

उपन्यास ने धार्मिक मिथकों और पवित्र ग्रन्थों की ऐतिहासिक तथा मनोवैज्ञानिव छानबीन करने की कोशिश की है, यह भी उपन्यास और धर्म के बीच टकराहट क एक कारण रहा है। सलमान रुश्दी के खिलाफ खुमैनी के फतवे के मूल में उपन्यास की यही प्रवृत्ति है। उपन्यास ने धर्म की आतंककारी गम्भीरता के प्रभाव को ध्वस्त करने के लिए प्रायः व्यंग्य और विनोद का सहारा लिया है। मिलान कुंडेरा ने ठीक ही लिखा है कि धर्म और विनोद का कोई मेल नहीं है। व्यंग्य और विनोद मूलतः लोक संस्कृति की देन हैं। इनके माध्यम से लोक संस्कृति से राजनीतिक तथा धार्मिक सत्ताओं की संस्कृति को चुनौती दी जाती रही है। व्यंग्य और हास्य हमेशा प्रभुत्वशाली सत्ता और संस्कृति के विरुद्ध आम जनता की आलोचनात्मक चेतना के माध्यम रहे हैं। व्यंग्य और विनोद के माध्यम से उपन्यासकार एक ऐसी दुनिया रचता है जो धार्मिक और राजनीतिक सत्ताओं की आकांक्षा की दुनिया से भिन्न होती है। उसमें व्यक्ति सच के प्रचलित रूपों, स्थापित व्यवस्था की मान्यताओं और धर्म के आदेशों-उपदेशों से मुक्ति का अनुभव करता है। व्यंग्य और विनोद के माध्यम से जो हँसी पैदा होती है, वह व्यक्ति की स्वतन्त्रता का माध्यम होती है और साधन भी। इसलिए व्यंग्य और विनोद के उपन्यास राजनीतिक सत्ता और धार्मिक सत्ता की आँखों में खटकते हैं। यह कोई आश्चर्य की बात नहीं है कि धार्मिक सत्ता हँसी को बर्दाश्त नहीं करती। दुनिया के अधिकांश धर्मों में हँसी की निन्दा की गयी है और उसे धार्मिक कृत्यों से दूर रखा गया है, लेकिन उपन्यास ने व्यंग्य और विनोद के माध्यम से हास्य का उपयोग करते हुए अपने पाठकों में लोकतान्त्रिक चेतना जगाने का काम किया है।

व्यंग्य, विनोद और हास्य के माध्यम से उपन्यास को लोकतान्त्रिक बनाने का बहुत अच्छा उदाहरण 'मैला आँचल' है।

उपन्यास ने साहित्य की संस्कृति का स्वरूप बदला है। भारतीय समाज के जो हिस्से, समुदाय और व्यक्ति मुख्यधारा से अलग हाशिए पर रहने के लिए मजबूर थे, वे साहित्य-संसार के भी हाशिए पर ही रहने के लिए अभिशप्त थे। मुख्यधारा से प्रायः बहिष्कृत, उपेक्षित, अदृश्य और बेजुबान जन को उपन्यास में जगह मिली है। यही नहीं, पहले जो साहित्य में कहीं नहीं होते थे, वे उपन्यास के माध्यम से साहित्य-संसार के नागरिक बनने लगे और नायक भी, बल्कि जो साहित्य के नायक होते थे वे उपन्यास में खलनायक बनने लगे। हिन्दी में प्रेमचन्द के उपन्यासों के माध्यम से साहित्य-संसार में ऐसा लोकतन्त्र आया। प्रेमचन्द ने 'रंगभूमि' में जिस सूरदास को नायक बनाया है वह 'गरीब अन्धा चमार' है और भिखमंगा भी, जिसकी 'बाह्य-दृष्टि बन्द और अन्तर्दृष्टि खुली हुई' है। वह अपने अदम्य साहस और संघर्ष के कारण उपन्यास का ही नहीं, अपने समय और समाज का भी नायक है और खलनायक हैं सामन्ती तथा साम्राज्यवादी सत्ता के प्रतिनिधि, दलाल और सेवक। 'रंगभूमि' का सूरदास उपनिवेशवाद के शिकार भारत की त्रासदी का नायक है। इसी प्रवृत्ति का विकास प्रेमचन्द के 'गोदान' में दिखाई देता है जिसका नायक है होरी महतो। साहित्य की दुनिया में समाज और संस्कृति के उपेक्षितजनों को अपेक्षित स्थान और महत्त्व मिला उपन्यास के माध्यम से। हिन्दी उपन्यास में यह परम्परा मन्नू भंडारी के 'महाभोज', मैत्रेयी पुष्पा के 'अल्मा कबूतरी' और संजीव के 'सूत्रधार' में आगे बढ़ती दिखाई देती है। साहित्य-संसार के इस लोकतन्त्रीकरण के परिणामस्वरूप साहित्य के पाठक समुदाय का भी विस्तार हुआ है, अपनी कथा पढ़ने के लिए उत्सुक साधारणजन भी साहित्य के पाठक बने हैं। अब साहित्य केवल शिष्टजनों के विशिष्ट मनोरंजन का साधन नहीं रह गया है।

उपन्यास मुक्तिधर्मी आख्यान है। वह अपने पाठकों को न आदेश देता है, न उपदेश। वह समाज और जीवन के बारे में सोचने की प्रेरणा देता है। वह प्रश्न करता है और उत्तर खोजने में पाठकों की मदद करता है। उपन्यास ने सामाजिक व्यवस्थाओं, विचारधाराओं, पितृसत्ता से उपजी पराधीनताओं, जाति व्यवस्था, गुलामी, नस्लभेद, उपनिवेशवाद, आधिपत्य, अस्मिता, साम्प्रदायिकता, लोकतन्त्र और यहाँ तक कि स्वयं अपने स्वरूप के बारे में प्रश्न करते हुए पाठकों की चेतना और सहानुभूतियों का विस्तार किया है। उपन्यास प्रश्न पैदा भी करता है। उपन्यास के प्रसंग में ही नैतिकता-अनैतिकता, श्लीलता-अश्लीलता और सम्भव-असम्भव पर गम्भीर बहसें हुई हैं। उपन्यास ने दर्शन द्वारा निर्मित शरीर और आत्मा के द्वैत को समाप्त किया है और व्यक्तिगत अनुभव को लोकमत से अधिक महत्त्वपूर्ण बनाया

है। सम्भवतः इसीलिए डी.एच. लारेंस ने उपन्यास को जीवन की एक चमकदार किताब कहा है।

उत्तर-आधुनिकतावाद के प्रभाव से उपन्यास के भी अन्त और मौत की घोषणाएँ हो रही हैं। वैसे उत्तर-आधुनिकतावाद का आख्यान से स्थायी विरोध है; क्योंकि आख्यान यात्रा की तरह होता है, इसलिए वह प्रयोजनहीन नहीं हो सकता। उत्तर-आधुनिकता की शत्रुता प्रयोजन से ही है, इसलिए वह उपन्यास के आख्यान से लेकर मुक्ति के बृहत आख्यान तक का विरोधी है। यह सच है कि आजकल उपन्यास संकट में है क्योंकि वह अपने जन्म और स्वभाव से जिस लोकतन्त्र से जुड़ा हुआ है वह लोकतन्त्र भी खतरे में है। यह खतरा दोतरफा है। एक ओर कट्टरतावाद है तो दूसरी ओर पूँजीवाद की बर्बरता। लेकिन जैसाकि रॉबर्ट स्कोल्स ने कहा है, भाषा की तरह ही आख्यान भी मानव-अस्तित्व की बुनियादी विशेषता है, इसीलिए उपन्यास का अन्त मनुष्य और लोकतन्त्र के अस्तित्व के अन्त के साथ ही सम्भव है।

उपन्यास का समाजशास्त्र

मिशेल जेराफा ने लिखा है कि–"उपन्यास ऐसी कला है जिसमें मनुष्य सामाजिक और ऐतिहासिक दृष्टि से निरूपित होकर सामने आता है।" जेराफा के इस कथन के अभिप्राय पर ध्यान देते ही यह बात समझ में आ जाएगी कि साहित्य के समाजशास्त्रियों के बीच उपन्यास अधिक लोकप्रिय क्यों है। इससे यह भी समझने में सुविधा होगी कि कला के दूसरे रूपों और साहित्य की दूसरी विधाओं की तुलना में उपन्यास समाजशास्त्रीय विश्लेषण के अधिक अनुकूल क्यों है। अपने समय, समाज और इतिहास की प्रक्रिया से परिभाषित मनुष्य ही उपन्यास रचना का लक्ष्य है, और समाजशास्त्रीय अन्वेषण का भी। एक उसकी कलात्मक पुनर्रचना का माध्यम है तो दूसरा उसके बौद्धिक विश्लेषण का साधन। समाजशास्त्र में मनुष्य की सामाजिकता की पहचान के अनेक रास्ते हैं। उनमें से जो रास्ता साहित्य संसार से होकर जाता है वह सबसे सुगम और विश्वसनीय तब होता है, जब वह उपन्यास के रचना संसार से गुजरता है, क्योंकि वहाँ न तो कविता की तरह आत्मपरकता की फिसलन होती है और न नाटक के यथार्थ का मायालोक होता है। उपन्यास की कला में मौजूद मनुष्य के समाज सम्बद्ध और इतिहास सापेक्ष रूप को आसानी से पहचाना जा सकता है। वहाँ कल्पना में रची बसी जिन्दगी की वास्तविकता को आसानी से पाया जा सकता है। इसीलिए साहित्य का समाजशास्त्री सबसे पहले और सबसे अधिक उपन्यास की ओर मुड़ता है। उपन्यास के समाजशास्त्र के विशेष विकसित होने का भी यही कारण है।

असल में उपन्यास और समाजशास्त्र एक ही युग के समान भौतिक और वैचारिक परिवेश की उपज हैं। यह महज संयोग नहीं है कि यूरोप में आधुनिक युग के साथ ही नयी ऐतिहासिक चेतना और समाजशास्त्रीय अन्वेषण की दृष्टि का विकास होता है और आधुनिक चेतना की अभिव्यक्ति के कलात्मक माध्यम के रूप में उपन्यास का उदय होता है। विधेयवाद के जनक अगस्त काम्ते समाजशास्त्र के भी जनक हैं। उनके विचारों का उपन्यास के विकास पर गहरा प्रभाव केवल यूरोपीय उपन्यास तक सीमित नहीं है। भारतीय उपन्यास के विकास में भी उनके विचारों का योगदान है। भारत में उपन्यास के विकास का मार्गदर्शन

करने वाले और भारतीय उपन्यास की सम्भावनाओं को साकार रूप देने वाले बांग्ला के बंकिमचन्द्र के उपन्यासों की रचनादृष्टि के पीछे विधेयवाद की सर्जनात्मक भूमिका को अनेक आलोचकों ने स्वीकार किया है। यशोधरा बागची ने बंकिमचन्द्र के उपन्यासों में, विशेषतः आनन्दमठ में विधेयवाद और राष्ट्रवाद के अनेक स्तरीय सम्बन्धों की खोज की है। कुछ आलोचकों की राय है कि बंकिम के आरम्भिक उपन्यासों में विधेयवादी दृष्टि है लेकिन परवर्ती उपन्यासों में विधेयवाद की वैज्ञानिकता की जगह परम्परागत हिन्दू चेतना आ गयी है। यशोधरा बागची ने इस मान्यता का खंडन करते हुए लिखा है कि बंकिम ने अपने परवर्ती उपन्यासों में विधेयवाद की वैज्ञानिकता से मुँह नहीं मोड़ा है बल्कि उन्होंने विधेयवाद की प्रगति और व्यवस्था सम्बन्धी मान्यताओं को अधिक समग्रता के साथ अपनी रचनादृष्टि में आत्मसात किया है और उसकी कलात्मक अभिव्यक्ति भी की है। आनन्दमठ में विधेयवादी यूटोपिया के सहारे राष्ट्रीय स्वाधीनता संघर्ष की अभिव्यक्ति हुई है और स्त्री संकटग्रस्त राष्ट्रीयता का प्रतीक बन गयी है। काम्ते की मानवता की देवी ही आनन्दमठ में भारतमाता के रूप में दिखाई देती है। इस उदाहरण से जाहिर है कि अपने समय और समाज के निरीक्षण, परीक्षण और अन्वेषण की आधुनिक दृष्टि का एक रूप उपन्यास में मिलता है और दूसरा समाजशास्त्र में। रिचर्ड होगार्ट के शब्दों में यह भी कहा जा सकता है कि--उपन्यास में साहित्यिक कल्पना और समाजशास्त्रीय कल्पना की जो रचनात्मक एकता मिलती है, उसी की खोज और पहचान उपन्यास के समाजशास्त्र का मुख्य लक्ष्य है।

पश्चिम में साहित्य के समाजशास्त्र के विकास के आरम्भिक काल से ही उपन्यास के सामाजिक आधार, अर्थ और अभिप्राय की खोज होती आ रही है। उपन्यास के उदय काल से उसके रूप और अन्तर्वस्तु का ऐतिहासिक, सामाजिक स्वरूप साहित्य विचारकों को आकर्षित करता रहा है। मादाम स्तेल और हेगेल के चिन्तन से उपन्यास के सामाजिक आधार और अभिप्राय पर विचार की जो परम्परा शुरू हुई थी, वह उपन्यास के विकास के साथ-साथ विकसित हुई है। विगत चार सदियों में पश्चिम में उपन्यास की कला में निरन्तर निखार आया है, उसकी रचना दृष्टियों में विविधता आयी है और कलात्मक प्रयोगों की अनेक परम्पराएँ विकसित हुई हैं। इन सबके समानान्तर उपन्यास की समाजशास्त्रीय व्याख्या के लिए आवश्यक दृष्टियों और पद्धतियों की खोज भी होती रही है। इसी प्रक्रिया में उपन्यास के समाजशास्त्रीय विश्लेषण की अवधारणाओं और पद्धतियों का विकास हुआ है।

उपन्यास की समाजशास्त्रीय व्याख्या की अनेक दृष्टियाँ और पद्धतियाँ हैं। सबसे पुराना दृष्टिकोण विधेयवाद का है, जिसका नया रूप अनुभववाद में दिखाई देता है। इसमें एक ओर उपन्यास के सामाजिक अस्तित्व को निर्धारित करने वाली

भौतिक परिस्थितियों का विश्लेषण होता है तो दूसरी ओर उपन्यास के पाठकीय ग्रहण का विवेचन किया जाता है। उपन्यास के समाजशास्त्र का एक और रूप मार्क्सवादी विश्लेषण में मिलता है, जिसमें अन्तर्वस्तु और रूप में निहित सामाजिक यथार्थ, चेतना, विचारधारा आदि की खोज होती है। फ्रैंकफुर्त समुदाय के आलोचनात्मक समाजशास्त्रियों में से एक लियो लावेंथल ने आलोचनात्मक समाजशास्त्र की दृष्टि से उपन्यासों का विश्लेषण और मूल्यांकन किया है। कुछ समाजशास्त्रियों ने संरचनावाद की पद्धति के सहारे उपन्यास का समाजशास्त्र विकसित करने का प्रयास किया है। गोल्डमान ने मार्क्सवाद और संरचनावाद के बीच एकता स्थापित करते हुए उत्पत्तिमूलक संरचनावाद की पद्धति से एक नये ढंग के उपन्यास का समाजशास्त्र विकसित किया है। जैसे यूरोप में उपन्यास के विकास से दुनियाभर में उपन्यास का विकास किसी न किसी रूप में प्रभावित हुआ है, वैसे ही उपन्यास के समाजशास्त्रीय विश्लेषण की यूरोपीय परम्परा में विकसित अवधारणाओं और पद्धतियों का प्रभाव दूसरे देशों के उपन्यासों के समाजशास्त्रीय विश्लेषण पर पड़ा है। अब उपन्यास की विधा के साथ उसकी रचना और आलोचना से जुड़ी अवधारणाएँ भी विश्वव्यापी बन गयी हैं।

समाज से उपन्यास के सम्बन्ध के अनेक स्तर और रूप हैं। फिल्म के बाद उपन्यास ही आधुनिक युग का सर्वाधिक प्रतिनिधि कला रूप है। हेगेल ने उपन्यास को गद्य युग का महाकाव्य कहकर इसी सचाई की ओर संकेत किया था। उपन्यास के उदय और विकास के लिए अर्थात् उसके अस्तित्व के लिए कुछ ऐसे भौतिक और विचारधारात्मक आधारों की जरूरत थी, जो आधुनिक युग में ही विकसित हुए। उपन्यास के अस्तित्व के लिए अनिवार्य प्रेस, प्रकाशन और पत्र-पत्रिकाएँ आधुनिक युग के वैज्ञानिक विकास की देन हैं तो उसके लेखक और पाठक के रूप में क्रियाशील मध्यवर्ग पूँजीवादी सामाजिक संरचना का परिणाम है। इन भौतिक आधारों के साथ-साथ विचारधारा के स्तर पर व्यक्तिवाद, धर्मनिरपेक्ष जीवनदृष्टि और यथार्थवादी विश्वदृष्टि की जरूरत थी, जो आधुनिक युग की विवेकवादी चेतना की उपज हैं। उपन्यास की रचनादृष्टि में मनुष्य की स्वतन्त्रता, व्यक्ति की महत्ता और मानवीय सम्बन्धों की गरिमा को तभी केन्द्रीय महत्त्व मिला, जब आधुनिक मानस अपने अनुभव और तर्क के अलावा किसी अलौकिक शक्ति की सत्ता को स्वीकार करने के लिए तैयार न था। यह मध्ययुग में सम्भव न था। उपन्यास मध्ययुगीनता के विरुद्ध आधुनिकता के विद्रोह की अभिव्यक्ति करने वाला साहित्य रूप है।

आधुनिक युग की सांस्कृतिक चेतना का प्रतिनिधि कला रूप बनने के लिए उपन्यास को कठिन संघर्ष करना पड़ा है। आधुनिक युग के प्रतिबन्धित और तरह-तरह के सेंसरशिप के शिकार साहित्य का अगर कोई ब्यौरा तैयार किया जाए

तो उसमें सबसे अधिक संख्या उपन्यासों की ही होगी। उपन्यास के विरोध के अनेक कारण रहे हैं। आरम्भ से ही उपन्यास की कला में निहित लोकतान्त्रिक चेतना का विरोध सामन्ती चेतना की ओर से होता रहा है। सोलहवीं सदी में स्पेन के सम्राट ने कानून बनाकर दक्षिण अमेरिका में उपन्यास लिखने पर प्रतिबन्ध लगा दिया था, क्योंकि उसके अनुसार उपन्यास जनता के लिए खतरनाक था। डब्लू.जे. हार्वे ने ठीक ही लिखा है कि ''उपन्यास की रचना में क्रियाशील मानसिकता समाज में लोगों की पूर्णता, विविधता और वैयक्तिकता को स्वीकार करती है। वह विश्वासों तथा मूल्यों की अनेकता में विश्वास करती है। सहिष्णुता, संशयवाद और दूसरों की स्वायत्तता के प्रति आदरभाव उसके आदर्श हैं, मतान्धता और कट्टरता से उसे घृणा है। मध्ययुगीन मानसिकता वाले मतान्ध और कट्टरपन्थियों के लिए उपन्यास की धर्मनिरपेक्षता और विवेकशीलता कितनी असह्य हो सकती है उसका एक उदाहरण है 'सेटेनिक वर्सेज' उपन्यास के लेखक सलमान रुश्दी की हत्या के लिए जारी किया गया ईरान के अयातुल्ला खुमैनी का फरमान।

उपन्यास अपने पाठकों को जीवनमूल्यों के बीच चुनाव का संकेत देता है, उनकी सहानुभूतियों का विस्तार करता है और जीवन की कला भी सिखाता है। इस तरह उसका एक नैतिक आयाम है। यह नैतिक आयाम आधुनिक युग का है, इसलिए रूढ़िवादी नैतिकता के समर्थक उसका विरोध करते हैं। आरम्भ से ही नैतिक आधार पर उपन्यासों का विरोध होता रहा है। युवकों को उपन्यास से बचने की सलाह दी जाती रही है। यही नहीं उपन्यासों को अनैतिक कहकर ही उन पर अधिक प्रतिबन्ध लगाये गये हैं। ऐसे प्रतिबन्धित उपन्यासों में जेम्स ज्वायस का 'यूलिसिस' और डी.एच. लारेंस का 'लेडी चेटैरलीज लवर' जैसे उपन्यास भी हैं। हिन्दी में अज्ञेय के 'शेखर : एक जीवनी' के प्रकाशन पर खलबली मची थी। उस पर अनैतिकता का आरोप लगा था। कहीं-कहीं सभा करके उसकी प्रतियाँ भी जलाई गयी थीं। इन सब उपन्यासों को बाद में महत्त्वपूर्ण उपन्यास माना गया। हिन्दी के आरम्भिक उपन्यासों के बारे में पत्र-पत्रिकाओं में सबसे अधिक बहस नैतिकता के सवाल को लेकर ही हुई है। उन्नीसवीं सदी के अन्तिम दो दशकों से लेकर बीसवीं सदी के दूसरे दशक तक प्रकाशित हिन्दी उपन्यासों के नैतिक-अनैतिक प्रभाव पर श्री बेंकटेश्वर समाचार, प्रयाग समाचार, भारतमित्र, सुदर्शन आदि पत्रिकाओं में उग्र विवाद हुए। इन विवादों में माधव प्रसाद मिश्र का दृष्टिकोण दूसरे लोगों से अधिक आधुनिक है। उपन्यास की नैतिकता पर बहस हिन्दी में ही नही हुई। सत्रहवीं और अठारहवीं सदी के अंग्रेजी और फ्रांसीसी उपन्यासों पर भी ऐसी बहसें मिलती हैं। उन बहसों को देखने से मालूम होता है कि जो उपन्यास जितना अधिक यथार्थवादी होता था, उसको उतना ही अधिक अनैतिक कहकर उसकी निन्दा की जाती थी। अंग्रेजी के आलोचक रिचर्ड स्टील और फ्रांसीसी पीरे

बायल ने यह माँग की थी कि कानून बनाकर उपन्यासकारों को तथ्य और कल्पना में अन्तर करने के लिए मजबूर किया जाए, अन्यथा पाठक कल्पना को तथ्य और तथ्य को कल्पना मान लेंगे। उपन्यास के प्रसंग में नैतिक और अनैतिक, तथ्य, और कल्पना, सच और झूठ आदि के साथ सम्भव-असम्भव का झगड़ा भी खड़ा होता रहा है। हिन्दी में देवकीनन्दन खत्री के उपन्यासों को लेकर सम्भव-असम्भव के सवालों पर बहुत विवाद हुआ था।

यह सच है कि दूसरे कला रूपों और साहित्य रूपों की तुलना में उपन्यास का स्वरूप समाज पर अधिक निर्भर होता है और उसका विकास समाज के इतिहास के साथ होता है। लेकिन यह भी सच है कि वह एक कला है, केवल सामाजिक दस्तावेज नहीं; इसलिए सामाजिक यथार्थ, जीवन के अनुभव और इतिहास की गति रचनाकार की सृजनशीलता से पुनर्रचित होकर ही उपन्यास में आते हैं। कहने का तात्पर्य यह है कि उपन्यास के समाजशास्त्री को हमेशा यह याद रखना होगा कि वह एक कला के समाजशास्त्रीय विश्लेषण में लगा है, किसी सामाजिक दस्तावेज के अध्ययन में नहीं। मिशेल जेराफा ने लिखा है कि उपन्यास के रूप का भी अपना इतिहास होता है, जो एक सीमा तक समाज और इतिहास से स्वतन्त्र होता है। जो समाजशास्त्री उपन्यास की इस विशेषता की उपेक्षा करता है, वह यह नहीं पहचान पाता कि उपन्यास कैसे सामाजिक यथार्थ का संश्लिष्ट प्रतिरूप बनता है। वह समाज और संस्कृति पर उपन्यास के प्रभाव को भी नहीं समझ पाता। यह समझना आवश्यक है कि उपन्यासकार एक कलाकार है, उसकी रचना में ऐसे यथार्थ की अभिव्यक्ति होती है, जिसके रूप और अर्थ के बारे में वह पहले से सजग है। वह यथार्थ की अभिव्यक्ति के लिए एक ओर उपन्यास कला की उन तकनीकों का प्रयोग करता है, जिन्हें उसने अपने पूर्ववर्तियों से सीखा है और दूसरी ओर अपने अनुभवों से कुछ नये कला-कौशलों का आविष्कार भी करता है। यह समझ लेने के बाद कि उपन्यास सामाजिक यथार्थ की एक कला है, उस दुविधा की सम्भावना नहीं रहती कि उपन्यास लेखन एक कला है या सामाजिक अभिव्यक्ति का एक रूप। रूपवादी आलोचक उपन्यास को लेखन की एक कला कहते हैं और समाजशास्त्री उसे सामाजिक अभिव्यक्ति का एक रूप मानते हैं। दोनों इस भ्रामक असमंजस के एक-एक छोर को पकड़कर उपन्यास की आलोचना के क्षेत्र में रस्साकसी करते रहते हैं।

उपन्यास का स्वभाव ऐसा है कि वह सामाजिक यथार्थ की अभिव्यक्ति से भागकर उपन्यास नहीं रह सकता। लेकिन केवल सामाजिक यथार्थ की अभिव्यक्ति के कारण कोई उपन्यास कलात्मक कृति नहीं हो जाता। अगर ऐसा होता तो सभी उपन्यासकार प्रेमचन्द होते। यहाँ तक कि प्रेमचन्द के भी सभी उपन्यास समान रूप से कलात्मक नहीं हैं। अन्तोनियो ग्राम्शी ने लिखा है कि दो लेखक एक ही

सामाजिक ऐतिहासिक यथार्थ की अभिव्यक्ति का प्रयास करते हैं, लेकिन उनमें से एक कलाकार साबित होता है और दूसरा केवल कातिब। इन दोनों की आलोचना करते समय केवल उनकी सामाजिक पृष्ठभूमि बताना या रचना में व्यक्त यथार्थ की विशेषताएँ बताना कला की समस्या से पल्ला झाड़ लेना है। यह सब आवश्यक और उपयोगी है, लेकिन यह कला की आलोचना नहीं है। ग्राम्शी ने जो सवाल उठाया है उससे बचकर उपन्यास का जो समाजशास्त्र बनेगा वह कला के रूप में उपन्यास का समाजशास्त्र न होगा। ऐसा समाजशास्त्र न तो किसान जीवन पर लिखे प्रेमचन्द के उपन्यासों से भैरवप्रसाद गुप्त के उपन्यासों का अन्तर समझ पाएगा और न आदिवासी जीवन से सम्बद्ध महाश्वेता देवी के उपन्यास से राजेन्द्र अवस्थी के उपन्यास का फर्क जान पाएगा।

प्रायः उपन्यास के समाजशास्त्र में उपन्यासकार की वर्गचेतना, विचारधारा, या विश्वदृष्टि के सहारे उपन्यास का सामाजिक अभिप्राय जानने की कोशिश होती है। इसी प्रक्रिया में सामाजिक यथार्थ के बारे में लेखक के दृष्टिकोण के आधार पर उसकी रचना का मूल्यांकन भी होता है। यहाँ दो तरह के सरलीकरणों से सावधानी जरूरी है। एक सरलीकरण की ओर बहुत पहले एंगेल्स ने संकेत किया था और बाद में यथार्थवाद की व्याख्या के प्रसंग में जार्ज लुकाच ने उसको दुहराया था। एंगेल्स ने कहा था कि "यथार्थवाद लेखक के विचारों के बावजूद प्रकट हो सकता है।" उदाहरण के रूप में उन्होंने बालजाक की रचनाओं को रखा था। लुकाच ने एंगेल्स के इस कथन के सहारे बालजाक और तोलस्तोय के उपन्यासों में लेखक की विचारधारा और रचना के यथार्थवाद के परस्पर विरोधी सम्बन्ध की व्याख्या की है। लेखक की विचारधारा और रचना के यथार्थवाद के बीच हमेशा समानधर्मिता ही नहीं होती, कई बार विरोध भी होता है। इस विरोध की उपेक्षा करके आलोचना, रचना के साथ न्याय नहीं कर सकती। लेकिन यह भी ध्यान में रखना होगा कि विचारधारा से लेखक को जीवन और जगत को देखने की दृष्टि मिलती है, इसलिए विचारधारा और यथार्थबोध के बीच समानधर्मिता भी हो सकती है। ऐसी समानधर्मिता ब्रेश्ट की रचनाओं में मिलती है। लेखक की चेतना से उसकी रचना के सम्बन्ध की पहचान के सन्दर्भ में दूसरी सावधानी का संकेत सार्त्र के एक कथन में है। सार्त्र ने लिखा है, "यह ठीक है कि पाल वैलरी एक पेटी बुर्जुआ बुद्धिजीवी है, लेकिन प्रत्येक पेटी बुर्जुआ बुद्धिजीवी पाल वैलरी नहीं होता।" सार्त्र के इस कथन से जाहिर है कि किसी लेखक की वर्गीय स्थिति से ही उसकी रचना का मूल्यांकन करना खतरे से खाली नहीं है। उपन्यास के समाजशास्त्र में ऐसे खतरों के प्रति सजगता जरूरी है। प्रेमचन्द मध्यवर्ग के व्यक्ति थे, लेकिन वे जीवन भर गहरी सहानुभूति के साथ किसान की कथा लिखते रहे।

मानव जीवन के यथार्थ में रूपों की अपार विविधता होती है। एक उपन्यासकार

जीवन यथार्थ के एक रूप और स्तर को महत्त्व देता है तो दूसरा किसी और रूप का चित्रण करता है। इसके साथ ही यथार्थ को देखने की दृष्टियाँ भी अनेक हो सकती हैं। इन बातों से उपन्यास का कलात्मक रूप प्रभावित होता है। यथार्थ के रूप और रचनाकार की चेतना के रूप से कला के रूप का गहरा सम्बन्ध होता है। उपन्यास के समाजशास्त्रीय विवेचन में किसी रचना की सामाजिकता की खोज करते समय उसके कलात्मक रूप से लेखक की चेतना और यथार्थ के रूप के सम्बन्ध की पहचान आवश्यक है। हिन्दी में ऐसे उपन्यासकार हैं जिनकी रचनाओं के केन्द्र में समाज का कोई वर्ग होता है और चरित्र उस वर्ग के प्रतिनिधि के रूप में सामने आते हैं। इनसे अलग वे उपन्यासकार हैं जिसकी रचनाओं के केन्द्र में व्यक्ति होता है और व्यक्ति-चरित्र के व्यक्तिगत गुणों, जीवन के अनुभवों और मानवीय सम्बन्धों के माध्यम से समाज व्यक्त होता है। इन दोनों प्रकार के उपन्यासों का समाजशास्त्रीय विश्लेषण एक ही पद्धति से नहीं हो सकता। उदाहरण के लिए एक ही समाजशास्त्रीय पद्धति से अगर प्रेमचन्द और अज्ञेय के उपन्यासों का विश्लेषण होगा तो दोनों के साथ ज्यादती होगी। इन दोनों के उपन्यासों के समाजशास्त्रीय विश्लेषण में सामाजिक वास्तविकता और जीवन के अनुभवों के प्रति दोनों के दृष्टिकोण, उस दृष्टिकोण की रचनाओं में अभिव्यक्ति और दोनों की कला के अन्तरों को ध्यान में रखकर ही उनके उपन्यासों के साथ न्याय हो सकता है। प्रेमचन्द की नैतिक चेतना और अज्ञेय की नैतिक चेतना में बहुत अन्तर है। इससे मानवीय सम्बन्धों और जीवन मूल्यों के बारे में उनकी दृष्टियों में भी अन्तर आया है। फलतः उनके चरित्र विधान की प्रक्रियाएँ भी अलग-अलग हैं। दोनों के पात्र अलग-अलग वर्गों के हैं, इसलिए उनकी मानसिकताओं में भी अन्तर है। अज्ञेय के उच्च मध्यवर्गीय पात्रों में जैसी बौद्धिकता है, आत्ममंथन की प्रवृत्ति है वैसी बौद्धिकता प्रेमचन्द के किसानों में सम्भव नहीं है। इससे दोनों के उपन्यासों की भाषिक संरचनाओं में भी अन्तर आया है। प्रेमचन्द के गोदान में भारतीय किसान जीवन की वास्तविकताएँ और आकांक्षाएँ साफ दिखाई देती हैं, लेकिन 'शेखर : एक जीवनी' में मध्यवर्ग की जिन्दगी के जटिल यथार्थ के अनेक पक्ष खोजने पर मिलते हैं। फणीश्वरनाथ 'रेणु' के मैला आँचल के केन्द्र में भी किसान जीवन ही है। रेणु ने किसान जीवन के यथार्थ के कुछ दूसरे पक्षों और रूपों को देखा है और प्रेमचन्द से भिन्न पद्धति से चित्रित किया है। इसलिए वहाँ किसान जीवन का ही नया रूप सामने नहीं आता, उपन्यास कला का नया रूप भी उभरता दिखाई देता है।

अपने समाज की वास्तविकता, समय की सचाई और इतिहास की गति की अभिव्यक्ति उपन्यास में कई रूपों में हो सकती है और होती रही है। अभिव्यक्ति का एक रूप प्रातिनिधिक होता है और दूसरा प्रतीकात्मक। अभिव्यक्ति की

प्रातिनिधिक पद्धति का विकास उपन्यास की यथार्थवादी परम्परा में मिलता है, लेकिन कथा की प्रतीकात्मक पद्धति अधिक पुरानी है। प्राचीन काल के कथा साहित्य के अधिकांश में प्रतीकात्मक पद्धति का ही प्रयोग मिलता है। प्रतीकात्मक कथा पद्धति के अन्तर्गत फैंटेसी, मिथक और अद्भुत कथानकों का उपयोग होता है। बीसवीं सदी के उपन्यासों में प्रतीकात्मक पद्धति के विभिन्न रूपों का प्रयोग बढ़ा है। जेम्स ज्वायस और काफ्का के उपन्यास इसके कलात्मक रूपों के प्रमाण हैं। हिन्दी उपन्यास के आरम्भिक दौर में प्रतीकात्मक पद्धति का कथा विधान मिलता है। देवकीनन्दन खत्री के उपन्यासों में इसका एक रूप है तो अम्बिका दत्त व्यास के 'आश्चर्य वृत्तान्त' में दूसरा रूप। हिन्दी के अनेक महत्त्वपूर्ण उपन्यासों में प्रातिनिधिक और प्रतीकात्मक पद्धतियों का मिला-जुला रूप दिखाई देता है। कथा की प्रातिनिधिक और प्रतीकात्मक पद्धति की एकता का, यथार्थवादी रचनाविधान के भीतर फैंटेसी और मिथक के कलात्मक प्रयोग का सर्वोत्तम रूप दक्षिण अमेरिका के उन उपन्यासों में मिलता है, जिन्हें जादुई यथार्थवाद के उपन्यास कहा जाता है। यहाँ कथा की इन दोनों पद्धतियों के अलग-अलग रूपों और उनकी एकता की चर्चा का उद्देश्य यह है कि किसी उपन्यास के समाजशास्त्रीय विश्लेषण में उसके कथा शिल्प के स्वरूप की विशिष्टता पर ध्यान देना जरूरी है। प्रायः आलोचक प्रातिनिधिक पद्धति के यथार्थवादी उपन्यासों को ही समाजशास्त्रीय विश्लेषण के लिए स्वीकार करते हैं और प्रतीकात्मक कथाविधान वाले उपन्यासों को छोड़ देते हैं, क्योंकि फैंटेसी मिथक आदि में निहित सचाइयों की खोज असुविधाजनक होती है। उपन्यास के ऐसे समाजशास्त्र में अनेक महत्त्वपूर्ण कलात्मक उपन्यासों की उपेक्षा हो जाती है।

टेरी एग्ल्टन ने हाल के एक निबन्ध में ठीक ही लिखा है कि साहित्य में समाजशास्त्रीय दिलचस्पी के दो रूप हैं—यथार्थवादी और व्यवहारवादी। यथार्थवादी दृष्टि के अनुसार साहित्य का स्वरूप अपने सामाजिक सन्दर्भ से निर्मित और प्रभावित होता है। व्यवहारवादी पद्धति में साहित्य के स्वरूप और उसके पाठकीय ग्रहण की परिस्थितियों पर विचार होता है। साहित्य के स्वरूप के निर्माण में सामाजिक सन्दर्भ की विभिन्न भूमिकाओं के विश्लेषण की प्रक्रिया में ही यथार्थवाद की अवधारणा का विकास हुआ है, जो उपन्यास के समाजशास्त्रीय विश्लेषण की केन्द्रीय अवधारणा है। उपन्यास की आलोचना में यथार्थवाद का उपयोग मार्क्सवादी और गैर-मार्क्सवादी दोनों तरह के आलोचक करते रहे हैं, लेकिन इसका सबसे अधिक विकास मार्क्सवादी आलोचना में ही हुआ है।

पश्चिम में उपन्यास के समाजशास्त्र के निर्माण में जार्ज लुकाच का योगदान किसी भी दूसरे आलोचक से अधिक है। उनके लेखन में उपन्यास के समाजशास्त्र के विकास की दो अवस्थाएँ हैं। आरम्भिक अवस्था 'उपन्यास का सिद्धान्त' नाम

की पुस्तक में है, जो 1916 में प्रकाशित हुई थी। तब तक लुकाच मार्क्सवादी नहीं हुए थे। लुकाच की इस पुस्तक का उपन्यास के समाजशास्त्र के विकास पर जितना व्यापक प्रभाव पड़ा है, उतना किसी दूसरी पुस्तक का नहीं। उस पुस्तक में पहली बार उपन्यास के दार्शनिक, ऐतिहासिक और सामाजिक स्वरूप का गम्भीर विश्लेषण हुआ था, जिससे प्रेरणा लेकर गोल्डमान और दूसरे समाजशास्त्रियों ने उपन्यास के समाजशास्त्र का विकास किया। लुकाच ने 'यूरोपीय यथार्थवाद का अनुशीलन' और 'समकालीन यथार्थवाद का अर्थ' जैसी कृतियों में उपन्यास का मार्क्सवादी समाजशास्त्र निर्मित किया है। इन ग्रन्थों में यथार्थवाद को, विशेषतः आलोचनात्मक यथार्थवाद को, उपन्यास के समाजशास्त्रीय विश्लेषण की बुनियादी धारणा बनाया गया है और यूरोप के अनेक महान उपन्यासकारों की रचनाओं के विश्लेषण तथा मूल्यांकन में उसका सार्थक उपयोग हुआ है। वैसे तो यथार्थवाद के अनेक रूप और भेद बताये गये हैं, लेकिन वास्तव में यथार्थवाद के दो रूपों का विकास उपन्यास की आलोचना में हुआ है। इन्हीं दोनों को यथार्थवाद की सुसंगत अवधारणाएँ कहा जा सकता है। एक है आलोचनात्मक यथार्थवाद और दूसरा समाजवादी यथार्थवाद। जार्ज लुकाच ने समाजवादी यथार्थवाद की तुलना में आलोचनात्मक यथार्थवाद को अधिक व्यापक रचनात्मक प्रवृत्ति माना है और उसे विशेष महत्त्व दिया है। यहाँ हम यथार्थवाद के भेदों और रूपों की चर्चा नहीं करेंगे। उनकी हिन्दी में अच्छी-बुरी चर्चा खूब हुई है। हम आगे यथार्थवाद से सम्बन्धित कुछ सवालों की चर्चा करेंगे। ऐसे सवालों में सर्वाधिक विवादास्पद है यथार्थवाद से विचारधारा के सम्बन्ध का सवाल; इसलिए उस पर कुछ विस्तार से बात करना जरूरी है।

यथार्थवाद के स्वरूप और विचारधारा से उसके सम्बन्ध की बात उठते ही एंगेल्स का वह पत्र ध्यान में आता है जो उन्होंने 1888 में मार्ग्रेट हार्कनेस को लिखा था। इस पत्र में एंगेल्स ने यथार्थवाद के स्वरूप, प्रतिनिधिकता की धारणा और यथार्थवाद से विचारधारा के सम्बन्ध पर विचार करते हुए 'यथार्थवाद की विजय' की धारणा स्थापित की है। यथार्थवाद और विचारधारा के बीच विरोध को महत्त्व देने वाले बार-बार इस पत्र का हवाला देते हैं।

एंगेल्स ने अपने पत्र में लिखा है—"मैं जिस यथार्थवाद की बात कर रहा हूँ वह लेखक के विचारों के बावजूद प्रकट हो सकता है। इस बात को समझने के लिए बालज़ाक का उदाहरण लिया जा सकता है। बालज़ाक राजनीतिक दृष्टि से लिजिटिमिस्ट था। उसकी महान रचनाएँ एक अच्छे समाज के अनिवार्य विनाश पर लिखे गये सच्चे शोकगीत के समान हैं। बालज़ाक अपने राजनीतिक पूर्वग्रहों और वर्गीय सहानुभूति के विपरीत जाने को मजबूर होता है। उसने अपने प्रिय सामन्तों के पतन की अनिवार्यता को देखा और उनका उसने उसी रूप में चित्रण

किया। उसने भविष्य की उन वास्तविक शक्तियों को भी देखा जो उस समय उपलब्ध थीं। मैं, इसे यथार्थवाद की महान विजय समझता हूँ।"

यथार्थवाद और विचारधारा को परस्पर विरोधी बताने वाले इस वाक्य को बार-बार उद्धृत करते हैं–"यथार्थवाद लेखक के विचारों के बावजूद प्रकट हो सकता है।" इस वाक्य में एंगेल्स ने एक सम्भावना की ओर संकेत किया है। कुछ लोग इसको यथार्थवाद का स्थायी नियम समझते हैं। उनकी नजर एंगेल्स के वाक्य में आये 'बावजूद' पर टिकी रहती है। इस 'बावजूद' को ऐसे लोगों ने एक सिद्धान्त बना दिया है। मिखाइल ख्रापचैंको ने इन बावजूदवादियों की ठीक आलोचना की है। इन बावजूदवादियों में जार्ज लुकाच भी शामिल हैं।

जार्ज लुकाच यथार्थवाद के महत्त्वपूर्ण व्याख्याता और सिद्धान्तकार हैं। उन्होंने अपने अनेक लेखों में यथार्थवाद और विचारधारा के सम्बन्ध पर विचार किया है। लुकाच ने एक निबन्ध 'मार्क्स-एंगेल्स ऑन ईस्थेटिक्स' में एंगेल्स के इस पत्र के सहारे सिद्ध किया है कि यथार्थवाद और लेखक के सामाजिक-राजनीतिक दृष्टिकोण में विरोध होता है। यदि हम इस मान्यता को स्वीकार कर लें कि विचारधारा और रचना के यथार्थवाद में विरोध स्वाभाविक या जरूरी होता है तो सवाल उठता है कि यथार्थवाद की प्रेरणा और शक्ति का स्रोत क्या है और यह भी कि लेखक की चेतना और यथार्थबोध में क्या सम्बन्ध होता है। लुकाच के सामने भी ये सवाल जरूर रहे होंगे। उन्होंने बालज़ाक के प्रसंग में इन सवालों के उत्तर दिये हैं और उन उत्तरों को यथार्थवाद के नियम के रूप में पेश किया है।

लुकाच ने 'विचारक बालज़ाक' और 'रचनाकार बालज़ाक' में पार्थक्य स्थापित किया है। (क्या यह टी. एस. एलियट द्वारा स्थापित भोक्ता मनुष्य और सर्जक मनीषा के बीच पार्थक्य जैसा है?) लुकाच ने यथार्थवाद की विजय को विचारक बालज़ाक पर रचनाकार बालज़ाक की विजय बताया है। यह अन्तर और यथार्थवाद की विजय की व्याख्या बहुत सन्तोषजनक नहीं है, इसलिए उन्होंने एक दूसरी व्याख्या रखी है। वे कहते हैं कि यथार्थवोध के लिए ''दम्भ रहित अटल ईमानदारी'' जरूरी है, जो महान लेखकों में होती है। 'स्टडीज इन यूरोपियन रियलिज़्म' की भूमिका में लुकाच ने ईमानदारी को सच्चे यथार्थवाद की कसौटी कहा है। हिन्दी में चर्चित अनुभूति की ईमानदारी और भोगा हुआ यथार्थ की सीमाओं से सब परिचित हैं। जाहिर है कि रचनाकार की ईमानदारी यथार्थबोध के लिए पर्याप्त नहीं है, रचनाकार की ''दम्भ रहित अटल ईमानदारी' से यथार्थबोध और उसकी व्यंजना की व्याख्या नहीं हो पाती। लुकाच ने तथाकथित वर्ग-मनोविज्ञान के सहारे लेखक के राजनीतिक दृष्टिकोण के आधार पर रचना का मूल्यांकन करने वाली आलोचना को कुत्सित कहा है और उसकी आलोचना की है। ठीक। लेकिन क्या यथार्थवाद की विजय की व्याख्या के लिए लेखक की ईमानदारी को आधार बनाना व्यक्ति

मनोविज्ञान का सहारा लेना नहीं है। क्या व्यक्ति मनोविज्ञान का सहारा लेनेवाली आलोचना वर्ग-मनोविज्ञानवादी आलोचना से बेहतर है? लुकाच ने यथार्थवाद की विजय के लिए लेखक में 'सत्य की प्यास' और यथार्थ से बेहद लगाव आदि को जरूरी माना है। सत्य की प्यास और तथ्य की भूख को यथार्थवाद की अनिवार्य शर्त समझने वाले लेखकों की रचनाओं में जो भूखा-प्यासा यथार्थवाद मिलता है उससे सब परिचित हैं और उसकी सीमाओं से भी। सुनिश्चित प्रयोजन और दृष्टिकोण के अभाव में केवल सत्य की प्यास और यथार्थ से बेहद लगाव के आधार पर ही सार्थक यथार्थवादी कृति की रचना सम्भव नहीं होती।

विचारधारा से यथार्थवाद के विरोध और यथार्थवाद की विजय का रहस्य खोजने के लिए लुकाच लेखक की चेतना की गहराई में उतरे हैं। उन्होंने लिखा है कि लेखक की विश्वदृष्टि और यथार्थ-चित्रण के बीच विरोध, वास्तव में, लेखक की चेतना के दो स्तरों में बसने वाली विश्वदृष्टियों के बीच का विरोध है। रचनाकाल में रचनाकार की चेतना के ऊपरी स्तर और भीतरी अन्तर्दृष्टि में द्वन्द्व होता है। अन्तर्दृष्टि की विजय में यथार्थवाद की विजय निहित है। क्या किसी लेखक की चेतना के ऊपरी स्तर की विश्वदृष्टि प्रतिक्रियावादी और भीतरी अन्तर्दृष्टि प्रगतिशील हो सकती है? क्या कोई लेखक सचेत रूप में प्रतिक्रियावादी होने के बावजूद अवचेतन में प्रगतिशील हो सकता है? ये सवाल यों ही नहीं उठाये जा रहे हैं। ये सवाल बालज़ाक के प्रसंग में यथार्थवाद की विजय की लुकाच की व्याख्या से उठे हैं। बेचारा बालज़ाक! वह जो चाहता था वह कर नहीं पाता था और जो नहीं चाहता था वह हो जाता था। चेतना के इन दो स्तरों वाले तर्क को स्वीकार कर लिया जाय तो किसी भी प्रतिक्रियावादी रचनाकार को प्रगतिशील और प्रगतिशील को प्रतिक्रियावादी साबित करने में देर नहीं लगेगी।

यहाँ एक और सवाल विचारणीय है। लेखक की प्रतिक्रियावादी विचारधारा की यथार्थवाद के निर्माण में क्या भूमिका है। लुकाच ने तोल्सतोय के प्रसंग में लिखा है कि महान यथार्थवादी लेखकों की विश्वदृष्टि की प्रतिक्रियावादी प्रवृत्तियाँ सामाजिक यथार्थ के व्यापक, सच्चे और वस्तुनिष्ठ चित्रण में बाधक नहीं होतीं। तो क्या साधक होती हैं? जी हाँ! लुकाच का यही ख़याल है। वे लिखते हैं "तोल्सतोय के भ्रम उनके यथार्थवाद को कमजोर करने के बदले, वास्तव में, उनके यथार्थवाद को महानता, गहराई और अनुभूतिशीलता प्रदान करते हैं। अगर यह सच है तो क्रान्तिकारी विश्व दृष्टि की क्या जरूरत है? यह लुकाच का पूर्वग्रह है या उनकी विचारधारात्मक परिणति? सच तो यह है कि गलत विचारधारा महान से महान लेखकों की रचनाओं को भी किसी न किसी रूप में कमजोर करती है। तोल्सतोय और प्रेमचन्द की अनेक रचनाएँ ऐसे प्रभावों से बच नहीं पाई हैं।

जार्ज लुकाच को बीसवीं सदी में यथार्थवाद का व्यापक ह्रास दिखाई देता है,

केवल टामस मान और सोल्झेनित्सिन ही अपवाद प्रतीत होते हैं। 19वीं सदी के यथार्थवाद के विकास की विस्तृत छान-बीन करने के बाद 'तोल्सतोय और यथार्थवाद का विकास' नामक लेख में वे इस निष्कर्ष पर पहुँचे हैं कि 1848 के बाद बुर्जुआ समाज के विकास ने महान यथार्थवाद की सम्भावना की आत्मपरक दशाओं का नाश कर दिया। 1848 के पहले यथार्थवादी लेखक सामाजिक प्रक्रिया में भाग लेते थे और उसका अनुभव करते थे जबकि बीसवीं सदी के लेखक सामाजिक प्रक्रिया के दर्शक और पर्यवेक्षक रह गये हैं। लुकाच ने ठीक ही लिखा है कि सामाजिक प्रक्रिया में लेखक की सक्रिय हिस्सेदारी से उसके अनुभव में व्यापकता, गहराई और प्रामाणिकता आती है; इसलिए यथार्थवाद के विकास की सम्भावना बनती है। यह केवल लेखक के आत्मपरक प्रयास पर ही निर्भर नहीं होता। लुकाच के अनुसार "यह इस पर निर्भर है कि लेखक जिस समाज में रह रहा है उसमें ऐतिहासिक दृष्टि से सार्थक सामाजिक और विचारधारात्मक प्रवृत्तियाँ मौजूद हैं या नहीं।"

बीसवीं सदी में यथार्थवाद के ह्रास के बारे में जार्ज लुकाच की मान्यता से कई सवाल पैदा होते हैं। क्या 1848 के बाद पूँजीवाद की विकृतियों के बावजूद यूरोप में ऐतिहासिक दृष्टि से सार्थक सामाजिक और विचारधारात्मक प्रवृत्तियाँ मौजूद नहीं रही हैं? क्या 1848 के बाद सामाजिक प्रक्रिया में सक्रिय भाग लेने वाले लेखक नहीं रहे हैं? 1848 में ही 'कम्युनिस्ट घोषणा पत्र' प्रकाशित हुआ जो 19वीं सदी के विचारधारात्मक इतिहास में एक नया मोड़ और बीसवीं सदी के विचारात्मक संघर्ष को नयी दिशा देने वाला साबित हुआ है। 1848 के बाद का इतिहास महान सामाजिक-राजनीतिक आन्दोलनों और संघर्षों से भरा पड़ा है। पेरिस कम्यून और रूस की समाजवादी क्रान्ति के अलावा साम्राज्यवाद के विरुद्ध दुनिया की शोषित-पीड़ित जनता का व्यापक मुक्ति आन्दोलन इसी बीच विकसित हुआ है जिनसे मानव-मुक्ति का द्वार खुला है। 1848 के बाद इतिहास की महान सामाजिक-राजनीतिक घटनाओं और मुक्ति-आन्दोलनों की अनदेखी करके अगर कोई कहता है कि 20वीं सदी में यथार्थवाद के विकास की सम्भावना का नाश हो गया है तो मानना होगा कि उसकी नज़र वर्तमान पर नहीं अतीत की ओर है। 1848 के बाद खासतौर से बीसवीं सदी में, एक-दो नहीं असंख्य लेखकों की पूरी पंक्ति मौजूद है जिन्होंने सामाजिक प्रक्रिया में—मुक्ति आन्दोलनों और संघर्षों में—न केवल भाग लिया है बल्कि शहीद भी हुए हैं। क्या बीसवीं सदी के इतिहास में समाजवादी विचारधारा की मौजूदगी और समाजवाद की विजय ने यथार्थवाद के विकास और विजय की नयी सम्भावनाओं का निर्माण नहीं किया है?

जार्ज लुकाच पर कुछ विस्तार से बात करने के दो कारण हैं। एक तो यह कि हिन्दी में जार्ज लुकाच की तरह सोचने वाले, उसकी मान्यताओं से सहमत बहुत

से लोग हैं। दूसरा यह कि कुछ लोग मार्क्स-एंगेल्स की यथार्थवाद सम्बन्धी मान्यताओं को लुकाच के मार्फत समझते हैं।

आइए अब मूल सवाल की ओर लौटें। क्या सचमुच 'यथार्थवाद की विजय' का अर्थ विचारधारा की पराजय है? यहाँ यह याद दिलाना जरूरी है कि विचारधारा का मतलब केवल राजनीतिक विचारधारा नहीं है और राजनीतिक विचारधारा केवल राजनीतिक पूर्वग्रह नहीं है। एंगेल्स के पत्र से स्पष्ट है कि बालज़ाक की वर्गीय सहानुभूति से उनका यथार्थवाद प्रभावित हुआ है, अन्यथा यह कहने का क्या अर्थ है कि बालज़ाक की महान रचनाएँ उसके प्रिय वर्ग और समाज के अनिवार्य अन्त पर लिखे गये सच्चे शोकगीत हैं। एंगेल्स ने लिखा है कि बालज़ाक अपने प्रिय वर्ग और समाज के अन्त की अनिवार्यता को देखता है और भविष्य की वास्तविक शक्तियों को भी। क्या इस देखने के पीछे कोई दृष्टि या दृष्टिकोण नहीं है? असल में समाज के इतिहास के यथार्थ की विकास-प्रक्रिया की अनिवार्यताओं और सम्भावनाओं को, वर्तमान की अनिवार्यताओं और भविष्य की सम्भावनाओं को, ह्रासशील शक्तियों के अन्त की अनिवार्यता और प्रगतिशील शक्तियों के विकास की सम्भावनाओं को देखने में ही यथार्थवाद की विजय है। यहाँ इतिहास-प्रक्रिया की अनिवार्यताओं और सम्भावनाओं को देखने-दिखाने की क्षमता ही विचारधारा है। इस क्षमता के कारण ही कोई रचना यथार्थवादी होती है। यह बात बालज़ाक ही नहीं, प्रेमचन्द के प्रसंग में भी सच है। प्रेमचन्द ने अपनी रचनाओं में साम्राज्यवाद और सामन्तवाद से जूझती भारतीय जनता के जीवन-संघर्ष और मुक्ति संघर्ष का चित्रण किया है। इस विशाल चित्र में भारतीय जनता के सामाजिक-राजनीतिक जीवन के यथार्थ के वर्तमान रूपों की अभिव्यक्ति है और भावी सम्भावनाओं की ओर संकेत भी। प्रेमचन्द ने भारतीय समाज के इतिहास की विकास-प्रक्रिया को; इस व्यापक विकास-प्रक्रिया में क्रियाशील शक्तियों को और विकास-प्रक्रिया में बदलते यथार्थ को एक जन पक्षधर रचनाकार की दृष्टि से देखा है। यही दृष्टि प्रेमचन्द के यथार्थवाद की मुख्य शक्ति और विशेषता है। इस प्रकार हम देखते हैं कि यथार्थवाद की विजय विचारधारा की मदद से होती है, उसकी पराजय से नहीं। पूर्वग्रह और सहानुभूति पर विजय को विचारधारा की पराजय समझना विचारधारा को पूर्वग्रह और सहानुभूति तक सीमित करना है।

विचारधारा और यथार्थवाद के सम्बन्ध पर विचार करते समय आलोचना की पद्धति का प्रश्न भी विचारणीय है। सवाल यह है कि आलोचना में रचनाकार की विचारधारा और रचना के यथार्थवाद के सम्बन्ध की खोज हो या रचना के यथार्थवाद और उसकी विचारधारा के सम्बन्ध की। रचनाकार की विचारधारा को रचना की विचारधारा मान लेने और उससे रचना के यथार्थवाद के सम्बन्ध की खोज करने पर अनेक कठिनाइयाँ उठ खड़ी होती हैं। जहाँ रचनाकार की विचारधारा

और उसकी रचना के यथार्थबोध के बीच विरोध नहीं होता वहाँ कोई विशेष कठिनाई नहीं होती, लेकिन जहाँ विरोध होता है वहाँ संगति खोजने में कठिनाई होती है। ऐसी स्थिति में असंगति को सुलझाने के लिए तरह-तरह के समाधान खोजे जाते हैं। कभी रचनाकार के विचारक और लेखक व्यक्तित्व में अन्तर किया जाता है और कभी चेतना के स्तरों के बीच द्वन्द्व की कल्पना की जाती है।

किसी व्यक्ति की विचारधारा केवल उसके कथनों और घोषणाओं के आधार पर नहीं जानी जा सकती। विचारधारा तो व्यक्ति के सामाजिक जीवन के क्रिया-व्यापार में व्यक्त होती है और उसी के सहारे जानी जा सकती हैं। रचनाकार की विचारधारा उसके रचना-कर्म में व्यक्त होती है और उसी के आधार पर उसे समझा जा सकता है। केवल उसके कथनों के आधार पर नहीं। रचना-कर्म का प्रमाण रचना ही है। रचना-कर्म एक विचारधारात्मक कर्म है। रचना उसका फल है। रचनाकार की विचारधारा को जानने का विश्वसनीय साधन उसकी रचना ही है। ऐसी स्थिति में ज़ाहिर है कि वस्तुपरक आलोचना दृष्टि के विकास के लिए रचना की विचारधारा और उसके यथार्थवाद के सम्बन्ध की खोज करना ज़रूरी है।

यहाँ रचना-केन्द्रित आलोचना पर जोर देने का उद्देश्य लेखक के रचनात्मक अभिप्राय और विचारधारा के महत्त्व को कम करना नहीं है। आग्रह केवल यह है कि पहचान का आधार रचना को बनाया जाय और रचना की विचारधारा से उसके यथार्थवाद के सम्बन्ध की खोज की जाय। लेखक की विचारधारा को जानने के लिए उसके कथनों और घोषणाओं पर निर्भर होने से बेहतर है उसकी रचना पर विश्वास करना। कई बार लेखक के विचारधारात्मक छद्म का भेद उसकी रचना खोल देती है, इसलिए लेखक अपने रचनात्मक उद्देश्य और विचारधारा के बारे में जो कुछ कहता है उससे अधिक महत्त्वपूर्ण यह है कि उसकी रचना क्या कहती है। शमशेर जी ने ठीक ही लिखा है "बात बोलेगी। हम नहीं। भेद खोलेगी। बात ही।"

आमतौर पर यथार्थवाद की चर्चा में यथार्थ पर कम और वाद पर अधिक बात होती है। अगर हम यथार्थ के बोध और उसकी अभिव्यक्ति की प्रक्रिया पर ध्यान दें तो यथार्थवाद और विचारधारा के सम्बन्ध में कई महत्त्वपूर्ण पक्ष सामने आयेंगे। यथार्थ स्थिर और जड़ नहीं होता। वह गतिशील, परिवर्तनशील और व्यापक विकास-प्रक्रिया का हिस्सा होता है। कला और साहित्य में यथार्थ का ऐतिहासिक और मानवीय रूप व्यक्त होता है। रचनाकार जिस समाज और परिवेश में जीता है उसके यथार्थ का अनुभव अनेक रूपों में करता है। यथार्थ का सामान्य और तात्कालिक अनुभव जब विशिष्ट और सुनिश्चित बोध बनता है तब रचना का विषय बनता है। सामान्य और तात्कालिक अनुभव को विशिष्ट और सुनिश्चित बोध में रूपान्तरित करने की प्रक्रिया में रचनाकार के दृष्टिकोण की महत्त्वपूर्ण भूमिका होती है। सामाजिक यथार्थ, यथार्थ के दूसरे रूपों से अधिक गतिशील,

परिवर्तनशील और इतिहासबद्ध होता है। लेखक सामाजिक प्रक्रिया में हिस्सा लेते हुए सामाजिक यथार्थ के विभिन्न पक्षों और रूपों का अनुभव करता रहता है। रचना के लिए उसे अपने अनगिनत अनुभवों में से कुछ का चुनाव करना पड़ता है, उसे कुछ को अपनाना और कुछ अनुभवों को छोड़ना पड़ता है। इस चुनाव में वह यह देखता है कि विकास-प्रक्रिया में सामाजिक यथार्थ का कौन-सा रूप तथा पक्ष अधिक सार्थक और सम्भावनापूर्ण और कौन-सा रूप निरर्थक और अनावश्यक है। और यह भी कि क्या प्रातिनिधिक है और क्या नहीं। लेखक एक सुनिश्चित दृष्टिकोण और इतिहास-प्रक्रिया की समझ के अभाव में इन सवालों का सामना नहीं कर सकता और सही चुनाव भी नहीं कर सकता। अनुभववादी और यथार्थवादी में यह फ़र्क होता है कि अनुभववादी यथार्थ के अनुभव की तात्कालिकता को ही महत्त्व देता है जबकि यथार्थवादी यथार्थ के अनुभव के व्यापक सन्दर्भ पर भी ध्यान देता है। यथार्थ के चयन की प्रक्रिया में कई बार यथार्थ के नये रूप और पक्ष लेखक के सामने आते हैं। तब लेखक को पहले के अनुभवों से बने यथार्थ सम्बन्धी अपने पूर्वग्रहों और नये पक्षों के बीच चुनाव करना होता है। सच्चा यथार्थवादी यथार्थ के नये पक्षों पर अपने पूर्वग्रह नहीं लादता, नये उभरे पक्ष की उपेक्षा भी नहीं करता, वह यथार्थ की विकास-प्रक्रिया और विवेक सम्मत परिणति को स्वीकार करता है। यही विवेकशील यथार्थवादी दृष्टिकोण है। प्रायः जिसे लेखक की विचारधारा पर यथार्थवाद की विजय कहा जाता है, वह वास्तव में यथार्थ के मामूली अनुभव पर यथार्थ के विवेक की विजय है, मामूली और तात्कालिक अनुभव से निर्मित पूर्वग्रह पर सुनिश्चित विवेक की विजय है।

लेखक चुने हुए यथार्थ की व्याख्या करता है, उसकी सम्भावना की पहचान करता है, उसे अपने रचनात्मक अभिप्राय के अनुरूप नये रूप में रचता है। यह पूरी प्रक्रिया एक निश्चित मूल्य-दृष्टि के तहत सम्पन्न होती है। इसके बाद यथार्थ का अनुभव रचना की अन्तर्वस्तु बनता है। यह ऐतिहासिक यथार्थ का कलात्मक रूपान्तरण है। इस रूपान्तरण की प्रक्रिया में विचारधारा की महत्त्वपूर्ण भूमिका होती है और रचना की अन्तर्वस्तु में मूल्य-चेतना के रूप में विचारधारा मौजूद होती है। ऐतिहासिक यथार्थ के कलात्मक रूपान्तरण की प्रक्रिया में रचना की संरचना का विकास होता है। उसके साथ ही अभिव्यक्ति के विभिन्न तत्त्वों का चयन और संगठन होता है। यथार्थबोध को यथार्थवाद में विकसित करने की प्रक्रिया व्यापक और जटिल होती है, इसलिए विचारधारा का यथार्थवाद से सम्बन्ध यथार्थबोध से सम्बन्ध की तुलना में अधिक व्यापक और जटिल होता है। विचारधारा रचना में अन्तर्वस्तु से लेकर रूप तक व्याप्त होती है, इसलिए विचारधारा के सम्बन्ध की खोज अन्तर्वस्तु से लेकर रूप तक करने की जरूरत होती है।

यथार्थ के अनुभव, चयन, व्याख्या, मूल्यांकन, रूपान्तरण और अभिव्यक्ति की

प्रक्रिया स्वतः चालित प्रक्रिया नहीं होती। इसमें रचनाकार की विश्वदृष्टि के साथ-साथ कला-दृष्टि की महत्त्वपूर्ण भूमिका होती है। कला-दृष्टि के अभाव में यथार्थ के अनुभव के बावजूद यथार्थवादी कलाकृति नहीं बन पाती। ग्राम्शी ने ठीक ही लिखा है कि "एक ही ऐतिहासिक यथार्थ की अभिव्यक्ति करने वाले दो लेखकों में से एक उस यथार्थ का कलाकार बन जाता है और दूसरा केवल प्रवक्ता।" यह अन्तर कला-क्षमता के अन्तर के कारण होता है।

यथार्थवाद और विचारधारा के सम्बन्ध का एक और पक्ष रचना में व्यक्त यथार्थ के पाठकीय ग्रहण के सन्दर्भ में प्रकट होता है। पाठक रचना के पास खाली दिमाग लेकर नहीं जाता। रचना में व्यक्त यथार्थ के बोध के समय उस यथार्थ का पाठक का अपना ज्ञान, उस यथार्थ के बारे में उसका दृष्टिकोण सदा सक्रिय रहता है। कई बार लेखक के यथार्थबोध और यथार्थ के प्रति दृष्टिकोण से पाठक के यथार्थबोध और यथार्थ के प्रति दृष्टिकोण की टकराहट होती है। पाठक रचना के बोध के समय व्यापक इतिहास-प्रक्रिया में अपनी स्थिति और रचना की स्थिति के बारे में सजग होता है। इस तरह विचारधारा और यथार्थवाद के सम्बन्ध का सवाल केवल रचनाकार की विचारधारा से रचना के यथार्थवाद या रचना की विचारधारा से उसके यथार्थवाद के सम्बन्ध का ही सवाल नहीं है। यह सवाल रचना के पाठकीय ग्रहण से भी जुड़ा हुआ है।

कुछ आलोचक यथार्थ के इन्द्रियानुभव और भावानुभव के चित्रण में ही यथार्थवाद देखते हैं। वे कविता के प्रसंग में इन्द्रियबोध और भावबोध में ही यथार्थवाद खोजते हैं। यथार्थवाद की इस धारणा में यथार्थ के बोध और चित्रण में विचारधारा की भूमिका की उपेक्षा होती है। रचना में इन्द्रियबोध और भावबोध रचना की विचारधारा के अंग के रूप में ही सार्थक होते हैं। केवल इन्द्रियबोध और भावबोध तक सीमित यथार्थवाद जीवन के तात्कालिक अनुभवों और तथ्यों से आगे नहीं जाता, उसमें अनुभव और तथ्य के व्यापक सन्दर्भ नहीं होते। जीवन के अनुभव और तथ्य जिस सामाजिक यथार्थ की जटिल समग्रता के अंग होते हैं उसका बोध ऐसा यथार्थवाद नहीं जगा पाता। यथार्थवाद की यह धारणा अनुभववादी है। अनुभववादी यथार्थवाद अन्तर्वस्तु और शिल्प के स्तर पर नयी खोज और आविष्कार की चेतना के अभाव में यथास्थितिवादी होता है।

यथार्थवाद व्यक्तियों, वर्गों और वस्तुओं के बाहरी रूप के मूर्त चित्रण तक सीमित नहीं होता, उसमें विभिन्न प्रकार के सम्बन्धों की भी अभिव्यक्ति होती है। सामाजिक जीवन के सतह के यथार्थ तक सीमित यथार्थवाद की कमजोरी सब जानते हैं, सतह के नीचे तह का यथार्थ भी यथार्थ ही होता है। सामाजिक-राजनीतिक व्यवस्थाओं और संस्थाओं की संरचनाओं की पहचान से वंचित यथार्थवाद अधूरा होता है। यथार्थ के मूर्त रूप के साथ-साथ उसके अमूर्त प्रभावों का चित्रण करना यथार्थवाद की सीमा लाँघना नहीं है। यथार्थ की सारसत्ता, विभिन्न प्रकार के

सामाजिक, राजनीतिक तथा मानवीय सम्बन्ध, सामाजिक व्यवस्था तथा संस्थाओं की संरचनाओं और सामाजिक-राजनीतिक जीवन में सक्रिय विभिन्न प्रकार की दृश्य-अदृश्य शक्तियों के मूर्त-अमूर्त प्रभावों की पहचान विचारधारा की मदद से होती है, इसलिए विचारधारा यथार्थवाद की दुश्मन नहीं है। जिस यथार्थवादी रचना में सामाजिक यथार्थ की जटिल समग्रता और इतिहास प्रक्रिया में परिवर्तनशील यथार्थ के विकास की दिशा का बोध नहीं होता, तात्कालिक अनुभवों से आगे बढ़कर उनके व्यापक सन्दर्भों की खोज नहीं होती, जीवन के तथ्यों में निहित सत्य की पहचान नहीं होती और अभिव्यंजना की प्रचलित प्रवृत्तियों तथा शैलियों से आगे बढ़कर नये आविष्कारों की कोशिश नहीं होती, वह रचना अपने समय में भी पाठकों को प्रभावित नहीं करती। ऐसी रचना कालजयी क्या होगी।

किसी रचना की विचारधारा से उसके यथार्थवाद के सम्बन्ध की खोज तीन स्तरों पर हो सकती है—रचना की विचारधारा और यथार्थवाद की ऐतिहासिकता, रचना में दोनों का विशिष्ट स्वरूप और रचना की सम्पूर्ण संरचना में दोनों का सम्बन्ध। इनमें से किसी भी स्तर की उपेक्षा करने वाली आलोचना विचारधारा और यथार्थवाद के सम्बन्ध के बारे में सरलीकरण का शिकार होती है।

विचारधारा चाहे प्रभुत्वशाली हो या वैकल्पिक, उसमें सामाजिक यथार्थ के साथ किसी न किसी तरह के सम्बन्ध की अभिव्यक्ति जरूर होती है। यह सम्बन्ध काल्पनिक हो सकता है और वास्तविक भी हो सकता है। अपने समय के सामाजिक यथार्थ के साथ सम्बन्ध सभी विचारधारात्मक रूपों में एक जैसा नहीं होता। राजनीतिक विचारधारा और सौन्दर्यबोधी विचारधारा में सम्बन्ध की अभिव्यक्ति एक-सी नहीं होती। वर्गीय आधार की एकता के कारण उससे सम्बद्ध सभी विचारधारात्मक रूपों में एक स्तर पर समानता होती है, लेकिन सम्बन्धों के बोध और व्यंजना की पद्धतियाँ अलग-अलग होती हैं। विचारधारा और यथार्थबोध की ऐतिहासिकता की खोज का अर्थ है दोनों के विकास के मूल सामाजिक सन्दर्भ की खोज। कला और साहित्य में विचारधारा धारणात्मक और तार्किक रूप में नहीं होती, वह यथार्थ के बोध और व्यंजना के दृष्टिकोण के रूप में प्रकट होती है। यथार्थ के बोध और व्यंजना में विचारधारा की विशिष्ट भूमिका की पहचान से ही विचारधारा और यथार्थवाद के विशिष्ट स्वरूप की पहचान होती है। एक ही विचारधारा के विभिन्न लेखकों की रचनाओं में या एक लेखक की विभिन्न रचनाओं में विचारधारा और यथार्थ की समान ऐतिहासिक स्थिति के बावजूद यथार्थ के बोध और व्यंजना में विचारधारा की भूमिका एक-सी नहीं होती। प्रत्येक रचना में विचारधारा और यथार्थबोध के विशिष्ट स्वरूप से रचना की विशिष्ट संरचना का विकास होता है, इसलिए विचारधारा और यथार्थवाद का सम्बन्ध रचना की पूरी संरचना में व्यक्त-अव्यक्त रूप में मौजूद होता है। यहाँ तक कि रचना की

भाषा के स्वरूप में भी विचारधारात्मक प्रभाव मौजूद होते हैं। ग्राम्शी ने लिखा है कि "भाषा एक साथ ही एक जीवित वस्तु भी है और जीवन तथा सभ्यता का अजायबघर भी।" यथार्थवादी लेखक के सामने भाषा के इन दोनों रूपों में एक के चुनाव की समस्या होती है। इस चुनाव पर यथार्थवाद की सफलता निर्भर होती है। भाषा का भोलापन एक भ्रम है। व्यवहार में भाषा का विचारधारात्मक प्रभाव एक सच्चाई है।

गाँधीवाद से प्रेमचन्द के सम्बन्ध पर हिन्दी में काफी बहस हुई है। बहस इस सवाल पर होती रही है कि प्रेमचन्द गाँधीवादी हैं या नहीं। लेकिन महत्त्वपूर्ण सवाल यह है कि कथाकार प्रेमचन्द का गाँधीवाद से क्या सम्बन्ध है। गाँधीवाद प्रेमचन्द के काल की प्रभावशाली विचारधारा थी, उसके राजनीतिक ही नहीं, दार्शनिक और नैतिक आयाम भी थे। उस समय का कोई लेखक गाँधीवाद का सामना करने से कैसे बच सकता था। यह अलग बात है कि सामना होने पर किसने क्या रुख अपनाया और किस तरह का सम्बन्ध बनाया। प्रेमचन्द गाँधीवाद के साम्राज्यवाद से संघर्ष और भारतीय जनता को जगाने के प्रयत्न से जुड़ते हैं, लेकिन साम्राज्यवाद से समझौता करने और जन आन्दोलनों को क्रान्तिकारी दिशा में बढ़ने से रोकने की आलोचना करते हैं। वे भारतीय जन-जीवन के यथार्थ को, खासतौर से किसान-जीवन के यथार्थ को, हमेशा गाँधीवादी पूर्वग्रहों से नहीं देखते। वे यथार्थ के अपने विवेक को महत्त्व देते हैं, लेकिन कई बार यथार्थ के बोध, चरित्रों के निर्माण और कथा की संरचना में गाँधीवादी पूर्वग्रहों और यथार्थ के विवेक का द्वन्द्व भी होता है। जहाँ पूर्वग्रह प्रबल होता है वहाँ हृदय परिवर्तन होता है, सदन और आश्रम स्थापित होते हैं। समस्या का समाधान रचना के अन्त को प्रभावित करता है, विचारधारा संरचना को प्रभावित करती है। जहाँ विवेक विजयी होता है वहाँ किसानों का जीवन-संघर्ष पूरे समाज की समग्र वास्तविकता के अंग के रूप में चित्रित होता है। प्रेमचन्द के यथार्थवाद और विचारधारा को केवल पूर्वग्रहों, पूर्वग्रहों से उत्पन्न समाधानों और उन समाधानों से प्रभावित संरचनाओं में खोजना गलत है, लेकिन इन सबकी उपेक्षा करके केवल विवेक के विजय की बात करना भी अधूरी पहचान है।

विचारधारा और रचनाशीलता के जटिल सम्बन्ध को समझने के लिए एक और उदाहरण लिया जा सकता है—आधुनिकतावादी रचनाशीलता का उदाहरण। यूरोप में आधुनिक कला तथा आधुनिकतावाद की ऐतिहासिक स्थिति और भूमिका इटली, इंग्लैण्ड और जर्मनी में समान नहीं रही है। इटली में आधुनिकतावाद का फासिज्म से गठजोड़ हुआ था। उदाहरण है पिरेंदेलो। इंग्लैंड में वह प्रतिक्रियावादी भूमिका निभा रहा था। टी.एस. एलियट ने कहा था—"मैं राजनीति में राजतन्त्रवादी, धर्म में कैथोलिक और साहित्य में परम्परावादी हूँ।" जर्मनी में अधिकांश

आधुनिकतावादी हिटलरशाही का विरोध कर रहे थे। प्रमाण के लिए नाज़ियों द्वारा आधुनिकतावादी कला और कलाकारों के दमन को देखा जा सकता है। ऐसी स्थिति में क्या आधुनिकतावाद की किसी सामान्य विचारधारा के आधार पर इटली, इंग्लैण्ड और जर्मनी की आधुनिकतावादी कलाकृतियों को समझना और कलाकारों का मूल्यांकन करना उचित है? जार्ज लुकाच ने आधुनिकतावाद को कला के क्षेत्र में पतनशील बुर्जुआ विचारधारा की अभिव्यक्ति मानकर आधुनिकतावादी रचनाओं और रचनाकारों को सन्देह की नज़र से देखा है। लुकाच ने आधुनिक रचनाकारों में सबसे अधिक काफ्का की आलोचना की है। कहते हैं कि जब लुकाच हंगरी के 1956 के उथल-पुथल के कारण रूमानिया में कैद थे तो उन्हें काफ्का की रचनाओं का ठीक-ठीक अर्थ समझ में आया। महत्त्वपूर्ण रचनाओं को समझने के लिए न जाने कैसा और कितना मूल्य चुकाना पड़ता है।

उपन्यास के समाजशास्त्र में यथार्थवाद की धारणा का आधार उन्नीसवीं सदी के यूरोपीय उपन्यास रहे हैं। बीसवीं सदी में भी इस परम्परा का विकास रूसी और फ्रांसीसी उपन्यासों में मिलता है। लेकिन दूसरे महायुद्ध के बाद फ्रांस में 'नया उपन्यास' का आन्दोलन चला, जिसने उन्नीसवीं सदी के उपन्यासों की परम्परा और यथार्थवाद दोनों का विरोध किया। बीसवीं सदी के आरम्भ से ही कला और साहित्य के विभिन्न रूपों में आधुनिकतावाद के आन्दोलन के साथ यथार्थवाद विरोधी चेतना फैली। फ्रांस में 'नया उपन्यास' के आन्दोलन के पहले प्रूस्त, कामू और सार्त्र के उपन्यासों में उपन्यास का परम्परागत स्वरूप विघटित हुआ, कथानक का महत्त्व घटा और यथार्थ से उसका सम्बन्ध बदला। एक तरह से इन उपन्यासकारों ने बालज़ाक की रचना परम्परा की जगह फ्लोबेयर की रचना दृष्टि को अपनाया। यूरोप में काफ्का, जेम्स ज्वायस, वर्जीनिया वुल्फ, प्रूस्त, कामू और सार्त्र के उपन्यासों से उपन्यास की रचना की नयी दृष्टि सामने आयी। इन उपन्यासों में समाज की जगह व्यक्ति रचना का केन्द्र बना, आत्मपरकता बढ़ी और उपन्यास के रूप में प्रयोगों की प्रवृत्ति प्रबल हुई। उपन्यास रचना में यथार्थवाद विरोध की प्रवृत्ति का चरम रूप 'नया उपन्यास' आन्दोलन में दिखाई दिया। इसमें पूँजीवादी समाज के एक आयामी मनुष्य की दशा, उसका अजनबीपन और परायापन उपन्यास के केन्द्र में आ गये। ऐसे उपन्यासों में समाज में व्यक्ति की स्थिति की जगह उसकी चेतना की जटिलताएँ प्रमुख हो गयीं। फ्रांसीसी उपन्यासकार रॉब्ब ग्रिए ने लिखा है कि 'नया उपन्यास' उन्नीसवीं सदी के प्रकृतवाद और यथार्थवाद की सीमाओं को पहचानता है और उनको तोड़कर उपन्यास को विकसित करता है। आधुनिकतावाद, आवांगार्द और नया उपन्यास के आने के बाद यथार्थवाद की अपर्याप्तता पर पर्याप्त बहस चली। गोल्डमान और मिशेल जेराफा जैसे उपन्यास के समाजशास्त्रियों ने आधुनिकतावादी उपन्यासों की सामाजिक भूमि और भूमिका का विश्लेषण किया

है। लेकिन जॉर्ज लुकाच के लेखन में आधुनिकतावाद और आधुनिकतावादी उपन्यासों का निरन्तर विरोध मिलता है। उन्होंने आधुनिकतावाद की विचारधारा की व्याख्या करते हुए उसे पतनशील प्रवृत्ति कहा है, जिसका कई ओर से विरोध भी हुआ है। काफ्का का कथा साहित्य यथार्थवाद विरोधी बहस का वर्षों केन्द्र बना रहा इसलिए लुकाच ने काफ्का बनाम टॉमसमान शीर्षक लेख में काफ्का की आलोचना की और टॉमसमान की यथार्थवादी रचनापद्धति का समर्थन किया। लुकाच का आधुनिकतावाद विरोध इतना विख्यात हुआ कि कुछ लोगों ने मार्क्सवादी आलोचना को आधुनिकतावाद का स्थायी विरोधी मान लिया; जबकि मार्क्सवादी आलोचना में ऐसे आलोचकों की एक परम्परा रही है, जो आधुनिकतावादी रचनाओं की सामाजिक सार्थकता पहचानते हैं। अडोर्नो, वाल्टर बेंजामिन, अर्न्स्ट फिशर, गोल्डमान और रेमंड विलियम्स ने अनेक आधुनिकतावादी रचनाओं और रचनाकारों का व्यवस्थित मूल्यांकन किया है। कुछ मार्क्सवादी आलोचकों ने बीसवीं सदी के सम्पूर्ण साहित्य को यथार्थवाद की सीमा में लाने के लिए सीमाहीन यथार्थवाद की धारणा पेश की है। अब कुछ रूढ़िवादी मार्क्सवादियों को छोड़कर कोई भी आधुनिक कला या आधुनिक उपन्यास की आलोचना में पतनशीलता की पुरानी मान्यता का उपयोग नहीं करता है।

उपन्यास रचना के क्षेत्र में आधुनिकतावाद के विकास के समानान्तर आलोचना में भी यथार्थवाद-विरोध की प्रवृत्ति विकसित हुई है। वैसे तो आलोचना में यथार्थवाद के विरोध का इतिहास बहुत पुराना है, लेकिन इस सदी के दूसरे और तीसरे दशक के रूसी रूपवादियों ने सबसे पहले यथार्थवाद की सार्थकता का सवाल उठाया था। बाद में अमेरिकी नयी समीक्षा में समाज से रचना की स्वतन्त्रता पर जोर देते हुए यथार्थवाद की जड़ काटने की कोशिश की गयी। नयी समीक्षा के आलोचकों ने कृति के सत्य की संगति के लिए समाज से उसकी संवादिता का विरोध करते हुए रचना की आत्मनिर्भर आन्तरिक संगति को महत्त्व दिया और साहित्य की पूरी प्रक्रिया को सामाजिक सन्दर्भ से स्वतन्त्र घोषित कर दिया। इस यथार्थवाद विरोधी अभियान का अधिक व्यवस्थित रूप फ्रांसीसी संरचनावाद में विकसित हुआ। संरचनावाद के भाषिक, मनोवैज्ञानिक और साहित्य सम्बन्धी चिन्तन में यथार्थवाद का अनेक स्तरों पर विरोध हुआ। रोलां बार्थ, रेने गिरार्ड, जाक लाका, मिशेल फूको तोदोरोव और जाक दरीदा आदि के साहित्य विश्लेषण में यथार्थवाद के लिए कोई जगह नहीं है। संरचनावाद के अनुसार, साहित्य अनेक भाषिक निर्मितियों में से एक भाषिक निर्मित है, वह एक भाषिक संरचना है और एक संकेत है। मनुष्य संकेतों का निर्माता और पाठक है। संरचनावादी दृष्टि से साहित्य के विवेचन में मानवीय अनुभव और ज्ञान की वस्तु के रूप में रचना की कोई स्वतन्त्र सत्ता नहीं है, वह एक संकेत है या संकेतों की एक व्यवस्था है। इस तरह कृति और

आलोचक के बीच ज्ञाता और ज्ञेय का सम्बन्ध नहीं है, जैसा कि पहले की आलोचना में था। रचना को पाठ मान लेने के बाद अधिक से अधिक पाठों के बीच के सम्बन्ध की खोज ही सम्भव है और इस प्रक्रिया में साहित्यिक रूढ़ियों और क्षमताओं की व्याख्या होती है। संरचनावादी और उत्तर-संरचनावादी मानते हैं कि यथार्थवाद की अवधारणा उन्नीसवीं सदी की ऐतिहासिक और विचारधारात्मक स्थितियों की देन है। वह लोकमत में निहित मानववाद और अनुभववाद से जुड़ा हुआ है, इसलिए उसे अभिव्यंजक यथार्थवाद भी कहा गया है। उनके अनुसार, उपन्यास कोई यथार्थपरक प्रातिनिधिक रचना नहीं है बल्कि वह संकेतों की एक आत्मनिर्भर व्यवस्था है, जिसमें भाषा की क्रियाशीलता और प्रयोजनशीलता की खोज ही आलोचना का दायित्व है।

उपन्यास के समाजशास्त्र में यथार्थवाद सम्बन्धी बहस के दो छोर हैं। एक छोर पर वे हैं जो उपन्यास रचना में यथार्थवाद की दृष्टि और पद्धति के बाहर, आलोचनात्मक यथार्थवाद और समाजवादी यथार्थवाद के परे, क़िसी रचनात्मक प्रवृत्ति की सार्थकता स्वीकार करने को तैयार नहीं हैं। दूसरे छोर पर वे हैं जो उपन्यास में यथार्थवाद के किसी तरह के प्रभाव को बर्दाश्त करने के लिए तैयार नहीं हैं। इन अतिवादी छोरों पर ठहरी बहस में उलझकर उपन्यास की सामाजिकता खो जाती है। राबर्ट ऑल्टर ने ठीक ही लिखा है कि—सभी उपन्यास यथार्थपरक होते हैं। लेकिन इस यथार्थपरकता के दो रूप हैं। एक है आत्मचेतन रूप और दूसरा यथार्थवादी रूप। पहले में उपन्यासकार इस बात के बारे में निरन्तर सजग रहता है कि वह एक कथा लिख रहा है इसलिए वह यथार्थ से अधिक उसकी चेतना पर ध्यान देता है और उस चेतना के बनते-बदलते रूपों को पाठकों के सामने रखता चलता है। यथार्थवादी उपन्यासकार यथार्थ की समरूपता और समानधर्मिता की प्रतीति बनाये रखने की निरन्तर कोशिश करता है। निश्चय ही शब्दों और वस्तुओं में अन्तर होता है और दूसरे कला माध्यमों की तरह उपन्यास में भी यथार्थ की सीधी पुनःप्रस्तुति नहीं होती। उपन्यास में शाब्दिक संकेतों के माध्यम से पाठक के मन में व्यक्तियों, स्थानों, स्थितियों, घटनाओं और संस्थाओं की समरूपता और समानधर्मिता की चेतना पैदा करने की कोशिश होती हैं। इसका आशय यह है कि यथार्थ की चेतना और अभिव्यक्ति की पद्धति के बदलने से उपन्यास यथार्थ विरोधी नहीं होता और यथार्थवाद का महत्त्व भी नहीं घटता। लेकिन यह भी एक सचाई है कि पिछले पचास वर्षों में सारी दुनिया में उपन्यास के नये-नये रूपों का जो विकास हुआ है, उसे पुराने यथार्थवाद के दायरे में रखकर समझना मुश्किल है, इसलिए पुराने यथार्थवाद की दृष्टि और पद्धति से अलग हट कर लिखी गयी रचनाओं को पतित कहकर खारिज करने की मानसिकता से अब काम नहीं चलेगा। दक्षिणी अमेरिका के जादुई यथार्थवाद के उपन्यासों की व्याख्या

उन्नीसवीं सदी के उपन्यासों वाले यथार्थवाद की सीमा में नहीं हो सकती। आज की दुनिया में वस्तु और शब्द का, समाज और पुस्तक का सम्बन्ध बहुत समस्यामूलक, जटिल और दुर्बोध्य हो गया है। उपन्यास भी इस स्थिति का शिकार है। फिर भी यह कहना जरूरी है कि उपन्यास की कला चाहे जितनी भी विकसित हो, अगर वह पाठक के आत्मबोध और जगतबोध को सकारात्मक या नकारात्मक रूप में प्रभावित नहीं करती तो वह सार्थक नहीं हो सकती। पाठक की चेतना से उपन्यास के सम्बन्धों का विश्लेषण उपन्यास के समाजशास्त्र की एक नयी दिशा है।

पिछले दस-पन्द्रह वर्षों में उपन्यास की समाजशास्त्रीय आलोचना में एक नया मोड़ आया है, जिसके मूल में रूसी आलोचक मिखाइल बाख्तिन के विचारों की प्रेरणा है। रूस में इस सदी के तीस और चालीस के दशकों में बाख्तिन और उनके सहयोगियों ने एक ओर रूसी रूपवाद और दूसरी ओर स्तालिनवादी मार्क्सवाद की साहित्य सम्बन्धी मान्यताओं के अतिवादों से बचते हुए, लेकिन दोनों से बहुत कुछ सीखते हुए, जिस व्यापक समाजशास्त्रीय काव्यशास्त्र का विकास किया था, उसका महत्त्व अब स्वीकार किया जा रहा है। बाख्तिन और उनके दूसरे सहयोगी स्तालिनकालीन आतंकवाद के शिकार हो गये थे। इसीलिए उनका अधिकांश लेखन अब धीरे-धीरे प्रकाश में आ रहा है। अब बाख्तिन उपन्यास के एक महत्त्वपूर्ण आलोचक और दार्शनिक के रूप में प्रतिष्ठित हो रहे हैं और उनके विचारों की मदद से उपन्यास की सामाजिक सार्थकता की नयी व्याख्या हो रही है। 'दोस्तोव्यस्की के काव्यशास्त्र की समस्याएँ' नामक रचना में बाख्तिन ने उपन्यास की आलोचना की नयी दृष्टि और पद्धति का निर्माण किया है। बाख्तिन ने अपने लेखन में कृति के अन्तर्जगत और बाह्य जगत के सम्बन्ध, रचना के उद्भव, उसके सन्दर्भ और उसकी संरचना आदि की समस्याओं पर विचार करते हुए यह मानने से इनकार किया है कि रचना का अन्तर्जगत पूर्णतः आत्मनिर्भर होता है या कि वह पूरी तरह बाहरी जगत से निर्धारित होता है। असल में, वे रचना के सन्दर्भ में अन्तर्जगत और बाह्य जगत के द्वैत को ही गलत मानते हैं। इसी प्रक्रिया में उन्होंने रूपवाद की आन्तरिकता की धारणा के अतिवाद के साथ-साथ मार्क्सवाद की प्रतिबिम्बनवादी मान्यताओं को भी अस्वीकार किया है। वे भाषा और कल्पना की संवादधर्मिता पर जोर देते हैं और इसी संवादधर्मिता को साहित्य की विशेषता मानते हैं। उनके अनुसार रचना के अन्तर्जगत में बाह्य जगत अन्तर्निहित होता है और लेखक की चेतना में दूसरों की चेतनता बनी रहती है। तभी संवाद सम्भव होता है। इसीलिए साहित्य का मुख्य गुण संवाद तथा सम्प्रेक्षण है।

बाख्तिन के अनुसार, उपन्यास की केन्द्रीय विशेषता है उसकी संवादधर्मिता। साहित्य के दूसरे रूपों की तुलना में उपन्यास की संवादधर्मिता में अनेकता होती है। उन्होंने लिखा है कि उपन्यास में सामाजिक वाणी की विविधता और वैयक्तिक

स्वरों की विविधता का कलात्मक गठन होता है। उसमें किसी जातीय भाषा की बोलियों, पेशा सम्बन्धी मुहावरों, साहित्यिक पदावलियों और पीढ़ियों की जबान का विशिष्ट संयोजन होता है, जिससे रचना की ऐतिहासिकता निर्मित होती है। उपन्यास में कोई स्वर अनुत्तरित नहीं रहता, उसमें कुछ भी अन्तिम सत्य या अन्तिम कथन नहीं होता। अपनी इस मान्यता के आधार पर ही बाख्तिन ने दोस्तोव्यस्की के उपन्यासों में स्वरों की अनेकता और कथा शैलियों की परिवर्तनशीलता का विश्लेषण किया है। उपन्यास के रूप का खुलापन, विरुद्धों के सामंजस्य की उसकी शक्ति और उसकी बहुभाषिकता के विश्लेषण से उपन्यास की ऐतिहासिकता और सामाजिकता का बोध हो सकता है। उसमें भाषाओं, कथा-शैलियों, रूपों, स्वरों और सामाजिक कथन-भंगिमाओं की अनेकता ही उसके महत्त्व का एक मुख्य आधार है। बाख्तिन की राय में उपन्यासकार का लक्ष्य वस्तु की पुनःप्रस्तुति नहीं है। उसके लिए वस्तु तो स्वरों की अनेकता का वह केन्द्र बिन्दु है, जिसमें उसका अपना स्वर भी शामिल है। इन स्वरों की अभिव्यक्ति के लिए ही उपन्यासकार वस्तु या यथार्थ का सहारा लेता है। बाख्तिन की इन मान्यताओं के आधार पर उपन्यास की सामाजिकता की नयी व्याख्या की अपार सम्भावनाएँ बनी हुई हैं।

दुनियाभर के सभ्य और असभ्य समाजों में बच्चों को कथा का पहला अनुभव स्त्री के माध्यम से ही होता है; वह चाहे माँ हो, नानी हो या दादी। बच्चों को कभी-कभी नाना और दादा भी कहानियाँ सुनाते हैं; लेकिन नानी और दादी के बाद ही। माँ, नानी और दादी की कहानियाँ गद्य में हो सकती हैं और पद्य में भी। लोरी में भी कथा की कला होती है। दुनिया भर के लोकसाहित्य का सबसे बड़ा हिस्सा लोककथाओं का है और अधिकांश लोककथाओं की रचना का श्रेय स्त्रियों को ही है। एक ही कथा को अगर स्त्री और पुरुष दोनों अलग-अलग कहें और श्रोता समुदाय भी भिन्न-भिन्न हो तो कथा में अनेक तरह के परिवर्तन हो जाते हैं। कथा के पात्रों के साथ कथा कहने वाली या कथा कहने वाले की भावनाएँ बदल जाती हैं। तात्पर्य यह कि कथा कहने की कला का कथा कहने वाले या कथा कहने वाली की चेतना से गहरा सम्बन्ध होता है। कथा कहते हुए स्त्री पात्रों के प्रति नाना-दादा का जो दृष्टिकोण होगा वही नानी-दादी का नहीं होगा। लोककथाओ से आगे बढ़कर अगर इस बात को आधुनिक उपन्यासों के सन्दर्भ में देखें तो उपन्यास के समाजशास्त्र का एक नया पक्ष उभरेगा। कथा कहने के दौरान जीवन जगत की व्याख्या भी होती है और उस व्याख्या में कथा कहने या कहने वाली की अपनी सामाजिक-ऐतिहासिक स्थिति की भी एक भूमिका होती है। तात्पर्य यह कि कथा के कहने, सुनने और पढ़ने में स्त्री और पुरुष के दृष्टिकोण में अन्तर हो सकता है। क्या इस अन्तर के कारण और प्रभाव की खोज उपन्यास के समाजशास्त्र का विषय नहीं हो सकता?

कथा कहने के ढंग में सोचने का ढंग भी निहित होता है, उसके माध्यम से स्त्री अपने स्वत्व और आत्मसम्मान की प्रतिष्ठा करती है। सामाजिक स्थिति और मूल्य चेतना के अन्तर के कारण पुरुष कथाकारों के उपन्यासों में स्त्री को जिस रूप में देखा और चित्रित किया जाता है, उससे भिन्न दृष्टिकोण स्त्री कथाकारों के उपन्यासों में मिल सकता है। 'हजार चौरासी की माँ' जैसा उपन्यास और 'द्रौपदी' जैसी कहानी महाश्वेता देवी ही लिख सकती हैं, कोई पुरुष कथाकार नहीं। वर्जीनिया वुल्फ ने तो यहाँ तक कहा है कि स्त्री का दृष्टिकोण सामाजिक चेतना ही नहीं कथा की शैली और वाक्य रचना में भी पुरुष से भिन्न होता है। डोरोथी रिचर्डसन के बारे में वर्जीनिया वुल्फ ने लिखा है कि वह उपन्यास की भाषा में पहले से प्रचलित 'पुरुष वाक्य' की जगह 'स्त्री वाक्य' का विकास कर रही थी। उसने स्त्री वाक्य और स्त्री भाषा की विशेषताओं की ओर संकेत भी किया है। पश्चिम में इस दृष्टि से नये-पुराने उपन्यासों का विश्लेषण हो रहा है। हिन्दी के लिए यह अभी दूर की बात लगती है। लेकिन जब तक उपन्यास की सामाजिकता का इस दृष्टिकोण से विश्लेषण न होगा तब तक उपन्यास का समाजशास्त्र अधूरा ही रहेगा।

इतिहास और ऐतिहासिक उपन्यास

आजकल उत्तर-आधुनिकतावादी सोच ने कला, साहित्य, चेतना और विवेक आदि के अन्त की घोषणाओं के साथ इतिहास के भी अन्त की घोषणा कर दी है। इस प्रश्न पर बहस हो रही है कि इतिहास के अन्त का अर्थ क्या है—समाज के इतिहास का अन्त या इतिहास-लेखन का अन्त या समाज के इतिहास के बारे में किसी विशेष दृष्टि का अन्त। जो भी हो, लेकिन यह भी सच है कि इतिहास के अन्त की घोषणा के बावजूद समाज का इतिहास गतिशील है, उसका लेखन भी हो रहा है और समाज के इतिहास-सम्बन्धी विभिन्न दृष्टिकोण अपने-अपने प्रयोजन के अनुसार इतिहास को समझने, बनाने, बिगाड़ने और बदलने में लगे हुए हैं। इस बीच मानव-समाज के इतिहास की घटनाएँ इतिहास के अन्त की घोषणाओं का अन्त कर रही हैं। अफ़ग़ानिस्तान और इराक़ पर अमेरिका के हमलों और क़ब्ज़ों से इतिहास के अन्त का नारा झूठा साबित हुआ है और इतिहास की पुनरावृत्ति होती दिखाई देती है। साम्राज्यवाद नये रूप-रंग में दुनिया के सामने है।

आजकल बार-बार यह कहा जा रहा है कि इतिहास के बोध और लेखन में एक उत्तर-आधुनिक मोड़ आया है। इस मोड़ के साथ इतिहास-लेखन में कई और मोड़ आये हैं; उनमें मुख्य हैं—आख्यानपरक मोड़, भाषिक मोड़, सौन्दर्यबोधीय मोड़ और पाठपरक मोड़। इन सभी मोड़ों ने इतिहास सम्बन्धी चिन्तन और लेखन से संगति, काल-बोध, सत्य, समग्रता और यथार्थपरकता को बाहर निकालने का अभियान चला रखा है।

बीसवीं सदी के उत्तरार्द्ध में हेडेन ह्वाइट के बौद्धिक प्रयत्नों के परिणामस्वरूप इतिहास को एक आख्यान मान लिया गया है। इतिहास-लेखन आख्यानपरक तो पहले भी था, लेकिन उत्तर-आधुनिक मोड़ के बाद अब वह ऐसा आख्यान है जो यथार्थवाद से एकदम मुक्त है। इस स्थिति में इतिहास-लेखन उपन्यास-लेखन का समानधर्मा हो गया है। वह उपन्यास की राह पर चल रहा है। ऐसे में दो प्रश्न हमारे सामने आते हैं। पहला यह कि जब इतिहास ही उपन्यास हो गया है तब अलग से ऐतिहासिक उपन्यास की बात करना क्या ज़रूरी है। यह जग ज़ाहिर बात है कि उपन्यास की कथा और उसमें मौजूद मनुष्य का एक सुनिश्चित देशकाल होता है, दोनों इतिहास में स्थित होते हैं। उपन्यास के पहले कथा के

अनेक रूप प्रचलित रहे हैं; जैसे मिथक, परिकथाएँ और दास्तान आदि। कथा के उन रूपों से उपन्यास के आख्यान के बुनियादी अन्तर को स्पष्ट करते हुए मिशेल जेराफ़ा ने लिखा है कि "उपन्यास कथा की वह पहली कला है जिसमें ऐतिहासिक और सामाजिक रूप से निरूपित मनुष्य व्यक्त होता है। मिथक में मनुष्य सामाजिक तो होता है, लेकिन उसकी कथा में देवताओं और जादुई तत्त्वों का हस्तक्षेप भी होता है। उपन्यास के साथ समाज इतिहास में और इतिहास समाज में प्रवेश करता है।" इसका तात्पर्य यह है कि उपन्यास सहज रूप से तात्कालिक होता है। ऐसे में दूसरा विचारणीय प्रश्न यह है कि जब सभी उपन्यास स्वभाव से ऐतिहासिक होते हैं तब अलग से ऐतिहासिक उपन्यास की चर्चा क्यों की जाए।

साहित्य के इतिहास से इस प्रश्न का एक उत्तर मिलता है। दुनिया भर के साहित्य में ऐतिहासिक उपन्यासों की लम्बी और समृद्ध परम्पराएँ मौजूद हैं। अंग्रेज़ी में वाल्टर स्कॉट से आज तक, बाङ्ला में बंकिम से अब तक और हिन्दी में किशोरीलाल गोस्वामी से भोलाशंकर व्यास तक लगातार ऐतिहासिक उपन्यास लिखे जाते रहे हैं। जब ऐतिहासिक उपन्यास लिखे और पढ़े जा रहे हैं तब उन पर चर्चा भी जायज़ और ज़रूरी है। जैसे इतिहास के अन्त की घोषणा के बावजूद इतिहास है और इतिहास-लेखन भी हो रहा है वैसे ही इतिहास को उपन्यास बना दिये जाने पर भी ऐतिहासिक उपन्यास की स्वतन्त्र सत्ता है और उसका विशिष्ट स्वरूप भी।

ऐतिहासिक उपन्यास एक संकर साहित्यिक विधा (हाइब्रिड लिट्रेरी फ़ॉम) है, लगभग विरोधाभास अलंकार जैसा। वह न तो शुद्ध उपन्यास है और न विशुद्ध इतिहास, बल्कि इतिहास और उपन्यास के सर्जनात्मक मेल से बना साहित्यिक रूप है। उत्तर-आधुनिकतावाद के अनुसार, इतिहास के आख्यान होने के बावजूद इतिहास के आख्यान और उपन्यास के आख्यान में बुनियादी फ़र्क़ होता है। पहला फ़र्क़ यह है कि इतिहास में आख्यान का अन्वेषण होता है। उस अन्वेषण का अर्थ और प्रयोजन है--घटनाओं की सच्चाई का अन्वेषण। बाद में उस अन्वेषण की आख्यान के माध्यम से प्रस्तुति होती है। उपन्यास में आख्यान के माध्यम से पात्रों के क्रिया-व्यापार और उनकी मनोदशाओं की अभिव्यक्ति होती है। उपन्यास में आख्यान का आविष्कार होता है। इतिहास में घटनाओं और पात्रों की खोज होती है, लेकिन उपन्यास में घटनाओं और पात्रों का सृजन होता है। इतिहास की झाँसी की रानी लक्ष्मीबाई और वृन्दावनलाल वर्मा के उपन्यास 'झाँसी की रानी' की लक्ष्मीबाई एक ही नहीं हैं। उपन्यास की लक्ष्मीबाई वृन्दावनलाल वर्मा की सृष्टि है।

इतिहास और ऐतिहासिक उपन्यास में दूसरा अन्तर सच के साथ दोनों के सम्बन्धों की भिन्नता में प्रकट होता है। वैसे तो उत्तर-आधुनिकतावादी यह नहीं मानते कि सच की कोई स्वतन्त्र सत्ता होती है, लेकिन इतिहास और ऐतिहासिक

उपन्यास दोनों ही सच कहने का दावा करते हैं। ऐसा माना जाता है कि इतिहास का सम्बन्ध तिथियों, तथ्यों, व्यक्तियों और घटनाओं के सच से होता है जिसका स्वरूप व्याख्या से बनता-बदलता है। लेकिन ऐतिहासिक उपन्यास का सच कल्पना से रचित संसार का सच होता है, जिसे सम्भावित सच भी कहा जा सकता है। अगर इतिहास का दायित्व सच का ज्ञान कराना है तो ऐतिहासिक उपन्यास का काम सच की प्रतीति और उसका अनुभव कराना है। ऐतिहासिक सच और कलात्मक सच का अन्तर ही इतिहास और ऐतिहासिक उपन्यास को एक-दूसरे से अलग करता है और जोड़ता भी है। ऐतिहासिक सच और कलात्मक सच हमेशा एक जैसे हों, यह ज़रूरी नहीं है। ऐतिहासिक उपन्यासकार कलात्मक सच को अधिक महत्त्व देता है जबकि इतिहासकार ऐतिहासिक सच को खोजने और सामने लाने का प्रयत्न करता है। कभी-कभी ऐतिहासिक उपन्यास में सबसे अधिक महत्त्वपूर्ण पात्र वह होता है जो ऐतिहासिक नहीं, बल्कि उपन्यासकार की कल्पना की सृष्टि होता है और उसके माध्यम से लेखक व्यक्ति और समाज के द्वन्द्वों, अन्तर्द्वन्द्वों, दुविधाओं और संघर्षों की अभिव्यक्ति करता है। उपन्यास का काम है मानवीय स्थितियों और अनुभवों का साक्षात्कार और अभिज्ञान कराना।

इतिहास में इतिहासकार किसी घटना के प्रसंग में इन प्रश्नों का उत्तर खोजता है कि वह कब और कहाँ घटित हुई और साथ ही यह भी कि वह क्यों और कैसे घटित हुई। इतिहास की समझ में इतिहासकार की आलोचनात्मक प्रश्नाकुलता, जिज्ञासा और खोज की अभिव्यक्ति होती है। इतिहास-लेखन में तथ्यों की स्थिति महत्त्वपूर्ण होती है, लेकिन उससे भी अधिक महत्त्वपूर्ण भूमिका इतिहासकार के दृष्टिकोण की होती है जो तथ्यों के संग्रह, चयन, स्वीकार-अस्वीकार से लेकर तथ्यों के बीच सम्बन्धों की पहचान और उनकी प्रस्तुति के लिए आख्यान की रचना में क्रियाशील होता है। ई.एच. कार ने अपनी पुस्तक 'इतिहास क्या है' में लिखा है, "शुरू के दिनों में मुझे लगता था कि इतिहास नब्बे प्रतिशत तथ्य और दस प्रतिशत व्याख्या है। पचास वर्षों तक इतिहास के क्षेत्र में काम करने के बाद मुझे लगा कि इसे उलट देना ठीक होगा।" ई.एच. कार का तात्पर्य यह है कि इतिहास मुख्यतः व्याख्या पर निर्भर होता है। अगर इतिहास व्याख्या है तो इतिहास का सच भी व्याख्या का ही सच होगा।

एक ही घटना से सम्बन्धित ऐतिहासिक सच और कलात्मक सच समान हों, यह ज़रूरी नहीं है। उनमें समानधर्मिता सम्भव है, परन्तु समरूपता नहीं। 1857 के महाविद्रोह पर लिखे इतिहास के ग्रन्थों में प्रस्तुत झाँसी की रानी से वृन्दावनलाल वर्मा या महाश्वेता देवी के उपन्यासों की झाँसी की रानी की तुलना कीजिए तो ऐतिहासिक सच से कलात्मक सच की समानता और असमानता का स्वरूप स्पष्ट हो जाएगा। कभी-कभी उपन्यास इतिहासकार की मदद भी करते हैं। बहुत पहले

पुश्किन ने कहा था, जिसे जॉर्ज लुकाच ने अपनी पुस्तक 'ऐतिहासिक उपन्यास' में उद्धृत किया है, कि फ्रांसीसी इतिहासकारों ने वाल्टर स्कॉट के उपन्यासों के माध्यम से इंग्लैंड को समझने की कोशिश की थी।

कार्ल मार्क्स ने उन्नीसवीं सदी के अंग्रेज़ी के उपन्यासकारों—डिकेंस, थैकरे, ब्रांटी, गास्केल आदि के बारे में लिखा है कि उन्होंने उपन्यासों मे जैसे और जितने राजनीतिक सत्यों की अभिव्यक्ति की वैसे और उतने सत्यों की व्यंजना पेशेवर राजनीति विज्ञानियों, अख़बारनवीसों और नैतिकतावादियों ने भी नहीं की है। उनके उपन्यासों में इंग्लैंड के मध्यवर्ग की मानसिकता की अचूक पहचान है। फ्रेडरिक एंगेल्स ने मारग्रेट हार्कनेस के नाम लिखे एक पत्र में बालज़ाक के उपन्यासों के बारे में कहा है कि उनमें 1816 से 1848 तक के फ्रांसीसी समाज का आश्चर्यजनक रूप से यथार्थवादी इतिहास मिलता है। उन्होंने यह भी लिखा है कि मैंने बालज़ाक के उपन्यासों से फ्रांसीसी समाज का जितना ज्ञान पाया है उतना विख्यात इतिहासकारों और अर्थशास्त्रियों से भी नहीं। पुश्किन, मार्क्स और एंगेल्स के कथनों से ज़ाहिर है कि ऐतिहासिक उपन्यास ही नहीं कोई भी महत्त्वपूर्ण उपन्यास कला के माध्यम से समाज का ज्ञान कराता है। उपन्यासकार अपने सच को विश्वसनीय बनाता है औपन्यासिक कौशलों के माध्यम से। इस प्रसंग में यह प्रश्न भी विचारणीय है कि इतिहास-बोध के निर्माण और विकास में ऐतिहासिक उपन्यास या उपन्यास की क्या भूमिका होती है। यह भी विचारणीय प्रश्न है कि उपन्यास जिस इतिहास-बोध का निर्माण करता है वह इतिहास-लेखन से निर्मित बोध से कैसे भिन्न होता है।

हिन्दी में अनेक प्रकार के ऐतिहासिक उपन्यास लिखे गये हैं। कुछ उपन्यास ऐसे कालखंड पर आधारित हैं, जिसे प्रागैतिहासिक कहा जाता है। ऐसे तीन उपन्यास मायानन्द मिश्र के हैं—'प्रथमम् शैलपुत्री च', 'मन्त्रपुत्र' और 'पुरोहित'। इनका कथा-काल वैदिक काल से उत्तर वैदिक काल तक फैला हुआ है। रांगेय राघव ने सिन्धु घाटी की सभ्यता पर 'मुर्दों का टीला' नामक उपन्यास लिखा है। इन उपन्यासों की रचना में लेखक की ऐतिहासिक कल्पना को जितनी स्वतन्त्रता मिली है उतनी पूरी तरह ज्ञात ऐतिहासिक कालखंड पर उपन्यास लिखते समय नहीं मिलती। दूसरे प्रकार के ऐतिहासिक उपन्यास वे हैं जो इतिहास-प्रसिद्ध व्यक्तियों पर लिखे गये हैं। वृन्दावनलाल वर्मा ने अधिकतर ऐसे ही उपन्यास लिखे हैं। तीसरे प्रकार के ऐतिहासिक उपन्यास महत्त्वपूर्ण घटनाओं से भरपूर निकट अतीत के काल पर केन्द्रित हैं। हिन्दी, उर्दू, पंजाबी और बाङ्ला में देश के विभाजन की त्रासदी पर अनेक महत्त्वपूर्ण उपन्यास लिखे गये। इन उपन्यासों में काल तो ऐतिहासिक है, पर पात्र प्रायः काल्पनिक हैं। इनमें जनजीवन की समस्याएँ, वास्तविकताएँ, यातनाएँ और आकांक्षाएँ ही मुख्य रूप से चित्रित हुई हैं।

जॉर्ज लुकाच ने ठीक ही लिखा है, "अच्छा ऐतिहासिक उपन्यास लिखने के लिए जन- जीवन की अन्तरंग और प्रामाणिक जानकारी ज़रूरी है, तभी उपन्यास में व्यक्ति और परिवेश के आत्मीय सम्बन्ध का चित्रण सम्भव होता है।"

यद्यपि इतिहास और ऐतिहासिक उपन्यास दोनों में आख्यान का उपयोग होता है, लेकिन उनमें आख्यान के उपयोग का प्रयोजन समान नहीं होता। इतिहास में आख्यान उतना प्रयोगधर्मी नहीं होता जितना ऐतिहासिक उपन्यास में। आख्यान की प्रयोगधर्मिता से उपन्यास का कलात्मक रूप निर्मित होता है, जबकि इतिहास में आख्यान का उद्देश्य ऐतिहासिक सच का केवल सम्प्रेषण होता है। इतिहासकार घटनाओं का व्याख्याकार होता है और आख्यान व्याख्या का माध्यम। ऐतिहासिक उपन्यासकार के लिए घटना का महत्त्व उतना नहीं होता जितना घटना की प्रक्रिया का। इसलिए उपन्यास में आख्यान के माध्यम से घटना की प्रक्रिया की अभिव्यक्ति होती है। अगर कोई उपन्यासकार इतिहास की केवल घटना का चित्रण करता है, उसकी गतिशील प्रक्रिया की समग्रता का नहीं तो वह इतिहासवाद का शिकार होगा जो उपन्यास की सृजनशीलता के विकास में सहायक नहीं, बल्कि बाधक होता है। विषय से लेखक के सम्बन्ध के सन्दर्भ में भी इतिहासकार और उपन्यासकार के दृष्टिकोणों में फर्क होता है। यह उम्मीद की जाती है कि इतिहासकार की दृष्टि में तटस्थता तथा वस्तुपरकता होगी, केवल व्याख्या उसकी अपनी होगी; जबकि उपन्यासकार का अपने विषय से विशेष लगाव होता है, क्योंकि वह उसका सर्जक होता है। कर्नल टॉड के 'ऐनल्स ऑफ राजस्थान' और उस पर आधारित या उससे प्रेरित बाङ्ला तथा हिन्दी के ऐतिहासिक उपन्यासों की तुलना कीजिए तो यह बात समझ में आ जाएगी कि इतिहास और उपन्यास का अपने विषय के साथ सम्बन्ध एक समान नहीं होता। वैसे तो आजकल इतिहास-लेखन में भी लोककथाओं, लोकवार्ताओं और किंवदन्तियों का उपयोग होने लगा है, लेकिन इन सबका जितना प्रयोग उपन्यास में सम्भव है उतना इतिहास में नहीं। उपन्यास में लोक-प्रवृत्ति की खोज, समझ और पहचान का जैसा प्रयत्न होता है वैसा इतिहास में नहीं।

भारतीय समाज के इतिहास-लेखन का काम कई दृष्टियों से होता रहा है। अंग्रेजी राज के समय पहले उपनिवेशवादी दृष्टि से भारत का इतिहास-लेखन आरम्भ हुआ और बाद में राष्ट्रवादी दृष्टि से इतिहास लिखा गया। इन दोनों से अलग मार्क्सवादी दृष्टि से भी भारतीय समाज का इतिहास लिखा गया है। बीसवीं सदी के अन्तिम दशकों में 'सबाल्टर्न' इतिहास-लेखन सामने आया है। इन सबके साथ ही साम्प्रदायिक दृष्टि या कि हिन्दूवादी दृष्टि से भारतीय समाज के इतिहास-लेखन की कोशिशें होती रही हैं। अगर आप केवल हिन्दी के ऐतिहासिक उपन्यासों पर ध्यान दें तो पाएँगे कि जो इतिहास-दृष्टियाँ समाज के इतिहास-लेखन में सक्रिय रही हैं उनका प्रभाव ऐतिहासिक उपन्यासों के लेखन पर भी पड़ा है।

इतिहास और उपन्यास में एक महत्त्वपूर्ण अन्तर यह है कि इतिहास-लेखन में केवल एक ही स्वर मिलता है, वह स्वर इतिहासकार का होता है; जबकि उपन्यास में स्वरों की अनेकता या बहुलता होती है। महत्त्वपूर्ण उपन्यास में जितने पात्र होते हैं उतने स्वर मिल सकते हैं। यह उपन्यास के स्वभाव की लोकतान्त्रिकता की देन है। कभी-कभी समाज में ऐसी घटनाएँ होती हैं जिनके प्रसंग में यथार्थ और फ़ैंटेसी के बीच फ़र्क़ करना मुश्किल हो जाता है। उदाहरण के लिए भारत के विभाजन, उस समय के भीषण दंगे और बड़े पैमाने पर लोगों के विस्थापन को याद किया जा सकता है या फिर हिटलर द्वारा गैस चैम्बर्स में बड़े पैमाने पर यहूदियों की हत्या या गुजरात में सुनियोजित रूप से मुसलमानों के संहार का आप स्मरण कर सकते हैं। ऐसी घटनाओं के साथ उपन्यास ही न्याय कर सकता है, इतिहास नहीं। यही कारण है कि इन घटनाओं पर असंख्य उपन्यास लिखे गये हैं और आगे भी लिखे जाएँगे।

इतिहास और उपन्यास में एक और बुनियादी फर्क मानसिक शक्ति के दो रूपों की क्रियाशीलता की भिन्नता से पैदा होता है। इतिहास-लेखन में मुख्यतः ऐतिहासिक बुद्धि की क्रियाशीलता मिलती है जबकि उपन्यास में ऐतिहासिक कल्पना की सृजनशीलता। ऐतिहासिक बुद्धि तथ्य-संग्रह, विश्लेषण तथा व्याख्या में लगी रहती है जबकि ऐतिहासिक कल्पना संश्लेषण और सृजन में। आख्यान की रचना में कल्पना की क्रियाशीलता इतिहास-लेखन में भी होती है, लेकिन उपन्यास का तो सर्वस्व आख्यान पर ही निर्भर होता है जिसमें कल्पना की सृजनशीलता का सर्वोत्तम रूप मिलता है। उपन्यास-रचना में ऐतिहासिक कल्पना के दो रूप दिखाई देते हैं। जॉर्ज एलिअट के अनुसार एक है–सत्यनिष्ठ कल्पना और दूसरी है–लोलुप कल्पना। सत्यनिष्ठ ऐतिहासिक कल्पना विवेकशील होती है, वह उपन्यास के लिए आवश्यक और अनावश्यक में अन्तर करते हुए संग्रह और त्याग का काम करती है, जबकि लोलुप कल्पना में ऐसा विवेक नहीं होता, वह सब कुछ समेटने की कोशिश करती है। एक सांस्कृतिक व्यवहार के रूप में भी इतिहास और उपन्यास में फ़र्क़ होता है जो दोनों के निर्माण की प्रक्रिया, पाठकीय ग्रहण और प्रयोजन के स्तरों पर दिखाई देता है। इतिहास का प्रयोजन तथ्यों का ज्ञान कराना है जबकि उपन्यास का एक लक्ष्य सौन्दर्य-बोध जगाना भी है।

इतिहासकार ग्रॉसमेन ने लिखा है कि इतिहास कभी-कभी हमें चोट पहुँचाता है, पीड़ित करता है। यह भी कहा जा सकता है कि इतिहास कभी-कभी एक प्रकार का घाव बन जाता है–एक समुदाय, एक समाज या फिर एक देश के लिए। द्वितीय विश्वयुद्ध के समय यहूदियों के साथ जो हुआ, 1984 के सिख विरोधी दंगों में भारत के सिखों को जिन स्थितियों का सामना करना पड़ा और गुजरात में मुसलमानों के साथ संघियों ने जो व्यवहार किया उनसे इन समुदायों की

चेतना में जो घाव पैदा हुए वे शायद ही कभी भरें। फ़ेडरिक जेम्सन ठीक ही कहते हैं कि इतिहास वह है जो चोट पहुँचाता है। कुछ लोग इतिहास का जश्न मनाते हैं तो कुछ उससे जख़्म पाते हैं। असल में इतिहास प्रायः विजेताओं की इच्छा की अभिव्यक्ति होता है जो वर्तमान पर क़ब्ज़ा करते हैं वे ही अतीत पर भी क़ब्ज़ा करते हैं। अगर आप भारत के दलितों, अमेरिका के मूल निवासियों और नीग्रो, इराक के निवासियों और दुनिया भर की स्त्रियों की दृष्टि से देखिए तो इतिहास का अर्थ होगा पराधीनता और दमन की अन्तहीन शृंखला। जो समाज में पराधीनता और दमन के शिकार होते हैं उनकी आवाज़ इतिहास में बहुत कम सुनाई देती है। समाज के अछूत इतिहास के भी अछूत होते हैं। वे समाज से बहिष्कृत होते हैं, इसलिए इतिहास से भी बहिष्कृत रहते हैं। वे इतिहासविहीन जन हैं जो समाज में पराजित, दमित और पराधीन होते हैं उनके लिए वॉल्टर बेंजामिन के शब्दों में, "संस्कृति के दस्तावेज़ प्रायः बर्बरता के दस्तावेज़ भी होते हैं।" सत्ताएँ प्रायः इतिहास लिखवाती हैं, इसलिए इतिहास उनके अनुकूल होता है। मध्यकाल में, विशेष रूप से मुग़लकाल में, हर बादशाह अपने दरबार में कवियों और संगीतकारों की तरह इतिहासकार भी रखता था। सत्ता से इतिहास का रिश्ता आधुनिक काल में भी दिखाई देता है। आधुनिक काल में सत्ताएँ इतिहास-लेखन की संस्थाएँ बनाती हैं और उनसे अपनी आकांक्षा का इतिहास लिखवाती हैं।

इसके विपरीत उपन्यास उनकी कथा कहता है जो समाज में सत्ताओं के शोषण और दमन का शिकार होते हैं, जो उपेक्षित, पीड़ित, पराधीन और प्रायः बेजुबान होते हैं। इतिहास से उपन्यास के अन्तर को स्पष्ट करते हुए अमेरिका की अश्वेत लेखिका टोनी मॉरिसन कहती हैं कि "इतिहास जहाँ मौन होता है वहीं साहित्य मुखर होता है। मैं जो कुछ लिखती हूँ वह साहित्य भी है, इतिहास भी। हम ऐसे देश में रहते हैं जहाँ अतीत मिटाया जाता है और भविष्य निर्दोष हुआ करता है।" टोनी मॉरिसन और तसलीमा नसरीन जैसे लेखक इतिहास के घावों के गवाह होते हैं।

ऐतिहासिक उपन्यास के लेखक को रचना-प्रक्रिया के स्तर पर दोहरे दायित्व का निर्वाह करना होता है। उसे इतिहासकार की सामाजिक दृष्टि और उपन्यासकार की कला-दृष्टि के बीच सामंजस्य स्थापित करना होता है। उसका न तो केवल इतिहासकार की सामाजिक दृष्टि से काम चलेगा और न उपन्यासकार की कला-दृष्टि से। इन दोनों में से किसी एक के अतिरेक से ऐतिहासिक उपन्यास की कला और पहचान खंडित हो जाएगी।

जब कोई समाज आन्तरिक द्वन्द्व, अनिश्चय और दुविधा से गुज़रता है तब उसे अपने इतिहास की अधिक चिन्ता होती है। इसीलिए भारत में स्वाधीनता आन्दोलन के साथ भारतीय समाज, संस्कृति और साहित्य के इतिहास-लेखन का

अभियान चला था। ऐसे ही काल में ऐतिहासिक उपन्यासों की रचना सबसे अधिक होती है। भारतीय नवजागरण की प्रक्रिया में 'भारत की खोज' का जो प्रयत्न हो रहा था उसी का एक रूप 'सिंह सेनापति' जैसे उपन्यासों में दिखाई देता है। नवजागरण काल में भारत की खोज का लक्ष्य था—स्वाधीनता की चेतना का जागरण और लोकतन्त्र के महत्त्व की पहचान। इन्हीं उद्देश्यों को ध्यान में रखकर राहुल सांकृत्यायन ने 'सिंह सेनापति' और 'जय यौधेय' की रचना की थी। इसी दृष्टि की अभिव्यक्ति वृन्दावनलाल वर्मा और रांगेय राघव के उपन्यासों में दिखाई देती है। पिछले कुछ दशकों से भारत की दूसरी खोज हो रही है। भारत की इस दूसरी खोज में शुद्ध हिन्दू भारत की चिन्ता है। यह भारत के एकान्तिक और अपवर्जी रूप की खोज है जिसमें भारतीय समाज और संस्कृति के बहुलतावादी रूप का अस्वीकार है। यह दृष्टिकोण ऐतिहासिक उपन्यास-लेखन में बाधक है, सहायक नहीं; क्योंकि ऐतिहासिक उपन्यास का आधार समाज की समग्रता का बोध है जिसमें विविधता अन्तर्निहित होती है। पिछले कुछ दशकों से भारत में इतिहास-लेखन का क्षेत्र विचारधाराओं के युद्धों का क्षेत्र बना हुआ है, वर्तमान और भविष्य की राजनीति की लड़ाई इतिहास-लेखन की ज़मीन पर लड़ी जा रही है। इसी समय हिन्दी में दो ऐसे ऐतिहासिक उपन्यास प्रकाशित हुए हैं जो भारतीय उपन्यास के मुग़लकाल और आधुनिककाल के उन पक्षों पर केन्द्रित हैं जिनकी इतिहास-लेखन में प्रायः उपेक्षा होती रही है।

पहला उपन्यास है लक्ष्मीकान्त वर्मा का—'मुंशी रायज़ादा' जो 2000 में छपा था। इस उपन्यास में कोई पात्र इतिहास-प्रसिद्ध व्यक्ति नहीं है। इसमें उपन्यासकार 1920 से 1930 के बीच रहते हुए 18वीं सदी के उत्तरार्द्ध और 19वीं सदी के पूर्वार्द्ध के बिगड़ते-बनते भारतीय समाज के पूर्वी उत्तर प्रदेश के बस्ती-गोरखपुर क्षेत्र की कायस्थ जाति के टूटते-बिखरते राजनीतिक, सामाजिक और सांस्कृतिक जीवन की विभिन्न स्थितियों का चित्रण करता है। यद्यपि इस उपन्यास का कोई पात्र ऐतिहासिक नहीं है, लेकिन प्रत्येक पात्र का जीवन उसका व्यवहार और उसका मानस ऐतिहासिक है; ऐतिहासिक प्रक्रिया से अनुशासित, नियंत्रित और संचालित है। इस उपन्यास का वास्तविक नायक ऐतिहासिक समय है जो सबका सब कुछ तय करता दिखाई देता है। हिन्दी में ऐसा दूसरा उपन्यास हजारीप्रसाद द्विवेदी का 'चारू चन्द्रलेख' ही है जिसमें ऐतिहासिक समय को वैसा ही केन्द्रीय महत्त्व प्राप्त है जैसा 'मुंशी रायज़ादा' में।

'मुंशी रायज़ादा' को ऐतिहासिक उपन्यास के रूप में देखने-समझने के लिए इतिहास की पुरानी धारणा की सीमाओं से मुक्त होकर नयी इतिहास-दृष्टि को अपनाना होगा। पिछले कुछ दशकों में एक ओर सबाल्टर्न इतिहास-दृष्टि और दूसरी ओर नव इतिहासवाद के अन्तर्गत इतिहास के ऐसे दृष्टिकोण का विकास

हुआ है जिसमें लोककथाओं, लोकवृत्तान्तों, लोकगीतों तथा कहावतों-मुहावरों और मिथकों का उपयोग करते हुए जनसमुदायों की मानसिकताओं, प्रवृत्तियों, संस्कारों, आस्थाओं, अनुभवों और संवेदनाओं की ऐतिहासिकता की खोज और व्याख्या सम्भव हुई है। 'मुंशी रायज़ादा' में भी परम्पराओं, किंवदन्तियों, लोकोक्तियों और लोक-विश्वासों के पुरावशेषों का उत्खनन करते हुए पात्रों के व्यक्तित्व, उनकी मानसिकता और कथा की संरचना का निर्माण किया गया है। उपन्यासकार ने ठीक ही लिखा है कि 'मुंशी रायज़ादा' में आप इतिहास तलाशेंगे तो कथा छूट जाएगी और यदि केवल कथा ढूँढ़ेंगे तो वैज्ञानिकता के कुतर्क में किंवदन्तियों, मिथकों और लोकमानस की मिट्टी में रचा-बसा जीवन छूट जाएगा। यदि जनमानस से जुड़कर देखेंगे तो 'मुंशी रायज़ादा' की कथा इतिहास की खमीर में रची-बसी होने के कारण स्वयं अपने-आपको सत्यापित करती चलेगी।"

'मुंशी रायज़ादा' ऐतिहासिक उपन्यास इस अर्थ में भी है कि इसमें एक युग के समुदाय की चेतना की ऐतिहासिकता का आख्यान है जिसमें स्वतन्त्रता और दासता, ईमानदारी और छल-छद्म, नैतिक चेतना और अनैतिक जोड़-तोड़, चरित्र की दृढ़ता और चापलूसी, धार्मिक आस्था और जड़ता, संस्कार और अनुभव के बीच के द्वन्द्व के माध्यम से कथा आगे बढ़ती है और पात्रों के अन्तर्द्वन्द्व की अभिव्यक्ति भी होती है। इस उपन्यास में सत्ता के ऐतिहासिक सच के बदले जनजीवन के सांस्कृतिक और सामाजिक सच की पहचान और अभिव्यक्ति की चिन्ता अधिक है। जनजीवन के सच की अभिव्यक्ति के लिए कवि लक्ष्मीकान्त वर्मा ने इस उपन्यास में कबीर, सूर और मीरा के पदों तथा लोकगीतों के प्रयोगों के माध्यम से गहरा काव्यात्मक प्रभाव पैदा किया है। ये कविताएँ उपन्यास की घटनाओं और स्थितियों के बोध को प्रतीकात्मक विस्तार देती हैं।

'मुंशी रायज़ादा' लक्ष्मीकान्त वर्मा की बहुलतावादी सांस्कृतिक चेतना और समावेशी सामाजिक दृष्टि की देन है। उन्होंने सच ही कहा है, "जिस अंचल में मैंने अपनी आँखें खोलीं उसमें मगहर है, जहाँ दो फूल एक साथ हैं। एक है समाधि और दूसरी मज़ार। जहाँ एक ही कबीर को मज़ार में भी पूजते हैं और समाधि में भी पा लेते हैं। जहाँ इबादतगाहें दो हैं, पर देवता एक ही है। मैं आभारी हूँ उस द्वैताद्वैत का जो मेरे मन में हमेशा बसा रहा है।"

इस उपन्यास में आरम्भ से अन्त तक एक व्यापक अवसाद की छाया मौजूद है। यह अवसाद ब्रिटिश उपनिवेशवाद के शासन के प्रभाव का परिणाम है, जिसका विवेचन करते हुए कार्ल मार्क्स ने 1853 में एक लेख में कहा था, "इंग्लैंड ने भारतीय समाज के सम्पूर्ण ढाँचे को छिन्न-भिन्न कर दिया है, लेकिन उसके नवनिर्माण के कोई लक्षण नहीं दिखाई दे रहे हैं। इस प्रक्रिया में अपनी पुरानी दुनिया को खो देने और नयी को न पाने के कारण भारत में एक विशेष प्रकार का

अवसाद व्याप्त है।" इस अवसाद के विभिन्न रूपों और प्रभावों की असरदार अभिव्यक्ति 'मुंशी राजज़ादा' में दिखाई देती है।

हाल के वर्षों में छपा दूसरा महत्त्वपूर्ण ऐतिहासिक उपन्यास है–'समुद्र संगम', जिसके लेखक भोलाशंकर व्यास हैं। यह उपन्यास पहली बार आधे-अधूरे रूप में 1975 में प्रकाशित हुआ था, लेकिन अब वह पहले से अधिक पूर्ण और कलात्मक रूप में 2004 में छपा है। यद्यपि यह उपन्यास पंडितराज जगन्नाथ की आत्मकथा के रूप में लिखा गया है, लेकिन वह केवल पंडितराज जगन्नाथ की आत्मकथा नहीं है। इसमें उपन्यासकार के ही शब्दों में पंडितराज की ज़बानी उनके युग की कहानी कही गयी है। पंडितराज जगन्नाथ स्वयं कहते हैं, "मेरी ज़िन्दगी केवल कवि, पंडित या भावुक प्रेमी की ज़िन्दगी नहीं है, प्रियवर! यह ऐसे इन्सान की कहानी है जो सामाजिक परिस्थितियों में बदलाव के लिए जूझता रहा है। ऐसी हालत में मेरी कहानी युग की कहानी से पूरी तरह जुड़ी हुई है।" भोलाशंकर व्यास ने इस उपन्यास की रचना करते हुए हमेशा इस बात को ध्यान में रखा है, इसीलिए यह उपन्यास अपने समय के राजनीतिक टकराव, सामाजिक संरचना के उथल-पुथल, सांस्कृतिक द्वन्द्व और धार्मिक दृष्टिकोणों के संघर्ष की प्रामाणिक अभिव्यक्ति करता है।

पंडितराज जगन्नाथ के साहित्यिक जीवन और उपलब्धियों के बारे में जितनी जानकारी मिलती है उससे बहुत कम सूचनाएँ उनके व्यक्तिगत जीवन के बारे में उपलब्ध हैं। उनकी कृतियों में जहाँ-तहाँ उनके व्यक्तिगत और बौद्धिक जीवन से सम्बन्धित कुछ बातें मौजूद हैं और उनके जीवन से जुड़े अनेक क़िस्से काशी में प्रचलित हैं। 'समुद्र संगम' के लेखक ने इन सभी का उपयोग करते हुए पंडितराज के सामाजिक, राजनीतिक और व्यक्तिगत जीवन की पुनर्रचना की है। इस तरह पंडितराज एक कवि, दार्शनिक, निर्भीक प्रेमी और सामाजिक चेतना से सम्पन्न व्यक्ति के रूप में हमारे सामने आते हैं। शाहजहाँ के दरबार में पंडितराज की उपस्थिति, दाराशिकोह से उनकी गहरी दोस्ती और लवंगी से उनके निकट उत्कट प्रेम का चित्रण करते हुए उपन्यासकार ने उनके व्यक्तित्व के अनेक पक्षों को उजागर किया है।

यद्यपि यह उपन्यास पंडितराज जगन्नाथ की आत्मकथा है, लेकिन इसके केन्द्र में दाराशिकोह का जीवन, उसकी बौद्धिक क्रियाशीलता, दार्शनिक दृष्टि, उदार बहुलतावादी धार्मिक चेतना, मुगल राजसत्ता के लिए युद्ध में पराजय और शहादत की ट्रैजिक कहानी है। इस पूरी कहानी में पंडितराज कहीं साक्षी, कहीं सहभागी, कहीं सलाहकार और कहीं सहभोक्ता की तरह मौजूद हैं। उपन्यास का नाम दाराशिकोह की एक किताब से लिया गया है। दाराशिकोह ने 1654 ई. में फ़ारसी में एक किताब लिखी थी–'मज्म-उल-बहरैन'। उसी किताब का 1655 में

'समुद्र संगम' नाम से संस्कृत में दाराशिकोह ने अनुवाद किया था। इस पुस्तक में भारतीय दर्शन और इस्लाम के दर्शन को समुद्र मानते हुए दोनों के बीच एकता की खोज और व्याख्या है। दाराशिकोह ने समुद्र संगम के बारे में लिखा है कि यह सच की खोज करने वाले दो समुदायों के सच और विवेक का संग्रह है। वह एक सच्चे सूफ़ी साधक की तरह धर्मों के बीच एकता की खोज कर रहा था। मुगल सत्ता के लिए संघर्ष में दाराशिकोह की पराजय के बाद उसकी हत्या के लिए इस पुस्तक को भी एक बहाना बनाया गया था।

पंडितराज जगन्नाथ दाराशिकोह के गुरु भी थे, उन्होंने दारा को संस्कृत की शिक्षा दी थी। यही नहीं, 1657 में जब दाराशिकोह ने 52 उपनिषदों का फ़ारसी में अनुवाद किया था तब पंडितराज उसके सहायक और मार्गदर्शक थे। पंडितराज जगन्नाथ और दाराशिकोह के बीच कई समानताएँ थीं; दोनों कवि थे, दोनों दार्शनिक थे, दोनों धार्मिक कट्टरता और संकीर्णता से मुक्त थे, दोनों इन्सानियत के धर्म में विश्वास करते थे और दोनों विभिन्न धर्मों के बीच संवाद को बढ़ावा देने का प्रयत्न करते थे। विचार और व्यवहार की यही उदारता दोनों के लिए खतरनाक साबित हुई, दाराशिकोह को धार्मिक कट्टरता की बलि-वेदी पर शहीद होना पड़ा और पंडितराज को काशी के पंडितों ने अपमानित तथा जाति-बहिष्कृत किया।

मुग़लकाल में शाहजहाँ का समय कलाओं की उन्नति और विचारों की टकराहट की दृष्टि से अत्यन्त महत्त्वपूर्ण है। उपन्यासकार ने इस सांस्कृतिक दृष्टि के विभिन्न पक्षों पर खूब ध्यान दिया है। इस काल में सांस्कृतिक स्तर पर एक नये भारत का जन्म हो रहा था। विभिन्न कलाओं में नयी प्रवृत्तियाँ पनप रही थीं। धर्मों, दर्शनों, कलाओं और भाषाओं का संगम हो रहा था। एक ऐसी हिन्दी कविता विकसित हो रही थी, जिसमें सूफ़ी दर्शन की आत्मा का वास था तो एक ऐसी फ़ारसी कविता रची जा रही थी जिसमें भारतीयता मौजूद थी। ऑक्टोवियो पॉज ने ठीक ही लिखा है कि भक्ति आन्दोलन हिन्दुओं और मुसलमानों के बीच एकता और एक नये भारत के जन्म का आधार बन सकता था। कबीर इस सम्भावना के अगुआ थे और नानक सहायक। राजनीति में अकबर ने इस सम्भावना के लिए राह बनायी तो दाराशिकोह ने उसे व्यापक और स्थायी बनाने की कोशिश की। औरंगज़ेब ने उस सम्भावना और राह का अन्त कर दिया। जब राजनीति के धर्म पर धर्म की राजनीति हावी होती है तब कट्टरता, संकीर्णता, विद्वेष और विघटन का जन्म होता है।

'समुद्र संगम' में काव्य, चित्र, संगीत और स्थापत्य के विकास का व्यापक चित्रण है। पर साथ ही इस उपन्यास से यह भी स्पष्ट होता है कि दरबारी संस्कृति में उदात्तता के साथ-साथ क्षुद्रता भी पलती है। मुगलकाल के दार्शनिक और धार्मिक द्वन्द्व भी उपन्यास में उभरकर सामने आये हैं। एक ओर पंडितराज

जगन्नाथ हैं, दाराशिकोह हैं, जहाँआरा बेगम हैं, मुल्लाशाह हैं, सरमद हैं, बाबा लालदास हैं, जो धार्मिक उदारता और सहिष्णुता के साधक हैं तो दूसरी ओर कट्टरता और रूढ़िवाद के प्रतीक औरगंज़ेब और रोशन आरा के साथ अनेक मुल्ला-मौलवी और काशी के पंडित भी हैं। उपन्यासकार ने इस बात पर भी ध्यान दिया है कि धर्म की राजनीति अन्ततः आम जनता के शोषण और दमन की नीति पर चलती है। दाराशिकोह से पंडितराज जगन्नाथ ठीक ही कहते हैं, "ऐसा जान पड़ता है कि शासकवर्ग के कुछ मुसलमान मज़हब की आड़ लेकर शासित जनता का दमन और शोषण करते रहना चाहते हैं। क्या आपने कभी देहात की रियाया की अन्दरूनी हालात को देखा है? मेरी समझ में शासित जनता में हिन्दू और मुसलमान का भेद नहीं है। गाँव के मुसलमान और हिन्दू दोनों की समस्या न धार्मिक है, न राजनीतिक ही, वह केवल गरीबी की समस्या है और जो लोग मज़हबी आवाज़ बुलन्द कर बार-बार फिरकापरस्ती का झंडा बुलन्द करते हैं, वे इसी गरीबी की समस्या को ज्यों-का-त्यों बने रहने देना चाहते हैं।" पंडितराज जगन्नाथ जानते हैं कि कट्टरता और रूढ़िवाद का शिकार केवल इस्लाम नहीं है, हिन्दू धर्म भी है। इसीलिए इस उपन्यास में काशी में पंडितों की रूढ़िवादिता, कठहुज्जती बुद्धि और पंडिताऊ वितंडावाद की तीखी आलोचना है। पंडितराज जगन्नाथ कहते हैं, "जो शास्त्र मानव की आत्मा का, स्वयं ब्रह्म का अपमान करें, वे शास्त्र नहीं माने जा सकते। वे हमारे नियामक नहीं हो सकते। उनको बदलना ही होगा। दो विरोधी वचनों में किसे शास्त्र माना जाए, इसका निर्णय हमारी बुद्धि करेगी, ऐसी बुद्धि जो मानवता से बड़ा धर्म, बड़ा आदर्श किसी अन्य वस्तु को नहीं मानती।"

कोई भी ऐतिहासिक उपन्यास केवल सत्ता के संघर्ष का चित्रण करते हुए या वैचारिक द्वन्द्वों का विश्लेषण करते हुए एक युग की कहानी बनने में सफल नहीं हो सकता। वह युग की कहानी तभी बनेगा जब उसमें जनजीवन की वास्तविकताओं और समस्याओं का भी चित्रण होगा। 'समुद्र संगम' में जनजीवन की वास्तविकताओं के भी अनेक चित्र कई बार सामने आते हैं। इस उपन्यास में एक ओर शाहजहाँ के दरबार की शानो-शौकत, वैभव-विलास, सौन्दर्य-सुरुचि आदि का चित्रण है तो दूसरी ओर आम जनता की गरीबी, बदहाली, तबाही, लूट और दमन के भी अनेक चित्र हैं। पंडितराज ने राजस्थान की यात्रा के दौरान जनजीवन के जिस कठिन-कठोर यथार्थ को देखा था उसका एक चित्र यह है, "केवल सिर पर फटा-सा फेटा बाँधे, घुटनों तक धोती पहने अधनंगे पुरुषों को देखा, मैली-कुचैली वेशभूषा में लिपटी स्त्रियों को देखा, जो हँसी-खुशी इस गरीबी को सहती जा रही थीं।" इस यथार्थ ने पंडितराज को यह सोचने के लिए मज़बूर कर दिया कि असली भारत कौन-सा है—वह जो शाहजहाँ के किले के दीवाने-आम और दीवाने-खास में दिखाई देता है

या वह जो झोंपड़ियों में संघर्षरत जीवन व्यतीत करनेवाले अर्द्धनग्न स्त्री-पुरुषों में है। वे यह भी सोचते हैं कि कितना अन्तर है भारत के इन दो रूपों में और जब तक यह अन्तर नहीं मिटेगा भारत की खोई आत्मा नहीं मिल सकेगी।

'समुद्र संगम' में राजसत्ता के लिए खूँख़ार युद्ध, मुगल दरबार के षड्यन्त्र, छल-छद्म, कूटनीतिक चालों और नैतिक पतन के नमूनों का ही ब्योरवार वर्णन नहीं है, इसमें निरंकुश राजसत्ता के आतंक के साये में पलनेवाले प्रेम के मानवीय रूपों का भी मर्मस्पर्शी अंकन है। इन प्रेम प्रसंगों में एक हैं—बूँदी के हाड़ाराव छत्रसाल और जहाँआरा का असफल प्रेम, दूसरा है दाराशिकोह और राणादिल के बीच का सफल प्रेम, तीसरा है चित्रकार श्यामलाल और केसर तम्बोलिन के बीच का सार्थक प्रेम और चौथा है कुलसुम और युसुफ के बीच का सहज प्रेम। लेकिन इन सबसे आकर्षक, उद्दाम, साहसी, निर्भीक और उन्मुक्त प्रेम है पंडितराज जगन्नाथ और मुगल युवती लवंगी का वह प्रेम जिसने एक ओर मुगल दरबार की सीमाओं को तोड़ा तो दूसरी ओर हिन्दू समाज की रूढ़ियों को चुनौती दी। यह प्रेम न तो मुगल दरबार के कुछ लोगों को स्वीकार था और न काशी के पंडितों को। लेकिन पंडितराज ने सभी विरोधों का सामना करते हुए, तरह-तरह के अपमान और आरोप सहते हुए इस प्रेम को दीवानगी की हद तक पहुँचकर परवान चढ़ाया और लवंगी से विवाह किया। मध्यकाल में प्रेम का ऐसा दूसरा उदाहरण दुर्लभ है। उपन्यासकार ने अत्यन्त मनोयोग, संलग्नता और संयम के साथ इस प्रेम की विभिन्न अवस्थाओं, उसके उतार-चढ़ाव, सुख-दुख और आवेग तथा अनुभवों की सूक्ष्मताओं का अंकन किया है। यह उचित ही है कि प्रेम की सघन ऐन्द्रिकता के कवि जगन्नाथ के प्रेम-प्रसंग के चित्रण में उपन्यासकार ने उनकी भाव-भूमि और काव्य-कला को ध्यान में रखा है।

यह उपन्यास मानव-समाज के इतिहास की एक गहरी विडम्बना को व्यक्त करता है। प्रायः सत्ताएँ अपनी सुरक्षा के लिए सीमाओं का निर्माण करती हैं और व्यक्ति तथा समाज अपनी स्वतन्त्रता के लिए उन सीमाओं को तोड़ते हैं। सीमाएँ तोड़ने और उनके पार जाने की राह खोजने की कोशिश स्वतन्त्रता को हासिल करने के लिए ज़रूरी हो जाता है। सत्ता केवल राज्य की ही नहीं होती; संस्कृति, धर्म, जाति और सामाजिक संरचना की भी सत्ताएँ होती हैं, जिनकी सीमाएँ स्वतन्त्रता की राह रोकती हैं। ये सीमाएँ वास्तव में पराधीनता की शृंखला की कड़ियाँ हैं। इस उपन्यास में पंडितराज जगन्नाथ ने कई बनी-बनाई सीमाओं को तोड़ा है। एक तो उन्होंने हिन्दू समाज की सीमा तोड़ते हुए एक मुसलमान युवती से प्रेम और विवाह किया। दूसरे उन्होंने ब्राह्मण धर्म की सीमाओं को तोड़ते हुए पहले एक मुसलमान दाराशिकोह को उपनिषद् पढ़ाया और बाद में शूद्रों को शास्त्र की शिक्षा देने का प्रयत्न किया। दूसरी ओर दाराशिकोह ने इस्लाम की सीमाओं को

तोड़ा। उसने एक तो इस्लाम और हिन्दू धर्म को समान माना और दोनों के बीच एकता की खोज की। दूसरे उसने बावन उपनिषदों का अनुवाद किया और उसका नाम रखा 'सिर्रे अकबर'। इस अनुवाद की भूमिका में दाराशिकोह ने लिखा है, "उपनिषद् वह छिपी किताब है, जिसके बारे में क़ुरान में कहा गया है कि उस किताब को केवल पवित्र लोग ही छू सकते हैं। यह किताब खुदाई इलहाम है।" सीमाएँ तोड़ने का दंड पंडितराज और दाराशिकोह दोनों को भोगना पड़ा। पंडितराज को बनारस के पंडितों ने म्लेक्ष कहा, अपमानित किया और जाति-बहिष्कृत कर दिया। दाराशिकोह को सीमाएँ तोड़ने के कारण बादशाहत खोनी पड़ी और जान भी गँवानी पड़ी। लेकिन स्वतन्त्रता के लिए संघर्ष करने वालों के इतिहास में दोनों के नाम अमर हैं।

पंडितराज जगन्नाथ संस्कृत और हिन्दी के कवि, महान काव्यशास्त्री और संगीतज्ञ भी थे, इसलिए उनकी आत्मकथा में काव्य, काव्यशास्त्र तथा संगीत का होना स्वाभाविक ही है। इस उपन्यास के केन्द्र में शाहजहाँ का दरबार है, इसलिए इसमें संस्कृत और हिन्दी के साथ-साथ फ़ारसी कविता भी मौजूद है। इस काल की प्रत्येक कविता में अलंकरण की प्रवृत्ति प्रधान थी, इसलिए उपन्यास की भाषा और शैली भी अलंकारिक है, पर वहीं जहाँ पंडितराज हैं। मुग़ल ख़ानदान और दरबार के व्यक्तियों के प्रसंग में फ़ारसी का प्रयोग दिखाई देता है। इस उपन्यास की रचना में उपन्यासकार की भाषिक बहुज्ञता का प्रमाण बार-बार सामने आता है। 'समुद्र संगम' की भाषा में वर्णन से अधिक महत्त्वपूर्ण है चित्रण; प्रकृति और स्त्री के सौन्दर्य के अमूर्त्त रूपों और प्रभावों को मूर्त्त बनाने में सक्षम चित्रण।

किसी ऐतिहासिक उपन्यास का महत्त्व इस बात पर निर्भर होता है कि वह जिस काल का आख्यान है उस काल के छोटे-बड़े संघर्षों का प्रामाणिक चित्रण हो और उन संघर्षों में उपन्यास के नायक की हिस्सेदारी का ऐसा वर्णन हो जिससे उसकी व्यक्तिगत विशेषताएँ और सामाजिक भूमिकाएँ स्पष्ट रूप से पाठकों के सामने आ सकें। 'समुद्र संगम' में ऐसा प्रयत्न दिखाई देता है। उपन्यासकार का लक्ष्य इतिहास लिखना नहीं है, औपन्यासिक प्रभाव पैदा करना है, जो उसकी सर्जनात्मक कल्पना की क्रियाशीलता से सम्भव होता है। 'समुद्र संगम' के लेखक ने पंडितराज और दाराशिकोह को अपनी बात कहने की पूरी स्वतन्त्रता दी है, लेकिन इनमें से किसी को महान बनाने की कोशिश नहीं की है। वैसे ये दोनों अपने जिन विचारों, व्यवहारों, चिन्ताओं और आकांक्षाओं के कारण भारतीय समाज और संस्कृति के इतिहास में महानता की देहरी पर खड़े दिखाई देते हैं, उन्हें पहचानने की कोशिश उपन्यास में है।

प्रायः पुराने ऐतिहासिक व्यक्तियों पर साहित्य लिखनेवाले लेखकों के सामने यह प्रश्न रहता है कि वर्तमान समय में उनकी रचना की क्या सार्थकता होगी।

'समुद्र संगम' लिखते समय भोलाशंकर व्यास के सामने भी यह सवाल ज़रूर रहा होगा। सार्थक ऐतिहासिक कृति तभी लिखी जाती है जब लेखक अपने समय और समाज के इतिहास की गति और दिशा के बारे में सजग-सचेत रहते हुए अतीत की पुनर्रचना करता है। 'समुद्र संगम' इसी प्रक्रिया का परिणाम है। रवीन्द्रनाथ ठाकुर ने भारत को मनुष्यों का समुद्र कहा था। इस समुद्र में जब से साम्प्रदायिकता की सूनामी लहरें आयी हैं तब से भारतीय समाज के इतिहास पर पुनर्विचार की प्रक्रियाएँ और कोशिशें अनेक रूपों में आरम्भ हुई हैं। 'समुद्र संगम' का लेखन भी उसी का एक रूप है। आज के भारतीय समाज में बड़े पैमाने पर धार्मिक कट्टरता तथा साम्प्रदायिकता का धर्म निरपेक्षता तथा लोकतान्त्रिक चेतना से संघर्ष चल रहा है। 'समुद्र संगम' में मुगल राजसत्ता के लिए युद्ध में दारा की पराजय और औरंगज़ेब की विजय की कथा है जो धार्मिक बहुलतावाद पर धार्मिक एकान्तवाद की, उदारता पर कट्टरता की, सहिष्णुता पर संकीर्णता की और अनेकान्तवादी राष्ट्रीय चेतना पर एक राष्ट्र, एक धर्म के आग्रह की विजय है। ऐसे में 'समुद्र संगम' हमें अतीत से सीखने की सलाह देता है।

'समुद्र संगम' के लेखक ने इस संघर्ष के सन्दर्भ में अपना दृष्टिकोण पंडितराज जगन्नाथ के शब्दों में इस प्रकार व्यक्त किया है, "दाराशिकोह और मैंने सम्पूर्ण समाज को जाति-पाँति, ऊँच-नीच, गरीब-अमीर के हर भेद और साम्प्रदायिक भेद-भाव तथा उपासना-पद्धति के भेद को न मानते हुए समग्र समाज को एक सूत्रता में बाँधने का जो प्रयत्न किया, वह दुख है कि शासकों की भेद-नीति और मुल्ला-मौलवियों तथा दकियानूसी पंडितों के निहित स्वार्थों के कारण असफल ही रह गया।" लेखक की मुख्य चिन्ता भारतीय समाज की एक ऐसी संरचना के विकास की है जिसमें समस्त प्रजा बिना किसी भेद-भाव के अपना जीवन-यापन कर सके। यह उपन्यास कट्टरतावाद से इन्सानियत की रक्षा के कलात्मक प्रयत्न का परिणाम है।

मध्यकालीन भारतीय समाज और संस्कृति के इतिहास की एक बड़ी ट्रैजिडी के नायक हैं दाराशिकोह। उनके साथ इतिहास का जैसा व्यवहार है उससे एकदम अलग व्यवहार है साहित्य का। विलियम इर्विन ने 1905 में औरंगज़ेब के जीवन और शासन का बृहद इतिहास लिखनेवाले सर यदुनाथ सरकार को एक पत्र में लिखा था, "हारनेवाला इतिहास में बहुत कम न्याय पाता है।" दाराशिकोह के साथ इतिहास-लेखन में यही हुआ है। औरंगज़ेब के दरबारी इतिहासकार मोहम्मद क़ाज़िम ने आलमगीरनामा में दाराशिकोह के बारे में लिखा है, "दाराशिकोह अपनी जवानी के दिनों में केवल स्वतन्त्र सोच और विधर्मी विचारों से लगाव तक सीमित न था, बल्कि हिन्दू धर्म और उसकी संस्थाओं की ओर उसका झुकाव बढ़ रहा था। वह बराबर ब्राह्मणों, योगियों और संन्यासियों की संगत में रहता था। उसने नमाज़

और रोज़ा आदि छोड़ दिया था। यह ज़ाहिर हो गया था कि अगर दाराशिकोह गद्दी पर बैठेगा और उसको सत्ता हासिल होगी तो इस्लाम खतरे में होगा और इस्लाम के नियमों को काफ़िरों और यहूदियों की इच्छा के अनुसार बदल दिया जाएगा। फलतः इस्लाम की रक्षा और शरिअत को बनाए रखने के लिए, और साथ ही राजनीति को भी ध्यान में रखकर उसकी हत्या कर दी गयी।" उस समय के एक और दरबारी इतिहासकार साक़ी मुस्ताद ख़ान नें अपनी किताब 'मआसिर-ए-आलमगीर' में लिखा है, "अनेक कारणों से यह ज़रूरी था कि दाराशिकोह के जीवन की धूलि को सजीव संसार के मैदान से हटा और मिटा दिया जाए इसलिए 30 अगस्त 1659 को उसकी जीवन-ज्योति बुझा दी गयी और उसे हुमायूँ के मक़बरे में दफ़ना दिया गया।"

दाराशिकोह की हत्या के समय उस पर जो आरोप लगाये गये थे वही दरबारी इतिहासकारों द्वारा दुहराये गये। 'रूबाइयाते सरमद' की भूमिका में मौलाना अबुल कलाम आज़ाद ने ठीक ही लिखा है, "एशिया में हमेशा से मज़हब की आड़ में राजनीति रही है और हज़ारों ख़ूँरेजियाँ जो राजनीतिक कारणों से हुईं उन्हें मज़हब की चादर से ढककर छिपाया गया है।"

आधुनिक काल में दाराशिकोह पर विभिन्न भारतीय भाषाओं में बहुत साहित्य लिखा गया है। इस प्रसंग में तीन उपन्यास विशेष रूप से उल्लेखनीय हैं। उर्दू में क़ाज़ी अब्दुल सत्तार, बाङ्ला में श्यामल गंगोपाध्याय और हिन्दी में भोलाशंकर व्यास के उपन्यास दाराशिकोह के जीवन और संघर्ष के साथ न्याय करते हैं। इतिहास ने दाराशिकोह के महत्त्व को स्वीकार करने से लगभग इनकार किया है। लेकिन उपन्यासकारों ने उसकी दार्शनिक दृष्टि और सांस्कृतिक चेतना का उचित मूल्यांकन करते हुए उसे एक ट्रेजिडी के नायक के रूप में चित्रित किया है। इतिहास का नायक उपन्यास में खलनायक बन गया है और इतिहास का प्रतिनायक उपन्यास का उदात्त नायक बनकर सामने आया है। सरवांतीस के महान उपन्यास 'दोन किखोते' के एक संस्करण की भूमिका में मेक्सिको के प्रसिद्ध उपन्यासकार कार्लोस फुएंतो ने ठीक ही लिखा है, "इतिहास जिनकी हत्या करता है, कला उनको जीवन देती है। इतिहास जिनकी आवाज़ सुनने से इनकार करता है, कला में उनकी आवाज़ सुनाई देती है।"

भारतीय उपन्यास की भारतीयता

भारत में उपन्यास का जन्म अभिशप्त स्थितियों में हुआ। उस अभिशाप की छाया भारतीय उपन्यास पर लम्बे समय तक पड़ती रही। उससे मुक्ति के लिए उपन्यास विधा को कठिन संघर्ष करना पड़ा। भारत में उपन्यास का जन्म उन्नीसवीं सदी के मध्य में तब हुआ जब देश में अंग्रेजी राज था। उपनिवेशवाद के कारण भारतीय समाज के यथार्थ और भारतीय जनता की चेतना में ऐसे अन्तर्विरोध थे, जो उपन्यास के स्वाभाविक विकास में बाधक थे। यूरोप में उपन्यास का उदय जिन स्थितियों में हुआ था उनके ठीक विपरीत परिस्थितियाँ यहाँ मौजूद थीं। भारत में न तो औद्योगीकरण हुआ था और न मध्य वर्ग विकसित हुआ था। यहाँ जो नाम मात्र का औद्योगीकरण हो रहा था, वह भारतीय समाज के स्वाभाविक विकास का परिणाम न था। वह साम्राज्यवाद की लूट के लिए फैले व्यापार और बाजार का एक हिस्सा था। उपनिवेशवाद ने भारतीय सामन्तवाद के मूल ढाँचे को बनाये रखा और उसके साथ एक नये किस्म का सामन्तवाद भारतीय समाज पर थोप दिया। इसलिए यहाँ के औद्योगीकरण में स्वाभाविक रूप से विकसित पूँजीवाद की कोई विशेषता न थी। यूरोप में जो मध्यवर्ग उपन्यास के विकास का आधार बना था, वह यहाँ लगभग गायब था। उपनिवेशवादी व्यवस्था में यहाँ जो मध्यवर्ग पैदा हुआ था, उसका चरित्र यूरोप के मध्यवर्ग से बहुत भिन्न था। डी.पी. मुखर्जी ने इस भारतीय मध्यवर्ग का स्वरूप स्पष्ट करते हुए लिखा है कि उपनिवेशवादी व्यवस्था के कारण यहाँ एक ओर सुख-सुविधा और फुर्सत की जिन्दगी जीने वाले जमींदारों का एक नया वर्ग सामने आया और दूसरी ओर अंग्रेजी शिक्षा में पला-बढ़ा वह समुदाय विकसित हुआ, जो भारतीय समाज से लगभग विच्छिन्न और अंग्रेजी राज का समर्थक था। इन्हीं दोनों के मेल से उस समय का भारतीय मध्यवर्ग बना था जो न पश्चिम में बुर्जुआ वर्ग जैसा था और न पुराने भारतीय व्यापारी वर्ग की तरह। यह मध्यवर्ग अपनी जड़ों से कटा हुआ आधारहीन वर्ग था। इनमें से पश्चिमी शिक्षा में पला-बढ़ा समुदाय पश्चिमी संस्कृति के आयात का माध्यम बना। कहने की जरूरत नहीं है कि इस मध्यवर्ग में पश्चिम के बुर्जुआ वर्ग की तरह न स्वतन्त्रता की भावना थी और न लोकतन्त्र की चेतना।

ऐसे मध्यवर्ग का सबसे पहले विकास बांग्ला में हुआ था। उस मध्यवर्ग की मानसिकता की प्रामाणिक अभिव्यक्ति माइकेल मधुसूदन दत्त के एक नाटक में हुई है। नाटक का नाम है 'क्या इसी को सभ्यता कहते हैं?' उस नाटक के एक दृश्य में एक मध्यवर्गी स्त्री अपने शराबी और आवारा पति को फटकारते हुए कहती है, "ऐसा लगता है कि आजकल कलकत्ता में ज्ञान के नाम पर अधिकांश पढ़े-लिखे लोग शराब पीना और रंडीबाजी करना सीख रहे हैं और ये बेशर्म पढ़े-लिखे लोग कहते हैं कि वे अंग्रेजों की तरह सभ्य हो रहे हैं। क्या सभ्य होने का यही ढंग है? इसी को तुम सभ्यता कहते हो?" ऐसे ही लोगों ने अपनी बैठकबाजी के लिए एक संगठन बनाया है, जिसका नाम है 'ज्ञान तरंगिणी सभा'। इस संगठन की बैठकों में आने वाले लोग शराब पीते हैं, गप्प हाँकते हैं, और मौजमस्ती करते हैं। एक शाम की बैठक में नाटक का नायक कहता है, "मित्रो, यह देश हमारे लिए एक विशाल कारागार है। केवल यह क्लब ही हमारी स्वतन्त्रता का घर है, स्वाधीनता का महल है। आप यहाँ जो चाहें कर सकते हैं।" इसके बाद वह अपने मित्रों को शराब पीने और नाचने के लिए आमन्त्रित करता हुआ कहता है, "आइए अब हम स्वतन्त्रता के नाम पर मौज-मस्ती में डूब जाएँ।" इस पूरे प्रसंग पर टिप्पणी करते हुए रणजीत गुहा ने लिखा है कि यहाँ जिस कारागार का उल्लेख है, वह साम्राज्यवाद की गुलामी नहीं है। वह हिन्दू धर्म की रूढ़िवादिता है। यहाँ स्वतन्त्रता और स्वाधीनता आदि का लक्ष्य उपनिवेशवादी सत्ता से मुक्ति नहीं है, हिन्दू समाज की पुरानी मूल्य व्यवस्था की रूढ़ियों से छुटकारा है। इससे जाहिर होता है कि पश्चिम में जिन विचारों और नारों ने जनतान्त्रिक चेतना जगाने का काम किया था, वही भारत में उपनिवेशवादी शिक्षा के परिणामस्वरूप गुलामी की मानसिकता पैदा करने के काम आये। भारत में यही मध्यवर्ग आरम्भिक दिनों में उपन्यास के लेखक और पाठक के रूप में उसके उदय का आधार बना। बांग्ला में ऐसा मध्यवर्ग पहले विकसित हुआ था। इसलिए वहाँ उपन्यास का विकास भी दूसरी भारतीय भाषाओं से पहले हुआ। बांग्ला में पहले उपन्यास के विकास का एक कारण यह भी था कि वहाँ पत्र-पत्रिकाओं का विकास भारत की दूसरी भाषाओं से पहले हुआ। आमतौर पर यह माना जाता है कि प्यारेचन्द मित्र का 'अलालेर घरेर दुलाल' पहला भारतीय उपन्यास है। यह पहले 1854 से प्रकाशित होने वाले 'मासिक पत्र' में धारावाहिक छपा और 1858 में पुस्तकाकार प्रकाशित हुआ।

जैसा मध्यवर्ग बंगाल में पैदा हुआ था, वैसा भारत के दूसरे भागों में भी विकसित हो रहा था। इतिहासाचार्य विश्वनाथ काशीनाथ राजवाड़े ने 1902 के 'कादम्बरी' शीर्षक निबन्ध में मराठी के आरम्भिक उपन्यासों के पाठकों के बारे में लिखा है कि "इनके पाठक वर्ग में मुख्यतः जमींदारों, रियासतदारों और ईनामदारों

की संख्या अधिक थी। कभी-कभी ब्राह्मणों, उपाध्यायों और वैश्यों ने भी इनमें अपना योगदान दिया है। लेकिन इन उपन्यासों के मुख्य लक्ष्य ऐशो-आरामी, खुशालचन्द और निष्क्रिय लोग ही थे। वेदविद् लक्ष्मणशास्त्री हल्वे को उपन्यासों के खातिर खंडेराव होल्कर से सालाना तनख्वाह मिलती थी।" इससे स्पष्ट है कि बांग्ला ही नहीं मराठी में भी उपन्यास के लेखक और पाठक किस तरह के लोग थे। इससे यह भी अन्दाज लग सकता है कि आरम्भिक दिनों में जासूसी और एय्यारी के अद्भुत और विचित्र वृत्तान्त वाले उपन्यासों की भरमार क्यों थी। भारत में जिस मध्यवर्ग का विकास हुआ था उसकी मूल्य-चेतना दुविधाग्रस्त थी। उसमें एक ओर परम्परा बनाम आधुनिकता का द्वन्द्व था तो दूसरी ओर आधुनिकता के नाम पर भ्रामक आधुनिकता की ओर झुकाव भी था। सम्भवतः यही कारण है कि आरम्भिक उपन्यासों में कहीं भारतीय और पश्चिमी मूल्यों का द्वन्द्व मिलता है तो कहीं सतही आधुनिकता के नाम पर पश्चिमी मूल्यों की नकल मिलती है। शायद इसीलिए उपन्यासों को उस समय चरित्र बिगाड़ने वाला माना जाता था। फिर भी लोग चोरी-छिपे उपन्यास पढ़ते ही थे।

भारत में उपन्यास विधा के अभिशप्त होने का एक और कारण यह भी था कि यद्यपि भारतीय साहित्य में कथा और आख्यायिका के विभिन्न रूपों की परम्पराएँ थीं, लेकिन उपन्यास की कोई परम्परा न थी। इसलिए पश्चिम से उपन्यास का जो रूप अंग्रेजी के माध्यम से सामने आया वही यहाँ उपन्यास रचना का आदर्श बन गया। उस समय पश्चिम का मतलब था इंग्लैण्ड और यूरोपीय उपन्यास के नाम पर केवल अंग्रेजी उपन्यास तक ही अधिकांश भारतीय लेखकों और पाठकों की पहुँच थी। यह भी उपनिवेशवाद के अभिशाप का ही एक पक्ष था कि भारत में यूरोप का वही साहित्य मिलता था, जो अंग्रेजी में उपलब्ध होता था। अंग्रेजी का घटिया साहित्य भी शासकों का साहित्य होने के कारण भारतीय मध्यवर्ग के लिए श्रेष्ठ और आदर्श होता था। उस समय भारत की विभिन्न भाषाओं में अंग्रेजी के रहस्य-रोमांस, जासूसी और सतही यथार्थवाद के उपन्यासों के अनुवादों की भरमार थी। ये अनुवाद कभी सीधे अंग्रेजी से होते थे और कभी दूसरी भारतीय भाषाओं में अनुवाद के अनुवाद होते थे। कभी-कभी तो अनुवादक मूल लेखक का नाम हटाकर स्वयं लेखक बन जाते थे। बांग्ला, हिन्दी, गुजराती और मराठी आदि भाषाओं में जी.डब्ल्यू.एन. रोनाल्ड के 'लन्दन रहस्य' के अनुवादों की धूम मची थी। रोनाल्ड उस समय सम्पूर्ण भारतीय भाषाओं में सर्वाधिक अनूदित और लोकप्रिय उपन्यासकार थे, जिन्हें अंग्रेजी में न तब किसी ने गम्भीर लेखक माना और न आज उन्हें उपन्यासकार के रूप में कोई जानता है। ऐसे उपन्यासों के अनुवाद से नये उपन्यासों की रचना भी प्रभावित हो रही थी। उन्नीसवीं सदी के मराठी उपन्यास लेखन पर अंग्रेजी के घटिया उपन्यासों के प्रभाव की चर्चा करते

हुए राजवाड़े ने लिखा है कि "भारतीय यथार्थवादी उपन्यासों का मूल स्रोत ही विदेशी नहीं है, बल्कि नमूने के तौर पर जिन उपन्यासों को चुना, वे भी वहाँ के सामान्य स्तर के उपन्यास ही रहे हैं। जिन्हें विदेशों में यथार्थवादी उपन्यासों के मूल स्रोत कहा जा सकता हैं, ऐसे बेहतरीन उपन्यासों से प्रेरणा पाकर लिखने वाले यहाँ शायद ही हैं। अंग्रेजी के उपन्यासकारों में हीन स्तर के रोनाल्ड्स के घटिया उपन्यासों का आस्वादन करने वाले माई के लाल अपने यहाँ अधिक हैं। बहुत हुआ तो कुछ लेखकों ने रोनाल्ड से परे छलाँग लगायी और मुश्किल से पहुँचे तो मिसेज हेनरी वुड, लार्ड रीटन, जैसे सामान्य लेखकों तक ही।" उस समय के भारतीय उपन्यासकारों की पहुँच न तो अंग्रेजी के फील्डींग और डिकेंस के उपन्यासों तक थी और न फ्रांसीसी के बालज़ाक और जोला के उपन्यासों तक। फिर रूसी उपन्यासकारों को पढ़ने और उनसे सीखने की बात कौन करे। उन्नीसवीं सदी में भारतीय उपन्यास की दुर्गति का यह एक बड़ा कारण था। क्यूबा के उपन्यासकार कार्पेन्तियर ने ठीक ही कहा है कि "उपन्यास एक प्रौढ़ विधा है। एशिया और अफ्रीका के कई देशों में जहाँ कविता की सदियों पुरानी परम्परा है वहाँ अभी उपन्यास की ठीक ढंग से शुरुआत भी नहीं हुई है।" भारत की अनेक भाषाओं में यह स्थिति दिखाई देती है। निराला ने लिखा है कि "गद्य जीवन-संग्राम की भाषा है।" जहाँ जीवन-संग्राम की भाषा का पूरा विकास नहीं होगा, वहाँ जीवन-संग्राम की जटिलताओं को व्यक्त करने वाले उपन्यास का विकास भी मुश्किल ही होगा। उपन्यास जीवन-संग्राम की जटिल समग्रता की कलात्मक पुनर्रचना है। इसलिए उसका विकास गद्य के विकास पर निर्भर होता है। उन्नीसवीं सदी में जब उपन्यास भारत में आया तब यहाँ की अनेक भाषाओं में गद्य अविकसित अवस्था में था। हिन्दी में अभी गद्य की भाषा का स्वरूप स्थिर नहीं हो पाया था। एक ओर ब्रजभाषा बनाम खड़ी बोली का विवाद चल रहा था, तो दूसरी ओर राजा लक्ष्मणप्रसाद सिंह की संस्कृतनिष्ठ हिन्दी और राजा शिवप्रसाद सितारे हिन्द की फारसी मिश्रित हिन्दी के समर्थकों के बीच बहस चल रही थी। इन विवादों और बहसों के बीच से हिन्दी के लिए नयी राह बनाने, उसका रूप स्थिर करने और हिन्दी गद्य को जीवन-संग्राम की भाषा के रूप में विकसित करने का काम भारतेन्दु हरिश्चन्द्र ने पूरा किया। तभी हिन्दी में उपन्यास का उदय सम्भव हुआ। इसलिए हिन्दी उपन्यास के आरम्भिक दौर में अनुवाद और अनुकरण की प्रवृत्ति प्रबल रही। धीरे-धीरे जब हिन्दी गद्य का विकास हुआ तो उपन्यास रचना में भी गति आयी और स्वयं उपन्यास हिन्दी गद्य के विकास का एक महत्त्वपूर्ण माध्यम बना।

उन्नीसवीं सदी में उपन्यास के उदयकाल की अभिशप्त स्थितियों के बीच एक ऐसी वास्तविकता का जन्म हुआ, जो उपन्यास के लिए वरदान बन गयी। यह नयी वास्तविकता प्रेस, प्रकाशन और पत्र-पत्रिकाओं के रूप में सामने आयी।

यूरोप में इसी वास्तविकता ने उपन्यास के विकास का मार्ग बनाया था और भारत में भी इसी कारण उपन्यास का विकास सम्भव हुआ। यूरोपीय उपन्यास के विकास में पत्र-पत्रिकाओं की भूमिका का गम्भीर विश्लेषण हुआ है। लेकिन भारतीय उपन्यास या हिन्दी उपन्यास के विकास में पत्र-पत्रिकाओं के योगदान का समुचित विवेचन अभी नहीं हुआ है। पत्र-पत्रिकाओं के माध्यम से उपन्यास के लिए आवश्यक गद्य का विकास हुआ। पत्रिकाओं में उपन्यासों के धारावाहिक प्रकाशन से वह पाठक समुदाय तैयार हुआ, जिसके अभाव में उपन्यास का अस्तित्व संकट में पड़ जाता। उपन्यासों के धारावाहिक प्रकाशन का असर उनकी अन्तर्वस्तु और रूप पर भी दिखाई देता है। उन्नीसवीं सदी के मध्य में बीसवीं सदी के दूसरे दशक तक विभिन्न भारतीय भाषाओं में जो महत्त्वपूर्ण उपन्यासकार आये उनकी अधिकांश रचनाएँ पहले पत्रिकाओं में छपीं। चाहे बांग्ला के बंकिमचन्द्र हों या उड़िया के फ़कीर मोहन सेनापति, उर्दू के रतननाथ सरशार हों या मराठी के हरिनारायण आप्टे या फिर हिन्दी के देवकीनन्दन खत्री ही क्यों न हों; इन सबके अधिकांश उपन्यास पहले पत्रिकाओं में धारावाहिक छपकर ही पाठकों के सामने आये। हिन्दी में किशोरीलाल गोस्वामी ने तो उन्नीस सौ के आसपास 'उपन्यास' नाम का एक मासिक पत्र ही निकाल दिया, जो कुछ वर्षों तक चला। पत्रिकाओं ने उपन्यास के पाठक ही नहीं बनाये, उपन्यासों के प्रभाव से जन-मानस को झकझोर कर जगाने का भी प्रयास किया। बंकिमचन्द्र के उपन्यास उनकी पत्रिका 'बंग दर्शन' में धारावाहिक छपते थे। उपन्यास के कारण बंग दर्शन के पाठक, पत्रिका के हर अंक की आतुर प्रतीक्षा करते थे। इसकी गवाही रवीन्द्रनाथ टैगोर के इस कथन में है, " 'बंग दर्शन' आकाश में पुच्छल तारे की तरह था। 'विषवृक्ष' की सूर्यमुखी हर घर के परिवार का सदस्य बन गयी थी। पूरा बंगाल यह जानने के लिए बेचैन रहता था कि उपन्यास में अब क्या हुआ और आगे क्या होगा। जिस दिन बंग दर्शन का अंक आता था, उस दिन हमारे कलकत्ते में दिन की दोपहरी में कोई सोता न था।" जाहिर है बंकिम के उपन्यासों की अभूतपूर्व लोकप्रियता के निर्माण में बंग दर्शन की बहुत बड़ी भूमिका थी।

भारतीय भाषाओं में उपन्यास के विकास के आरम्भ में उसके नाम की समस्या आ खड़ी हुई। भारतीय साहित्य में आख्यान के जो विभिन्न रूप और नाम थे, उनसे उपन्यास का स्वरूप भिन्न था; इसलिए उचित नाम की खोज एक समस्या थी। इस समस्या के समाधान के लिए कहीं परम्परा से मदद ली गयी तो कहीं आविष्कार की प्रवृत्ति से। मराठी में उपन्यास के लिए 'कादम्बरी' नाम स्वीकृत हुआ, तो गुजराती में उसे 'नवल कथा' कहा गया। 'नवल कथा' नाम में उपन्यास की नवीनता की ओर संकेत है और कथा की भारतीय परम्परा की ओर भी। हिन्दी में लोकप्रिय 'उपन्यास' नाम बांग्ला से आया। बांग्ला में भूदेव मुखर्जी

की पुस्तक 'ऐतिहासिक उपन्यास' (1862) में सबसे पहले इसका प्रयोग हुआ। बाद में बंकिम ने अपनी रचनाओं को उपन्यास कहा तो उनके उपन्यासों की लोकप्रियता के साथ यह नाम भी लोकप्रिय हुआ। हिन्दी में उपन्यास का नाम ही नहीं, उसका रूप भी आरम्भ में बांग्ला से ही आया। इधर जब से हिन्दी नवजागरण की चर्चा का शोर बढ़ा है, तब से हिन्दी की अनन्यता सिद्ध करने पर सारा जोर लगाया जा रहा है। इस प्रयत्न में भारतीय नवजागरण की अनेक सच्चाइयों को झुठलाने की कोशिश हो रही है। ऐसी स्थिति में कुछ लोगों को यह बात स्वीकार करने में कठिनाई होगी कि उपन्यास बांग्ला से हिन्दी में आया है। लेकिन यह एक ऐतिहासिक सच्चाई है। काशी में निकलने वाली मासिक पत्रिका सुदर्शन (जो 1900 से 1902 के अप्रैल तक चली) में छपे एक लेख 'उपन्यास और समालोचक' में पं. माधवप्रसाद मिश्र ने लिखा है कि "हिन्दी में उपन्यास शब्द बांग्ला से आया है और अनुकरण प्रिय रचना चतुर बंगाली ग्रन्थकारों ने आधुनिक लक्षण से इसे अंग्रेजी के 'नॉवेल' शब्द का पर्याय बना दिया है।" माधवप्रसाद मिश्र उस ऐतिहासिक स्थिति के करीब थे और उससे पूरी तरह परिचित थे, इसलिए उन्हें सच्चाई को स्वीकार करने में कोई संकोच न था। इस सच्चाई को रामचन्द्र शुक्ल ने भी स्वीकार किया। रामचन्द्र शुक्ल हिन्दी नवजागरण के निर्माताओं में से एक थे, लेकिन वे आज के अनेक हिन्दीवादियों की तरह संकीर्णतावाद के शिकार न थे। इसलिए उन्होंने 1935 ई. में लिखा था कि ''हमारे आधुनिक हिन्दी साहित्य में उपन्यास का नाम भी बांग्ला से आया है और उपन्यास का अंग्रेजी ढाँचा भी। कथात्मक गद्य प्रबन्ध के लिए वास्तव में यह ढाँचा बहुत ही उपयुक्त है।"

उपन्यास का अंग्रेजी ढाँचा चाहे जितना उत्कृष्ट हो, लेकिन वह एक औपनिवेशिक समाज के यथार्थ और आकांक्षा की अभिव्यक्ति के लिए पूरी तरह अनुकूल न था। अंग्रेजी उपन्यास का ढाँचा, जिन विचारधारात्मक प्रवृत्तियों से बना था, उनका यहाँ अभाव था। यहाँ उपन्यास ही नहीं सम्पूर्ण साहित्य की रचना का सन्दर्भ और उद्देश्य यूरोप से भिन्न था। इसलिए भारत में उपन्यास जब अनुकरण के दलदल से निकलकर अपनी स्वतन्त्र अस्मिता की खोज में लगा तो आख्यान की भारतीय परम्पराओं की ओर मुड़ा। आरम्भ में भारत की अधिकांश भाषाओं में विशेष रूप से बांग्ला, मराठी, गुजराती और हिन्दी में संस्कृत की कथाओं और आख्यायिका के खूब अनुवाद हुए। 'कथा सरित्सागर', 'पंचतन्त्र', 'हितोपदेश', 'बैताल पचीसी', 'सिंहासन बत्तीसी' और जातक कथाओं के प्रत्येक भाषा में एक से अधिक अनुवाद छपे। इन सबके साथ ही पुराणों और महाकाव्यों की कथाओं का पुनर्लेखन भी हुआ। लोक-कथाओं की ओर कथाकारों का ध्यान गया। उर्दू के कथाकारों ने फारसी और अरबी के दास्तानों, किस्सों और अफसानों को अपनाया। दूसरी भारतीय भाषाओं में भी अरबी, फारसी के दास्तानों के अनुवाद हुए। भारतीय

उपन्यासकारों ने आख्यान की देशी परम्पराओं को आत्मसात किया, उन्हें आधुनिक बनाया और उपन्यास के रूप को भारतीय चेतना के अनुरूप ढालने की कोशिश की। इसी प्रक्रिया में उपन्यास भारतीय जीवन की वास्तविकता और आकांक्षा की अभिव्यक्ति के अनुकूल बना।

भारतीय आख्यान परम्परा की एक विशिष्टता उसकी यूरोप से भिन्न काल-चेतना में थी। वह काल-चेतना उपन्यास की कथा की संरचना को ही प्रभावित नहीं करती है, उपन्यासकार की यथार्थ चेतना और पात्रों की मानसिक बनावट को भी अनुशासित करती है। आरम्भिक भारतीय उपन्यासों में मिथकीय काल-चेतना ऐतिहासिक काल-चेतना से अधिक सक्रिय दिखाई देती है। उन्नीसवीं सदी के महत्त्वपूर्ण उपन्यासकार वे ही हैं, जिनके उपन्यासों में भारतीय कथा-परम्परा और उपन्यास के यूरोपीय ढाँचे में सर्जनात्मक तनाव है, या फिर भारतीय कथा-कौशल का कुशल प्रयोग। बंकिमचन्द्र और हरिनारायण आप्टे के उपन्यासों के रचना-विधान में संस्कृत की कथा-शैली और वर्णन-पद्धति का उपयोग है। उर्दू में मिर्ज़ा हादी रुसवा के उपन्यास 'उमराव जान अदा' (1899) के पहले लिखे गये अधिकांश उपन्यासों में दास्तान और किस्सागोई के शिल्प का थोड़े हेर-फेर के साथ प्रयोग है। लोककथा के तत्वों का कलात्मक उपयोग फकीर मोहन सेनापति, प्रेमचन्द, विभूतिभूषण बनर्जी, फणीश्वरनाथ 'रेणु' और पन्नालाल पटेल के उपन्यासों में है।

इतिहासाचार्य विश्वनाथ काशीनाथ राजवाड़े ने उन्नीस सौ दो के अपने निबन्ध में लिखा है कि "प्रत्येक राष्ट्र को कभी न कभी आपात्‌कालीन संकटों का सामना करना पड़ता है। पराधीन से स्वाधीन होते समय, ज़ुल्म और अत्याचारों की शृंखलाओं को तोड़ते समय, सामाजिक समस्याओं का समाधान खोजते समय, हर राष्ट्र को प्रयत्नों की पराकाष्ठा करनी पड़ती है। जब ऐसे प्रयत्न जारी होते हैं, तब यह बहुत जरूरी हो जाता है कि जब तक लक्ष्य सिद्ध नहीं होता, तब तक समाज के आवेश और जोश को बनाये रखने, समाज के विचारों को सही दिशा देने और वांछित की प्राप्ति की आशा समाज के मन में दृढ़ बनाने के लिए सरस्वती के वरद् पुत्र समय-समय पर राष्ट्र में जन्म पाते हैं। अपनी प्रासादिक शैली में राष्ट्रीय विचारों और भावों का आवेशयुक्त अभिव्यक्ति का काम, वे कलम के जादूगर और सिपाही करते हैं।" यही वह ऐतिहासिक दृष्टि है, जो भारतीय उपन्यास ही नहीं नवजागरण कालीन सम्पूर्ण साहित्य के राजनीतिक और सामाजिक अर्थ की व्याख्या का मार्गदर्शन कर सकती है। भारतीय उपन्यास की स्वतन्त्र अस्मिता उन्हीं उपन्यासों में विकसित होती दिखायी देती है, जहाँ उपन्यास भारतीय समाज के स्वत्व की खोज और पहचान के व्यापक राष्ट्रीय अभियान का कलात्मक माध्यम बनता है। उन्हीं उपन्यासों में उस समय के भारतीय इतिहास की आवाज सुनायी पड़ती है।

भारतीय समाज के स्वत्व की खोज के अभियान में जितनी व्यापकता थी उतनी ही विविधता भी थी; इसलिए भारतीय उपन्यासों में इतिहास के स्वरों की अनेकता मिलती है। मीनाक्षी मुखर्जी ने ठीक ही लिखा है कि आरम्भिक भारतीय उपन्यास में तीन मुख्य रचनात्मक प्रवृत्तियाँ हैं। एक प्रवृत्ति समाज-सुधार और उपदेश की है। दूसरी प्रवृत्ति में इतिहास और फैंटैसी के माध्यम से एक नैतिक चेतना के विकास का प्रयास है। तीसरी प्रवृत्ति समकालीन भारतीय समाज की वास्तविकताओं के यथार्थपरक चित्रण में मिलती है। हिन्दी में 'परीक्षागुरु' जैसे उपन्यासों में पहली प्रवृत्ति है। दूसरी प्रवृत्ति के एक पक्ष के महत्त्वपूर्ण उपन्यासकार बांग्ला के बंकिमचन्द्र हैं तो दूसरा पक्ष देवकीनन्दन खत्री के उपन्यासों में मिलता है। बंकिम के यहाँ इतिहास और मिथक का रचनात्मक उपयोग है तो देवकीनन्दन खत्री के उपन्यासों में फैंटेसी का प्रयोग। भारतीय उपन्यास के इतिहास में तीसरी प्रवृत्ति के पहले महत्त्वपूर्ण उपन्यासकार हैं उड़िया के फकीर मोहन सेनापति। आगे चलकर यही प्रवृत्ति अधिक उन्नत रूप में प्रेमचन्द के उपन्यासों में मिलती है। इस तरह भारतीय उपन्यास राष्ट्रीय चेतना के निर्माण का माध्यम बना। वह कहीं राष्ट्रीय जागरण का अनुगामी था तो कहीं राष्ट्रीय जागरण का अग्रदूत भी था।

फ्रांस की मादाम स्तेल ने लिखा है कि उन्हीं समाजों में "उपन्यास का विकास होता है जहाँ स्त्रियों का स्थान ऊँचा हो और व्यक्तिगत जिन्दगी में लोगों की गहरी दिलचस्पी हो। ऐसे ही समाज में उपन्यास वैयक्तिक अनुभवों का माध्यम और वैयक्तिक स्वतन्त्रता का वाहक बनता है।" भारत में उपन्यास का जब उदय हुआ तब भारतीय समाज में स्त्री रूढ़ियों में जकड़ी, आदर्शों से घिरी और यातनाओं में जी रही थी, इसीलिए आरम्भिक भारतीय उपन्यासों में वह कहीं भारतीय और पाश्चात्य मूल्यों के द्वन्द्व की रणभूमि बनी दिखायी देती है, तो कहीं आदर्श की प्रतिमा और वीरांगना के रूप में चित्रित हुई है। वह कहीं पतिता है तो कहीं पतिव्रता। कहीं-कहीं उपन्यासकार की पुरानी मूल्य चेतना और नयी सुधारवादी दृष्टि के बीच द्वन्द्व भी स्त्री के माध्यम से व्यक्त हुआ है। यह स्थिति बांग्ला के बंकिम और शरत, हिन्दी के प्रेमचन्द और गुजराती के गोवर्धनराम त्रिपाठी के उपन्यासों में दिखाई देती है। अनेक उपन्यासकारों ने भारतीय परिवार में स्त्री के उत्पीड़न की करुण कथा कही है। हरिनारायण आप्टे के यहाँ वह करुणा क्रान्तिकारी साबित हुई क्योंकि उससे महाराष्ट्र में स्त्री-जीवन के परिवर्तन की चेतना पैदा हुई। शरत् के उपन्यासों में भी नारी के प्रति गहरी सहानुभूति है। वहाँ स्त्री भ्रामक मूल्यों और रूढ़ियों को तोड़कर विद्रोह करती है। जिस पुरुष-प्रधान समाज में स्त्री के अस्तित्व का रूप और उसके व्यक्तित्व की पहचान का आधार पुरुष के साथ उसका सम्बन्ध हो, वहाँ स्त्री की वैयक्तिक स्वतन्त्रता और उसके निजी अनुभवों के लिए उपन्यास में कैसी और कितनी जगह होगी, इसका सहज ही अनुमान

किया जा सकता है। अधिकांश आरम्भिक उपन्यासों में स्त्री सामाजिक मूल्यों, मान्यताओं और आकांक्षाओं का केवल माध्यम ही है। उन्नीसवीं सदी के अन्त में लिखा गया 'उमराव जान अदा' उस समय का अकेला ऐसा उपन्यास है, जिसे स्त्री-जीवन की यथार्थवादी रचना कहा जा सकता है। इस उपन्यास की यथार्थपरकता का एक कारण उसका रचना-विधान भी है। उमराव जान की कहानी उसी की जबानी कही गयी है। इस तरह वह स्त्री की दृष्टि से देखी गयी स्त्री की जिन्दगी की कथा बन गयी है। उपन्यास में उन्नीसवीं सदी के अन्तिम दिनों के लखनऊ के सामन्ती समाज में एक वेश्या की जिन्दगी की वास्तविक स्थिति का यथार्थपरक चित्रण है। उसमें स्त्री के प्रति गहरी मानवीय संवेदनशीलता भी है। बाद के दिनों में भारतीय समाज में स्त्री की स्थिति के बदलने और उसके प्रति दृष्टिकोण के परिवर्तन के कारण स्त्री के अस्तित्व, व्यक्तित्व, अनुभवों और आकांक्षाओं की स्वतन्त्रता की अभिव्यक्ति रवीन्द्रनाथ टेगौर, शरत्, प्रेमचन्द, जैनेन्द्र और नागार्जुन के उपन्यासों में हुई है।

कुछ लोग पश्चिम के आधुनिक साहित्य में स्वच्छन्दतावाद और यथार्थवाद की विकास-प्रक्रिया को ध्यान में रखकर जब आधुनिक भारतीय साहित्य में इन प्रवृत्तियों की विकास-प्रक्रिया को समझने की कोशिश करते हैं, तब वे यह देखकर चकित होते हैं कि पश्चिम में स्वच्छन्दतावाद के पश्चात् यथार्थवाद आया था, लेकिन आधुनिक भारतीय साहित्य में इन दोनों प्रवृत्तियों का साथ-साथ विकास मिलता है। हिन्दी में छायावाद के समानान्तर प्रेमचन्द का कथा-साहित्य है। यही नहीं, यहाँ तो कभी-कभी एक ही लेखक की दो रचनाओं में और कहीं एक ही रचना में रोमांटिक और यथार्थवादी प्रवृत्तियाँ साथ-साथ मिल जाती हैं। हिन्दी के कुछ आलोचकों ने इस असमंजस से उबरने के लिए जो समाधान खोजा है, वह समस्या को सुलझाने के बदले उलझनें ही बढ़ाता है। एक ओर हंसराज रहबर हैं, जो भारतीय साहित्य में यथार्थवाद के विकास के मूल में स्वाधीनता आन्दोलन की अभिव्यक्ति देखते हैं। यह दृष्टिकोण सही है, लेकिन वे स्वच्छन्दतावाद का स्वाधीनता आन्दोलन से सम्बन्ध नहीं समझ पाते, इसलिए छायावाद की आलोचना करते हैं। दूसरी ओर डॉ. रामविलास शर्मा हैं, जो यथार्थवाद को ब्रह्म की तरह सर्वव्यापी मानकर स्वच्छन्दतावाद में भी उसी का प्रसार देखते हैं। वास्तव में पाश्चात्य और भारतीय साहित्य में स्वच्छन्दतावाद और यथार्थवाद की विकास-प्रक्रियाओं के अन्तर के मूल में ऐतिहासिक और सामाजिक सन्दर्भों का अन्तर है। भारत के औपनिवेशिक समाज के साहित्य का स्वरूप जनजीवन की वास्तविकता और आकांक्षा दोनों से निर्मित हो रहा था, उसमें दोनों की अभिव्यक्ति भी हो रही थी। गुलामी, शोषण और दमन की वास्तविकता के साथ-साथ स्वाधीनता की आकांक्षा संघर्ष के लिए प्रेरित कर रही थी। यथार्थवाद भारतीय समाज की वास्तविकताओं

को व्यक्त कर रहा था तो स्वच्छन्दतावाद में मुक्ति की आकांक्षा प्रकट हो रही थी, इसीलिए भारतीय साहित्य में यथार्थवाद के साथ-साथ स्वच्छन्दतावाद विकसित हो रहा था। यह सही है कि उपन्यास में यथार्थवाद की प्रवृत्ति प्रधान थी और कविता में स्वच्छन्दतावाद की। लेकिन कहीं-कहीं उपन्यास में स्वच्छन्दतावाद और कविता में यथार्थवाद की प्रवृत्ति भी क्रियाशील थी। बांग्ला, मराठी और हिन्दी के ऐतिहासिक उपन्यासों में यथार्थवाद के साथ-साथ स्वच्छन्दतावाद उपस्थित मिलता है। इन उपन्यासों में पराधीनता के यथार्थ और स्वाधीनता की आकांक्षा का रचनात्मक संगम है। ये दोनों प्रवृत्तियाँ कहीं अतीत के संघर्षों की स्मृति के माध्यम से व्यक्त हुई हैं तो कहीं देश-काल निरपेक्ष फैंटेसी लोक में। यथार्थवाद वर्तमान से जुड़ा होता है, लेकिन स्वच्छन्दतावाद की गति अतीत और भविष्य दोनों में होती है। भारतीय उपन्यासकार राष्ट्रीस स्वत्व की खोज, पहचान और विकास के लिए अतीत, वर्तमान और भविष्य में से किसी को भी वर्जित प्रदेश नहीं मानते। ऐसा केवल भारतीय उपन्यास में ही नहीं हुआ। अफ्रीका और दक्षिण अमेरिका के उपन्यासों में भी यह स्थिति मिलती है।

भारतीय उपन्यास का स्वतन्त्र रूप तब विकसित हुआ जब उपन्यास रचना के केन्द्र में भारतीय किसान जीवन आया। तभी वह यथार्थवाद विकसित हुआ, जो राष्ट्रीय जागरण का अभिन्न अंग था। किसान जीवन से जुड़कर ही भारतीय उपन्यास की सच्ची भारतीयता विकसित हुई और उपन्यास राष्ट्रीय जीवन की महागाथा का प्रतिनिधि साहित्य रूप बना। यह कोई आश्चर्य की बात नहीं है। किसान भारतीय समाज का मेरुदंड पहले भी था और आज भी है। किसान भारतीय चेतना का मूर्तरूप और औपनिवेशिक व्यवस्था का सर्वाधिक शोषित और उत्पीड़ित वर्ग भी था। उस समय भारतीय किसान एक ओर साम्राज्यवादी शोषण का शिकार था और दूसरी ओर सामन्ती लूट का। किसान जीवन से उपन्यास के जुड़ने का अर्थ था भारतीय समाज की समग्रता के केन्द्र से जुड़कर उसकी इतिहास-प्रक्रिया में सक्रिय विभिन्न शक्तियों के सम्बन्धों को पहचानना। उस समय किसान जीवन से जुड़कर ही साम्राज्यवाद और सामन्तवाद के गठजोड़ को भी समझना सम्भव था। यही कारण है कि उपन्यास में जब किसान जीवन आया तो भारतीय उपन्यास राष्ट्रीय भावना और चेतना का अभिव्यंजक बना। किसान जीवन से जुड़ने के कारण भारतीय उपन्यास की अन्तर्वस्तु ही नहीं बदली, उसके रूप में भी परिवर्तन हुआ। बंकिमचन्द्र के उपन्यासों की रचना-पद्धति और भाषा में भारतीय किसान जीवन का उपन्यास लिखना सम्भव न था। भारतीय उपन्यास में किसान आया तो अपने साथ वह अपनी संस्कृति, भाषा और कथन भंगिमाएँ भी लेकर आया, जिनसे उपन्यास का नया यथार्थवादी रूप निखरा। तभी भारतीय उपन्यास जनजीवन के इतिहास का आख्यान बना।

भारतीय उपन्यास को किसान जीवन की महागाथा बनाने की परम्परा का आरम्भ उड़िया के कथाकार फकीर मोहन सेनापति (1843-1918) के उपन्यास 'छमाड़ आठ गुंठ' (1897) से होता है। उड़िया के समालोचक मायाधर मानसिंह ने यह सवाल ठीक ही पूछा है कि फकीर मोहन से पहले किस भारतीय लेखक ने गाँव के फटेहाल और मूर्ख लोगों को अपनी रचनाओं का नायक बनाया है? उनकी रचनाओं के सबसे जीवन्त पात्र नाई, जुलाहे, खेतिहर मजदूर और अछूत हैं। उन्होंने साहित्य की दुनिया में आम आदमी और औरत को महत्त्व प्रदान किया। इस उपन्यास के साथ उड़िया में उपन्यास का उदय हुआ और भारतीय उपन्यास में किसान-जीवन के यथार्थवादी उपन्यास की परम्परा का सूत्रपात भी हुआ। 'छमाड़ आठ गुंठ' में गरीबों और शोषितों से गहरी सहानुभूति है और जमींदार तथा नये धनिकों से तीखी घृणा है। शोषकों पर जगह-जगह आक्रमण भी है। उपन्यास में उस प्रक्रिया की ओर संकेत भी है जिसमें गरीबी आम आदमी को अमानवीय और क्रूर बना देती है। 'छमाड़ आठ गुंठ' में जहाँ-तहाँ भाग्यवाद की झलक भी है, जिसकी कुछ लोगों ने आलोचना की है; लेकिन यह भारतीय किसान की ऐसी विशेषता है, जिसकी उपेक्षा प्रेमचन्द भी नहीं कर पाये। उन्नीसवीं सदी के अन्त में उपनिवेशवादी सत्ता के सामने और भारतीय सामन्तवाद के सामने भी असहाय किसान का जीवन में भाग्यवादी होना कोई आश्चर्य की बात नहीं है। मायाधर मानसिंह ने यह भी लिखा है कि फकीर मोहन सेनापति के चार प्रमुख उपन्यासों और अनेक छोटी-बड़ी कहानियों में उड़ीसा के जातीय जीवन की दो सदियों का प्रामाणिक परिचय प्राप्त होता है। उनके पाठक समाज के हर वर्ग के लोगों को उनके उपन्यासों में पाते हैं। उनके कथा-साहित्य में राजाओं से लेकर कूड़ा बीनने वाले और आदर्शवादी नायक-नायिकाओं से लेकर गुंडे और बदमाश तक मौजूद हैं। उनके मन में गाँव के प्रति किसी प्रकार का रोमांटिक भ्रम नहीं था।

फकीर मोहन सेनापति की कथादृष्टि की एक बहुत बड़ी विशेषता यह है कि उन्होंने उड़ीसा के जातीय जीवन की कथा कहते हुए भी भारत के राष्ट्रीय जीवन के वर्तमान और भविष्य को भी अपनी दृष्टि में रखा है। 'छमाड़ आठ गुंठ' में गाँव के एक जोहड़ के दृश्य का यह वर्णन देखिए, "एक कोड़ी या कुछ अधिक सफेद बगुले इस जोहड़ के किनारे दलदल में बैठकर छोटे-मोटे शिकार के लिए सुबह से शाम तक विफल कोशिश करते रहते हैं। पर देखो तो, पता नहीं कहाँ से उड़कर कुछ जलकाक वहाँ आ जाते हैं। जोहड़ के तल में गोता लगाते हैं और बड़ी मछलियाँ खाकर सन्तुष्ट होकर जल्दी ही वापस चले जाते हैं। जलकाक को जोहड़ के किनारे धूप में सन्तुष्ट भाव से उसी तरह पंख फैलाये हुए देखा जा सकता है, जैसे पार्टी के समय मेम साहिबा अपने इवनिंग गाउन में नज़र आती हैं। हे भारत के भोले बगुले देखो तो अंग्रेज जलकाक दूर-दराज के समुद्रों में उड़ते हुए हमारी

धरती पर उतरते हैं तथा प्रसन्न भाव से वापस चले जाते हैं। उनकी खाली जेबों में बढ़िया मछलियाँ भरी होती हैं जब कि तुम मूर्खों की तरह जोहड़ के किनारे के वृक्षों पर बैठे रहते हो और सारे दिन की कड़ी मेहनत के बाद भी भरपेट भोजन नहीं बटोर पाते। अस्तित्व की यह कठोर लड़ाई जारी है।"

1897 में लिखे इस अंश में लेखक की राष्ट्रीय चेतना, राजनीतिक समझ और दूरदर्शिता की व्याख्या की जरूरत नहीं है। देश की दुर्दशा और साम्राज्यवादी शोषण की प्रक्रिया के ऐसे मुखर बिम्ब बाद के उपन्यासों में भी कम ही मिलते हैं। इससे यह भी सिद्ध होता है कि यथार्थवादी कला में केवल प्रातिनिधिकता की पद्धति ही नहीं होती, उसमें प्रतीकात्मक पद्धति का भी प्रयोग हो सकता है और बिम्बों, प्रतीकों तथा संकेतों से भी काम लिया जा सकता है। उपन्यास की भाषा में लाक्षणिकता और सांकेतिकता का यह दुर्लभ उदाहरण है। इस कथन से जाहिर है कि यथार्थवादी कलाकार केवल वर्तमान का चित्रण नहीं करता, वह भविष्यद्रष्टा भी हो सकता है।

दुनिया के अनेक देशों के इतिहास में इस बात के प्रमाण मिलते हैं कि उपन्यास कई बार भाषा की रक्षा और उसके विकास के लिए संघर्ष, जातीय अस्मिता की रक्षा और विकास का माध्यम बन जाता है। भारतीय स्वाधीनता आन्दोलन के इतिहास से भी इस बात की पुष्टि होती है। लेकिन अपनी भाषा और जातीय अस्मिता की रक्षा के लिए संघर्ष में उपन्यास का अमोघ अस्त्र के रूप में प्रयोग के उदाहरण बहुत नहीं मिलते। ऐसा ही एक दुर्लभ उदाहरण है फकीर मोहन सेनापति का उपन्यास 'छमाड़ आठ गुंठ', जिसने उड़िया भाषा के अस्तित्व की रक्षा का काम किया। उन्नीसवीं सदी के बंगाली भद्र लोक की ओर से आवाज उठी थी कि उड़िया कोई स्वतन्त्र भाषा नहीं है, वह बांग्ला की एक बोली है, इसलिए स्कूलों में उसकी पढ़ाई बन्द कर दी जाए। इसका उद्देश्य यह था कि धीरे-धीरे उड़िया का स्वतन्त्र अस्तित्व समाप्त हो जाए। फकीर मोहन सेनापति ने इस षड्यन्त्र का जमकर विरोध किया। लेकिन उन्होंने बांग्ला से उड़िया के स्वतन्त्र अस्तित्व को सिद्ध करने के लिए, जो प्रमाण रखा वह अकाट्य साबित हुआ। उस समय बांग्ला और उड़िया में साहित्यिक भाषा के दो रूपों को लेकर बहस चल रही थी। कुछ लोग साधु भाषा अर्थात संस्कृतनिष्ठ भाषा के प्रयोग का समर्थन कर रहे थे और कुछ दूसरे चलित भाषा या चलती भाषा अर्थात, बोलचाल की भाषा में साहित्य लिखने का आग्रह कर रहे थे। बांग्ला और उड़िया की साधु भाषाओं में कोई विशेष अन्तर न था। लेकिन दोनों की चलती भाषाएँ एक-दूसरे से एकदम अलग थीं। फकीर मोहन सेनापति ने बोलचाल की गँवारू चलती उड़िया में 'छामड़ आठ गुंठ' जैसा उपन्यास लिखकर सिद्ध कर दिया कि बांग्ला से उड़िया एकदम अलग और स्वतन्त्र भाषा है। उन्होंने बाद के अपने दूसरे उपन्यासों और कहानियों

में भी इसी चलती भाषा का प्रयोग किया। इस तरह उपन्यास एक जातीय भाषा और जातीय अस्मिता का रक्षक बना। यह काम केवल उपन्यास ही पूरा कर सकता था, क्योंकि उपन्यास में ही ठेठ भाषा का पूरा ठाट आ सकता है और उसकी बोलियों की अनगिनत भंगिमाओं और मुहावरों को भी लाया जा सकता है। उपन्यास की भाषा की जीवन्तता और विविधता का दूसरा उदाहरण फणीश्वरनाथ रेणु के 'मैला आँचल' में मिल सकता है।

तीसरी दुनिया में उपन्यास : इतिहास बोध की कला

"नया या पुनर्जाग्रत राष्ट्रवाद आख्यान का सहारा लेता है और उसके माध्यम से न केवल अपने इतिहास बोध को सुनिश्चित रूप और अर्थ प्रदान करता है बल्कि अपने इतिहास के वास्तविक रूप को आत्मसात करने और भ्रामक रूप को अस्वीकार करने का विवेक भी पैदा करता है।"

—एडवर्ड सईद

यह मानी हुई बात है कि साहित्य रूपों के उदय और विकास का सामाजिक इतिहास से गहरा सम्बन्ध होता है। यूरोप में उपन्यास का इतिहास इसका गवाह है। यह एक सच्चाई है कि उपन्यास का उदय आधुनिक युग में सबसे पहले यूरोप में ही हुआ, क्योंकि वहाँ इसके उदय के ऐतिहासिक, सामाजिक और विचारधारात्मक आधारों का पहले विकास हुआ था। बाद में धीरे-धीरे उपन्यास सारी दुनिया में फैला और विश्वव्यापी आधुनिक साहित्य रूप बन गया। यह सही है कि आधुनिक साहित्यिक विधा के रूप में उपन्यास का स्वरूप सार्वभौम है, लेकिन उसका रचनात्मक रूप सारी दुनिया में एक जैसा नहीं है। तीसरी दुनिया के देशों में उपन्यास का स्वरूप पहली दुनिया के पूँजीवादी देशों और दूसरी दुनिया के समाजवादी देशों से अनेक अर्थों में भिन्न है। किसी भी अन्य साहित्य रूप की तुलना में उपन्यास का रचनात्मक रूप अपेक्षाकृत अधिक समाजबद्ध, इतिहारा निर्भर और समय-सापेक्ष होता है। वह अपने आधारभूत समाज की ऐतिहासिक स्थिति, सामाजिक यथार्थ के स्वरूप और रचनाकार के सांस्कृतिक अनुभव से अन्तर्वस्तु ही नहीं रूप के स्तर पर भी जुड़ा होता है। ऐसी स्थिति में यह स्वाभाविक ही है कि तीसरी दुनिया के उपन्यास का स्वरूप और प्रयोजन यूरोप के उपन्यासों से भिन्न हो क्योंकि तीसरी दुनिया के देशों की ऐतिहासिक स्थिति यूरोप के देशों से भिन्न रही है और आज भी है। यही नहीं, तीसरी दुनिया के उपन्यासकारों का सांस्कृतिक अनुभव भी यूरोप के उपन्यासकारों के सांस्कृतिक अनुभव से एकदम अलग है।

तीसरी दुनिया अर्थात् एशिया, अफ्रीका और दक्षिण अमेरिका के अधिकांश देशों में उपन्यास का आरम्भ उन्नीसवीं सदी के उत्तरार्द्ध और बीसवीं सदी के प्रारम्भ में हुआ। इन देशों में उपन्यास के आरम्भ के पीछे यूरोप के विभिन्न देशों में पहले से विकसित उपन्यासों के प्रभाव और अनुकरण की प्रक्रियाएँ स्पष्ट दिखाई देती

हैं। यह ऐसा काल है जब तीसरी दुनिया के अधिकांश देश यूरोप के विभिन्न देशों के उपनिवेश थे और इन उपनिवेशों की लूट से यूरोप में औद्योगिक क्रान्ति का अभूतपूर्व वातावरण बना था। दूसरी ओर तीसरी दुनिया के पराधीन देश उपनिवेशवादी दबावों के कारण सामाजिक विघटन और सांस्कृतिक विरूपता के शिकार थे। इन देशों की जनता उपनिवेशवाद के साथ-साथ देशी सामन्तवाद के शोषण का सामना कर रही थी, वह सामाजिक जड़ता और सांस्कृतिक रूढ़िवाद का शिकार हो रही थी। इस स्थिति में इन देशों की ऐतिहासिक दशा, आर्थिक अवस्था, सामाजिक वास्तविकता और सांस्कृतिक चेतना यूरोप से भिन्न ही नहीं, उसके विपरीत और विरुद्ध भी थी। इन देशों के लेखकों की सांस्कृतिक चेतना और उनके सामने की सामाजिक वास्तविकता उन्हें यूरोप से भिन्न उपन्यास का रचनात्मक रूप विकसित करने की माँग कर रही थी। इसलिए तीसरी दुनिया के अधिकांश देशों में उपन्यास आरम्भ के अनुकरण और प्रभाव की प्रवृत्ति से मुक्त होने के बाद जब अपने समाज के इतिहास और वर्तमान के यथार्थ में अपनी जड़ों की तलाश करता हुआ स्वतन्त्र रचनात्मक मार्ग पर चला तब उसका स्वदेशी स्वरूप विकसित हुआ।

एशिया, अफ्रीका और दक्षिण अमेरिका के पराधीन देशों के लेखकों के सामने न तो वह सामाजिक यथार्थ था और न वे समस्याएँ थीं, जिनसे यूरोप में उपन्यास का स्वरूप बना था। यहाँ न पश्चिम जैसा आर्थिक विकास था, न बदलती हुई सामाजिक संरचना थी और न औद्योगिक क्रान्ति से पैदा हुआ मध्यवर्ग था। तीसरी दुनिया के देशों के सजग और सचेत लेखकों के सामने सबसे बड़ी वास्तविकता थी पराधीनता और सबसे बड़ी समस्या थी उस पराधीनता से मुक्ति। इस पराधीनता की वास्तविकता और स्वाधीनता की समस्या से इन देशों के समाज और जीवन की बाकी सभी वास्तविकताएँ, आकांक्षाएँ और समस्याएँ जुड़ी हुई थीं। इन देशों की कुछ सामाजिक वास्तविकताओं और समस्याओं का सम्बन्ध देशी सामन्तवाद से था, जिसका साम्राज्यवाद से गहरा रिश्ता बना हुआ था। साम्राज्यवाद अपने स्वार्थों के लिए सामन्तवाद का पोषण और संरक्षण कर रहा था। तीसरी दुनिया के इन देशों के व्यापक जनसमुदाय का मुख्य लक्ष्य था स्वाधीनता की प्राप्ति, जिसका एक पक्ष साम्राज्यवाद की गुलामी से मुक्ति का था और दूसरा देशी सामन्तवाद के शोषण से छुटकारे का। यही स्वाधीनता इन देशों के बुद्धिजीवियों, लेखकों और कलाकारों के लेखन का चरम मूल्य थी। इन देशों के उपन्यासकार स्वाधीनता के मूल्य से कैसे मुँह मोड़ सकते थे? भला ऐसी स्थिति में तीसरी दुनिया के देशों में ऐसे उपन्यासों की रचना कैसे सम्भव होती जिनमें एक समस्याधर्मी नायक आज्ञाकारी और रूढ़िवादी अर्थात् पतित समाज में पतित ढंग से प्रामाणिक मूल्यों की खोज करता है। जार्ज लुकाच, रेने गिराई और लूसिए गोल्डमान के अनुसार इसी प्रक्रिया और प्रवृत्ति से पश्चिम में उपन्यास का विकास हुआ था। ये तीनों

आलोचक मानते हैं कि ऐसा उपन्यास व्यक्तिवादी समाज में ही पैदा होता है और केवल विकसित पूँजीवादी व्यवस्था का बुर्जुआ समाज ही पूरी तरह व्यक्तिवादी हो सकता है। उन्नीसवीं सदी के उत्तरार्द्ध और बीसवीं सदी के आरम्भ में तीसरी दुनिया के पराधीन देशों में ऐसा समाज न था। आज भी तीसरी दुनिया के बहुत कम देशों में ऐसा समाज विकसित हो पाया है। इसलिए अगर तीसरी दुनिया के देशों में उपन्यास का स्वरूप पश्चिम से भिन्न हो तो इसमें आश्चर्य की क्या बात। आश्चर्य की बात तो यह है कि तीसरी दुनिया के उपन्यास के आलोचक यहाँ के उपन्यासों की निजी प्रकृति की ठीक ढंग से पहचान करने के बदले यूरोपीय उपन्यास की अवधारणाओं के आधार पर तीसरी दुनिया के उपन्यासों का मूल्यांकन करने चलते हैं और यूरोपीय उपन्यासों के वर्गीकरण को तीसरी दुनिया के उपन्यासों पर लागू करने की कोशिश करते हैं।

एडवर्ड सईद ने ठीक ही लिखा है कि नया या पुनर्जाग्रत राष्ट्रवाद आख्यान का सहारा लेता है। अगर कोई व्यक्ति एशिया, अफ्रीका और दक्षिण अमेरिका के विभिन्न देशों में उपनिवेशवाद से मुक्ति के लिए संघर्ष के दौरान और बाद में नये समाज के निर्माण के लिए संघर्ष के काल में लिखे गये सार्थक उपन्यासों को देखें तो उसके सामने यह सच्चाई आ जाएगी कि कैसे उपन्यास राष्ट्रीय चेतना के निर्माण का माध्यम बनता है। आख्यान, राष्ट्रीयता के बोध और विकास का एक प्रमुख आधार होता है। इसका एक रूप इतिहास लेखन है तो दूसरा रूप उपन्यासों में मिलता है। भारत के बंकिम चन्द्र हों या प्रेमचन्द, अफ्रीका के सेंबेन ओस्मन हों या न्गूगी और दक्षिण अमेरिका के गेब्रियल गार्सिया मार्क्वेज हों या अलेजो कापेतियर; इन सबने अपने उपन्यासों को राष्ट्रीय चेतना और इतिहास बोध की अभिव्यक्ति का कलात्मक माध्यम बनाया है। बंकिम के उपन्यासों में परम्परा और आधुनिकता का केवल द्वन्द्व ही नहीं है, वहाँ इतिहास और परम्परा की खोज भी है। एक स्तर पर बंकिम ने परम्परा का आविष्कार भी किया है क्योंकि उपनिवेशवाद वर्तमान को विकृत ही नहीं करता वह परम्परा और स्मृति को नष्ट भी करता है; इसीलिए जनता को पराजय की मानसिकता से उबारने के लिए कई बार परम्परा की खोज के साथ-साथ वर्तमान की चेतना और भविष्य की दृष्टि से उसका आविष्कार भी करना पड़ता है। उपन्यास की यह विशेषता आज के अनेक दक्षिण अमेरिकी उपन्यासकारों की रचनाओं से मिलती है।

उपन्यास का राजनीतिक, सांस्कृतिक और विचारधारात्मक महत्त्व तीसरी दुनिया के देशों में केवल उपनिवेशवाद से मुक्ति के संघर्ष के काल में ही नहीं था, वह इन देशों की स्वाधीनता के बाद भी बना हुआ है। इन देशों में जहाँ-जहाँ राष्ट्रवाद नये रूप में उभर रहा है वहाँ-वहाँ नयी राष्ट्रीय चेतना के विकास में उपन्यास अपनी सामाजिक भूमिका निभा रहा है। तीसरी दुनिया के अधिकांश नव स्वाधीन देशों में

नया स्वाधीनता संघर्ष चल रहा है। इन देशों को कठिन संघर्ष के बाद उपनिवेशवाद से तो छुटकारा मिला लेकिन शोषण और दमन की व्यवस्था से मुक्ति नहीं मिली। नये स्वाधीन देशों का शासक वर्ग कुछ हेर-फेर के साथ शोषण और दमन की पुरानी व्यवस्था बनाये हुए है। यह दलाल शासक वर्ग एक ओर अपने विदेशी आकाओं की सेवा करता है और दूसरी ओर तरह-तरह के देशी एजेंटों को पालता है। इसीलिए इन देशों की जनता अभी साम्राज्यवादी शोषण का भी शिकार हो रही है और देशी सामन्तों पूँजीपतियों की लूट का भी। स्वाभाविक है कि नया राष्ट्रवाद इस स्थिति के विरोध में खड़ा हो। यही कारण है कि एशिया, अफ्रीका और दक्षिण अमेरिका के महत्त्वपूर्ण लेखक इतिहास को जनता की दृष्टि से देखने और भविष्य को नये ढंग से निर्मित करने के लिए उपन्यास की कला का उपयोग कर रहे हैं। आज तीसरी दुनिया के देशों में यूरोप से भिन्न ढंग के उपन्यास लिखे जा रहे हैं। तीसरी दुनिया में उपन्यास का स्वरूप यूरोप की तुलना में अधिक राजनीतिक है। अलेजो कार्पेतियर ने एक साक्षात्कार में इस स्थिति को स्पष्ट करते हुए कहा है कि यूरोप के कुछ देशों में भले ही यह सम्भव हो कि साहित्य राजनीतिक सन्दर्भ से बाहर रहे, लेकिन दक्षिण अमेरिका में यह असम्भव है। आप इसे अच्छा मानें या बुरा हमारे समाज की विजय या पराजय की स्थितियों में राजनीति से हमारा जीवन इतनी गहराई से जुड़ा है कि उससे एकदम अलग करके किसी आदमी के बारे में कुछ भी लिखना कठिन है। यही स्थिति तीसरी दुनिया के अधिकांश सामाजिक चेतना वाले लेखकों के रचनाकर्म की है। दक्षिण अमेरिका के एक अन्य महत्त्वपूर्ण उपन्यासकार मारियो वर्गास लोसा ने भी कहा है कि दक्षिण अमेरिकी लेखक के लिए यथार्थ का सामाजिक और राजनीतिक मूल्यांकन निर्णायक महत्त्व रखता है। वहाँ साहित्य एक सार्थक और सकारात्मक राजनीतिक क्रिया है, जो सत्ता के झूठ के कुहासे को चीर कर सचाई की चमक सामने लाने का काम करता है। वह भविष्योन्मुखी है। यहाँ कल्पना और भाषा जन आदर्शों की सेवा के लिए है। हमारे यहाँ साहित्य एक ऐसी यथार्थोन्मुखी साधना है, जो नैतिक दृष्टि से उत्थानशील, ऐतिहासिक दृष्टि से सत्यनिष्ठ, समाजशास्त्रीय दृष्टि से तथ्यपरक और राजनीतिक दृष्टि से क्रान्तिकारी है।

डॉन क्विकसॉट उपन्यास में सर्वेन्तिज ने लिखा है कि "मैं जिस ढंग से कथा कह रहा हूँ, उसी ढंग से मेरे देश में सभी कथाएँ कही जाती हैं, मैं कथा कहने का कोई और ढंग नहीं जानता।" डॉन क्विकसॉट की महानता का एक कारण कथा कहने का वह विशेष ढंग भी है, जो सर्वेन्तिज को अपने देश की परम्परा से मिला था। जिस देश की सभ्यता और संस्कृति जितनी अधिक प्राचीन होती है, वहाँ कथा कहने की परम्परा भी उतनी ही अधिक पुरानी, समृद्ध और विविधतापूर्ण होती है। तीसरी दुनिया के अधिकांश देश ऐसे हैं जिनकी सांस्कृतिक परम्परा यूरोप के

अधिकांश विकसित देशों से अधिक पुरानी है। कम से कम एशिया के भारत और दक्षिण अमेरिका के अनेक देशों की सांस्कृतिक प्राचीनता निर्विवाद है। संस्कृति के अनेक यूरोपीय इतिहासकारों ने भी स्वीकार किया है कि भारत कथा की कला का प्राचीनतम केन्द्र रहा है जहाँ से कथा की कला दुनिया के अनेक देशों में गयी है। सोलहवीं सदी में दक्षिण अमेरिका के विभिन्न देशों की जनता पर स्पेनी और पुर्तगाली भाषाएँ लादने के पहले वहाँ कई विकसित सभ्यताएँ मौजूद थीं, जिनमें मौखिक और लिखित रूप में कथा कहने की समृद्ध परम्पराएँ भी थीं। अलेजो कार्पेतियर ने कहा है कि स्पेन और पुर्तगाल द्वारा दक्षिण अमेरिका पर कब्जा किये जाने के बहुत पहले, कोलम्बस के जन्म से भी बहुत पहले दक्षिण अमेरिका में साहित्य की जो परम्परा मौजूद थी, उसमें कथा की भी अपनी परम्परा थी। उन्होंने यह भी कहा है कि जब हमारे सामने यूरोप की ओर से मौलिकता की धारणा रखी गयी उसके बहुत पहले से हम मौलिक थे। तीसरी दुनिया के देशों के उपन्यास जब यूरोप के अनुकरण से मुक्त हुए तब उनके रूप और शिल्प से स्वदेशीपन आया और कथा कहने का स्वदेशी ढंग अधिक उन्नत और कलात्मक बना। बंगला के बंकिम और विभूतिभूषण बनर्जी, उड़िया के फकीर मोहन सेनापति और हिन्दी के प्रेमचन्द की कथाशैली का सौन्दर्य उसके देशज रूप में है। कथा कहने के स्वदेशी रूप के कारण ही दक्षिण अमेरिका के गार्सिया मार्क्वेज और मारियो बर्गास लोसा के उपन्यासों के शिल्प सौन्दर्य के चर्चा सारी दुनिया में हुई है। ये उपन्यास अपनी सामाजिकता की व्याख्या के लिए उपन्यास के नये समाजशास्त्र की माँग कर रहे हैं। दक्षिण अमेरिका के अनेक उपन्यासकारों ने आलोचनात्मक यथार्थवाद, समाजवादी यथार्थवादी आधुनिकतावाद, अवांगार्द और नया उपन्यास आदि अवधारणाओं की कसौटी पर कसकर अपने उपन्यासों के मूल्यांकन की बात का विरोध किया है।

यूरोप के उपन्यासों से तीसरी दुनिया के उपन्यासों की स्वतन्त्रता पर जोर देने और तीसरी दुनिया के महत्त्वपूर्ण उपन्यासों के सामाजिक और सौन्दर्यबोधीय महत्त्व की पहचान के प्रसंग में यूरोपीय उपन्यास से उपजी अवधारणाओं की अपर्याप्तता की बात करने का उद्देश्य न तो तीसरी दुनिया के उपन्यासों की अनन्यता की वकालत करना है और न आलोचनात्मक यथार्थवाद जैसी अवधारणाओं को खारिज करना है। तीसरी दुनिया के महत्त्वपूर्ण उपन्यासकारों ने अपने उपन्यासों के शिल्प विधान को विकसित करने के लिए यूरोप के महान उपन्यासकारों की कला से बहुत कुछ सीखा है। अपनी उपन्यास कला के विकास के प्रसंग में मार्क्वेस ने फॉकनर, जेम्स ज्वायस, काफ्का, वर्जीनिया वुल्फ और ग्राहम ग्रीन से काफी कुछ सीखने की बात स्वीकार की है। कई आलोचकों ने ऐसे प्रभावों का प्रामाणिक विश्लेषण भी किया है। आलोचनात्मक यथार्थवाद और समाजवादी यथार्थवाद जैसी अवधारणाओं से तीसरी दुनिया के उपन्यासकारों के यथार्थबोध और रचनादृष्टि के

परिष्कार में मदद मिली है। हमारा आशय केवल यह है कि तीसरी दुनिया के उपन्यासों के समाजशास्त्र के स्वरूप पर विचार करते समय इन उपन्यासों के विशिष्ट रचनासन्दर्भ और उस सन्दर्भ से उपजे उनके विशिष्ट स्वरूप की पहचान आवश्यक है। तभी इन उपन्यासों के राजनीतिक, सांस्कृतिक और विचारधारात्मक महत्त्व का बोध हो सकता है। तीसरी दुनिया के उपन्यासों के समाजशास्त्री के लिए यह समझना जरूरी है कि गोदान (प्रेमचन्द), पाथेर पांचाली (विभूतिभूषण), परजा (गोपीनाथ महांथी), संस्कार (यू. आर. अनन्तमूर्ति) या सौ सालों का एकान्त (गार्सिया मार्क्वेस), गेहूँ के दाने (न्गूगी) जैसे उपन्यास तीसरी दुनिया में ही लिखे जा सकते हैं। ऐसे उपन्यास पश्चिम में वैसे ही नहीं लिखे जा सकते जैसे काफ्का, जेम्स ज्वायस और वर्जिनिया वुल्फ के उपन्यासों की तरह के उपन्यास तीसरी दुनिया में नहीं लिखे जा सकते। इन उपन्यासों का अपने-अपने समाजों के सांस्कृतिक अनुभवों से गहरा रिश्ता है। तीसरी दुनिया के उपन्यासों की सामाजिकता को सही ढंग से तभी समझा जा सकता है, जब उनके उदय और विकास के ऐतिहासिक-सांस्कृतिक सन्दर्भ का ठोस और गतिशील विश्लेषण हो। इसके लिए उपन्यासों की विषयवस्तु और रचना पद्धतियों की प्रेरक ऐतिहासिक विशिष्टताओं की खोज और पाठकों की मानसिकता की पहचान आवश्यक है। वास्तव में तीसरी दुनिया के देशों में उपन्यास सदियों के साम्राज्यवादी प्रभुत्व के कारण विनष्ट हुए जनता के ऐतिहासिक व्यक्तित्व के अभिज्ञान का कलात्मक माध्यम है और उसके इसी महत्त्व की पहचान से उसकी सामाजिक सार्थकता सामने आ सकती है।

अब हम पहले अफ्रीका में उपन्यास की स्थिति का विवेचन करेंगे, फिर दक्षिण अमेरिका के उपन्यास के विशिष्ट रूप की पहचान का प्रयत्न करेंगे।

अफ्रीका में उपन्यास : इतिहास-दृष्टि और कला-चेतना का संगम

उपन्यास के विश्लेषण में यथार्थवाद की अवधारणा की सार्थकता पर पर्याप्त बहस हुई है और अब भी चल रही है। लेकिन सारी बहस के बावजूद यह कहा जा सकता है कि उपन्यास की सामाजिकता के राजनीतिक, सांस्कृतिक और विचारधारात्मक महत्त्व को समझने के लिए यथार्थवाद अब भी उपयोगी है। आवश्यकता इस बात की है कि यथार्थ के साथ यथार्थवाद की धारणा की विकासशीलता को समझा जाए। समाज और जीवन का यथार्थ हमेशा इतना व्यापक, विविधतापूर्ण और गतिशील होता है कि वह यथार्थवाद की बनी-बनायी प्रत्येक अवधारणा को बदलने और विकसित करने की प्रेरणा देता है। अफ्रीका के विभिन्न देशों में विकसित उपन्यास साहित्य में यथार्थवाद की स्थिति पर विचार करते ही यह सच्चाई सामने आयेगी। अफ्रीकी उपन्यास के सन्दर्भ में यथार्थवाद के स्वरूप पर विचार करते हुए मिनेक शिपर ने लिखा है कि—"उपन्यास में यथार्थवाद के लिए ठोस ऐतिहासिक स्थिति के साथ सुनिश्चित और प्रामाणिक सामाजिक सन्दर्भ का होना जरूरी है। साथ ही उसमें नये उत्थानशील सामाजिक वर्ग की स्वतन्त्रता की आकांक्षा और शोषित-पीड़ित वर्ग की सामाजिक दृष्टि भी जरूरी है। यथार्थवाद की ये विशेषताएँ समाज की सत्ता और व्यवस्था को चुनौती देती हैं, इसलिए ऐसे उपन्यासों को खतरनाक माना जाता है। ऐसी रचनाओं और उनके रचनाकारों पर सत्ता का दमन-चक्र चलता है। अफ्रीका के कई देशों में ऐसा दमन-चक्र चल रहा है। दक्षिण अफ्रीका में अनेक श्वेत और अश्वेत यथार्थवादी लेखक दमन चक्र के शिकार हुए हैं। केन्या में न्गूगी वा थिओंगो को कैद करने और यातना देने की बात जगजाहिर है।

तीसरी दुनिया के सभी देशों में उपन्यास का विकास एक जैसा नहीं हुआ है। अफ्रीका में स्वदेशी साहित्य के विकास के सामने सबसे बड़ी समस्या विदेशी भाषाओं के प्रभुत्व से मुक्ति की है। उपनिवेशवाद के काल से अफ्रीका के विभिन्न देशों में यूरोप की तीन भाषाओं का प्रभुत्व बना हुआ है। ये भाषाएँ हैं अंग्रेजी, फ्रांसीसी और पुर्तगाली। इन भाषाओं को अफ्रीका के नव स्वाधीन देशों के शासक

वर्ग ने अपना कर उन्हें शासन, शिक्षा, संस्कृति और साहित्य का माध्यम बना रखा है। यूरोप की इन भाषाओं के प्रभुत्व के खिलाफ अफ्रीका की देशी भाषाओं के लेखक संघर्ष कर रहे हैं। केन्या की एक भाषा गोकुयु के लेखक न्गूगी ने लिखा है कि साम्राज्यवाद अब भी अफ्रीका की अर्थव्यवस्था, राजनीति और संस्कृति पर अपना नियंत्रण बनाये हुए है। उसके विरुद्ध अफ्रीका की जनता का निरन्तर संघर्ष चल रहा है, जिसका लक्ष्य है अफ्रीका की अर्थव्यवस्था, राजनीति और संस्कृति को यूरोप और अमेरिका के साम्राज्यवादी प्रभुत्व से मुक्त करके अफ्रीकी जनता के सामुदायिक स्वत्व और स्वाधीनता का विकास करना। यह एक तरह से अपने सामूहिक स्वत्व को निर्धारित करने वाले साधनों पर वास्तविक अधिकार हासिल करके इतिहास प्रक्रिया में अपनी सृजनशीलता को पुनः पाने के लिए अविराम चलने वाला संघर्ष है। वास्तव में अपने प्राकृतिक और सामाजिक परिवेश से सम्बन्ध बनाने और विश्व में अपनी पहचान पाने के लिए भाषा के चुनाव और उसके प्रयोग की स्वतन्त्रता अनिवार्य है। इसीलिए बीसवीं सदी के अफ्रीका में परस्पर विरोधी सामाजिक शक्तियों के बीच संघर्ष का केन्द्रीय मुद्दा भाषा बनी हुई है।

अफ्रीका में अनेक देशी भाषाएँ हैं। उनमें मुख्य हैं—वोलोफ, हाउसा, योरुबा, ईबो, अरबी, अम्भारी, किस्वाहिली, गोकुयु, जुलु आदि। इन भाषाओं में कुछ अविकसित और कुछ विकसित हैं। कुछ में केवल मौखिक लोक साहित्य का विकास हुआ है और कुछ में लिखित साहित्य का भी। कुछ भाषाओं में उपन्यास भी लिखे जा रहे हैं। ये सभी भाषाएँ फ्रांसीसी, अंग्रेजी और पुर्तगाली से दबी हुई हैं, क्योंकि यूरोपीय भाषाओं को अफ्रीका के शासक वर्ग का समर्थन प्राप्त है। देशी भाषाओं में लिखने वाले साहित्यकारों की संख्या अभी कम है। अफ्रीका के पुराने और महत्त्वपूर्ण लेखक भी प्रायः यूरोपीय भाषाओं में ही लिखते रहे हैं। लेकिन अब अफ्रीका के अनेक लेखक अपने समाज के भविष्य के लिए देशी भाषाओं के उत्थान का महत्त्व समझ रहे हैं। ऐसे ही एक लेखक हैं न्गूगी। न्गूगी पहले अंग्रेजी में लिखते थे और अंग्रेजी के लेखक के रूप में उन्हें अच्छी ख्याति भी मिली। लेकिन अब उन्होंने अंग्रेजी में लिखना छोड़कर केन्या की एक भाषा में लिखना आरम्भ किया है। गोकुयु में लिखा उनका उपन्यास 'माँ मेरे लिए गा' बहुत चर्चित हुआ है। उन्होंने देशी भाषाओं के लिए संघर्ष का महत्त्व स्पष्ट करते हुए लिखा है कि किसी भी भाषा की दो विशेषताएँ हैं। एक तो वह सम्प्रेषण का साधन है और दूसरे संस्कृति का वाहक भी। भाषा के ये दोनों रूप परस्पर एक-दूसरे को प्रभावित करते हैं। सम्प्रेषण से संस्कृति बनती है और संस्कृति सम्प्रेषण का एक साधन भी है। लिखित तथा मौखिक साहित्य के माध्यम से संस्कृति के उन मूल्यों का विकास होता है, जिनकी मदद से हम खुद को और संसार में अपनी स्थिति को पहचानते हैं। हमारे सांस्कृतिक बोध से हमारे आत्मबोध और जगत-बोध का

निर्माण होता है। इसलिए समाज, इतिहास और संसार से हमारे विशिष्ट सम्बन्ध और हमारी मनुष्यता के स्वरूप से भाषा का अविभाज्य सम्बन्ध है। भाषा के इस विशिष्ट महत्त्व की पहचान के कारण ही आज अफ्रीका में विदेशी भाषाओं के विरुद्ध देशी भाषाओं का संघर्ष व्यापक सामाजिक-राजनीतिक संघर्ष बन गया है, वह जनता की मुक्ति के लिए ऐतिहासिक संघर्ष का रूप ले रहा है।

उपनिवेशवाद के काल में अफ्रीका में फ्रांसीसी, पुर्तगाली और अंग्रेजी में ऐसे उपन्यास लिखे गये थे, जिनमें अफ्रीका के जन-जीवन का चित्रण और वर्णन था। आरम्भ में ऐसे लेखक यूरोप के थे। अंग्रेजी में यह परम्परा डेनियल डेफो से आरम्भ होकर जोसेफ कानराड और ज्वायस केरी के उपन्यासों में आगे चली है। यूरोपीय लेखकों की रचनाओं में अफ्रीका के जन-जीवन का सच्चा और वास्तविक रूप न था। इन लेखकों ने उपनिवेशवादी दृष्टि से अफ्रीका के जीवन, समाज, परम्परा और इतिहास को देखा था। बाद में अफ्रीका में राष्ट्रीय जागरण के साथ अनेक ऐसे उपन्यासकार सामने आये, जिन्होंने अंग्रेजी उपन्यासों में अफ्रीकी समाज और जीवन के घिसे-पिटे रूप और विरूपित चित्र का विरोध किया। साथ ही उन्होंने अपने उपन्यासों में अफ्रीका के जन-जीवन का यथार्थ और सच्चा रूप चित्रित किया। ऐसे उपन्यासों में साम्राज्यवादी प्रभुत्व से पीड़ित अफ्रीका के समाज की वास्तविकताएँ प्रकट हुई हैं। ये उपन्यास यूरोपीय भाषाओं में ही लिखे गये हैं, लेकिन उनमें अफ्रीकी समाज की वास्तविकता के प्रति राष्ट्रवादी दृष्टिकोण है। इनमें से अधिकांश लेखक नये उभरते राष्ट्रीय पूँजीपति वर्ग के हैं। इन लेखकों के दृष्टिकोण के निर्माण के पीछे एशिया और अफ्रीका के स्वाधीनता संग्रामों की प्रेरणाएँ हैं और सामने राष्ट्रीय लोकतान्त्रिक क्रान्ति का लक्ष्य। इसलिए इनके लेखन में अफ्रीका के जन-जीवन की समस्याएँ मुखर हुई हैं और उनकी कला के निर्माण में लोकतत्वों का भरपूर उपयोग है। ऐसे ही एक उपन्यासकार हैं सेंबेन ओस्मन। उन्होंने अपने उपन्यास 'ल हरमत्तन' की भूमिका में लिखा है कि "मैं अपने उपन्यासों में उपन्यास के किसी सिद्धान्त का पालन नहीं करता। मुझे यह जरूर याद है कि हमारे यहाँ पुराने जमाने में कथा कहने वाला अपने समुदाय, गण, और गाँव का गतिशील व्यक्ति होता था और वह घटनाओं का धैर्यवान साक्षी भी होता था। वह पेड़ के नीचे बैठकर गाँव के लोगों के सामने सबकी कथनी-करनी ब्यौरे के साथ कह देता था। मैंने अपने उपन्यासों के लिए उससे यह सीखा है कि मुझे हमेशा जनता और यथार्थ के करीब रहना चाहिए।"

दक्षिण अमेरिका की तरह अफ्रीका में भी उपन्यास समकालीन इतिहास का वाहक है। उसमें कथा के ताने-बाने में समकालीन इतिहास की वास्तविक घटनाओं और व्यक्तियों को इस तरह बुना गया है कि उपन्यास इतिहास बन गया है। कुछ आलोचकों ने ऐसे उपन्यासों को बृहद इतिहास भी कहा है। यह यथार्थवाद की

एक ऐसी विशेषता है जो उसे नया रूप और अर्थ देती है। सेबेन का उपन्यास 'ल हरमत्तन' इसका अच्छा उदाहरण है। 1958 में फ्रांस ने अफ्रीका में अपने उपनिवेश को बनाये रखने के लिए जनमत संग्रह का नाटक किया था। इसके विरुद्ध वहाँ जोरदार संघर्ष चला था। 'ल हरमत्तन' उपन्यास में उस जनमत संग्रह और उसके विरुद्ध आन्दोलन की वास्तविक घटनाओं, तिथियों और तथ्यों का उपयोग किया गया है। इस तरह का दूसरा उपन्यास है न्गूगी का 'गेहूँ के दाने' जिसमें केन्या के उपनिवेशकाल के अनेक सन्दर्भ हैं और स्वाधीनता संघर्ष से जुड़ी हुई घटनाएँ भी। इस उपन्यास में इतिहास कहीं किसी पात्र की स्मृति और अनुभव के रूप में आया है और कहीं-कहीं अखबारों में छपी खबरों का सीधे उपयोग हुआ है। कई बार लेखक ने अपने वास्तविक अनुभवों को भी तथ्यात्मक रूप में रख दिया है। इन कौशलों के सहारे लेखक ने उपन्यास में मौजूद इतिहास को पाठकों की नजरों में प्रामाणिक बनाया है। उपन्यास का ऐसा यथार्थवाद उन आलोचकों को पसन्द नहीं आता जो प्रत्येक उपन्यास में कवि-दृष्टि की तरलता की तलाश करते फिरते हैं।

हिन्दी में जब यशपाल का उपन्यास 'झूठा सच' छपा तो वह कुछ आलोचकों की अखबारी कतरनों का पुलिंदा लगा और कुछ को उसमें कवि दृष्टि का अभाव दिखायी दिया। असल में जब किसी उपन्यास के यथार्थबोध की दृष्टि और उसके रचना विधान की विशिष्टता की उपेक्षा करके उसकी तुलना एकदम भिन्न किस्म की रचना-दृष्टि वाले उपन्यास से की जाती है, तभी ऐसे निष्कर्ष निकलते हैं। कुँवर नारायण ने झूठा सच की समीक्षा में यही गलती की है। उन्होंने फ्लोबेयर के मादाम बोआरी से यशपाल के झूठा सच की तुलना करते हुए लिखा है कि "मादाम बोआरी का कोई भी पात्र कवि नहीं है, उसी प्रकार झूठा सच का कोई भी पात्र कवि नहीं है; लेकिन जिस विशेष अर्थ में उपन्यासकार गुस्ताव फ्लोबेयर कवि हैं और यशपाल कवि नहीं हैं, उसका अन्तर दोनों की कृतियों में स्पष्ट देखा जा सकता है।" मान लीजिए कि इस तर्क पद्धति को आगे बढ़ाते हुए कोई फ्लोबेयर की तुलना बालज़ाक से करे तो क्या यह निष्कर्ष नहीं निकलेगा कि बालज़ाक का भी कोई उपन्यास क्लासिक की कोटि में नहीं आ सकता क्योंकि बालज़ाक के उपन्यासों में भी फ्लोबेयर वाली कवि-दृष्टि नहीं है। लेकिन इस निष्कर्ष को उपन्यास का कोई भी पाठक शायद ही स्वीकार करे। स्वयं फ्लोबेयर भी बालज़ाक की महानता को अस्वीकार नहीं करते थे। वास्तविकता यह है कि यशपाल की रचना-दृष्टि फ्लोबेयर के नहीं, बालज़ाक के अधिक करीब है। इसलिए फ्लोबेयर से उनकी तुलना अनुचित है।

अफ्रीका के अधिकांश देशों में अभी सामुदायिक जीवन बचा हुआ है। वह यूरोप की तरह पूँजीवाद के प्रभाव से पूरी तरह नष्ट नहीं हुआ है। रेमंड विलियम्स ने लिखा है कि "यथार्थवादी उपन्यासों की रचना के लिए समुदाय का अस्तित्व

और उससे लेखक का आत्मीय सम्बन्ध जरूरी है। उन्नीसवीं सदी के यूरोप में ऐसे समुदाय थे और उनसे उपन्यासकारों का आत्मीय सम्बन्ध भी था; इसलिए उस समय के उपन्यासों में व्यापक सामुदायिक अनुभवों की अभिव्यक्ति हुई थी।" चूँकि अफ्रीका में अब भी ऐसे समुदाय हैं, इसलिए वहाँ के अनेक उपन्यासकारों ने अपने परिचित समुदायों के जीवन को उपन्यासों में आत्मीयता से चित्रित किया है। कमारा लेयर्स, चिनुआ अचेबे, फर्दिना ओयोनो और न्गूगी ने ऐसे उपन्यास लिखे हैं।

आज अफ्रीका के विभिन्न देशों की जनता उसी प्रक्रिया से गुजर रही है जो तीसरी दुनिया के दूसरे देशों में चल रही है। तीसरी दुनिया के अधिकांश देशों में उपनिवेशवाद से स्वाधीनता के बाद जो देशी शासक वर्ग सत्ता में आया है वह गोरे साहबों की जगह बैठा हुआ काले साहबों का समूह ही है। जनता के शोषण और दमन की प्रक्रिया पूर्ववत जारी है। इन देशों की जनता के साथ उसके पक्षधर लेखकों की स्वाधीनता संघर्ष के दौरान पैदा हुई आशा टूटी और बिखरी है। इसलिए अफ्रीका के जनपक्षधर उपन्यासकार नये अफ्रीका के निर्माण के लिए संघर्ष कर रहे हैं और अपनी रचनाओं को उस संघर्ष का साधन बना रहे हैं। सेंबेन ओस्मन ने आज के अफ्रीका में लेखक की स्थिति, उसके सामाजिक दायित्व और लेखन के प्रयोजन को स्पष्ट करते हुए एक साक्षात्कार में कहा है कि "अफ्रीका में लेखक के लिए आवश्यक है कि वह समाज के बीच में खड़ा हो, लेकिन उसके साथ ही यह जरूरी है कि वह सामाजिक वास्तविकता को देखते हुए भी उससे एक रचनात्मक दूरी बनाये रखे। मैं समाज के विकास में भाग लेता हूँ और अनुभव बटोरता हूँ। मैं जनता के संघर्ष में शरीक हूँ और यह भी जानता हूँ कि हमें समाज में क्या कुछ बदलना है। इससे मेरे लेखन को दिशा मिलती है। मैंने लिखना तब शुरू किया था, जब हमारा देश उपनिवेश था। अब वह औपनिवेशिक व्यवस्था काले बुर्जुआ वर्ग के हाथों में आकर अधिक रहस्यमय हो गयी है। मेरे लेखन का उद्देश्य है वास्तविक स्वतन्त्रता के लिए संघर्ष। 1960 में हमने सोचा था कि आजादी के साथ अफ्रीका में स्वर्ग आ जाएगा। अब हम जानते हैं कि गोरे गये लेकिन उनकी जगह आज जो सत्ता में आये हैं, वे गोरों के ही काले प्रतिनिधि हैं। यह शासक वर्ग साम्राज्यवाद का दलाल है। इनकी करतूतों की निन्दा का साहस हममें होना चाहिए।" इसी साक्षात्कार में ओस्मन ने यह भी कहा है कि "मैं जनता के बीच अपनी रचनाओं के प्रभाव की जाँच-परख करता हूँ, प्रभाव की सचाई जानना चाहता हूँ, इसलिए मैं अपनी रचनाओं के हर मुद्दे के बारे में जनता के बीच बैठकर बातचीत करता हूँ। खास तौर से किसानों से बातचीत करते हुए मैंने बहुत कुछ सीखा है।" ओस्मन के इस कथन से स्पष्ट है कि अफ्रीका में उपन्यास लेखन केवल बैठे-ठाले का काम नहीं है और न वह आत्ममुग्ध बुद्धिजीवियों की नितान्त

निजी कला-साधना का माध्यम है। व्यापक जन-जीवन से गहरी प्रतिबद्धता और सम्बद्धता के साथ उपन्यास अफ्रीकी जनता के इतिहास निर्माण के प्रयत्न का साक्षी है और साधन भी।

अफ्रीका में ऐसे उपन्यास भी लिखे जा रहे हैं, जिन्हें कुछ लोग मनोवैज्ञानिक यथार्थवाद कहते हैं, लेकिन मुख्य धारा सामाजिक यथार्थवाद के उपन्यासों की ही है। सामाजिक यथार्थवाद वाले उपन्यासों के भी अनेक रूप हैं। कुछ में सामाजिक संस्थाओं, परम्पराओं और रीति-रिवाजों के बीच फँसा हुआ व्यक्ति अपनी स्वतन्त्रता और जीवन की सार्थकता खोजता दिखाई देता है तो कुछ उपन्यास व्यापक राजनीतिक प्रयोजनों को लेकर चलते हैं। ऐसे उपन्यासों में प्रायः पारस्परिक सम्बन्धों के चित्रण पर जोर रहता है, जिनके माध्यम से पूरा समुदाय या वर्ग सामने आता है। उनमें समुदाय अथवा वर्ग की ऐतिहासिक स्थिति और सामाजिक संरचना का चित्रण होता है। ऐसे वर्ग या समूह के रूप में कभी मजदूर संघ होते हैं तो कभी गोरों का समूह; कहीं परिवार, कहीं जेल के कैदी और कहीं गाँव के किसान। इन उपन्यासों में सामुदायिक जीवन के प्रामाणिक चित्रण में लोक संस्कृति के विभिन्न उपादानों का रचनात्मक उपयोग भी होता है।

यथार्थवाद के मूल में यह धारणा छिपी हुई है कि यथार्थ का वस्तुनिष्ठ अस्तित्व होता है जो ज्ञेय है और साहित्य में उसकी प्रातिनिधिक रूप में पुनःप्रस्तुति सम्भव है। लेकिन यह यथार्थवादी रचनादृष्टि का आरम्भिक बिन्दु है, उसका अन्त नहीं। रॉबर्ट वाइमान ने लिखा है कि—"साहित्यिक पुनःप्रस्तुति के समाजशास्त्र का सबसे महत्त्वपूर्ण पक्ष तब सामने आता है, जब पुनःप्रस्तुति की क्रिया के सामाजिक और भाषिक आयामों की अन्तःक्रिया को ऐतिहासिक प्रक्रिया में रखकर देखा जाता है।" यद्यपि अफ्रीका में राष्ट्रीय जागरण और स्वाधीनता आन्दोलन की लहर के दौर में फ्रांसीसी और अंग्रेजी में ही अधिकांश उपन्यासों की रचना हुई थी, लेकिन अब राष्ट्रीय नवजागरण के नये दौर में देशी भाषाओं में उपन्यास रचना की एक नयी लहर आयी है। अनेक अफ्रीकी लेखक जीवन के यथार्थ और अनुभव से उस जीवन की भाषा के आत्मीय सम्बन्ध का महत्त्व पहचानते हुए कह रहे हैं कि अफ्रीका की जनभाषाओं में ही सच्चा अफ्रीकी साहित्य लिखा जा सकता है। अफ्रीका के एक लेखक ओबी वली ने 1963 में कहा था कि "जब तक अफ्रीका की भाषाओं में अफ्रीका के जन-जीवन के अनुभवों की अभिव्यक्ति नहीं होगी तब तक अफ्रीका की सच्ची संवेदनशीलता और संस्कृति का विकास नहीं होगा। यूरोप की भाषाओं में लिखे अफ्रीकी साहित्य को न्गूगी दोगली संस्कृति की उपज मानते हैं और उसे साम्राज्यवादी युग का साहित्य कहते हैं। न्गूगी स्वयं उन लेखकों के अगुआ हैं, जो यूरोपीय भाषाओं में अफ्रीकी साहित्य लिखना बन्द करके अब अफ्रीका की भाषाओं में साहित्य लिख रहे हैं और अफ्रीका की संस्कृति, भाषा तथा संवेदनशीलता के

विकास के लिए संघर्ष कर रहे हैं। न्गूगी कहते हैं कि "केन्या की एक भाषा गोकुयु में लिखने का मेरा संकल्प केन्या और पूरे अफ्रीका की जनता के साम्राज्यवाद विरोधी संघर्ष से अविभाज्य रूप में जुड़ा हुआ है। केन्या के स्कूलों और विश्वविद्यालयों में केन्या की भाषाओं को हेय माना जाता है। उनको पिछड़ेपन का प्रतीक समझा जाता है। मैं यह नहीं चाहता कि केन्या के बच्चे साम्राज्यवादी विरासत के प्रभुत्व के कारण केन्या के जन-जीवन और इतिहास का प्रतिनिधित्व करने वाली भाषाओं से घृणा करें।" इस तरह यह स्पष्ट है कि अफ्रीका की संस्कृति, भाषा और साहित्य के स्वतन्त्र विकास की समस्याएँ अफ्रीकी जनता की राजनीतिक-सामाजिक मुक्ति की समस्याओं से जुड़ी हुई हैं। अफ्रीका में उपन्यास इस व्यापक मुक्ति अभियान का एक महत्त्वपूर्ण माध्यम है।

दक्षिण अमेरिका में उपन्यास और जादुई यथार्थवाद

कुछ साल पहले जब कोलम्बिया के उपन्यासकार ग्रेब्रियल गार्सिया मार्क्वेस को उनके उपन्यास 'सौ सालों का एकान्त' पर नोबेल पुरस्कार मिला तो सारी दुनिया के लेखक और बुद्धिजीवी आश्चर्यचकित हुए और दक्षिण अमेरिका में उपन्यास के अभूतपूर्व विकास को समझने की कोशिश करने लगे। आश्चर्य के कई कारण थे। एक तो इस उपन्यास का अद्भुत शिल्प चकित करने वाला था। अब तक पाठक और आलोचक उपन्यास के जिन रूपों से परिचित थे उन सबसे इसका रूप अलग और नया था। इस उपन्यास की व्याख्या के लिए नयी-नयी आलोचनात्मक धारणाओं की खोज शुरू हुई। इस उपन्यास को और दक्षिण अमेरिका के ऐसे ही दूसरे उपन्यासों को यूरोप की उपन्यास परम्परा से प्राप्त प्रतिमानों के सहारे समझना कठिन लगने लगा। जो लोग उपन्यास को यूरोप के बुर्जुआ वर्ग के सांस्कृतिक अनुभव के दायरे में ही समझने के आदी थे, उनकी कठिनाइयाँ और बढ़ गयीं। यूरोप के आलोचकों और यूरोपीय मानसिकता वाले तीसरी दुनिया के आलोचकों के सामने दक्षिण अमेरिका का उपन्यास एक पहेली बनकर उपस्थित हुआ। कुछ इस बात से भी चकित थे कि तीसरी दुनिया में ऐसा उपन्यास कैसे पैदा हो गया, जिसके सामने समकालीन यूरोपीय उपन्यासों की छवि धूमिल पड़ गयी।

मार्क्वेस का यह उपन्यास 1967 में छपा था और दक्षिण अमेरिका के अनेक देशों में बेहद लोकप्रिय भी था। बाहर की दुनिया में उसका महत्त्व बहुत बाद में स्वीकार किया गया है। दक्षिण अमेरिका के लिए मार्क्वेस का यह उपन्यास महत्त्वपूर्ण होते हुए भी कोई अद्भुत अपूर्व उपन्यास न था। 1950 के आसपास से 1970 तक दक्षिण अमेरिका के अनेक देशों के उपन्यासकारों ने ऐसे उपन्यासों की रचना की थी, जिनसे उपन्यास का परम्परागत स्वरूप बदला। नये ढंग के उपन्यासों का आरम्भ कार्पेन्तियर के उपन्यास 'इस दुनिया की बादशाहत' (1949) से हुआ। उसके बाद 1960 तक जार्ज अमादो (ब्राजील), मार्क्वेस (कोलम्बिया), जोस मेरिया अर्गुदस (पेरू), जुआन रुफो (मेक्सिको), कार्लोस फुएत (मेक्सिको), राव बस्तोस (पेराग्वुए) आदि के महत्त्वपूर्ण उपन्यास सामने आये। 1960 से 1970 के बीच मार्क्वेस, अर्गुदस, वास्तोस और मारियो वर्गास लोसा आदि के उपन्यास

छपे, जिनके आधार पर यूरोप और बाकी दुनिया में दक्षिण अमेरिकी उपन्यास की धूम मची। पुराने उपन्यासों से अलगाने और इनके रूप की पहचान बताने के लिए नये-नये नामों की खोज होने लगी। किसी ने इन्हें 'समग्र उपन्यास' कहा तो किसी ने 'परा-उपन्यास'। इन उपन्यासों में अतीत और वर्तमान का, समकालीन अनुभव और इतिहास का, यथार्थ और भ्रम का, वास्तविकता और फैंटेसी का, ऐतिहासिक चेतना और मिथकीय चेतना का, अभिजात संस्कृति और जन-संस्कृति का ऐसा कलात्मक संयोजन है कि इन्हें यथार्थवाद की किसी प्रचलित कोटि में रखना सम्भव नहीं है। यही कारण है कि इनके सन्दर्भ में जादुई यथार्थवाद, बर्रोक और नव बर्रोक आदि धारणाओं का प्रयोग किया गया है।

ऊपरी तौर पर देखने में ऐसे उपन्यासों का उदय भले ही बाहरी लोगों को आकस्मिक और चमत्कारपूर्ण लगे, लेकिन दक्षिण अमेरिका के साहित्य के इतिहास के लिए इन उपन्यासों का उदय कोई चमत्कार न था। दक्षिण अमेरिका में ऐसे कथा साहित्य की एक लम्बी परम्परा है। इसीलिए कार्पेन्तियर साठ के दशक में लिखे उपन्यासों के सन्दर्भ में किसी बूम या ज्वार की बात का खंडन करते हैं। दक्षिण अमेरिका में उपन्यास का यह विकास एक लम्बे रचनात्मक संघर्ष का परिणाम है। तीसरी दुनिया के दूसरे देशों की तरह दक्षिण अमेरिका के आरम्भिक उपन्यासों पर भी यूरोप के उपन्यासों का प्रभाव पड़ा था, जिसके कारण वहाँ भी उपन्यास का आरम्भिक रूप अनुकरणपरक ही है। उपनिवेशवाद के विस्तार और प्रभुत्व के कारण वहाँ की पुरानी भाषाओं और उनके साहित्य का वैसे ही दमन हुआ, जैसे तीसरी दुनिया के दूसरे देशों में हुआ था। उपनिवेशवाद के साथ ही दक्षिण अमेरिका में देशी भाषाओं की जगह यूरोप की भाषाओं का प्रभुत्व बढ़ा और विशेष रूप से स्पेनी भाषा अभिव्यक्ति का माध्यम बनी। उन्नीसवीं सदी के आरम्भिक अनुकरणपरक उपन्यासों में अतीत का मोह ही अधिक है। उसके बाद रोमांटिक उपन्यासों का एक दौर आया। फिर अनेक देशों में आंचलिक उपन्यासों की रचना आरम्भ हुई जिसके पीछे राष्ट्रीय भावना का उभार था। राष्ट्रीय भावना के कारण ही आंचलिक उपन्यासों में अपनी जमीन, जनता और भाषा से आत्मीय सम्बन्धों की अभिव्यक्ति हुई। यह दक्षिण अमेरिका में उपन्यास के विकास की दूसरी अवस्था है, जिसमें अपनी जड़ों की खोज की रचनात्मक कोशिश दिखाई देती है। ऐसे उपन्यासों की सीमा बताते हुए कार्पेन्तियर ने कहा है कि उनमें कम उपन्यास ऐसे थे, जिनमें यथार्थ की गहराई में उतरने की प्रवृत्ति थी। एक उपन्यासकार का दायित्व इससे पूरा नहीं हो जाता कि वह वेनेजुएला के किसानों का चित्रण कर दे या मैक्सिको के आदिवासी रेड इंडियनों की जिन्दगी की अभिव्यक्ति कर दे। एक कलाकार के रूप में उसका दायित्व तब पूरा होगा, जब वह अपने देश की जनता के जीवन की सार्वभौमिक विशेषताओं को पहचाने और व्यक्त करे।

दक्षिण अमेरिका के विभिन्न देशों के उपन्यासों की कला में यह विशेषता बीसवीं सदी के पाँचवें दशक में आयी। यह तब सम्भव हुआ जब वहाँ के विभिन्न देशों में देशी-विदेशी शोषण और दमन के विरुद्ध व्यापक जन-उभार हुआ, किसानों और मजदूरों ने अपनी मुक्ति का अभियान छेड़ा और बुद्धिजीवी समुदाय उस अभियान में शामिल हुआ। यह राष्ट्रीय चेतना के विकास का नया और उन्नत स्तर था जो दुनिया के दूसरे भागों में चलने वाले समानधर्मा आन्दोलनों और विचारों के मेल से विकसित हो रहा था। क्यूबा के क्रान्तिकारी आन्दोलन की सफलता से दक्षिण अमेरिका के दूसरे देशों के क्रान्तिकारी आन्दोलनों को प्रेरणा, गति और शक्ति मिली। यह अकारण नहीं है कि क्यूबा के उपन्यासकार कार्पेन्तियर की रचना 'इस दुनिया की बादशाहत' को दक्षिण अमेरिका में उपन्यास के विकास की इस नयी अवस्था का अग्रदूत माना जाता है। इसी उपन्यास की भूमिका में 'जादुई यथार्थवाद' की जरूरत और सम्भावनाओं की ओर संकेत है। कार्पेन्तियर ने ही दक्षिण अमेरिका की संस्कृति, साहित्य और कला में बरोंक शैली की क्रान्तिकारी भूमिका स्पष्ट की है और अपने उपन्याय 'बसंतोत्सव' में उसका प्रमाण भी प्रस्तुत किया है। इस प्रक्रिया में दक्षिण अमेरिका में उपन्यास का जो नया विकास हुआ उसमें स्थानीयता के साथ सार्वभौमिकता आयी, आंचलिकता के दौर की आत्मलीनता की जगह आत्ममंथन की प्रवृत्ति बढ़ी और उपन्यास यथार्थ के प्रतिबिंबन से आगे बढ़कर यथार्थ की व्याख्या का कलात्मक माध्यम बना।

दक्षिण अमेरिका में उपन्यास का नया रूप किन स्थितियों में विकसित हुआ है और उसे कैसी चुनौतियों का सामना करना पड़ा है, यह जानना जरूरी है। उन स्थितियों और चुनौतियों की ओर अर्थपूर्ण संकेत दो महत्त्वपूर्ण उपन्यासों के नामों में है। एक है मार्क्वेस का 'सौ सालों का एकान्त' और दूसरा है ईसाबेल अलेन्दे का 'भूतों का घर'। पहले उपन्यास का नाम दक्षिण अमेरिका के विभिन्न समाजों और संस्कृतियों के इतिहास की विडम्बनाओं और त्रासदियों की ओर संकेत करता है। दूसरे उपन्यास की लेखिका चिली की है, जहाँ राष्ट्रपति अलेन्दे, उनकी सरकार और जनतन्त्र की हत्या करके जो बर्बर और खूँखार तानाशाह शासन में आया, उसने पूरे देश को भूतों का भयानक घर बना दिया। दोनों उपन्यासों में स्थानीयता के साथ-साथ समूचे दक्षिणी अमेरिका के इतिहास और वर्तमान का सजीव और साकार रूप मौजूद है। इन दो उपन्यासों से भी स्पष्ट है कि दक्षिण अमेरिका में उपन्यास कोई मनोरंजक कला नहीं है, वह इतिहास निर्माण का प्रेरणा स्रोत है और इतिहास प्रक्रिया में सहभागी भी।

आइए अब पहले हम मार्क्वेस के उपन्यास के नाम से मिलने वाले संकेतों पर ध्यान दें। दुनिया-भर में उपनिवेशवाद के इतिहास की यह एक जानी-पहचानी सच्चाई है कि उपनिवेशवादी पराधीन देश के वर्तमान को ही बर्बाद नहीं करते,

उसके अतीत को विकृत और भविष्य को अन्धकारमय भी बनाते हैं। दक्षिण अमेरिका के विभिन्न देशों में भी उपनिवेशवादियों ने ऐसा ही किया था, उन्होंने वहाँ के इतिहास और परम्परा को विकृत किया और उनको अपने अनुकूल बनाकर पेश किया। उपनिवेशवादियों ने दक्षिण अमेरिका की पुरानी सभ्यता और संस्कृति की स्मृतियों को मिटाकर उनकी जगह अपनी स्मृति को स्थापित करने की कोशिश की। उरुग्वे के एक लेखक ने लिखा है कि—"वे एक परायी स्मृति को हमें अपनी स्मृति के रूप में स्वीकार करने के लिए मजबूर कर रहे हैं। विजेता हमारे इतिहास और यथार्थ पर झूठ का पर्दा डालकर पेश कर रहे हैं।" दुनिया-भर में उपनिवेशवाद से मुक्ति के अभियान का एक महत्त्वपूर्ण पक्ष अपनी जातीय स्मृति के वास्तविक रूप की पहचान और रक्षा का प्रयत्न भी रहा है। जातीय स्वत्व की पहचान के लिए अपने इतिहास पर पड़े झूठ के परदों को हटाना इस प्रयत्न की एक विशेषता है। दक्षिण अमेरिका में यह प्रयत्न इस सदी के पचास और साठ के दशक में लिखे उपन्यासों में दिखाई देता है। ऐसी स्थिति में लेखक अपने अतीत की केवल व्यक्तिगत और सामूहिक अस्मिता की खोज नहीं करता, बल्कि वह ऐसे अतीत का निर्माण भी करता है, जो भविष्य का आधार बन सके। दक्षिण अमेरिका के महत्त्वपूर्ण उपन्यासकारों ने अपनी संस्कृति को साम्राज्यवाद और उनके देशी एजेंटों की कैद से मुक्त कराने का काम किया है।

मैक्सिको के प्रसिद्ध कवि अक्टोवियो पॉज ने लिखा है कि "इतिहास रोज-ब-रोज का आविष्कार है, एक स्थायी सृजन है; वह एक परिकल्पना है, एक क्रीड़ा है, मायावी भविष्य के साथ एक होड़ है। वह विज्ञान नहीं, एक प्रकार का विवेक है, वह तकनीक नहीं एक कला है।" पॉज के इस कथन में इतिहास की जगह उपन्यास को रख दीजिए तो आज के दक्षिणी अमेरिकी उपन्यास की अनेक विशेषताएँ सामने आ जाएँगी और इतिहास से उन उपन्यासों का आत्मीय सम्बन्ध भी प्रकट हो जाएगा। जब इतिहास से उपन्यास का ऐसा सम्बन्ध स्थापित होता है तभी महाकाव्यात्मक उपन्यासों की रचना होती है। जब अलेजो कार्पेन्तियर कहते हैं कि दक्षिण अमेरिका के उपन्यास को महाकाव्यात्मक होना चाहिए तब वे उपन्यास के इसी स्वरूप की ओर संकेत करते हैं। अपनी मान्यता को स्पष्ट करते हुए कार्पेन्तियर कहते हैं कि महाकाव्य के केन्द्र में कोई महत्त्वपूर्ण सामूहिक प्रयत्न होता है। आवश्यक नहीं कि वह युद्ध ही हो और उसमें पौराणिक देवताओं की साझेदारी भी हो। कोई व्यापक आन्दोलन, हड़ताल, क्रान्ति या कोई भी ऐसा सामाजिक संघर्ष जिसमें बड़े पैमाने पर जन समुदाय शामिल हो—महाकाव्यात्मक रचना के आधार बन सकते हैं। ऐसे सामूहिक क्रिया व्यापारों का नेतृत्व हमेशा कोई ऐसा व्यक्ति करता है, जो एचिलिस भले ही न हो लेकिन वीर नायक जरूर होता है। हमारे अमेरिका में महाकाव्यात्मक घटनाएँ (भयानक और आश्चर्यजनक

घटनाएँ) बराबर घटती रहती हैं। यहाँ अतीत का वर्तमान पर अथाह प्रभाव बना रहा है और गतिशील वर्तमान आग का दरिया पार करते हुए दुर्गम भविष्य की ओर बढ़ता रहता है। दक्षिण अमेरिका में जीवन हमेशा राजनीति के चारों ओर घूमता है। स्वाधीनता संग्राम से अब तक हमारा जीवन राजनीतिमय रहा है। हमारा महादेश एक राजनीतिक महादेश है। ऐसे ही परिवेश में महाकाव्यात्मक उपन्यास रचे जाते हैं, बशर्ते कि रचनाकार अपने समय और समाज के प्रति सजग ही नहीं प्रतिबद्ध भी हो। मार्क्वेस का 'सौ सालों का एकान्त' ऐसा ही उपन्यास है।

दक्षिण अमेरिका में मार्क्वेस के अलावा और भी ऐसे उपन्यासकार हैं जिनके उपन्यासों की संरचना में इतिहास के तथ्य और फैंटेसी की विलक्षण बुनावट है। ऐसे ही एक उपन्यासकार हैं पेरू के मारियो वर्गास लोसा। उनके उपन्यासों में पेरू का वास्तविक इतिहास कथा में जगह-जगह मौजूद है। उपन्यास के चरित्रों की नजर से देखा गया पेरू का इतिहास ही कथा की रीढ़ है। उनके उपन्यासों में इतिहास प्रक्रिया की जटिलताओं को समग्रता में चित्रित करने की कला बहुत कुछ बालज़ाक के समान है। उनके एक उपन्यास का कथानायक कहता है, "मैं यथार्थवादी हूँ, इसलिए जब अपने उपन्यासों में झूठ बोलता हूँ तब जानता हूँ कि मैं क्यों झूठ बोल रहा हूँ। मैं मानता हूँ कि कथा लिखने का यही एक मात्र तरीका है कि उसका आरम्भ इतिहास में हो।" लोसा अपने उपन्यासों के माध्यम से प्रचलित इतिहास-बोध को तोड़कर नया इतिहास-बोध जगाना चाहते हैं। उनके अनेक उपन्यासों में कुछ चरित्र बार-बार आते हैं। इस शिल्प विधि से लेखक इतिहास प्रक्रिया की निरन्तरता व्यक्त करता है।

अब इसाबेल अलेन्दे के 'भूतों का घर' में एक बार झाँकना जरूरी है। दक्षिण अमेरिका में केवल चिली ही भूतों का घर नहीं है, कई दूसरे देशों की जनता भी भूतों के विशाल घरों में जी रही है। अर्जेन्तीना, अल सल्वाडोर, पेरू, उरुग्वे, ब्राजील आदि भूतों के घर ही हैं। साम्राज्यवाद की मदद से टिके हुए सैनिक और असैनिक तानाशाहों के शासन की दशा की ओर संकेत करते हुए उरुग्वे के लेखक एडुअडों गैलिनो ने लिखा है कि "मेरे देश में स्वतन्त्रता का अर्थ है राजनीतिक कैदियों के लिए जेल और आतंक। भय पर टिकी शासन व्यवस्थाओं का नाम है जनतन्त्र। यहाँ प्रेम अपनी मोटरगाड़ी से लगाव तक सीमित है और क्रान्ति का बर्तन धोने के पाउडर की तरह प्रयोग होता है। दक्षिण अमेरिका के अनेक देशों में एक शान्तिपूर्ण देश का मतलब है सुव्यवस्थित श्मशान और स्वस्थ आदमी की पहचान है नपुंसकता।" जहाँ समाज और जीवन की वास्तविकताएँ ऐसी हों, तब उनकी अभिव्यक्ति क्या आलोचनात्मक यथार्थवाद या समाजवादी यथार्थवाद की पद्धति से सम्भव है! ऐसी वास्तविकताओं की अभिव्यक्ति के लिए ही दक्षिण अमेरिका के उपन्यासकारों ने उपन्यास की वह कला विकसित की है, जिसे 'जादुई यथार्थवाद' कहा जाता है।

यहाँ मिथक और परीकथाओं के माध्यम से वास्तविकता और सचाई की अभिव्यक्ति होती है। इन उपन्यासों में मिथकीय चेतना ही ऐतिहासिक चेतना बन रही है और यथार्थ का जादू जादुई यथार्थवाद में प्रकट हो रहा है।

ऐसे समाजों की एक विडम्बना यह भी है कि इसमें भाषा अपना सहज स्वाभाविक रूप और प्रयोजन खो देती है, शब्द के अर्थ बदल जाते हैं। इस प्रक्रिया की गम्भीरता को अत्यन्त नाटकीय ढंग से 'सौ सालों का एकान्त' में व्यक्त किया गया है। मकोंडो शहर में अनिद्रा का प्लेग फैला है जिसके कारण लोग अपनी स्मृति खो रहे हैं और शब्द के अर्थ गायब हो रहे हैं। हर वस्तु पर उनका नाम लिखा हुआ है ताकि लोग उसके नाम और काम को भूल न जाएँ। स्मृति खोने की बीमारी इतनी बढ़ जाती है कि लोग वस्तुओं के प्रयोजन और काम भी भूल जाते हैं। एक व्यक्ति अपनी गाय की गर्दन में एक तख्ती लटकाये हुए है जिस पर लिखा है कि "यह गाय है, हर रोज सबेरे इसे दुहना जरूरी है ताकि दूध मिल सके। उस दूध को उबालना जरूरी है ताकि उसे कॉफी में मिलाया जा सके।" मकोंडो शहर के निवासियों का यथार्थ-बोध धीरे-धीरे गायब हो रहा है। वास्तविकता उनकी चेतना की पकड़ के बाहर होती जा रही है। अन्त में लगभग हार कर वे लोग जीने के लिए वास्तविकता की कल्पना करने लगते हैं और काल्पनिक वास्तविकता के सहारे जीने की कोशिश करते हैं। मार्केस के उपन्यास का यह शहर दक्षिण अमेरिका के हर देश में पाया जा सकता है। उपन्यास में दक्षिण अमेरिका के कई देशों के जन-जीवन की वास्तविकताओं को फैंटेसी के माध्यम से जीवन्त और प्रभावशाली रूप में व्यक्त किया गया है। यहाँ यथार्थ का प्रतिबिम्बन नहीं है, बल्कि उसके प्रतिरूप की रचना है। उपन्यास के रचित संसार में मिथकीय कालचेतना के सहारे ऐतिहासिक कालचेतना व्यक्त हुई है। यह स्थिति विरोधाभासपूर्ण लग सकती है, लेकिन जहाँ भ्रम ही यथार्थ हो और यथार्थ भ्रामक हो जाए वहाँ मिथक और इतिहास का सम्बन्ध बदल जाए तो क्या आश्चर्य!

दक्षिण अमेरिका के लेखक जिस राजनीतिक परिवेश में जी रहे हैं, उसमें अपने समय, समाज और जनता के प्रति प्रतिबद्धता सार्थक लेखन के लिए आवश्यक है। यही कारण है कि पचास और साठ के दशक में उभरने वाले अधिकांश लेखक अपने-अपने देशों में चलने वाले सामाजिक-राजनीतिक आन्दोलनों के अंग और मुक्ति संघर्षों के योद्धा भी हैं। जन-आन्दोलनों के आवयविक बुद्धिजीवी के रूप में उन लेखकों की सक्रियता के कारण ही उन्हें तरह-तरह के दमन व उत्पीड़न का शिकार होना पड़ा है। ये लेखक अपने लेखन से ही नहीं, अपनी सक्रिय साझेदारी से भी जनान्दोलनों के हिस्से हैं। उनकी इस भूमिका का प्रभाव उनके उपन्यासों में भी दिखायी देता है। इन लेखकों ने बार-बार समकालीन साहित्य की सामाजिक-राजनीतिक भूमिका पर जोर दिया है। कार्पेन्तियर ने कहा

है कि "दक्षिण अमेरिका का उपन्यास इस नाजुक दौर में अपने समय के प्रति पूरी तरह प्रतिबद्ध है। आन्द्रे ब्रेतो ने कहा था कि सुन्दरता अगर बेचैन करने वाली नहीं है तो वह सुन्दरता ही नहीं है। वैसे ही दक्षिणी अमेरिका में अगर कोई उपन्यास प्रतिबद्ध नहीं है तो वह सार्थक उपन्यास भी नहीं है।"

लेकिन यह निष्कर्ष निकालना गलत होगा कि ये उपन्यासकार प्रतिबद्धता के नाम पर कला के प्रति असावधान हैं। वास्तविक स्थिति इसके ठीक विपरीत है। ये लेखक कला की शर्तों पर ही प्रतिबद्धता को स्वीकार करते हैं। दक्षिण अमेरिका के उपन्यासकार हिन्दी के अधिकांश प्रगतिशील और जनवादी कथाकारों की तरह केवल प्रतिबद्ध कथा ही नहीं लिखते, वे कलात्मक उपन्यास और कहानियाँ लिखते हैं। उनके लिए प्रतिबद्धता का अर्थ केवल पर्दाफाश करना और व्यवस्था का विरोध करना ही नहीं है। मार्क्वेस ने एक साक्षात्कार में कहा है, "मैं चाहता हूँ कि दुनिया में समाजवाद आये और मेरा विश्वास है कि देर-सबेर ऐसा होगा। लेकिन दक्षिण अमेरिका में जिसे प्रतिबद्ध साहित्य कहा जाता है, जैसे कि सामाजिक विरोध का चित्रण करने वाले उपन्यास, उसके बारे में मेरे मन में कई तरह की शंकाएँ हैं। कारण यह है कि ऐसे लेखन का जीवन और जगत के बारे में दृष्टिकोण बहुत सीमित होता है, इसलिए उसका कोई विशेष राजनीतिक प्रभाव भी नहीं होता। ऐसा लेखन चेतना को तेजी से विकसित करने के बदले उसके विकास की गति को धीमा करता है। दक्षिण अमेरिका की जनता उपन्यास से केवल दमन और अन्याय का भण्डाफोड़ नहीं चाहती; क्योंकि वह इन सबसे खूब परिचित है। जहाँ तक लेखक के दायित्व का सवाल है या कि उसके क्रान्तिकारी दायित्व का सवाल है तो मेरी राय में उसका मुख्य दायित्व यही है कि वह अच्छा लिखे।

दक्षिण अमेरिकी उपन्यास की कला के निर्माण में वहाँ के विशिष्ट सांस्कृतिक सन्दर्भ की महत्त्वपूर्ण भूमिका है। वहाँ के सांस्कृतिक सन्दर्भ की एक विशेषता परम्पराओं की प्राचीनता है तो दूसरी विशेषता संस्कृतियों की विविधता भी है। दक्षिण अमेरिका में यूरोप के उपनिवेशवादियों के आने के बहुत पहले जो विकसित संस्कृति थी उसका कुछ-न-कुछ रूप आज भी आदिवासी समुदायों में जीवित है। वहाँ प्राचीन संस्कृति केवल अजायबघरों में नहीं है, वह जनजीवन में भी है। इसके साथ ही वहाँ शहरों में आधुनिक सभ्यता और संस्कृति का विकसित रूप भी मौजूद है। मैक्सिको में आधुनिकों के साथ-साथ आदिवासी समुदाय भी अपनी भाषा और संस्कृति की रक्षा करते हुए रहते हैं। इनके बीच जीवन के विभिन्न प्रसंगों में सांस्कृतिक मेल-जोल के अवसर भी आते हैं। इन सबके साथ मध्ययुगीन मानसिकता वाले व्यक्तियों के समानान्तर आधुनिक मानसिकता वाले पूँजीपति भी हैं। वहाँ सांस्कृतिक विविधता का एक महत्त्वपूर्ण पक्ष यह है कि अधिकांश देशों में एक राष्ट्रीयता के भीतर अनेक नस्लों के लोग रहते हैं। कार्पेन्तियर ने कहा है कि

''इंडियन, नीग्रो और यूरोप के गोरे एक ही राष्ट्रीयता के भीतर रहते हैं। सांस्कृतिक विकास की दृष्टि से वे अलग-अलग युगों के हैं। इंडियन और नीग्रो जन-समुदायों में अत्यन्त पुराने विश्वास, रीति-रिवाज और प्रथाएँ प्रचलित हैं। उनकी मदद से समकालीन जिन्दगी की ठोस समस्याओं को समझना सम्भव होता है।" यही वह सांस्कृतिक सन्दर्भ है, जिसने बर्रोक उपन्यास की रचना को सम्भव बनाया है। कार्पेन्तियर ने ठीक ही कहा है कि बर्रोक अर्थात् विलक्षणता दक्षिण अमेरिका के इतिहास में है, संस्कृति में है, संवेदनशीलता में है। इसलिए यहाँ के प्रतिनिधि उपन्यासों में इस सांस्कृतिक सन्दर्भ के रूपों और रंगों का उत्सव है और यथार्थ का महोत्सव भी है। एक बर्रोक संसार के चित्रण के लिए बर्रोक शैली की जरूरत होती है। जब बर्रोक यथार्थ का सामना होता है तब कला में क्या और कैसे एकाकार हो जाते हैं। कला का यही रूप कार्पेन्तियर और मार्क्वेस के उपन्यासों में मिलता है। संस्कृतियों की प्राचीनता और विविधता की अभिव्यक्ति उपन्यासों में उस स्तर पर भी हुई है, जहाँ शिष्ट संस्कृति की जटिल परम्पराओं के साथ जन संस्कृति की सहज प्रवृत्तियों के मेल से विशिष्ट प्रभावों की सृष्टि हुई है। यह कला विशेष रूप से मार्क्वेस के उपन्यासों में मिलती है। इससे चरित्रों में जीवन्तता आयी है तो चित्रित जीवन में समग्रता और प्रामाणिकता भी। इससे उपन्यास के पाठकों का दायरा भी विस्तृत हुआ है।

अब उस 'जादुई यथार्थवाद' की कुछ चर्चा अपेक्षित है, जो दक्षिणी अमेरिका के उपन्यास का मुख्य लक्षण बन गया है। इस जादुई यथार्थवाद ने यूरोप के आलोचकों को भी चकित किया है, लेकिन वहाँ इस पर गम्भीर बहस हो रही है। हिन्दी में अभी इसकी चर्चा की शुरुआत हुई है, लेकिन वह भी भ्रामक। अभी वह चर्चा अफवाह और अटकलबाजी से आगे नहीं बढ़ी है। यह विडम्बना ही है कि उपन्यास रचना की जो प्रवृत्ति दक्षिणी अमेरिका के उपन्यासों की जीवनी शक्ति बनी हुई है और भारतीय उपन्यास में जिसके रचनात्मक उपयोग की अपार सम्भावनाएँ हैं, वह हिन्दी में विचार के स्तर पर दुर्गति का शिकार है। भारत से दक्षिणी अमेरिका के अनेक देशों की राजनीतिक, सामाजिक और सांस्कृतिक परिस्थितियाँ मिलती हैं। जादुई यथार्थवाद जिन ऐतिहासिक और सांस्कृतिक अनुभवों की उपज है, वैसे अनुभवों की भारत में भी कमी नहीं है। भारत के आदिवासियों और किसानों के जीवन में वे अधिकांश बातें मौजूद हैं, जिनसे जादुई यथार्थवाद जुड़ा हुआ है। लेकिन अभी हिन्दी साहित्य या हिन्दी उपन्यास में आदिवासियों की चिन्ता बहुत कम है। इस प्रसंग में अभी हिन्दी का कथा-साहित्य उड़िया और बंगला के कथा-साहित्य से बहुत पीछे है। उड़िया के गोपीनाथ महंथी और बंगला की महाश्वेता देवी के स्तर तक पहुँचने की बात कौन करे, अभी तो हिन्दी में आदिवासी जीवन पर कथा-लेखन की सार्थक शुरुआत भी नहीं हुई है।

हिन्दी कथा-साहित्य में अब भी आदिवासी रहस्य, रोमांस और मनोरंजन की वस्तु बने हुए हैं। यहाँ आदिवासियों के प्रति अनेक लेखकों में वही दृष्टिकोण है जो गणतन्त्र दिवस के समारोह के अवसर पर आदिवासियों के नृत्य के आयोजकों और दर्शकों का होता है। जब हिन्दी कथा-साहित्य में आदिवासी जीवन की समग्रता कलात्मक रूप में रची जाएगी, तब जादुई यथार्थवाद का महत्त्व ठीक-ठीक समझ में आयेगा। लेकिन यहाँ तो दक्षिणी अमेरिकी उपन्यास में जादुई यथार्थवाद के महत्त्व की कुछ चर्चा अपेक्षित है।

दक्षिण अमेरिका के उपन्यासों में यूटोपिया, मिथक, फैंटेसी, जादू-टोना, परीकथाएँ, दैवी शक्तियों में विश्वास, सगुन-असगुन, शाप-वरदान और पूर्वाभास आदि को देखकर उन्हें जादुई यथार्थवाद के उपन्यास कहा जाता है। इन अद्‌भुत तत्वों का सर्वाधिक कलात्मक उपयोग कार्पेन्तियर के उपन्यास 'इस दुनिया की बादशाहत' और मार्क्वेस के 'सौ सालों का एकान्त' में है। दक्षिण अमेरिका के उपन्यासों में इन तत्वों की उपस्थिति के अनेक कारण हैं। सबसे बड़ा कारण तो यही है कि ये उपन्यासकार जिस जन-जीवन के इतिहास की स्मृति और वर्तमान के अनुभव को अपनी रचनाओं में उतारना चाहते हैं, उसमें ये बातें सहज रूप में मौजूद हैं। उपन्यास में उस जीवन की स्मृति और अनुभव की पुनर्रचना के लिए इन तत्वों का उपयोग आवश्यक है। अपने यहाँ के जन-जीवन के यथार्थ को समझने में इन तत्वों की भूमिका स्पष्ट करते हुए मार्क्वेस ने कहा है कि अपने देश की जनता से ही मैंने यथार्थ को अलग ढंग से देखने की दृष्टि पायी है और अति प्राकृतिक तत्वों को दैनिक जीवन का अनिवार्य अंग समझना सीखा है। हमारे यहाँ ऐसे साहित्य की एक लम्बी परम्परा है। उसी साक्षात्कार में अपनी रचनादृष्टि और यथार्थबोध के एक और प्रेरणा स्रोत की ओर संकेत करते हुए मार्क्वेस कहते हैं कि सबसे पहले मुझे अपनी दादी की कहानियों से कला और यथार्थ के सम्बन्ध की यह दृष्टि मिली। वे जिस शहर की थीं, उस शहर में लोकप्रिय मिथक, निजंधरी कथाएँ और विश्वास सहज रूप में उनके दैनिक जीवन के अंग थे। उनके बारे में और उनकी कहानियों के बारे में सोचते हुए मुझे लगा कि मैं किसी चीज का आविष्कार नहीं कर रहा हूँ बल्कि उस जीवन-जगत को अपनी चेतना में लाने और अपनी रचना में उतारने की कोशिश कर रहा हूँ, जिसमें ये बातें स्वाभाविक रूप में मौजूद हैं। इन बातों को छोड़कर हम दक्षिण अमेरिका के जन-जीवन को प्रामाणिक रूप में व्यक्त नहीं कर सकते। मार्क्वेस के इस कथन से स्पष्ट है कि दक्षिण अमेरिका के उपन्यासों में जादुई तत्वों का उपयोग केवल एक कला कौशल नहीं है, वह यथार्थवादी रचनापद्धति की केवल एक विशेषता भी नहीं है। सच तो यह है कि वह दक्षिण अमेरिका के जन-जीवन के यथार्थ की सच्चाई है और उस सच्चाई को देखने की एक विशेष दृष्टि भी है।

कुछ लोग यूटोपिया और फैंटेसी को यथार्थवाद का विरोधी समझते हैं और इनकी मदद से रचित कथा-साहित्य को यथार्थवाद की सीमा के बाहर रखना चाहते हैं। दक्षिण अमेरिका के उपन्यासकारों ने यूटोपिया और फैंटेसी का भरपूर प्रयोग किया है। मार्क्वेस कहते हैं कि उनके "उपन्यासों में एक भी ऐसा वाक्य नहीं है, जो यथार्थ पर आधारित न हो। लेकिन उपन्यास में यथार्थ सरल-सीधे ढंग से नहीं आता। उपन्यास में जो यथार्थ होता है वह दैनिक जीवन के यथार्थ से जुड़ा होकर भी उससे भिन्न होता है। उपन्यास में यथार्थ का कलात्मक विपर्यय होता है।" अगर ऐसा न हो तो उपन्यास की जरूरत ही क्या होगी। कला की यही उपयोगिता है और उसके महत्त्व का रहस्य भी। फैंटेसी यथार्थ के कलात्मक विपर्यय का एक कौशल है। शुद्ध फैंटेसी यथार्थ विरोधी होती है, लेकिन कला में शुद्ध फैंटेसी जैसी कोई चीज नहीं होती। अब रही बात यूटोपिया की, तो वह कला की अपनी स्थायी विशेषता है। इसी क्षमता के कारण कलाकार अपना संसार रचता है और उसका प्रजापति होता है। मार्क्वेस ने नोबल पुरस्कार के अवसर पर दिये गये भाषण में कहा था कि "लेखक को यूटोपिया में विश्वास करने का अधिकार होता है। जीवन का एक ऐसा नया और आकर्षक कल्पित लोक जहाँ कोई भी दूसरे का भाग्यविधाता न हो, जहाँ सच्चा प्रेम हो और सुख की पूरी सम्भावना हो और जहाँ जन्म से ही सौ सालों के एकान्त की यातना भोगने वाले नयी जिन्दगी पा सकें।" ऐसी ही यूटोपिया के रचनाकार हैं मार्क्वेस। जाहिर है यह यूटोपिया एक विशेष ऐतिहासिक सन्दर्भ और सामाजिक जीवन की वास्तविकताओं से पैदा हुई है।

दक्षिण अमेरिका के अधिकांश देशों में कहीं सैनिक तानाशाही है और कहीं असैनिक तानाशाही। लेखकों, पत्रकारों और बुद्धिजीवियों का दमन आम बात है। हमेशा के लिए इस दुनिया से लेखकों और पत्रकारों के गायब होने की घटनाएँ रोज-रोज घटती रहती हैं। प्रकाशनों पर प्रतिबन्ध की कड़ी व्यवस्था है। यहाँ तक कि दूसरे देशों के तानाशाहों के पतन की खबरों को छापना भी जुर्म है। ऐसी स्थितियों को रचना में व्यक्त करने और उनका सामना करने के लिए कलाकार हमेशा फैंटेसी की मदद लेते रहते हैं। स्तालिनकालीन रूस में ऐसा साहित्य बहुत लिखा गया है। भारत में भी आपात्काल के दौरान लेखक यूटोपिया और फैंटेसी की ओर मुड़े थे। पंचतन्त्र, जातक कथाओं और हितोपदेश की रचना पद्धतियाँ आपात्काल में रचनाकारों के काम आयी थीं। दक्षिण अमेरिका के उपन्यासों में यूटोपिया, फैंटेसी और मिथकों के प्रयोग का एक कारण वहाँ की राजनीतिक परिस्थितियाँ भी हैं। उपनिवेशवाद के जमाने से आज तक दक्षिण अमेरिका की जनता ऐसी सत्ताओं और व्यवस्थाओं का सामना करती रही है, जो यथार्थ को भ्रम और भ्रम को यथार्थ बनाने की कोशिश करती हैं। ऐसी स्थिति में जो सच होता है वह दिखाई नहीं देता और जो दिखाई देता है वह सच नहीं होता। स्थितियों, घटनाओं और वस्तुओं

की सचाई जानना मुश्किल हो जाता है। जनता की चेतना, स्मृति और अनुभव से सचाई को दूर रखने के लिए तरह-तरह के छल-प्रपंचों का जाल फैलाया जाता है। दक्षिण अमेरिका के उपन्यासकारों ने इन स्थितियों की जटिलता और भ्रामकता को मूर्तरूप में व्यक्त करने के लिए प्रायः भूलभुलैया के रूपक और बिम्ब का प्रयोग किया है। जादुई यथार्थवाद की यह भी एक विशेषता है।

जादुई यथार्थवाद के उपन्यासों की कला में मिथक और इतिहास का सम्बन्ध भी ध्यान देने लायक है। इन उपन्यासकारों ने मिथक को उपन्यास का विषय नहीं बनाया है बल्कि यथार्थ को मिथकीय दृष्टि से देखा और व्यक्त किया है। मिथकीय दृष्टि, यथार्थबोध की संघटना और अभिव्यक्ति की संरचना में सक्रिय रही है। मिशेल जेराफा के अनुसार, मिथकीय विश्वदृष्टि के दो पक्ष हैं। एक तो वह संश्लिष्टता और समग्रता की ओर उन्मुख होती है और दूसरी ओर उसमें विश्लेषण तथा विलगाव की प्रवृत्ति भी होती है। मिथकीय दृष्टि में पुनरावृत्ति की चेतना काम करती है, जिससे रचना में रूपान्तरण और प्रयोग की अपार सम्भावनाएँ उपलब्ध होती हैं। जादुई यथार्थवाद के उपन्यासों का प्रत्येक पाठक मिथकीय दृष्टि की इन विशेषताओं को उन उपन्यासों में देख सकता है। यहाँ उन सबकी विस्तृत चर्चा का अवसर नहीं है, फिर भी कुछ की ओर संकेत जरूरी है। मिथकीय विश्वदृष्टि के कारण उपन्यासकार की कल्पना और उपन्यास की कला को सामाजिक यथार्थ से अनेक स्तरों पर सम्बन्ध बनाये रखते हुए भी यथार्थ की गुलामी से मुक्ति मिली है। लेकिन इन उपन्यासों में मिथकीय दृष्टि के बावजूद यथार्थबोध और उसकी अभिव्यक्ति अनैतिहासिक नहीं हैं, क्योंकि ऐतिहासिक दृष्टि से मिथकीय विश्वदृष्टि अनुशासित है। इन उपन्यासों के कथनायक इतिहास में जीते हैं, उनके अनुभव इतिहास सापेक्ष हैं, लेकिन उन अनुभवों को एक कलात्मक दूरी से उपन्यासकार देखता है। वह दूरी मिथकीय दृष्टि से निर्मित होती है। इसी प्रक्रिया के फलस्वरूप जादुई यथार्थवाद के उपन्यासों में देशकाल-बद्ध प्रातिनिधिकता के साथ-साथ विश्वजनीनता भी आ पायी है।

जादुई यथार्थवाद के उपन्यासों में यथार्थ और अद्भुत की जो एकता है, उसे पक्के यथार्थवादी स्वीकार नहीं कर पाते। वे यथार्थवाद और फैंटेसी की एकता से भी परेशान होते हैं। वे लोग केवल आलोचनात्मक यथार्थवाद और समाजवादी यथार्थवाद की सीमाओं में ही यथार्थवाद को सुरक्षित समझते हैं। हिन्दी के ऐसे आलोचकों-पाठकों को इतिहासाचार्य विश्वनाथ काशीनाथ राजवाड़े का 1902 में प्रकाशित 'कादम्बरी' शीर्षक प्रसिद्ध मराठी निबन्ध जरूर पढ़ना चाहिए। उसका हिन्दी अनुवाद 'आलोचना' में छपा है। कहने की जरूरत नहीं है कि वह निबन्ध जादुई यथार्थवाद के उपन्यासों के जन्म से बहुत पहले छपा था। लेकिन यह कहना जरूरी है कि जादुई यथार्थवाद को समझने-समझाने के लिए उस निबन्ध से बेहतर

दृष्टि भारतीय भाषाओं में अन्यत्र शायद ही कहीं मिले। उस निबन्ध में एक जगह राजवाड़े ने लिखा है–"समाज में और समूचे विश्व में भी अद्भुत और यथार्थ का मेल अनेकानेक अनुपातों में सम्भव होता है। शुद्ध अद्भुत और शुद्ध यथार्थवादी इस संसार में शायद ही कुछ है। हर जगह मिश्रण और मेल ही दिखाई देगा। ऐसी परिस्थिति में अगर कोई शुद्ध यथार्थवादी रचना करने का दावा करे तो उसे निरा पाखंड समझा जाए और अगर पाखंड न हो तो वह सरासर गलत ही है। जिस अर्थ में चित्रकारी कला है उसी अर्थ में उपन्यास लेखन भी कला है। चित्र में वस्तु का श्वेत-श्याम रंगों में यथातथ्य अंकन जिस तरह असम्भव होते हुए भी चित्रकार की कोशिश हू-ब-हू का भ्रम दिलाने की होती है। यही बात उपन्यास के सम्बन्ध में भी होती है। संसार के और समाज के हर छोटे-बड़े प्रसंग का अंकन न कर कई प्रसंगों को यद्यपि छोड़ दिया जाता है, तथापि अत्यन्त महत्त्वपूर्ण प्रसंगों को थोड़ी-सी अतिरंजकता के साथ वर्णित करने का काम उपन्यास के विधान में होता है। इसी में उपन्यास कला का रहस्य भी है।" राजवाड़े का यह कथन उपन्यास में जादुई यथार्थवाद की सम्भावनाओं की ओर संकेत करता है और उसकी सार्थकता की व्याख्या भी करता है। इसमें उपन्यास के समाजशास्त्रीय विश्लेषण में सहायक अनेक सूत्र भी मौजूद हैं। खास तौर से उनका यह वाक्य ध्यान देने लायक है कि 'जिस अर्थ में चित्रकारी कला है, उसी अर्थ में उपन्यास लेखन भी कला है।' उपन्यास कला के इस अर्थ की खोज का प्रयास कम ही हुआ है। अगर इस दृष्टि से उपन्यास पर विचार किया जाए तो यथार्थ से उपन्यास के सम्बन्धों के अनेक रूप सामने आयेंगे। इससे एक ओर रचनाकार की बोध प्रक्रिया में सक्रिय चयन दृष्टि का महत्त्व मालूम होगा तो दूसरी ओर रचना प्रक्रिया में अमूर्तन-संमूर्तन की द्वन्द्वात्मकता भी जाहिर होगी। कहने की जरूरत नहीं है कि इस दृष्टि से जादुई यथार्थवाद की कला के रहस्य के बारे में नयी अन्तर्दृष्टि मिलेगी।

जो लोग दक्षिण अमेरिका के जन-जीवन से अपरिचित हैं, और उपन्यास में केवल सतह के यथार्थ को ही देखने के आदी हैं, वे जादुई यथार्थवाद के कला-कौशल पर चकित होते हैं, लेकिन उसके मूल में छिपी वास्तविकता को नहीं पहचान पाते। ऐसे पाठक 'सौ सालों का एकान्त' जैसा उपन्यास पढ़कर परेशान होते हैं। ऐसे लोगों की परेशानी को ध्यान में रखकर ही मार्क्वेस ने कहा है कि वे लोग यह नहीं समझ पाते कि यथार्थ केवल टमाटर और अंडे के भाव-ताव तक सीमित नहीं है। दक्षिण अमेरिका की जनता के दैनिक जीवन के अनुभवों से यह साबित होता है कि यथार्थ में असाधारण स्थितियाँ और असामान्य बातें भी शामिल होती हैं। आप हमारे यहाँ के अखबारों को देखिए तो मालूम होगा कि यहाँ के जीवन में रोज-ब-रोज अनहोनी घटनाएँ घटती रहती हैं। इसीलिए हमारे यहाँ के अत्यन्त साधारण पाठक भी 'सौ सालों का एकान्त' पढ़ते समय न चकित होते हैं और न

परेशान, क्योंकि वे जानते हैं कि उस उपन्यास में ऐसी कोई बात नहीं कही गयी है, जो उनके जीवन में न हो।

जादुई यथार्थवाद यूरोप के पाठकों के लिए अपनी विलक्षणता के कारण आकर्षक हो सकता है, लेकिन तीसरी दुनिया के पाठकों के लिए वह उतना विलक्षण नहीं है; क्योंकि तीसरी दुनिया के जन-जीवन में वे बातें अनुभव के स्तर पर मौजूद हैं, जिनसे जादुई यथार्थवाद का निर्माण हुआ है। तीसरी दुनिया के साहित्य में अन्यत्र भी इस जादुई यथार्थवाद की झलक मिल सकती है। जो लोग मुक्तिबोध की कविताओं और कहानियों से परिचित हैं, उनके लिए जादुई यथार्थवाद कोई आश्चर्य की चीज नहीं है। मुक्तिबोध के काव्य-संसार में कहीं भुतहा बंगला है, वीरान टावर में चक्करदार जीना है, तहखाने पर तहखाने हैं तो कहीं अथाह बावड़ी है और बावड़ी में बैठा ब्रह्मराक्षस है। कहीं लकड़ी का रावण है तो कहीं सिंदूरी भैरव है। उसमें ओरांग-उरांग है तो खूँखार बिल्ली और डरावने उल्लू भी हैं। फैंटेसी के सहारे रचित इस काव्य संसार का वातावरण ही जादुई नहीं है, उसका जादुई असर भी पड़ता है। क्या इसमें जादुई यथार्थवाद की झलक नहीं है?

दक्षिण अमेरिका के उपन्यासकारों ने उपन्यास का प्रचलित ढाँचा तोड़ा है और उसके नये रूप का विकास किया है। इससे उपन्यास विधा का विस्तार हुआ है और उसके स्वरूप की धारणा भी बदली है। इसीलिए इन उपन्यासों को परा-उपन्यास या समग्र उपन्यास जैसे नाम दिये गये हैं। कार्पेन्तियर ने ठीक ही लिखा है कि उपन्यास जब उपन्यास की सीमाओं को तोड़कर आगे बढ़ता है, तभी वह महान होता है, जैसे कि प्रूस्त, काफ्का और ज्वायस के यहाँ दिखायी देता है। ऐसा उपन्यास जिस परम्परा में पैदा होता है उसको अपनी विकास प्रक्रिया में तोड़ता है और नयी परम्परा बनाता है। वह अभिव्यक्ति के नये तरीकों से नये क्षितिज छूता है और कला की नयी पद्धतियाँ विकसित करता है। ऐसे महान उपन्यासों को देखकर आमतौर पर पाठक आरम्भ में यही कहता है कि यह तो उपन्यास नहीं लगता। कहा जाता है कि तोलस्तोय के महान उपन्यास 'युद्ध और शान्ति' के बारे में भी पाठकों की आरम्भिक प्रतिक्रिया ऐसी ही थी। लेकिन कला के इतिहास की यह एक सच्चाई है कि पुरानी परम्परा को तोड़कर नयी परम्परा बनाने वाली ऐसी कृतियाँ ही अपनी विधा को सार्थक और महत्त्वपूर्ण बनाती हैं।

खण्ड : दो

भारतीय उपन्यास और प्रेमचन्द

फकीर मोहन सेनापति के बाद भारतीय उपन्यास में किसान-जीवन के यथार्थवादी चित्रण की परम्परा और कला को प्रेमचन्द ने विकसित किया। उन्होंने भारतीय उपन्यास और उसकी यथार्थवादी कला को अधिक उन्नत बनाया। उनके रचनात्मक प्रयत्न से भारतीय उपन्यास और स्वाधीनता आन्दोलन के बीच अधिक आत्मीय और गहरा सम्बन्ध स्थापित हुआ। उपन्यास राष्ट्रीय जागरण में सहायक बना और सामाजिक परिवर्तन का प्रेरक भी। प्रेमचन्द भारतीय स्वाधीनता आन्दोलन के कथाकार हैं, केवल हिन्दी जाति के जातीय जीवन के कथाकार नहीं हैं। इसलिए उनके सन्दर्भ में भारतीय उपन्यास की अवधारणा पर विचार करना उचित होगा। उनके कथा-साहित्य में भारतीय समाज के जितने वर्गों, भारतीय जीवन के जितने पक्षों और भारतीय मनुष्य के जितने रूपों का चित्रण है, वे सब किसी दूसरे भारतीय लेखक के कथा-साहित्य में शायद ही मिलें। वे उन सबका वस्तुपरक चित्रण करते हैं, लेकिन भारतीय समाज के दलित जनों—किसानों, मजदूरों, हरिजनों और स्त्रियों—के प्रति अपनी अडिग पक्षधरता और गहरी सहानुभूति को छिपाते नहीं हैं। उनकी कला-दृष्टि के मूल में एक विशेष सामाजिक दृष्टि है और उस सामाजिक दृष्टि के साथ भारतीय इतिहास का एक विशिष्ट बोध भी जुड़ा है इसीलिए वे पाठकों की सामाजिक चेतना और इतिहास-विवेक को प्रभावित करने में सफल हुए हैं। कई आलोचक पश्चिम के नये-पुराने बड़े उपन्यासकारों से प्रेमचन्द की तुलना करते हैं, लेकिन दोनों के रचना-सन्दर्भों और संवेदनात्मक उद्देश्यों के अन्तर पर ध्यान नहीं देते। पश्चिम के उपन्यासकारों से प्रेमचन्द के रचनात्मक सन्दर्भ के अन्तर को भुला कर उनकी कथादृष्टि की विशिष्टताओं की पहचान मुश्किल होगी।

प्रेमचन्द के उपन्यासों की रचना का ऐतिहासिक सन्दर्भ यूरोपीय उपन्यासों से भिन्न है। प्रेमचन्द जिस समाज में जी रहे थे और रचना कर रहे थे, उसमें सामन्ती व्यवस्था और मूल्यों का प्रभाव था, पूँजीवादी व्यवस्था का विकास हो रहा था और इन दोनों के ऊपर साम्राज्यवाद की गुलामी और शोषण का प्रभुत्व था। भारतीय जनता सामन्तवाद, पूँजीवाद और ब्रिटिश उपनिवेशवाद के तिहरे शोषण-चक्र में पिस रही थी। देशी सामन्तवाद और पूँजीवाद का ब्रिटिश उपनिवेशवाद से गठजोड़

था। यहाँ स्वतन्त्रता, नैतिक चेतना और प्रामाणिक मूल्यों की तलाश का ऐतिहासिक सन्दर्भ यूरोप से एकदम भिन्न था। यहाँ स्वतन्त्रता व्यक्तिगत मूल्य से अधिक एक सामाजिक माँग थी, भारतीय जनता की ऐतिहासिक आवश्यकता थी। भारत में औपनिवेशिक सत्ता के कारण सामाजिक विकास की प्रक्रिया यूरोप जैसी नहीं थी। उपनिवेशवादी सत्ता भारतीय जनता के शोषण के लिए सामन्ती ढाँचे को कायम रखते हुए सीमित और विकृत रूप में पूँजीवाद को विकसित करना चाहती थी। सामन्तवाद, पूँजीवाद और औपनिवेशिक सत्ता की साथ-साथ मौजूदगी के कारण यहाँ समाज के आधार और अधिरचना का वैसा सम्बन्ध नहीं बन पाया, जो यूरोप के सामन्तवाद के विरुद्ध पूँजीवाद के उत्थान और विकास से बना। यहाँ मध्यवर्ग तथा व्यक्तिवाद के रूप और दोनों की भूमिका भी यूरोप जैसी नहीं थी। यही कारण है कि प्रेमचन्द जैसे रचनाकार और रामचन्द्र शुक्ल जैसे विचारक ने व्यक्तिवाद की कड़ी आलोचना की।

प्रेमचन्द की रचनाशीलता का ऐतिहासिक सन्दर्भ स्वाधीनता आन्दोलन का था। इस स्वाधीनता आन्दोलन का मुख्य प्रयोजन था देशी-विदेशी शोषण से जनता की मुक्ति। इसमें जनता का संघर्ष एक साथ सामन्तवाद, पूँजीवाद और विदेशी साम्राज्यवाद से था। इस स्वाधीनता आन्दोलन में निर्णायक भूमिका भारतीय जनता की थी। सामान्यतः भारतीय साहित्य में और विशेषतः हिन्दी साहित्य में यथार्थवाद का विकास स्वाधीनता आन्दोलन के कारण और साथ-साथ हुआ। हिन्दी उपन्यास और उसकी यथार्थवादी धारा का निर्माण भी इसी स्वाधीनता आन्दोलन से जुड़ा हुआ है। इसीलिए प्रेमचन्द के पहले और बाद के यथार्थवादी लेखकों का मूल स्वर सामन्तवाद-विरोधी, पूँजीवाद-विरोधी और साम्राज्यवाद-विरोधी है।

प्रेमचन्द ने पश्चिम के उपन्यासों में मौजूद इतिहास और उपन्यास के सम्बन्ध को पहचाना और हिन्दी उपन्यास को भारतीय जनता के ऐतिहासिक संघर्ष से जोड़ा। उन्होंने अपने उपन्यासों में जनता के ऐतिहासिक संघर्ष की अभिव्यक्ति की। इसी पहचान के कारण प्रेमचन्द ने हिन्दी उपन्यास को पौराणिक कथाओं, तिलस्मी, जासूसी और नितान्त काल्पनिक कथाओं की दुनिया से निकालकर जनता के जीवन-संघर्ष और मुक्ति-संघर्ष की अभिव्यक्ति के माध्यम के रूप में विकसित किया। यह परिवर्तन केवल अन्तर्वस्तु का नहीं था, नयी अन्तर्वस्तु के अनुरूप उपन्यास के नये रूप के विकास का भी था। इस विकास के प्रसंग में उन्होंने यूरोप के यथार्थवादी उपन्यासकारों—विशेषतः रूसी उपन्यासकारों से बहुत कुछ सीखा। इसका यह अर्थ नहीं है कि प्रेमचन्द ने अपने पहले के हिन्दी-उर्दू के उपन्यास की परम्परा से कुछ नहीं सीखा, या उसमें सीखने के लायक कुछ था ही नहीं। प्रेमचन्द के पहले के हिन्दी-उर्दू के कथा-साहित्य में; पौराणिक, जासूसी और कल्पना-प्रधान कथा-साहित्य में भी, देश-प्रेम और समाज-सुधार की भावना मौजूद

थी। प्रेमचन्द ने हिन्दी-उर्दू के पूर्ववर्ती कथा-साहित्य में मौजूद देश-प्रेम, स्वाधीनता के भाव और समाज-सुधार की प्रवृत्ति को पहचाना और उनकी यथार्थवादी जमीन की तलाश करते हुए अपने उपन्यासों में उनको उच्च कलात्मक स्तर पर व्यक्त किया। प्रेमचन्द ने यूरोप और भारतीय साहित्य की परम्परा से जितना लिया उससे अधिक नया और सार्थक दिया।

प्रेमचन्द के उपन्यासों की दुनिया को पश्चिम के महान् उपन्यासकारों, 19वीं शताब्दी के आलोचनात्मक यथार्थवाद के रचनाकारों के उपन्यासों की दुनिया के साथ रखकर देखने पर प्रेमचन्द की महानता का बोध होता है। प्रेमचन्द के कथा-साहित्य की दुनिया पश्चिम के आलोचनात्मक यथार्थवाद के रचनाकारों की दुनिया से भिन्न किस्म की है। यूरोप के उपन्यासकारों की दुनिया के केन्द्र में या तो पतनशील सामन्त वर्ग है या उत्थानशील बुर्जुआ वर्ग या दोनों और इन दोनों का संघर्ष है। इस दुनिया में किसानों और मजदूरों की उपस्थिति बहुत अधिक नहीं है, अन्तर्वर्गीय सम्बन्धों के चित्रण के सन्दर्भ में वे कहीं-कहीं मौजूद हैं। उपन्यासों के नायक या तो मध्यवर्ग के हैं या सामन्त वर्ग या बुर्जुआ वर्ग के। किसान और मजदूर वर्ग के नायक एक-दो अपवादों को छोड़कर शायद ही मिलें। जब मैं यह कह रहा हूँ तो आलोचनात्मक यथार्थवाद के दो महान रचनाकारों–बालज़ाक और तोल्सतोय–को भूल नहीं रहा हूँ।

प्रेमचन्द के कथा-साहित्य में मध्यवर्ग भी है, लेकिन केन्द्रीय स्थिति किसान-जनता की ही है। यहाँ किसानों का जीवन-संघर्ष ही केन्द्रीय विषय है। जीवन में किसान जिस शोषण के शिकार थे, उस शोषण के पेचीदे तन्त्र, उसकी जटिल प्रक्रिया और उसकी भयानक परिणति का चित्रण प्रेमचन्द ने किया है। इसके साथ ही उन्होंने सामन्तवाद, पूँजीवाद और साम्राज्यवाद के विरुद्ध किसान जनता के मुक्ति-संघर्ष का भी चित्रण किया है। प्रेमचन्द अपनी रचनाओं में अपने समय के किसान-जीवन के जितने महान कथाकार हैं, वे अपने समय के भारतीय समाज के ऐतिहासिक संघर्ष और विकास की दिशा, प्रक्रिया और गति को पहचानने वाले उतने ही महत्त्वपूर्ण इतिहासकार भी हैं। प्रेमचन्द किसान, मजदूर, मध्यवर्ग, सामन्त वर्ग, पूँजीपति वर्ग और साम्राज्यवादी शासकों का चित्रण एक-दूसरे से अलग एकाकी रूप में नहीं करते, वे एक व्यापक सामाजिक-राजनीतिक प्रक्रिया और उसकी विचारधारात्मक परिणतियों के भीतर अन्तर्वर्गीय संघर्षों और सम्बन्धों का चित्रण करते हैं। यही कारण है कि प्रेमचन्द के उपन्यासों से उस काल के सामाजिक यथार्थ की जटिल समग्रता और राजनीतिक संघर्ष की अन्तर्विरोधों से भरी हुई प्रक्रिया का बोध होता है।

प्रेमचन्द के कथा-साहित्य के लगभग सभी नायक किसान ही हैं। यह भी कहा जा सकता है कि भारतीय किसान ही उनके उपन्यासों का नायक है और इस

किसान के विभिन्न रूप, जीवन-संघर्ष और मुक्ति-संघर्ष में लगे हुए किसान के विभिन्न रूप, अलग-अलग रचनाओं में दिखाई देते हैं। प्रेमचन्द किसानों के चरित्र की पूर्णता को अतिरिक्त महत्त्व नहीं देते और वे उनके व्यक्तिगत अनुभवों के चित्रण पर भी अधिक नहीं ठहरते हैं, क्योंकि वे महान चरित्रों के निर्माण के बदले एक किसान-व्यक्तित्व का समग्रता में चित्रण करना चाहते हैं। उनके इस वास्तविक और सम्भावित किसान-व्यक्तित्व के अलग-अलग पक्ष विभिन्न रचनाओं में हैं, लेकिन जो पक्ष जहाँ है, वहाँ अपनी पूर्णता के साथ है। ऐसी स्थिति में प्रेमचन्द के उपन्यासों में यूरोप के उपन्यासों के मध्यवर्गीय समस्यामूलक चरित्रों की खोज करना प्रेमचन्द की रचना प्रक्रिया को बिना समझे एक गलत माँग करना है।

प्रेमचन्द महान चरित्रों के निर्माण से अधिक महत्त्व समाज की विकास-प्रक्रिया और ऐतिहासिक संघर्ष के चरित्र को देते हैं। स्वभावतः इन दोनों में मनुष्य का क्रियाशील जीवन प्रकट होता है और इस प्रकार मानव-चरित्र का चित्र भी निर्मित होता जाता है। जो लोग उपन्यासों में केवल महान चरित्र ढूँढ़ा करते हैं, उनसे पूछना चाहिए कि आखिर उपन्यास की कौन-सी चीज हमें प्रभावित करती है—केवल कुछ मोहक चरित्र या उपन्यास की पूरी दुनिया? प्रेमचन्द ने सामाजिक प्रक्रिया के चित्रण के दौरान ही अपने कथा-साहित्य में अनेक प्रकार के मानव-चरित्रों के चित्रों का निर्माण किया है। मानव स्वभाव की ऐसी विविधता किसी एक रचनाकार के रचना-संसार में मुश्किल से मिलेगी। मानव-चरित्र के इन चित्रों के रूप-रंग की विविधता से प्रेमचन्द के व्यापक जीवनानुभव और उनकी सर्जनात्मक कल्पना-शक्ति का अन्दाज लगता है।

प्रेमचन्द ने किसान-जीवन को अपने कथा-साहित्य का केन्द्र बनाकर पश्चिम में प्रचलित उपन्यास की परम्परा से अलग रास्ता चुना तो रचनात्मक स्तर पर एक कठिनाई भी मोल ले ली। मध्यवर्ग के जीवन को केन्द्र बनाकर उपन्यास-कहानी लिखने में जितनी सुविधा है, उतनी किसान-जीवन को अपनाने में नहीं है। मध्य वर्ग का जीवन काफी खोखला होता है, उसमें तनावों, भ्रमों, मोहों, रोमांटिकता और बनावटीपन के लिए बहुत जगह होती है। ऐसे जीवन को उपन्यास में बदलना अपेक्षाकृत सरल हो सकता है। इसके विपरीत किसानों का जीवन काफी तथ्यात्मक होता है। वहाँ जीवन की वास्तविकता इतनी घनीभूत, साक्षात आतंक भरी होती है कि उसमें से कथा का विकास करना पहाड़ के बीच से रास्ता बनाना है। शायद इस रचनात्मक कठिनाई के कारण ही किसान जीवन पर उपन्यास-कहानी लिखने से कुछ लोग बचते हैं और अगर कोशिश करते हैं तो रचनाएँ अत्यन्त काल्पनिक या तथ्यात्मक हो जाती हैं। यह प्रेमचन्द की रचनात्मक प्रतिभा और किसान-जीवन की गहरी समझ का प्रमाण है कि उन्होंने किसान-जीवन को अपने कथा-साहित्य का केन्द्र ही नहीं बनाया, किसान-जीवन की वास्तविकता और आकांक्षा का

कलात्मक चित्रण करते हुए भारतीय उपन्यास की अपनी विशिष्ट यथार्थवादी परम्परा का निर्माण भी किया।

कार्ल मार्क्स ने एक जगह लिखा है कि "मैं जिससे सच्चा प्रेम करता हूँ उसके अस्तित्व की अनिवार्यता अनुभव करता हूँ।" प्रेमचन्द किसानों से सच्चा प्रेम करते थे और वे किसानों के अस्तित्व की अनिवार्यता महसूस करते थे, इसलिए उन्होंने किसान-जीवन के अस्तित्व की परिस्थितियों और परेशानियों के बुनियादी कारणों की खोज और पहचान करते हुए किसान-जीवन के अस्तित्व के लिए खतरनाक सामाजिक, राजनीतिक और सांस्कृतिक शक्तियों, विचारों और मूल्यों के असली रूप का उद्घाटन किया। प्रेमचन्द की रचनाओं से यह साबित होता है कि जो किसानों और मजदूरों से सच्चा प्रेम करते हैं, वे ही किसानों-मजदूरों के जीवन का चित्रण कर सकते हैं, अन्य नहीं। जो मध्यवर्गीय व्यक्तिवादी बुद्धिजीवी किसान-जीवन को उपन्यास रचना के लायक ही नहीं समझते और हर रचना में यूरोपीय उपन्यास के मध्यवर्गीय व्यक्तिवादी समस्यामूलक चरित्रों की खोज करते फिरते हैं, वे किसान-जीवन से जुड़ी प्रेमचन्द की रचनाशीलता को नहीं समझ सकते।

यूरोप के महान यथार्थवादी उपन्यासकार सामन्ती और बुर्जुआ व्यवस्था का चित्रण तटस्थ और आलोचनात्मक दृष्टि से करते हैं, इसलिए व्यंग्य का स्वर उनकी रचनाओं में प्रमुख है। वे अपने समय के सामन्ती और बुर्जुआ वर्ग तथा पूरे समाज की विडम्बनापूर्ण स्थिति को ही व्यक्त करते हैं। व्यंग्य और विडम्बना की प्रधानता के कारण ही बालज़ाक अपने उपन्यासों को 'ह्यूमन कॉमेडी' कहते हैं और फिल्डिंग 'कॉमिक एपिक'। प्रेमचन्द किसानों से प्रेम और सहानुभूति के कारण किसानों के जीवन-संघर्ष और मुक्ति-संघर्ष का चित्रण करते समय संघर्ष में तात्कालिक पराजय के बावजूद किसानों के अन्तिम विजय और शोषक व्यवस्था के अनिवार्य अन्त का अहसास जगा देते हैं। प्रेमचन्द की रचनाओं को हम किसान-जीवन का 'ट्रेजिक महाकाव्य' कह सकते हैं। 'गोदान' में ट्रेजेडी और महाकाव्य की नयी एकता से निर्मित किसान-जीवन का ट्रेजिक महाकाव्य दिखाई देता है। ट्रेजिक स्थितियों का चित्रण प्रेमचन्द की प्रारम्भिक रचनाओं में भी है, लेकिन 'रंगभूमि' में उसका विशेष कलात्मक स्तर प्रकट होता है, 'गोदान' में उसके कलात्मक रूप का चरमोत्कर्ष हुआ है।

प्रेमचन्द द्वारा किसान-जीवन को उपन्यास और कहानी का केन्द्र बनाने के पीछे सक्रिय एक दूसरी बात ध्यान देने लायक है। जिस तरह यूरोप और एशिया के सामाजिक विकास का इतिहास एक जैसा नहीं है, वैसे ही दोनों के सांस्कृतिक विकास का इतिहास भी एकदम समान नहीं है। सामाजिक इतिहास और सांस्कृतिक विकास के अन्तर का प्रभाव कला-रूपों और साहित्य रूपों के विकास में भी देखा जा सकता है। एशिया में कथा-साहित्य की परम्परा यूरोप से पुरानी है, यह चीन

और भारत के कथा-साहित्य के इतिहास से सिद्ध होता है। खास तौर से आजकल पश्चिम में चीन के जिन उपन्यासों को महत्त्वपूर्ण उपन्यासों के रूप में सराहा जा रहा है, वे यूरोप के आधुनिक उपन्यास के विकास के पहले के हैं। एशिया के कथा-साहित्य की एक विशेषता यह है कि वह मुख्यतः ग्रामीण जीवन से सम्बन्धित है। रूस में यूरोप और एशिया के कथा-साहित्य की परम्पराओं का मेल दिखाई देता है। स्वयं तोल्सतोय की रचनाओं में विषय वस्तु और संरचना की दृष्टि से दोनों परम्पराओं का योग दिखाई देता है। तोल्सतोय की कहानियों में कथा की जो संरचना है, वह लोक-कथाओं की संरचना के अधिक करीब है, जहाँ एक कहानी में से दूसरी कहानी विकसित होती है। कहानी की यह संरचना चेखव की कहानियों से भिन्न है। प्रेमचन्द ने यूरोपीय कथा-साहित्य की परम्परा में रूसी कथाकारों से अधिक सीखा था और रूसी कथाकारों में भी वे तोल्सतोय के अधिक निकट हैं। प्रेमचन्द यथार्थ चित्रण की विधि के सन्दर्भ में तोल्सतोय के करीब हैं और विचार के स्तर पर गोर्की के। प्रेमचन्द ने ग्रामीण परिवेश और किसान-जीवन को अपने कथा-साहित्य का केन्द्र बनाकर कथा-साहित्य की एशियाई परम्परा को आगे बढ़ाया है। पूरे एशिया में आधुनिक साहित्य का विकास साम्राज्यवाद-विरोधी संघर्ष के साथ हुआ है। राष्ट्रीय जागरण और साम्राज्यवाद-विरोधी संघर्ष की अभिव्यक्ति के माध्यम के रूप में विकसित एशिया का आधुनिक साहित्य यूरोप के बने-बनाये रास्ते पर ही नहीं चला है।

यूरोप के आलोचनात्मक यथार्थवाद के रचनाकारों ने पुरानी सामन्ती व्यवस्था, उसके पतनशील जीवन-मूल्यों तथा नयी पूँजीवादी व्यवस्था और उसके उभरते जीवन-मूल्यों के मानव-विरोधी रूपों की आलोचना करके अपनी विशेष ऐतिहासिक भूमिका का निर्वाह किया। कुछ रचनाकारों ने कहीं-कहीं पूँजीवादी व्यवस्था की आलोचना करते हुए शोषित जनता के साथ सहानुभूति भी व्यक्त की। आलोचनात्मक यथार्थवाद के रचनाकारों ने उदार मानववादी मध्यवर्गीय दृष्टिकोण से सामन्तवाद और पूँजीवादी की आलोचना तो की, लेकिन किसानों और मजदूरों के दृष्टिकोण से वे समाज के अतीत, वर्तमान और भविष्य को न देख सके। यह उनके दृष्टिकोण की वर्गीय और ऐतिहासिक सीमा थी। प्रेमचन्द ने यूरोप के यथार्थवादी लेखकों की सामन्तवाद और पूँजीवाद की आलोचना से काफी कुछ सीखा। प्रेमचन्द के सामने अपने समाज के इतिहास की दी हुई एक और बड़ी समस्या थी। वे एक ऐसे समाज के विशेष ऐतिहासिक दौर में रचना कर रहे थे जो औपनिवेशिक सत्ता की गुलामी और शोषण से छुटकारा पाने के लिए संघर्ष कर रहा था। यूरोप के यथार्थवादी लेखकों के सामने यह समस्या नहीं थी, इसलिए इस परिस्थिति से जुड़ी हुई रचनात्मक चुनौती का सामना भी इन्हें नहीं करना पड़ा। प्रेमचन्द ने भारतीय समाज के इतिहास की इस भीषण समस्या की बड़ी रचनात्मक चुनौती का सामना

किया। उनकी रचनाओं में सामन्तवाद, पूँजीवाद और साम्राज्यवाद की आलोचना है और तीनों से एक साथ मुक्ति के लिए जनता के संघर्ष का भी चित्रण है। यह प्रेमचन्द के यथार्थवाद का यूरोप के आलोचनात्मक यथार्थवाद के लेखकों से भिन्न और एक नया आयाम है। यूरोप के आलोचनात्मक यथार्थवाद के लेखकों से प्रेमचन्द की रचनाशीलता के अन्तर का उनकी वर्ग-दृष्टि और विचारधारात्मक स्थिति से गहरा सम्बन्ध है। इससे उनकी रचनाशीलता के स्वरूप और प्रयोजन में भी भिन्नता आयी है। प्रेमचन्द अपने समय के समाज के तटस्थ आलोचक नहीं हैं, वे जनता के पक्षधर लेखक के रूप में समाज को देखते हैं।

प्रेमचन्द ने सामन्तवाद, पूँजीवाद और साम्राज्यवाद की जो आलोचना की है, वह वैसी ही नहीं है जैसी आलोचनात्मक यथार्थवाद के लेखकों की है। शोषित जनता की स्पष्ट पक्षधरता के कारण प्रेमचन्द की आलोचना का रूप और प्रयोजन आलोचनात्मक यथार्थवाद के लेखकों से अलग है। वे प्रारम्भ से ही शोषित जनता, विशेषतः किसानों की दृष्टि से पतनशील सामन्ती-व्यवस्था और बढ़ते हुए पूँजीवाद की आलोचना कर रहे थे। अपने रचनात्मक जीवन के अन्तिम दिनों में उन्होंने सर्वहारा वर्ग के दृष्टिकोण से भारतीय समाज के अतीत और वर्तमान को देखा और उसकी रचनात्मक अभिव्यक्ति की। इसी दृष्टिकोण से वे भारतीय समाज के भविष्य को भी देख रहे थे। प्रेमचन्द ने जनता की दृष्टि से सामन्तवाद, पूँजीवाद और साम्राज्यवाद की आलोचना ही नहीं की है, उन्होंने अपनी रचनाओं में जनता के साथ अपनी सक्रिय सहानुभूति और पक्षधरता भी व्यक्त की है। इसका आलोचनात्मक यथार्थवाद के लेखकों में प्रायः अभाव है। शोषित और संघर्षशील जनता के साथ पक्षधरता के अनुसार उनकी रचनाओं की अन्तर्वस्तु और रूप का निर्माण हुआ है।

प्रेमचन्द के यथार्थवाद की इन विशेषताओं के कारण ही उसको यथार्थवाद के प्रचलित प्रकारों में बाँधने में आलोचकों को प्रायः कठिनाई होती है। प्रेमचन्द के आलोचनात्मक यथार्थवाद के लेखकों की तरह मध्यवर्गीय उदारवादी मानववादी दृष्टिकोण से सामन्तवाद और पूँजीवाद की केवल नकारात्मक आलोचना नहीं है। यद्यपि उनकी अन्तिम दिनों की रचनाओं में समाजवादी दृष्टि से यथार्थ के चित्रण का प्रयास है, लेकिन समाज के क्रान्तिकारी परिवर्तन का कोई रूप, आशावाद, क्रान्तिकारी नायक और भावी समाजवादी समाज का कोई चित्र नहीं है। ऐसी स्थिति में उनकी रचनाओं को आलोचनात्मक यथार्थवादी या समाजवादी यथार्थवादी कहना आलोचकों को उचित नहीं लगता। अभी हाल में ही डॉ. चन्द्रबली सिंह ने प्रेमचन्द के यथार्थवाद को नये ढंग से परिभाषित करते हुए उसे 'क्रान्तिकारी जनवादी यथार्थवाद' या 'जनवादी यथार्थवाद' कहा है। प्रेमचन्द के यथार्थवाद को 'जनवादी यथार्थवाद' कहना ही उचित है और पर्याप्त भी। इस जनवादी यथार्थवाद

में क्रान्तिकारी चेतना अन्तर्निहित है। आर्नाल्ड केटेल ने डिकेंस के यथार्थवाद के स्वरूप पर विचार करते हुए उसे आलोचनात्मक यथार्थवाद और समाजवादी यथार्थवाद से अलग–लोकप्रिय यथार्थवाद कहा है, लेकिन उन्होंने लोकप्रियता की जो व्याख्या की है वह जनवादी का समानार्थी है। ब्रेश्ट ने यथार्थवाद और लोकप्रियता की एकता का समर्थन करते हुए यथार्थवाद को जिस रूप में परिभाषित किया है, उसे जनवादी यथार्थवाद का पर्याय माना जा सकता है। यह जनवादी यथार्थवादी दृष्टिकोण ही प्रेमचन्द के विषय-चयन, उसके संगठन और रचना-रूप के विकास का नियामक है। इस दृष्टिकोण के अनुसार ही प्रेमचन्द ने भारतीय लोक-कथाओं के ढाँचे का उपयोग किया और पश्चिम में विकसित उपन्यास और कहानी के नये रूप का भी। भारतीय स्वाधीनता आन्दोलन के रचनाकार प्रेमचन्द के लिए यह जनवादी यथार्थवाद केवल एक साहित्यिक दृष्टिकोण न था, इसका उनके लिए राजनीतिक, दार्शनिक और व्यावहारिक महत्त्व था।

प्रेमचन्द के हाथों हिन्दी उपन्यास की कर्मभूमि ही नहीं बदली, उसका 'कायाकल्प' भी हुआ। 'असरारे मुआबिद' से 'गोदान' तक के रचनात्मक संघर्ष और साधना से प्रेमचन्द ने हिन्दी-उर्दू के उपन्यास, कहानी के कलात्मक रूप को निखार कर जिस यथार्थवादी परम्परा का निर्माण किया, उसके आधार पर ही भारतीय उपन्यास का नया विकास हो सकता है। जरूरत इस बात की है कि आज भारतीय रचनाकार प्रेमचन्द की तरह अपने ऐतिहासिक दायित्व को पहचानें और प्रेमचन्द की जनवादी यथार्थवादी परम्परा को हर स्तर पर विकसित करें।

अगर कोई व्यक्ति उन्नीसवीं सदी के मध्य से आज तक के भारतीय उपन्यास के विकास को, उसकी ऐतिहासिक भूमिका और सामाजिक सार्थकता को, उसके बदलते रूपों और कलात्मक उपलब्धियों को देखे तो उसे भारतीय उपन्यास की स्वतन्त्र अस्मिता की कुछ विशेषताएँ स्पष्ट दिखायी देंगी। उपन्यास यूरोप में भले ही मध्यवर्ग का महाकाव्य रहा हो, लेकिन भारत में वह मध्यवर्ग का महाकाव्य नहीं है। भारतीय साहित्य में ऐसे बहुत कम उपन्यास मिलेंगे, जो केवल मध्यवर्गीय जीवनानुभव तक सीमित हों, फिर भी उनमें महाकाव्यात्मक उदात्तता हो। उन्हीं भारतीय उपन्यासों में महाकाव्यात्मक गरिमा है, जिनमें भारतीय समाज के श्रमजीवी उत्पादक, लेकिन शोषित जनसमुदायों के जीवन-संघर्ष का समग्रता में चित्रण है। बीसवीं सदी के यूरोप के अधिकांश बड़े उपन्यासकार मध्यवर्गीय जीवन के अनुभवों, आकांक्षाओं, भ्रमों और आशंकाओं के कलाकार हैं, जबकि भारत के अधिकांश बड़े उपन्यासकारों की रचनाशीलता का लक्ष्य किसानों, आदिवासियों, हरिजनों, स्त्रियों, मजदूरों और दूसरे शोषित दलित जनसमुदायों का जीवन है। हिन्दी के प्रेमचन्द, नागार्जुन तथा फणीश्वरनाथ रेणु, उड़िया के फ़क़ीर मोहन तथा गोपीनाथ मोहंती, बांग्ला के विभूतिभूषण, ताराशंकर तथा महाश्वेता देवी, गुजराती के पन्नालाल

पटेल, कन्नड़ के शिवराम कारन्त और मलयालम के तगड़ि शिवशंकर पिल्लै आदि भारतीय समाज के शोषित और उत्पीड़ित जनसमुदाय के अपराजेय जीवन-संघर्ष और सामाजिक संघर्ष के कथाकार हैं। भारतीय उपन्यास की दूसरी महत्त्वपूर्ण धारा ऐसे उपन्यासों की है, जिनके वस्तुबोध, नैतिक चेतना और शिल्प-विधान का भारतीय साहित्य की परम्परा से गहरा सम्बन्ध है। इन उपन्यासों में आधुनिक सन्दर्भ में परम्परा के अर्थ की खोज और पहचान है। बांग्ला के बंकिम, हिन्दी के हजारीप्रसाद द्विवेदी और उर्दू की कुर्रतुल-एन-हैदर के उपन्यासों में भारतीय समाज और संस्कृति के इतिहास की बदलती चेतना की अभिव्यक्ति है। भारतीय मनुष्य को भारतीय समाज की संरचनाओं, संस्थाओं और जीवन-मूल्यों के सन्दर्भ में ही पहचाना जा सकता है। अभी भारतीय मनुष्य की पहचान बहुत कुछ वर्ण और कर्म की पूर्व निर्धारित मूल्य-व्यवस्था के भीतर होती है, लेकिन स्वाधीनता के बाद परम्परागत मूल्य-व्यवस्था और नयी चेतना के टकराव से तनाव और द्वन्द्व की स्थितियाँ भी पैदा हो रही हैं। जिन उपन्यासकारों ने संस्कार और नयी चेतना के बीच उभरते तनावों से गुजरते भारतीय मनुष्य के माध्यम से बदलते भारतीय समाज का गतिशील चित्रण किया है, उनमें कन्नड़ के कथाकार यू. आर. अनन्तमूर्ति और उनके उपन्यास 'संस्कार' का विशेष महत्त्व है। स्वाधीनता के बाद भारत के आदिवासी और दूसरे दलित जनसमुदायों में नया जागरण आया है। वे समाज और इतिहास में अपनी भूमिका पहचान रहे हैं और शोषक व्यवस्था से मुक्ति के लिए संघर्ष कर रहे हैं। भारतीय साहित्य में इस मुक्ति-संघर्ष के कथाकार भी आगे आ रहे हैं। महाश्वेता देवी के कथा-साहित्य के केन्द्र में यही मुक्ति-संघर्ष है।

भारतीय उपन्यास के स्वरूप की निजता उसके रूप की विशिष्टता में है। यह कोई बहस की बात नहीं है कि अन्तर्वस्तु से रूप का, यथार्थ-चेतना से शिल्प-चेतना का और जिन्दगी की वास्तविकता से उसकी भाषा का गहरा रिश्ता होता है। उपन्यास की कला-दृष्टि बहुत कुछ लेखक की यथार्थ-चेतना से जुड़ी होती है। जैसे 'शेखर : एक जीवनी' के शिल्प और भाषा में 'गोदान' नहीं लिखा जा सकता, वैसे ही होरी की भाषा में शेखर के मानसिक द्वन्द्व की भरपूर व्यंजना नहीं हो सकती। मध्यवर्गीय जिन्दगी के अनुभवों और आकांक्षाओं वाले उपन्यासों में विश्व-नागरिकता की लालसा है। इसलिए उनके शिल्प में भी जातीयता का अभाव है। 'शेखर : एक जीवनी' में बांग्ला और पंजाबी के साथ-साथ अंग्रेजी की कविताएँ हैं और यूनानी लोक-कथाएँ भी हैं। अज्ञेय मानते हैं कि संवेदना के स्तर पर भारतीय और पश्चिमी लेखक में कोई फर्क नहीं है। इसके ठीक विपरीत किसानों, आदिवासियों और दूसरे दलित जनसमुदायों के कथाकारों की शिल्प-चेतना में भारतीय कथा-परम्परा के तत्त्वों का उपयोग है, लोक-संस्कृति से लगाव है और जन-जीवन की भाषा तथा बोली का रचनात्मक रूप है। तात्पर्य यह है कि ऐसे

उपन्यासों में स्थानीयता और आंचलिकता की जमीन पर भारतीयता खड़ी है विभूतिभूषण बंद्योपाध्याय के उपन्यास में बंगाल की वह सांस्कृतिक चेतना है, जिसमें महाभारत की कथा से लेकर वैष्णव पदावली तक की स्मृतियाँ शामिल हैं। प्रेमचन्द के 'गोदान' में किसान-जीवन की यथार्थ-चेतना और भाषिक संवेदनशीलता के बीच गहरी आत्मीयता है। 'गोदान' में सहजता की कला है तो मैला आँचल में लोक-संस्कृति का संगीत सुनायी पड़ता है। पन्नालाल पटेल के 'मानवीनी भवाई' में उत्तर गुजरात की लोक-संस्कृति के मुखर और सघन चित्र हैं। इन उपन्यासों में भारतीय समाज, संस्कृति और इतिहास के स्वर सुनाई देते हैं। यह कहना अतिशयोक्ति न होगी कि अब तक के भारतीय उपन्यास में वही सामाजिक दृष्टि से सार्थक और कलात्मक दृष्टि से श्रेष्ठ है, जिसके केन्द्र में भारतीय शोषित और दलित जन-समुदायों का जीवन-संघर्ष और मुक्ति-संघर्ष है। भारतीय समाज के साथ-साथ भारतीय उपन्यास का भविष्य भी इन्हीं जन-समुदायों के भविष्य से जुड़ा हुआ है।

राष्ट्रवाद, उपन्यास और प्रेमचन्द

(एक)

हम जिस समय और समाज में जी रहे हैं, उसमें विडम्बना सर्वव्यापी है। यहाँ विडम्बना और वास्तविकता का भेद मिट गया है। लगता है कि अब विडम्बना ही वास्तविकता है और वास्तविकता विडम्बना बन गयी है। यह स्थिति राजनीति में है और साहित्य में भी, व्यवहार में है और विचार में भी। आजकल जब एक ओर पूँजीवाद के भूमंडलीकरण की आँधी चल रही है, जिसके कारण राष्ट्र राज्य की नींव हिल रही है, तभी दूसरी ओर राष्ट्रवाद का आतंक बढ़ रहा है और उसके खतरों की चर्चा हो रही है। क्या यह विडम्बना नहीं है कि भारत जैसे देशों में जो लोग भूमंडलीकरण का स्वागत कर रहे हैं, वही आदिम राष्ट्रवाद का ढोल बजा रहे हैं।

ठीक इसी समय राष्ट्रवाद से उपन्यास के सम्बन्ध की खोज शुरू हुई है। वह भी उसी पश्चिम की प्रेरणा से जहाँ से भारत जैसे देशों में उपनिवेशवाद के साथ आधुनिक राष्ट्रवाद का विमर्श आया और उपन्यास का रूप भी। जब से बेनेडिक्ट एंडरसन ने आधुनिक राष्ट्रवाद को पूँजीवाद से जुड़े मुद्रण की मदद से निर्मित कल्पित समुदाय कहा है और उसके यथार्थवादी उपन्यास के आख्यान की संस्कृति में व्यक्त होने की बात की है, तब से उपन्यास को आधुनिक राष्ट्र का आख्यान सिद्ध करने की लगातार कोशिशें हो रही हैं। ऐसी कोशिशों के साथ-साथ राष्ट्रवाद और उपन्यास के स्वदेशी स्रोतों की खोज की प्रक्रिया भी चल रही है। इस प्रक्रिया को नयी दिशा दी है अमेरिका के मार्क्सवादी आलोचक फ्रेडरिक जेम्सन ने, जो तीसरी दुनिया के सभी पाठों को रूपकात्मक मानते हैं और सभी उपन्यासों को राष्ट्रीय रूपक के रूप में पढ़ना जरूरी समझते हैं। जेम्सन की इस मान्यता की विस्तृत और सटीक आलोचना करते हुए एजाज अहमद ने भारत जैसे देशों के सभी उपन्यासों को राष्ट्रीय रूपक घोषित करने का खंडन किया है।

हिन्दी में नामवर सिंह ने बेनेडिक्ट एंडरसन और फ्रेडरिक जेम्सन की मान्यताओं की मदद से भारतीय राष्ट्रवाद और भारतीय उपन्यास के सम्बन्धों की खोज और

दोनों की भारतीयता की पहचान का एक प्रयत्न अपने निबन्ध 'अंग्रेजी ढंग का नावेल और भारतीय उपन्यास' में किया है। नामवर सिंह के अनुसार भारतीय राष्ट्रवाद की चिन्ता का केन्द्र था 'कोई असली भारत। मनोवांछित भारत। कल्पना का भारत।' और उसके राष्ट्रीय रूपक हैं बाङ्ला के बंकिम, हिन्दी के ठाकुर जगमोहन सिंह तथा हजारीप्रसाद द्विवेदी के 'कपाल कुंडला', 'श्यामा स्वप्न' और 'बाणभट्ट की आत्मकथा' जैसे ऐतिहासिक और व्यक्तिगत रोमांस या रोमांसधारी उपन्यास। वे न तो उस राष्ट्रवाद को महत्त्वपूर्ण मानते हैं जिसका आधार था उस समय का वास्तविक भारत, "आँखों के सामने रोज-रोज दिखाई पड़ने वाला भारत" और न उस भारत की पराधीनता के यथार्थ, उसकी स्वाधीनता की आकांक्षा और उसके लिए संघर्ष के प्रयत्नों का चित्रण करने वाले सामाजिक यथार्थवाद के उपन्यासों को, क्योंकि उन्हें वे राष्ट्रीय रूपक नहीं लगते।

अम्बेर्तो एको ने ठीक ही लिखा है कि रोमांस में अन्यत्र की कथा होती है, वर्तमान की नहीं। वह अन्यत्र अतीत हो सकता है और भविष्य भी। जब भारत में उपन्यास का उदय हो रहा था, तब देश गुलाम था। उस समय अंग्रेजी राज के अत्याचारों से भरे हुए असह्य वर्तमान से मुक्ति की तलाश भारतीय जनता को थी और रचनाकारों को भी। रचनाकारों के सामने मुक्ति के दो मार्ग थे। एक अतीत या भविष्य के मायालोक में ले जाने वाला था। दूसरा था वर्तमान के यथार्थ के बोध और प्रतिरोध की ओर पहुँचाने वाला। रोमांस के रचनाकार पहले मार्ग पर चल रहे थे और सामाजिक-यथार्थवाद के उपन्यासकार दूसरे पर। केवल यही दूसरा मार्ग जनता को भी उपलब्ध था। इसलिए सामाजिक यथार्थवाद के लेखक वर्तमान के बोध और प्रतिरोध के मार्ग पर चलने की प्रक्रिया में साधारण जनता के साथ थे।

असल में यथार्थवाद और रूपकवाद यथार्थ के बारे में मूल रूप से परस्पर विरोधी दृष्टिकोण हैं। यथार्थवाद इतिहास में व्यक्ति के अनुभवों और उन अनुभवों की भौतिक-सामाजिक परिस्थितियों को महत्त्व देता है, जबकि रूपक में व्यक्ति और भौतिक परिस्थितियों का केवल संकेत, माध्यम या बहाने के रूप में प्रयोग होता है। रूपक व्यक्तियों, वस्तुओं और घटनाओं को देशकाल और इतिहास से मुक्त रूप में प्रस्तुत करता है। यह विशेष का सामान्यीकरण और यथार्थ का आदर्शीकरण करता हुआ शाश्वत की ओर संकेत करता है। इस तरह वह रहस्यवाद की ओर ले जाता है। यथार्थवादी उपन्यासों के पात्र एक विशेष समय, समाज और इतिहास में जीने-मरने वाले व्यक्ति होते हैं। उनकी जिन्दगी की वास्तविकताएँ एक विशेष ऐतिहासिक परिस्थिति से जुड़ी हुई होती हैं, इसलिए उनसे यह संकेत मिलता है कि उन परिस्थितियों को बदला जा सकता है। इस तरह यथार्थवाद समाज के परिवर्तन को सम्भव मानता है। ब्रेश्ट ने ठीक ही कहा था कि यथार्थवाद

एक राजनीतिक दृष्टिकोण भी है।

जब राष्ट्रवाद से उपन्यास के सम्बन्ध पर विचार के आरम्भ में ही यह मान लिया जाता है कि उपन्यास आधुनिक राष्ट्र का आख्यान है, वह एक कल्पित समुदाय के रूप में राष्ट्र का निर्माता है या कि वह राष्ट्रवाद की उपज है, तब राष्ट्र और राष्ट्रवाद से उपन्यास के सम्बन्ध की खोज का एकतरफा रास्ता सामने रह जाता है, जिस पर चल कर यह साबित करना सरल होता है कि राष्ट्र की कल्पना और राष्ट्रवाद की निर्मिति में उपन्यास की क्या भूमिका होती है। इसी विचार-प्रक्रिया के कारण उपन्यास को राष्ट्र का संकेत, प्रतीक और रूपक (मेटाफर और अलेगरी) कहा जाता है। लेकिन उपन्यास ऐसी विधा है, जिसमें अपनी और दूसरों की आलोचना की अपार क्षमता होती है। वह उन सभी सामाजिक शक्तियों, भौतिक परिस्थितियों और विचारधाराओं का सशक्त प्रतिरोधक और आलोचक रहा है जो उसके उदय, विकास और रूप के निर्माण के कारण रहे हैं। इसीलिए वह राष्ट्रवाद का जितना पोषक है, उससे अधिक उसका आलोचक है।

उपन्यास आधुनिक युग का महाकाव्य कहा जाता है, इसलिए वह राष्ट्र की पुरानी स्मृति का आधुनिक उत्तराधिकारी है। लेकिन उपन्यास का स्वभाव महाकाव्य से भिन्न होता है। महाकाव्य में जातीय जीवन के अतीत का गौरव गान होता रहा है, जबकि उपन्यास का सम्बन्ध समकालीन सामाजिक प्रक्रियाओं से होता है और वे सामाजिक प्रक्रियाएँ राष्ट्र के शासक वर्ग की विचारधारा की एकान्विति और एकस्वरता का खंडन करती हैं। यही नहीं, वह राष्ट्र की कल्पित सामूहिकता के समक्ष विभिन्न समुदायों, वर्गों और अस्मिताओं को प्रस्तुत करता हुआ राष्ट्रवाद की समग्रतावादी विचारधारा के एकाधिपत्य को तोड़ता है।

दुनिया भर के उपन्यास के इतिहास से यह साबित होता है कि उपन्यास का रूप अत्यन्त लचीला, गतिशील, बहुआयामी और प्रयोगधर्मी होता है, इसीलिए मिखाइल वाख्तिन ने उपन्यास के सिद्धान्तकारों को चेतावनी देते हुए कहा था कि उपन्यास का वह प्रत्येक सिद्धान्त उलझाव का शिकार होता है जो उसे कुछ स्थायी विशेषताओं और विचारधारात्मक बन्धनों में बाँधना चाहता है। राष्ट्रवाद भी एक विचारधारा है, जिसके बन्धनों में बँधना उपन्यास स्वीकार नहीं करता।

उपन्यास से राष्ट्रवाद के सम्बन्ध पर विचार करते समय यह याद रखना जरूरी है कि जैसे राष्ट्रवाद के अनेक रूप हैं, वैसे ही उपन्यास भी कई प्रकार के होते हैं। प्रत्येक उपन्यास हर प्रकार के राष्ट्रवाद का पोषक या रूपक नहीं होता। ऐतिहासिक और व्यक्तिगत रोमांस के उपन्यास जिस तरह के राष्ट्रवाद के पोषक होते हैं, वैसे राष्ट्रवाद से सामाजिक यथार्थवाद के उपन्यासों का स्थायी विरोध होता है। रोमांसधर्मी उपन्यासकारों में वर्तमान के बोध की जगह अतीत की स्मृति या भविष्य की कल्पना अधिक होती है। उनकी आख्यान की पूरी संस्कृति पुनरुत्थानवादी

राष्ट्रवाद की मदद करती है, जबकि सामाजिक यथार्थवाद के उपन्यास अपने समय और समाज की सच्चाइयों का साक्षात्कार करते हुए मुक्तिधर्मी और अग्रगामी राष्ट्रीय चेतना का निर्माण करते हैं। उनमें जनता की जिन्दगी की वास्तविकताओं तथा लोकतान्त्रिक आकांक्षाओं की अभिव्यक्ति होती है और राष्ट्रवाद के हाशिये पर रहने वालों की आवाज सुनाई देती है।

यूरोप में उपन्यास का जन्म राष्ट्र-राज्य के साथ हुआ था, वे दोनों समकालीन ही नहीं, परस्पर पूरक भी थे। वहाँ उपन्यास बुर्जुआ वर्ग का महाकाव्य होने के कारण राष्ट्र की पहचान और उसके आधार के निर्माण में सहायक था। यही नहीं, वहाँ राष्ट्र-राज्य का अस्तित्व उपन्यास की रचना के सन्दर्भ और क्षितिज के रूप में क्रियाशील था, इसलिए उपन्यास कभी-कभी उस राष्ट्र-राज्य के उपनिवेशवादी अभियानों का सहचर भी दिखाई देता है, जिसकी ओर एडवर्ड सईद ने 'संस्कृति और साम्राज्यवाद' में पर्याप्त संकेत किया है।

लेकिन भारत में उपन्यास का आगमन या उदय एक भिन्न और अभिशप्त स्थिति में हुआ। यहाँ उपन्यास के सामने उपनिवेशवाद के अभिशाप का मूर्त रूप अंग्रेजी राज था, जिसका विरोध और प्रतिरोध उपन्यास के भारतीय होने की पहली शर्त थी। भारत में जिस तरह का स्वाधीनता आन्दोलन निर्मित और विकसित हो रहा था, उसमें अनेक प्रकार के अन्तर्विरोध थे। वह जितना व्यापक, उदार, सहमतिवादी और लोकप्रिय लगता था, उससे अधिक अपवर्जी था। उसके अपवर्जन के शिकार वही थे जो उपनिवेशवादी शोषण और दमन के भी सर्वाधिक शिकार थे। ऐसे लोगों की आर्थिक-सामाजिक तथा सांस्कृतिक पराधीनता की पीड़ा और स्वाधीनता की आकांक्षा की अभिव्यक्ति जिन सामाजिक यथार्थवाद के उपन्यासों में है, उनमें अभिजनवादी और अपवर्जी राष्ट्रवाद की तीखी आलोचना भी है।

अगर हम पश्चिम के उस राष्ट्रवाद को छोड़ दें, जो साम्राज्यवाद का जनक भी रहा है, और केवल एशिया, अफ्रीका तथा दक्षिण अमेरिका के पराधीन देशों के स्वाधीनता आन्दोलन के समय और स्वाधीनता के बाद के राष्ट्रवाद को देखें तो यह स्पष्ट होगा कि राष्ट्रवाद हमेशा मुक्तिधर्मी और मूलगामी नहीं होता। पार्थ चटर्जी ने लिखा है कि भारत जैसे देशों में राष्ट्रवाद का इतिहास सामाजिक समस्याओं से बचने और भागने का इतिहास रहा है। वह आर्थिक विषमताओं और सामाजिक अन्यायों का सामना करने से बचने का एक उपाय भी बनता रहा है और सामाजिक जीवन की ठोस वास्तविकताओं, द्वन्द्वों तथा वर्ग-संघर्ष की सच्चाइयों के इतिहास और राजनीति से आँखें चुराता रहा है।

आजादी के बाद के पचास वर्षों में भारतीय जनता को राष्ट्रवाद का जो अनुभव होता रहा है, उससे स्पष्ट है कि राष्ट्रवाद एक बहाना भी है, राजसत्ता को

अधिक दमनकारी बनाने का, उच्च वर्गों की हित साधना का, एक समुदाय के वर्चस्व का, हर तरह की असहमति के दमन का, देश के भीतर पनपने वाली विभिन्न अस्मिताओं के अस्वीकार का, स्त्रियों की अनेक प्रकार की पराधीनताओं को गौरवान्वित करने का, दलितों की आवाज दबाने का और आजकल बहुराष्ट्रीय कम्पनियों के आगे आत्मसमर्पण का। इन सबके लिए उसके अनेक रूप भी दिखाई देते हैं : राजनीतिक, धार्मिक सांस्कृतिक, साम्प्रदायिक, नस्लवादी और अनन्यवादी आदि।

यद्यपि स्वाधीनता आन्दोलन के काल में राष्ट्रवादी विमर्श समूचे भारतीय समाज के बारे में बोलने का दावा और दिखावा करता था, लेकिन उसमें उच्च वर्गों और उच्च वर्णों की आकांक्षाओं की आवाज अधिक सुनाई देती थी। उस राष्ट्रवाद ने जिस मुख्यधारा की कल्पना की थी, उसका देश के गरीब किसानों, मजदूरों, स्त्रियों और दलितों के साथ सम्बन्ध उपयोग और उपेक्षा का था। इस स्थिति में स्वाधीनता आन्दोलन के काल में जिन उपन्यासों में राष्ट्रवाद की मुख्यधारा से बहिष्कृत, बेजुबान और उपेक्षित किसानों, मजदूरों, स्त्रियों और दलितों की पराधीनता की यातना की ऐतिहासिक ट्रेजेडी का आख्यान है, उनमें उस राष्ट्रवाद का पोषक कोई रूपक नहीं, उसकी खरी आलोचना है।

बेनेडिक्ट एंडरसन जब राष्ट्र को कल्पित समुदाय कहते हैं और उपन्यास के आख्यान में उसका मूर्त रूप देखते हैं, तब वे यूरोप के राष्ट्रवाद और उपन्यास को ध्यान में रखते हैं। पार्थ चटर्जी ने भारत जैसे देशों के राष्ट्रवाद को पश्चिम के राष्ट्रवाद से स्वतन्त्र साबित करने के लिए एंडरसन से यह सवाल पूछा है कि राष्ट्र अगर कल्पित समुदाय है तो वह किसकी कल्पना का समुदाय है। यह सवाल भारतीय राष्ट्रवाद के बारे में भी पूछा जाना चाहिए ताकि उसके सामाजिक आधार, राजनीतिक उद्देश्य और विचारधारात्मक अभिप्राय की वास्तविकता सामने आये। एंडरसन कहते हैं कि राष्ट्र में वास्तविक विषमता और शोषण होने के बावजूद राष्ट्रवाद में एक प्रकार के गहरे साहचर्य की कल्पना होती है। लेकिन भारत जैसे देशों में जहाँ उपनिवेशवाद के विरुद्ध राष्ट्रीय संघर्ष हुए हैं, वहाँ कुछ ऐसे लेखक भी हैं जो विषमता और शोषण की वास्तविकता की उपेक्षा करने वाले राष्ट्रवाद के बारे में यह प्रश्न पूछते हैं कि राष्ट्र किसकी कल्पना का समुदाय है, सामन्तों, पूँजीपतियों और उनके प्रतिनिधियों की कल्पना का या उनके द्वारा शोषित और दलित जनसमुदायों की कल्पना का। प्रेमचन्द के साहित्य में ऐसे सवाल उनके द्वारा बार-बार पूछे गये हैं जो राष्ट्रवाद के हाशिए पर थे। स्वयं प्रेमचन्द ने भी यह सवाल बार-बार पूछा है और उसका जवाब भी दिया है।

(दो)

प्रेमचन्द भारतीय स्वाधीनता आन्दोलन के कथाकार और पत्रकार हैं, इसलिए उनको स्वाधीनता-संग्राम का 'कलम का सिपाही' ठीक ही कहा गया है। उन्होंने स्वाधीनता आन्दोलन के लिए संघर्ष की प्रेरणा, शक्ति और संकल्प पैदा करने के उद्देश्य से ही कथा-लेखन आरम्भ किया था। जब वे नवाब राय के नाम से उर्दू में लिखते थे, तब उनकी आरम्भिक कहानियों में देशभक्ति, स्वतन्त्रता-प्रेम और राष्ट्र की स्वाधीनता के लिए आत्म-बलिदान की भावनाएँ व्यक्त हो रही थीं। ऐसी कहानियों का पहला संग्रह 'सोजे वतन' 1908 ई. में छपा था। उसमें सरकार को राजद्रोह दिखाई दिया। उस पर प्रतिबन्ध लगा। उसकी सात सौ प्रतियाँ जला दी गयीं। 'सोजे वतन' ही नहीं, इस काल की दूसरी अनेक कहानियों और 'जलवए ईसार' नामक उपन्यास की रचना-दृष्टि रोमांसधर्मी है और लेखन-शैली दास्तानों वाली। उस काल की उनकी राष्ट्रीय चेतना रोमांटिक और स्मृति-निर्भर अधिक है।

प्रेमचन्द के 1907 से 1936 तक के कथा-लेखन में भारत के स्वाधीनता आन्दोलन और राष्ट्रीय चेतना के विकास का इतिहास है और उसकी आलोचना भी। उनकी आरम्भिक रचनाओं में स्वाधीनता आन्दोलन के उस दौर की राष्ट्रीय चेतना है जिसे एक ओर क्रान्तिकारी आन्दोलन कहा जाता है तो दूसरी ओर आतंकवादी आन्दोलन। बाद के स्वदेशी आन्दोलन और असहयोग आन्दोलन के काल में व्यापक जन-उभार से जुड़ी हुई उनकी राष्ट्रीय चेतना क्रमशः अधिक व्यापक, गहरी, यथार्थवादी, जनोन्मुखी और आलोचनात्मक होती दिखाई देती है, जिसकी अभिव्यक्ति सेवासदन', 'प्रेमाश्रम', 'रंगभूमि', 'गबन', 'कर्मभूमि' और 'गोदान' जैसे उपन्यासों और अनेक कहानियों में हुई है।

यद्यपि उनके उपन्यासों में केवल 'कर्मभूमि' का कथानक सीधे स्वाधीनता आन्दोलन से जुड़ा है और उसी का कथानायक स्वाधीनता आन्दोलन का नेता है, किसी अन्य उपन्यास का नहीं, लेकिन उनके सभी महत्त्वपूर्ण उपन्यासों में अंग्रेजी राज की काली छाया मौजूद है, उसकी लूट और दमन की खूँखार व्यवस्था भी है और उसके साथ सहयोग करने वाले दलाल जमींदारों तथा पूँजीपतियों का समूचा शोषक तन्त्र है। साथ ही प्रेमचन्द के उपन्यासों में स्वाधीनता आन्दोलन का चित्रण इतना स्पष्ट, सच्चा और संकेतयुक्त है कि उनके अनेक पात्रों के चरित्र में स्वाधीनता आन्दोलन के अनेक नेताओं के प्रतिबिम्ब दिखाई देते हैं, जिनकी पहचान कई आलोचकों ने की है।

प्रेमचन्द के सामने जो स्वाधीनता आन्दोलन था, उसके साथ होते हुए भी वे उससे न पूरी तरह सहमत थे और न सन्तुष्ट। उनकी आस्था उस आन्दोलन से अधिक जनता की शक्ति में थी। उनकी दृष्टि जितनी स्वाधीनता आन्दोलन पर थी, उससे अधिक जनता के जीवन की समस्याओं और उन समस्याओं से जुड़े

छोटे-बड़े जन आन्दोलन पर रहती थी, इसलिए उनके उपन्यासों और कहानियों में किसानों, मजदूरों, स्त्रियों और दलितों के जीवन की वास्तविकताओं और उनसे जुड़े आन्दोलन के चित्र और प्रभाव अधिक दिखाई देते हैं। किसान आन्दोलनों से प्रेमचन्द के कथा-साहित्य के सम्बन्ध की खोज आलोचकों ने की है, लेकिन डॉ. अम्बेडकर के दलित आन्दोलन से प्रेमचन्द के चिन्तन और कथा-लेखन के सम्बन्ध की पहचान कम हुई है। 1927 में डॉ. अम्बेडकर ने महाद में जो आन्दोलन चलाया था, उसके बाद दलित जीवन की समस्याओं के बारे में प्रेमचन्द के चिन्तन और लेखन में बदलाव आया। अम्बेडकर के 1930 के मन्दिर प्रवेश आन्दोलन का असर 'कर्मभूमि' में चित्रित मन्दिर-प्रवेश के जन आन्दोलन पर है। साथ ही दलित जीवन की दारुण समस्याओं को सामने लाने वाली 'सद्गति' (1931), 'ठाकुर का कुआँ' (1932) और 'दूध का दाम' (1934) जैसी कहानियों की नयी चेतना और तेजस्वी यथार्थवाद के पीछे देशभर में चलने वाले दलित जन आन्दोलन के बारे में प्रेमचन्द की सजगता मौजूद है। वही सजगता 'गोदान' में ब्राह्मणवाद से दलितों के निर्णायक संघर्ष में दिखाई देती है। 1927-28 के बाद ही प्रेमचन्द के चिन्तन और लेखन में दलित समस्या पर विचार की एक ऐसी प्रक्रिया शुरू होती है जो दलितों की स्वाधीनता को भारतीय राष्ट्र की स्वाधीनता का एक महत्त्वपूर्ण मुद्दा और भारतीय राष्ट्रवाद की आलोचना का एक ज्वलन्त प्रश्न बनाती है।

प्रेमचन्द गाँधी युग के लेखक हैं। उस समय के राष्ट्रवाद से प्रेमचन्द के सम्बन्ध का एक रूप गाँधीवाद से उनके सम्बन्ध में भी दिखाई देता है। गाँधीवाद से प्रेमचन्द के सम्बन्ध पर हिन्दी में बहुत बहस हुई है। कहीं प्रेमचन्द को सच्चा गाँधीवादी सिद्ध किया गया है तो कहीं गाँधीवाद का पक्का विरोधी। लेकिन वास्तविकता यह है कि वे न कभी अभिभूत गाँधीवादी थे और न कभी गाँधीवाद के एकदम विरोधी। वे गाँधी के राजनीतिक लक्ष्य, देश की स्वाधीनता के समर्थक थे, लेकिन सत्याग्रह की पद्धति से निराश। वे उनके जाति-प्रथा को मिटाने के अभियान के साथ थे, लेकिन वर्ण-व्यवस्था को उचित ठहराने के तर्कों के विरोधी। वे गाँधी की समन्वयवादी सांस्कृतिक दृष्टि के कायल थे, लेकिन उनके धार्मिक आग्रहों से असहमत। प्रेमचन्द गाँधी की पूँजीवादी सभ्यता की आलोचना से बहुत दूर तक सहमत थे, लेकिन भारत के भविष्य पर उसके अतीत के आरोपण के विरुद्ध थे। प्रेमचन्द गाँधी के हृदय परिवर्तन और ट्रस्टीशिप के सिद्धान्तों को आजमा कर छोड़ चुके थे।

प्रेमचन्द साम्प्रदायिक सद्भाव के बारे में गाँधी के दृष्टिकोण के समर्थक ही नहीं, उसके प्रतीक और प्रमाण भी थे। उन्होंने 'हंस' और 'जागरण' में साम्प्रदायिक एकता के लिए टिप्पणियाँ और लेख ही नहीं, 'कर्बला' जैसा नाटक भी लिखा था। उन्होंने अपनी कहानियों और उपन्यासों में हिन्दू और मुस्लिम समाजों के जीवन के

यथार्थ का चित्रण करते हुए दोनों को एक दूसरे की जिन्दगी को जानने और दोनों के बीच बढ़ते हुए अजनबीपन को मिटाने का प्रयत्न किया, साथ ही उन्होंने 'कर्मभूमि' के माध्यम से भारतीय स्वाधीनता आन्दोलन में मुसलमानों की महत्त्वपूर्ण भूमिका का प्रभावशाली चित्रण भी किया है।

1930 के आसपास प्रेमचन्द गाँधी, उनके वाद और आन्दोलन की पद्धति से निराश होते दिखाई देते हैं। वे स्वाधीनता आन्दोलन के सन्दर्भ में गाँधी की समझौतावादी प्रवृत्ति की आलोचना करते हैं, वह चाहे सरकार से समझौतों में प्रकट होती हो या जमींदारों और पूँजीपतियों से। 'कर्मभूमि' में व्यापक जन आन्दोलन, उसके खूँखार दमन और जनता के प्रतिरोध के बावजूद अमरकान्त जो समझौता करता है, उसकी आलोचना करते हुए सलीम कहता है, "नतीजा यह होगा कि यहीं पड़े रहेंगे और रिआया तबाह होगी। तुम्हें तो कोई खास तकलीफ नहीं है, लेकिन गरीबों पर क्या बीत रही है, यह सोचो।" अगर अमरकान्त का समझौता गाँधी इरविन पैक्ट की ओर संकेत करता है तो सलीम की आलोचना में प्रेमचन्द की आवाज सुनाई देती है। सलीम ने अमरकान्त के समझौते की जैसी आलोचना की है, वैसी ही गाँधी इरविन पैक्ट की आलोचना भगतसिंह ने 2 फरवरी 1931 के अपने क्रान्तिकारी कार्यक्रम के मसौदे में की थी।

प्रेमचन्द ने 1930 में बनारसीदास चतुर्वेदी को एक पत्र में लिखा था, "मेरी आकांक्षाएँ कुछ नहीं हैं। इस समय सबसे बड़ी आकांक्षा यही है कि हम स्वराज्य-संग्राम में विजयी हों। धन या यश की लालसा मुझे नहीं रही। खाने भर को मिल ही जाता है। मोटर और बँगले की मुझे हवस नहीं। हाँ, यह जरूर चाहता हूँ कि दो-चार उच्च कोटि की पुस्तकें लिखूँ, पर उनका उद्देश्य भी स्वराज्य-प्राप्ति ही हो।" प्रेमचन्द के सम्पूर्ण लेखन का लक्ष्य है स्वाधीनता। लेकिन केवल राजनीतिक स्वाधीनता ही नहीं, आर्थिक और सामाजिक स्वाधीनता भी। केवल उपनिवेशवाद की गुलामी से देश की आजादी ही नहीं, देशी सामन्तवाद और पूँजीवाद की आर्थिक, सामाजिक और सांस्कृतिक पराधीनता से देश के गरीब किसानों, मजदूरों, स्त्रियों और दलितों की स्वाधीनता। उसी उद्देश्य के लिए उन्होंने उपन्यासों और कहानियों की रचना की और 'हंस' तथा 'जागरण' के माध्यम से व्यापक जन जागरण का अभियान चलाया।

प्रेमचन्द जिस स्वराज्य की कामना और कल्पना करते थे, वह अमीरों का नहीं, गरीबों का स्वराज्य था। उन्हांने 1930 में लिखा था, "जिस व्यक्ति के हृदय में गरीबों की दिन-रात गिरती हुई दशा देखकर ज्वाला-सी उठती रहती है, जो उनकी मूक वेदना देखकर तड़प रहा है, वह किसी ऐसे स्वराज्य की कल्पना से सन्तुष्ट नहीं हो सकता जिसमें कुछ ऊँचे दर्जे के आदमियों का हित हो और प्रजा की दशा ज्यों-की-त्यों बनी रहे।" इसीलिए उन्होंने घोषणा की थी कि "हमारी लड़ाई केवल

अंग्रेज सत्ताधारियों से नहीं, हिन्दुस्तानी सत्ताधारियों से भी है।"

प्रेमचन्द मानते थे कि स्वराज्य का आन्दोलन गरीबों का आन्दोलन है। उन्होंने 1930 में ही लिखा था कि "इस आन्दोलन में गरीब लोग ही आगे आगे हैं और उन्हीं को रहना भी चाहिए, क्योंकि स्वराज्य से ज्यादा फायदा उन्हीं को होगा।" प्रेमचन्द की इस मान्यता का मूर्त रूप *कर्मभूमि* में दिखाई देता है, जिसमें गरीब किसानों, मजदूरों, स्त्रियों और दलितों के व्यापक जागरण, आन्दोलन, उसके दमन और प्रतिरोध की जटिल समग्रता का आख्यान है।

फ्रैज फैंनन ने लिखा है कि "अगर साम्राज्यवाद विरोधी संघर्ष के समय राष्ट्रीय चेतना को सामाजिक चेतना नहीं बनाया जाता तो भविष्य मुक्ति का नहीं, उपनिवेशवाद के बदले हुए रूप का होगा। इसलिए राष्ट्रीय चेतना को सामाजिक और राजनीतिक आवश्यकताओं में रूपान्तरित करते हुए उसे अधिक व्यापक और गहरा अर्थात् वास्तविक रूप में मानवीय बनाना जरूरी है।" प्रेमचन्द ने यही प्रयत्न अपने उपन्यासों के माध्यम से किया है। उनके उपन्यासों में किसानों, स्त्रियों और दलितों की पराधीनता के जटिल यथार्थ का चित्रण है, उनकी स्वाधीनता की आकांक्षा की अभिव्यक्ति है और मुक्ति की सम्भावनाओं की तलाश है। वे भारतीय समाज की अन्यायपूर्ण समाज व्यवस्था को बदलना चाहते थे, इसलिए उनके उपन्यासों में भारतीय समाज में व्याप्त आर्थिक विषमता, सामाजिक पराधीनता और तरह-तरह की अमानवीय स्थितियों का चित्रण सबसे अधिक है। इस तरह वे स्वाधीनता आन्दोलन के सामने भारतीय समाज की वास्तविकताएँ और सच्चाइयाँ रखकर उसे सामाजिक पुनर्निर्माण का आन्दोलन बनाने की प्रेरणा दे रहे थे।

प्रेमचन्द के सामने जो स्वाधीनता आन्दोलन था, उसका नेतृत्व उच्च वर्गों और उच्च वर्णों के वे लोग कर रहे थे जो स्वयं भारतीय समाज में तरह-तरह की विषमता, पराधीनता और दमन की व्यवस्था के सूत्रधार थे, इसलिए वे भारतीय समाज का आमूल परिवर्तन नहीं, अंग्रेजी राज की सत्ता का हस्तान्तरण चाहते थे, जबकि प्रेमचन्द श्रमजीवी जनता की, एक ओर अंग्रेजी राज की गुलामी से और दूसरी ओर देशी सामन्तों तथा पूँजीपतियों की पराधीनता से मुक्ति चाहते थे, इसलिए वे अमीरों के राष्ट्रवाद को सन्देह की नजर से देखते थे और उसके सामने पराधीन और पीड़ित जनता की ओर से विभिन्न प्रकार के सामाजिक प्रश्न रखते थे। उनके 'गबन' उपन्यास का एक पात्र देवीदीन, जिसके दो बेटे स्वदेशी आन्दोलन में शहीद हुए थे, एक राष्ट्रवादी नेता से पूछता है, "साहब, सच बताओ, जब तुम सुराज का नाम लेते हो तो उसका कौन-सा रूप तुम्हारी आँखों के सामने आता है? तुम भी बड़ी-बड़ी तलब लोगे, तुम भी अंग्रेजों की तरह बँगलों में रहोगे, पहाड़ों की हवा खाओगे, अंग्रेजी ठाट-बाट बनाए घूमोगे?

इस सुराज से देश का क्या कल्याण होगा?" उस समय ऐसे प्रश्न स्वाधीनता आन्दोलन के रूप और नेताओं के रंग-ढंग को देखकर संघर्षशील जनता के मन में उठ रहे थे और उन्हें जनता के प्रतिनिधि कथाकार प्रेमचन्द भारतीय राष्ट्रवाद के सामने रख रहे थे।

प्रेमचन्द की राष्ट्रीय चेतना भारतीय समाज में समता चाहती थी। उन्होंने 1934 के एक लेख 'क्या हम वास्तव में राष्ट्रवादी हैं?' में जाति व्यवस्था और राष्ट्रवाद को परस्पर विरोधी घोषित करते हुए कहा था कि "राष्ट्रीयता की पहली शर्त है समाज में साम्य भाव का दृढ़ होना।" प्रेमचन्द स्वराज्य के आन्दोलन को समतामूलक समाज की रचना का आन्दोलन बनाना चाहते थे, इसलिए उन्होंने जोर देकर कहा था कि "हमारा स्वराज्य केवल विदेशी जुए से अपने को मुक्त करना नहीं है, बल्कि सामाजिक जुँए से भी, जो विदेशी शासन से कहीं अधिक घातक है।" यही बात प्रेमचन्द ने 'आहुति' नामक कहानी में कही है। उस कहानी की नायिका कहती है, "अगर स्वराज्य आने पर भी सम्पत्ति का यही प्रभुत्व रहे और पढ़ा-लिखा समाज यों ही स्वार्थान्ध बना रहे तो मैं कहूँगी कि ऐसे स्वराज्य का न आना ही अच्छा है। अंग्रेज महाजनों की धन-लोलुपता और स्वहित ही आज हमें पीसे डाल रहा है। जिन बुराइयों को दूर करने के लिए आज हम प्राणों को हथेली पर लिये हुए हैं, उन्हीं बुराइयों को क्या प्रजा इसलिए सिर चढ़ाएगी कि वे विदेशी नहीं स्वदेशी हैं। कम से कम मेरे लिए तो स्वराज्य का यह अर्थ नहीं है कि जॉन की जगह गोविन्द बैठ जाए, मैं ऐसी व्यवस्था देखना चहती हूँ जहाँ कम से कम विषमता को आश्रय न मिल सके।" यह कथन एक तरह से प्रेमचन्द के स्वराज्य का घोषणा-पत्र है।

प्रेमचन्द की 'आहुति' कहानी नवम्बर 1930 में 'हंस' में छपी थी। 2 फरवरी 1931 को भगतसिंह ने काल कोठरी से क्रान्तिकारी कार्यक्रम का जो मसौदा जारी किया था, उसमें कांग्रेस के राष्ट्रवादी नेताओं से कहा गया था, "यदि आप सोचते हैं कि किसानों और मजदूरों को सक्रिय हिस्सेदारी के लिए आप मना लेंगे तो मैं बताना चाहता हूँ कि वे बेवकूफ नहीं बनाये जा सकते। वे साफ-साफ पूछेंगे कि उन्हें आपकी क्रान्ति से क्या लाभ होगा, वह क्रान्ति जिसके लिए आप उनसे बलिदान माँग रहे हैं। भारत सरकार का प्रमुख लार्ड रीडिंग की जगह यदि सर पुरुषोत्तमदास ठाकुर हों तो इससे क्या फर्क पड़ेगा। एक किसान को इससे क्या फर्क पड़ेगा यदि लार्ड इरविन की जगह सर तेज बहादुर सप्रू आ जाएँ।"

'आहुति' की नायिका के कथन से भगतसिंह के कथन की तुलना कीजिए तो साहित्य और राजनीति के सम्बन्ध के बारे में प्रेमचन्द की इस राय का महत्त्व मालूम होगा कि "साहित्य देशभक्ति और राजनीति के पीछे चलने वाली सच्चाई नहीं, बल्कि उसके आगे मशाल दिखाती हुई चलने वाली सच्चाई है।" यह बात

किसी और के साहित्य के लिए सच हो या न हो, लेकिन प्रेमचन्द का साहित्य इसका सच्चा साक्षी है।

प्रेमचन्द भारतीय राष्ट्रवाद की मुख्यधारा का आख्यान लिखने के बदले उसके विकल्प के रूप में दूसरी राष्ट्रीय चेतना का निर्माण करते हैं और राष्ट्र की जीवन्तता की खोज जनता की संघर्षशील चेतना में करते हैं।

प्रेमचन्द स्वाधीनता आन्दोलन के काल के उन थोड़े से लेखकों में थे जो गहरी देशभक्ति और उदात्त राष्ट्रीय चेतना के बावजूद राष्ट्रवाद की तीखी आलोचना करते थे। वे स्वतन्त्रता, समता और बन्धुता से संचालित राष्ट्रीय भावना को स्वीकार करते थे। उन्होंने 1932 में लिखा था कि "राष्ट्र एक मानसिक प्रवृत्ति है। जब यह प्रवृत्ति प्रबल हो जाती है तो किसी एक प्रान्त या देश के निवासियों में भ्रातृ-भाव जागरित हो जाता है। तब उनमें रूढ़ियों से पैदा होने वाले भेद, पुराने संस्कारों से उत्पन्न होने वाली विभिन्नताएँ और ऐतिहासिक तथा धार्मिक विषमताएँ एक प्रकार से मिट जाती हैं।" ऐसा राष्ट्रवाद न पश्चिम में था और न भारत में, इसलिए उन्होंने यूरोप के राष्ट्रवाद की आलोचना की है और भारत के राष्ट्रवाद की भी।

प्रेमचन्द जानते थे कि यूरोप में आधुनिक राष्ट्रवाद पूँजीवाद के साथ पैदा हुआ था और वह यूरोप के उपनिवेशवादी अभियानों का प्रेरक भी था। उनके सामने उसी का एक अत्यन्त उग्र रूप फासिज्म था जो संसार के सर्वनाश की तैयारी कर रहा था। यह सब देखते हुए प्रेमचन्द न लिखा था कि "वर्तमान राष्ट्र यूरोप की ईजाद है और राष्ट्रवाद वर्तमान युग का शाप। इसी राष्ट्रवाद ने साम्राज्यवाद, व्यवसायवाद आदि को जन्म देकर संसार में तहलका मचा रखा है।" प्रेमचन्द स्वाधीनता आन्दोलन के उन विचारकों से असहमत थे जो यूरोप की इस ईजाद का भारतीयकरण करते हुए भी अरविन्द की तरह उसे ब्रह्म की शक्ति का अवतार कहते थे। वे रवीन्द्रनाथ टैगोर से सहमत थे जो राष्ट्रवाद को भौगोलिक अपदेवता या शैतान मानते थे। असल में प्रेमचन्द राष्ट्रवाद के बारे में श्रमजीवी जनता की दृष्टि से सोचते थे जो यूरोप में और भारत में भी राष्ट्रवाद के हाशिये पर रहने के लिए मजबूर थी। राष्ट्रवाद उसका उपयोग करता था, लेकिन उसके जीवन की वास्तविकताओं और समस्याओं की उपेक्षा भी करता था।

प्रेमचन्द समाज और राजनीति में हर तरह की संकीर्णता के विरुद्ध थे, इसलिए वे संकीर्ण राष्ट्रवाद के आलोचक थे। उन्होंने 1933 में लिखा था कि "राष्ट्रीयता वर्तमान युग का कोढ़ है, उसी तरह जैसे मध्यकालीन युग का कोढ़ साम्प्रदायिकता थी। नतीजा दोनों का एक है। साम्प्रदायिकता अपने घेरे के अन्दर पूर्ण शान्ति और सुख का राज्य स्थापित कर देना चाहती थी, मगर उस घेरे के बाहर जो संसार था, उसको नोचने-खसोटने में उसे जरा भी मानसिक क्लेश न

होता था। राष्ट्रीयता भी अपने परिचित क्षेत्र के अन्दर रामराज्य का आयोजन करती है। उसके बाहर का संसार उसका शत्रु है।" यही वह दृष्टि है जो प्रेमचन्द के कथा साहित्य में एक ओर संकीर्ण राष्ट्रवाद का विरोध करती है तो दूसरी ओर साम्प्रदायिकता का। जहाँ दोनों में गठजोड़ दिखाई देता है, वहाँ प्रेमचन्द की मानवीय चेतना अत्यन्त जुझारू हो जाती है और उनकी कलम अत्यधिक धारदार।

प्रेमचन्द के उपन्यासों में भारतीय राष्ट्रवाद के वर्ग-चरित्र की पहचान है। उनके उपन्यासों में अनेक जमींदार और पूँजीपति राष्ट्रवादी हैं, क्योंकि वही स्वाधीनता आन्दोलन के नेता थे। प्रेमचन्द ऐसे राष्ट्रवादियों की कथनी और करनी में दूरी, समझौतापरस्ती, ढुलमुलपन, अंग्रेजी राज से साँठ-गाँठ और दिमागी गुलामी की असलियत सामने लाते हैं। 'रंगभूमि' में एक राष्ट्रवादी हैं राजा महेन्द्र प्रताप, जो अपने स्वत्व, जमीन और घर की रक्षा के लिए सूरदास के संघर्ष को अशान्ति घोषित करते हुए कहते हैं, "यों मैं स्वयं जनवादी हूँ और उस नीति का हृदय से समर्थन करता हूँ, पर जनवाद के नाम पर जो अशान्ति फैली हुई है, उसका घोर विरोधी हूँ। ऐसे जनवाद से धनवाद, एकवाद सभी वाद अच्छे हैं।"

'कर्मभूमि' में अमरकान्त के ढुलमुलपन और समझौतापरस्ती का चित्रण करते हुए प्रेमचन्द ने स्वाधीनता आन्दोलन के ऐसे मध्यवर्गीय नेताओं के राष्ट्रवाद की पोल खोली है जो बात क्रान्ति की करते थे, लेकिन व्यवहार में सत्ता से समझौता और जनता से विश्वासघात करते थे।

अपने जीवन के अन्तिम दिनों में प्रेमचन्द राष्ट्रीय आन्दोलन के चरित्र को देखते हुए उससे निराश हो गये थे। वह निराशा 'गोदान' उपन्यास में फैली हुई है जो एक ओर भारतीय किसान की दारुण ट्रेजेडी के आख्यान में व्यक्त हुई है तो दूसरी ओर जमींदारों और पूँजीपतियों के राष्ट्रवाद की तल्ख आलोचना में। 'गोदान' में जमींदारों के राष्ट्रवाद के एक प्रतिनिधि हैं राय साहब। उनके बार में प्रेमचन्द ने लिखा है, "राय साहब राष्ट्रवादी होने पर भी हुक्काम से मेल-जोल बनाये रखते थे। उनकी नजरें और डालियाँ और कर्मचारियों की दस्तूरियाँ जैसी की तैसी चली आती थीं।" यह राष्ट्रवाद किसानों के शोषण पर टिका हुआ था।

'गोदान' में पूँजीपतियों के राष्ट्रवाद के प्रतिनिधि हैं खन्ना। उनके राष्ट्रवाद के बारे में प्रेमचन्द ने लिखा है, "दो बार जेल हो आये थे। किसी से दबना न जानते थे, खद्दर पहनते थे और फ्रांस की शराब पीते थे।" यह राष्ट्रवाद मजदूरों के शोषण से चलता था।

प्रेमचन्द ने 1933 में लिखा था, "सभी खद्दर पहनने वाले और जेल जाने वाले देवता नहीं हैं। उनमें अक्सर बड़े-बड़े हथकंडेबाज लोग शामिल हैं जो जेल भी किसी न किसी स्वार्थवश गये थे।" प्रेमचन्द की यह बात 'गोदान' में मालती की इस स्वीकारोक्ति के रूप में सामने आयी है, "मैंने केवल एक बार जेल जाने के

सिवा और क्या जन-सेवा की है। और सच पूछिए तो उस बार भी मैं अपने मतलब से ही गयी थी, उसी तरह जैसे राय साहब और खन्ना गये थे।"

'गोदान' में प्रेमचन्द ने यह दिखाया है कि भारतीय राष्ट्रवाद की सबसे बड़ी विडम्बना है राय साहब से खन्ना की दोस्ती अर्थात् सामन्तवाद से पूँजीवाद की दोस्ती, जिसके फलस्वरूप आजादी के बाद देश का भविष्य शोषण और दमन की व्यवस्था से जनता की मुक्ति का नहीं, जॉन की जगह गोविन्द के गद्दी पर बैठ जाने का होगा।

अगर प्रेमचन्द आज जीवित रहते तो स्वाधीनता आन्दोलन के राष्ट्रवाद की वर्तमान परिणतियों को देखकर वे कैसा महसूस करते, इसका अनुमान किया जा सकता है। स्वाधीनता आन्दोलन के समय उभरते भारतीय शासक वर्ग और उसके राष्ट्रवाद के बारे में प्रेमचन्द की चिन्ताएँ, आशंकाएँ और आलोचनाएँ आज उनकी उम्मीद से भी ज्यादा सच साबित हो रही हैं।

प्रेमचन्द आज भी लोकप्रिय क्यों!

प्रेमचन्द आधुनिक हिन्दी और उर्दू कथा-साहित्य की बुनियाद हैं और बुलन्दी भी। उनको भुलाकर बीसवीं सदी के न तो हिन्दी कथा-साहित्य के इतिहास को समझना सम्भव है और न उर्दू कथा-साहित्य के इतिहास को। हिन्दी और उर्दू के कथा-साहित्य की बुनियाद के निर्माण में प्रेमचन्द का सबसे बड़ा योगदान यह है कि उन्होंने उपन्यास और कहानी की 'कर्मभूमि' बदली और दोनों का 'कायाकल्प' भी किया। बीसवीं सदी का हिन्दी और उर्दू का कथा-साहित्य प्रेमचन्द की कथा-दृष्टि की सापेक्षता में विकसित हुआ है; कहीं उससे जुड़कर तो कहीं उससे अलग होते हुए, कहीं उनकी कथाभूमि और कथादृष्टि के दायरों में रहकर तो कहीं नयी कथाभूमि और कथा-दृष्टि की तलाश करते हुए।

बीसवीं सदी के भारतीय समाज के इतिहास की सबसे बड़ी घटना है अंग्रेजी राज की गुलामी से मुक्ति के लिए इस देश की जनता का संघर्ष। प्रेमचन्द उस संघर्ष की वास्तविकताओं और सम्भावनाओं के अनन्य कथाकार होने के कारण बीसवीं सदी के प्रतिनिधि कथाकार भी हैं। प्रेमचन्द स्वराज्य को केवल राजनीतिक स्वाधीनता तक सीमित नहीं मानते थे। उन्होंने लिखा है कि "जिस व्यक्ति के हृदय में गरीबों की दिन-रात गिरती हुई दशा देखकर ज्वाला-सी उठती है, वह किसी ऐसे स्वराज की कल्पना से सन्तुष्ट नहीं हो सकता जिसमें कुछ ऊँचे दर्जे के आदमियों का हित हो और प्रजा की दशा ज्यों-की-त्यों बनी रहे।" इसीलिए उन्होंने कहा था कि "हमारी लड़ाई केवल अंग्रेज सत्ताधारियों से ही नहीं, हिन्दुस्तान के सत्ताधरियों से भी है।"

प्रेमचन्द के सामने स्वराज्य की कई कल्पनाएँ और धारणाएँ मौजूद थीं। उनमें से स्वराज्य की एक कल्पना गाँधी की थी जो उनकी पुस्तक 'हिन्द स्वराज' (1909) में मौजूद है। दूसरी कल्पना हिन्दूवादियों की थी जो हिन्द स्वराज को हिन्दू स्वराज बनाना चाहते थे। तीसरी कल्पना क्रान्तिकारियों की थी। प्रेमचन्द की नजर इन सभी कल्पनाओं पर थी, लेकिन उनकी स्वराज्य की कल्पना या धारणा इन तीनों से अलग थी। वे ऐसी स्वाधीनता चाहते थे जो राजनीतिक ही नहीं, सामाजिक और सांस्कृतिक भी हो। वे उपनिवेशवाद से ही नहीं, सामन्ती और पूँजीवादी शोषण, पराधीनता, संकीर्ण राष्ट्रवाद और जाति-व्यवस्था से भी भारतीय

समाज की मुक्ति चाहते थे। वे अमीरों का नहीं, गरीबों का, शोषितों और पीड़ितों का, किसानों, मजदूरों, दलितों और स्त्रियों की स्वाधीनता का पोषक स्वराज्य चाहते थे।

प्रेमचन्द व्यक्ति और कथाकार के रूप में स्वाधीनता आन्दोलन से जुड़े थे। उनके लेखन का लक्ष्य था स्वराज्य। 1930 में बनारसीदास चतुर्वेदी को लिखे एक पत्र में उन्होंने कहा था कि "मेरी आकांक्षाएँ कुछ नहीं हैं। इस समय सबसे बड़ी आकांक्षा यही है कि हम स्वराज्य-संग्राम में विजयी हों। यह जरूर चाहता हूँ कि दो-चार उच्चकोटि की पुस्तकें लिखूँ, पर उनका उद्देश्य भी स्वराज्य-प्राप्ति ही हो।" उन्होंने कथाकर के रूप में स्वाधीनता आन्दोलन की समग्र प्रक्रिया का चित्रण किया है जिसमें स्वाधीनता आन्दोलन की अनेक अवस्थाएँ प्रकट हुई हैं। वे व्यक्तिगत बलिदान से लेकर जन आन्दोलन तक का चित्रण करते हैं और साथ ही स्वाधीनता आन्दोलन के अन्तर्विरोधों का भी। एक सजग पत्रकार के रूप में 'जमाना', 'हंस' और 'जागरण' में छपे लेखों में प्रेमचन्द स्वाधीनता आन्दोलन की गति, शक्ति और असंगतियों का विश्लेषण भी करते दिखाई देते हैं।

फ्रैंज फैनन ने लिखा है कि "अगर साम्राज्यवाद विरोधी संघर्ष के समय राष्ट्रीय चेतना को सामाजिक चेतना नहीं बनाया जाता तो भविष्य मुक्ति का नहीं, उपनिवेशवाद के बदले हुए रूप का होगा। इसलिए राष्ट्रीय चेतना को सामाजिक और राजनैतिक आवश्यकताओं में रूपान्तरित करते हुए उसे अधिक व्यापक और गहरा अर्थात् वास्तविक रूप में मानवीय बनाना जरूरी है।" प्रेमचन्द ने फ्रैंज फैनन से बहुत पहले इस सच को पहचाना था। इसीलिए उनके उपन्यासों और कहानियों में स्वाधीनता के व्यापक अर्थ की पहचान व्यक्त हुई है और उनमें किसानों, स्त्रियों और दलितों की पराधीनता के जटिल यथार्थ के चित्रण के साथ-साथ उनकी स्वाधीनता की आकांक्षा की अभिव्यक्ति भी है। उनके कथा-साहित्य में जनता के जीवन-संघर्ष का आख्यान है और मुक्ति संघर्ष का भी।

प्रेमचन्द की राष्ट्रीय चेतना भारतीय समाज में समता चाहती थी। 1934 के एक लेख 'क्या हम वास्तव में राष्ट्रवादी हैं?' में जाति-व्यवस्था और राष्ट्रवाद को परस्पर विरोधी घोषित करते हुए उन्होंने कहा था कि "राष्ट्रीयता की पहली शर्त है समाज में साम्यभाव का दृढ़ होना। वे यह जानते थे कि भारतीय समाज का स्थायी भाव है भेदभाव, इसीलिए उन्होंने अपने कथा-साहित्य में एक ओर भारतीय समाज में व्याप्त भेद-भाव के विभिन्न रूपों और पक्षों का चित्रण किया है तो दूसरी ओर अपने विवेचनात्मक लेखन में उसकी तीखी आलोचना भी की है। उन्होंने दृढ़तापूर्वक यह कहा था कि "हमारा स्वराज्य केवल विदेशी जुए से अपने को मुक्त करना नहीं है, बल्कि सामाजिक जुए से भी, जो विदेशी शासन से कहीं अधिक घातक है।"

यद्यपि प्रेमचन्द स्वाधीनता आन्दोलन से जुड़े थे, लेकिन उस स्वाधीनता आन्दोलन में जो राष्ट्रवाद सक्रिय था उसे वे सन्देह की नजर से देखते थे। यही

कारण है कि प्रेमचन्द अपने उपन्यासों और कहानियों में राष्ट्रवादियों की कथनी और करनी में दूरी, समझौतापरस्ती, ढुलमुलपन, अंग्रेजी राज्य से साँठ-गाँठ और दिमागी गुलामी को भी सामने लाते हैं। यही नहीं, वे अपने उपन्यासों और कहानियों में आम जनता की ओर से यह सवाल पूछते हैं कि भारत में आजादी के बाद किसकी कल्पना का स्वराज्य होगा। उनके उपन्यास 'गबन' का एक पात्र देवीदीन एक राष्ट्रवादी नेता से पूछता है—"साहब, सच बताओ, जब तुम सुराज का नाम लेते हो तो उसका कौन-सा रूप तुम्हारी आँखों के सामने आता है? तुम भी बड़ी-बड़ी तलब लोगे, तुम भी अंग्रेजों की तरह बंगलों में रहोगे, पहाड़ों की हवा खाओगे, अंग्रेजी ठाट-बाट बनाये घूमोगे? इस सुराज से देश का क्या कल्याण होगा?" देवीदीन का प्रश्न आज भी अनुत्तरित है और उसकी आशंका शत-प्रतिशत सच साबित हुई है।

प्रेमचन्द केवल सत्ता का हस्तान्तरण नहीं, सचमुच का स्वराज्य चाहते थे। उन्होंने 1930 में एक कहानी लिखी थी—'आहुति'। उस कहानी की नायिका कहती है कि "अगर स्वराज्य आने पर भी सम्पत्ति का यही प्रभुत्व रहे और पढ़ा-लिखा समाज यों ही स्वार्थान्ध बना रहे तो मैं कहूँगी कि ऐसे स्वराज्य का न आना ही अच्छा है। जिन बुराइयों को दूर करने के लिए आज हम प्राणों को हथेली पर लिये हुए हैं, उन्हीं बुराइयों को क्या प्रजा इसलिए सिर चढ़ाएगी कि वे विदेशी नहीं, स्वदेशी हैं। कम से कम मेरे लिए तो स्वराज्य का यह अर्थ नहीं है कि जॉन की जगह गोविन्द बैठ जाए, मैं ऐसी व्यवस्था देखना चाहती हूँ जहाँ कम से कम विषमता को आश्रय न मिल सके।" यह प्रेमचन्द के स्वराज्य का घोषणापत्र है जो आज भी अधूरा है और केवल आम जनता की आकांक्षा तक सीमित है।

प्रेमचन्द के सामने एक बड़ी समस्या साम्प्रदायिकता भी थी। 'साम्प्रदायिकता और संस्कृति' नामक उनका लेख 1934 में लिखा गया था, लेकिन आज भी वह उतना ही प्रासंगिक है जितना तब था। प्रेमचन्द ने भारतीय समाज में मौजूद साम्प्रदायिकता का रचना और विचार के स्तर पर अपनी ताकत भर लगातार विरोध किया। वे हर तरह की संकीर्णता के विरुद्ध थे, वह चाहे राष्ट्रीयता से जुड़ी हो, धार्मिक हो या साम्प्रदायिक हो। प्रेमचन्द भारत के अकेले ऐसे लेखक हैं जिन्हें इंसानियत पसन्द हिन्दू और मुसलमान दोनों ही अपना लेखक मानते हैं। यही नहीं, वे हिन्दी और उर्दू की एकता के प्रतीक हैं और प्रमाण भी।

प्रेमचन्द के सामने भारत की सामाजिक समस्याओं में सबसे विकराल समस्या थी जाति-व्यवस्था और उसके भीतर दलितों की पराधीनता का अन्त भी। भारत में जाति-व्यवस्था के विरुद्ध दलितों के जागरण के लिए विचार और आन्दोलन के स्तर पर सर्वाधिक महत्त्वपूर्ण प्रयत्न डॉ. अम्बेडकर ने किया था। प्रेमचन्द की नजर

अम्बेडकर के आन्दोलन पर थी। 1927 में अम्बेडकर ने जातिवादी भेद-भाव के विरुद्ध पहला जनान्दोलन खड़ा किया था। प्रेमचन्द के 1927 के बाद के कथा-साहित्य और विवेचनात्मक गद्य में दलित समस्या की उपस्थिति बराबर बनी रही और बढ़ती गयी। उन्होंने अम्बेडकर के महाद आन्दोलन से प्रेरणा लेकर 'ठाकुर का कुआँ' नाम की महत्त्वपूर्ण कहानी लिखी। इसके साथ ही 'सद्‌गति' और 'दूध का दाम' जैसी कहानियों में दलितों के दारुण शोषण और दमन का प्रभावशाली चित्रण किया। 'कर्मभूमि' और 'गोदान' में दलितों के संघर्ष को प्रेमचन्द ने नया रूप और स्वर दिया। यही नहीं, 1933 में उन्होंने 'हंस' के मुखपृष्ठ पर अम्बेडकर का चित्र भी छापा था। दलितों की इस पक्षधरता के कारण ही सवर्णवादी मानसिकता के कुछ आलोचकों ने प्रेमचन्द को 'घृणा का प्रचारक' भी कहा था।

प्रेमचन्द के सामने दलितों की पराधीनता के साथ-साथ भारतीय समाज में स्त्री की पराधीनता का प्रश्न भी था। उनकी रचनाओं में एक ओर स्त्री की पराधीनता का चित्रण है तो दूसरी ओर उसके जागरण और संघर्ष का भी। यह ध्यान देने लायक बात है कि प्रेमचन्द के उपन्यासों और कहानियों के स्त्री-पात्र पुरुषों की तुलना में विचार और व्यवहार के स्तर पर अधिक तेजस्वी, संघर्षशील और साहसी हैं। प्रेमचन्द ने जैसे दलितों की स्वाधीनता के प्रश्न को भारत की स्वाधीनता से जोड़ा था वैसे ही स्त्री की स्वाधीनता को भारतीय समाज की स्वाधीनता से जोड़ा था।

प्रेमचन्द की कथा-दृष्टि की बारीकी को समझने के लिए 'कर्मभूमि' उपन्यास की मुन्नी के प्रसंग पर ध्यान देना जरूरी है। मुन्नी नाम की स्त्री के साथ कुछ अंग्रेज सिपाही बलात्कार करते हैं। बाद में कुछ नवयुवक उन्हें मारकर भगाते हैं। मुन्नी अपने घर-परिवार में लौटने के बदले दलितों के बीच रहने लगती है। मौका पाकर वह एक अंग्रेज की हत्या भी करती है। इस पूरे प्रसंग पर ध्यान दिया जाए तो प्रेमचन्द के इतिहास और समाज सम्बन्धी दृष्टिकोण के कई पक्ष सामने आते हैं। 1857 के महाविद्रोह के बाद अंग्रेजों ने बड़े पैमाने पर यह प्रचारित किया था कि भारतीय सिपाहियों ने अंग्रेज महिलाओं के साथ बलात्कार किया। वह प्रचार झूठा था। प्रेमचन्द यह दिखाते हैं कि भारतीय स्त्रियों के साथ अंग्रेज प्रायः ज्यादती और बलात्कार किया करते थे। मुन्नी के अपने घर-परिवार में न लौटने के पीछे हिन्दू समाज की काल्पनिक शुचिता और उससे जुड़ी स्त्री की प्रताड़ना का भय भी था। प्रेमचन्द यह भी कहते प्रतीत होते हैं कि सवर्णों की तुलना में दलितों में सहज स्वतन्त्रता और मनुष्यता अधिक मिलती है।

प्रेमचन्द केवल लेखकों के लेखक नहीं हैं। वे लेखकों से अधिक पाठकों के लेखक हैं। वे विभिन्न पीढ़ियों, वर्गों, समुदायों और भाषाओं के पाठकों के बीच जितने लोकप्रिय हैं उतना बीसवीं सदी का कोई और कवि या कथाकार नहीं है।

प्रेमचन्द की लोकप्रियता की तुलना कबीर या तुलसी की लोकप्रियता से की जा सकती है। उनकी लोकप्रियता के कारणों की छानबीन अभी भी बाकी है। प्रेमचन्द अपने समय के भारतीय समाज और जीवन की पूरी व्यापकता तथा गहराई को आत्मसात करने वाले कथाकार हैं। उनकी लोकप्रियता से यह साबित होता है कि जो लेखक अपने समय और समाज की जटिल समग्रता को जानता-समझता और व्यक्त करता है वही आम जनता के बीच लोकप्रिय होता है। यह कहा जा सकता है कि जो लेखक कालजीवी होता है वही कालजयी भी होता है।

प्रेमचन्द की कथा-रचना का एक महत्त्वपूर्ण पक्ष यह है कि उन्होंने सामान्यतः भारतीय साहित्य और विशेषतः हिन्दी साहित्य की संस्कृति को बदला है। भारतीय समाज के जो हिस्से, समुदाय और व्यक्ति मुख्यधारा से अलग समाज के हाशिए पर रहने के लिए मजबूर थे वे मुख्यधारा के साहित्य-संसार के भी हाशिए पर रहने के लिए अभिशप्त थे। प्रेमचन्द के कथा-साहित्य में प्रायः समाज के बहिष्कृत, उपेक्षित, अदृश्य और बेजुबान जन को जगह मिली है। उन्हें प्रेमचन्द ने अपने कथा-संसार का नागरिक बनाया है और नायक भी। यही नहीं, प्रेमचन्द ने उन्हें अपने कथा-साहित्य में खलनायक बनाया है जो पहले नायक हुआ करते थे। उन्होंने 'रंगभूमि' में जिस 'सूरदास' को नायक बनाया है वह गरीब, अन्धा, भिखमंगा और दलित है, पर साथ ही प्रेमचन्द के शब्दों में उसकी बाह्य दृष्टि बन्द और अन्तर्दृष्टि खुली हुई है। वह अपने अदम्य साहस और संघर्ष के कारण उपन्यास का ही नहीं, अपने समय और समाज का भी नायक बना है। 'रंगभूमि' में खलनायक हैं जॉन सेवक और ठाकुर महेन्द्र प्रताप जो समाज में नायक बने घूमते थे। प्रेमचन्द की इस कथा-दृष्टि का विकास 'गोदान' में भी दिखाई देता है। साहित्य की संस्कृति के इस परिवर्तन का परिणाम यह भी हुआ कि सामान्य जन भी स्वयं को साहित्य-संसार का हिस्सेदार समझने लगे। प्रेमचन्द की लोकप्रियता का यह भी एक महत्त्वपूर्ण कारण है।

प्रेमचन्द भारतीय लोकमन और लोकमत की जटिलताओं, विसंगतियों और अन्तर्द्वन्द्वों को समग्रता में समझते थे, इसीलिए उनका चित्रण करते हुए उनके परिष्कार के लिए प्रयत्नशील भी थे। भारतीय लोकमत और लोकमन से उनके सम्बन्ध की अभिव्यक्ति उनकी कथा-भाषा और कथा-शिल्प में दिखाई देती है। मुहावरे और कहावतें लोकजीवन की कविताएँ हैं। प्रेमचन्द के कथा-साहित्य में हिन्दी के मुहावरों और कहावतों का जितना प्रयोग है उतना किसी और लेखक के कथा-साहित्य में नहीं मिलता। केवल प्रेमचन्द की कथा-कृतियों के आधार पर हिन्दी के मुहावरों और कहावतों का एक कोश तैयार किया जा सकता है। ये कहावतें और मुहावरे भी साधारण पाठकों को प्रेमचन्द की कथा-कृतियों की ओर आमंत्रित करते हैं। प्रेमचन्द की कथा कहने की शैली लोककथा के शिल्प में ढली हुई है। वे

प्रायः खुद को तटस्थ रखकर या वाचक के साथ एकीकृत होकर कथा कहते हैं जो लोककथा की जानी-पहचानी पद्धति है। इसीलिए लोककथा से परिचित पाठक प्रेमचन्द की कहानियों और उपन्यासों से सहज एकता और तादात्म्य अनुभव करते हैं। यह भी प्रेमचन्द की कथा-कृतियों की लोकप्रियता का एक महत्त्वपूर्ण कारण है।

गाँव की जिन्दगी में पशु-पक्षियों से मनुष्यों का जैसा आत्मीय सम्बन्ध होता है वैसा शहरों में देखने को नहीं मिलता। गाँवों में लोग पशु-पक्षियों को अपने जीवन के सुख-दुख का सहभागी और सहयोगी मानते हैं और उनके साथ पारिवारिक सदस्य जैसा व्यवहार करते हैं। इस सच को जैसे भक्त कवि सूरदास जानते थे, वैसे ही प्रेमचन्द जानते हैं। उनके कथा-साहित्य में, विशेष रूप से कहानियों में पशु-पक्षियों की उपस्थिति गाँव के जीवन के यथार्थ को समग्रता में व्यक्त करने में सहायक सिद्ध हुई है। 'दो बैलों की कथा' के बैल, 'आत्माराम' का तोता, 'पूस की रात' का झबरा कुत्ता और 'कजाकी' का हिरण एक ओर मनुष्य और मनुष्येतर प्राणियों के बीच गहरे सम्बन्ध के आलम्बन हैं तो दूसरी ओर मनुष्य की सहृदयता का प्रमाण भी देते हैं। भारतीय ग्रामीण जीवन की संस्कृति की इस विशेषता की पहचान के कारण भी प्रेमचन्द ग्रामीण पाठकों के बीच लोकप्रिय हैं। यह ध्यान देने की बात है कि प्रेमचन्द की सर्वोत्तम कृति 'गोदान' में गाय होरी की आकांक्षा का ऐसा मूर्त रूप है जिसके आकर्षण से वह जीवन में ही नहीं, मृत्यु के समय भी मुक्त नहीं हो पाता। भारतीय साहित्य में पशु से मनुष्य के सम्बन्ध की गहराई को चित्रित करने वाली ऐसी कृति शायद ही कोई और हो।

वैसे तो कहा जाता है कि 'नाम में क्या रखा है', लेकिन भारतीय साहित्य और समाज में नाम प्रायः व्यक्ति की सामाजिक स्थिति के द्योतक होते हैं। अगर हम साहित्य में प्रयुक्त नामों के मनोविज्ञान और समाजशास्त्र पर ध्यान दें तो पाएँगे कि नाम अनेक प्रवृत्तियों के प्रतीक बन जाते हैं। भारतीय साहित्य में 'रामायण' और 'महाभारत' नामों के मनोविज्ञान और समाजशास्त्र का आधार निर्मित करते दिखाई देते हैं। 'रामायण' और 'महाभारत' में जिस पक्ष से कवि की सहानुभूति है उस पक्ष के प्रत्येक पात्र का नाम सुन्दर, सुगम, श्रुतिमधुर और अच्छा अर्थ देने वाला है; जबकि विरोधी पक्ष के नाम कर्कश, कर्णकटु, दुर्बोध और विकर्षक हैं। रामायण में एक ओर पुरुषों में राम, लक्ष्मण, भरत, शत्रुघ्न, वसिष्ठ, सुग्रीव, हनुमान और लव-कुश आदि हैं तो दूसरी ओर रावण, कुम्भकर्ण, विभीषण, मेघनाद, खर-दूषण और मारीच आदि हैं। नामों की इस प्रवृत्ति का विस्तार स्त्रियों के नामों में भी दिखाई देता है, जिनमें एक ओर सीता, उर्मिला, मांडवी आदि हैं तो दूसरी ओर मन्दोदरी, ताड़का, सुरसा, त्रिजटा आदि हैं। यहाँ तक कि एक ही पक्ष के जिन पात्रों के साथ कवि की सहानुभूति नहीं है, उनके नाम भी अच्छे नहीं हैं; जैसे कि दशरथ की पत्नियों में एक ओर कौशल्या और सुमित्रा हैं तो दूसरी ओर कैकेयी।

नामों के इस मनोविज्ञान का विस्तार 'महाभारत' में भी दिखाई देता है। नामों का मनोविज्ञान और समाजशास्त्र भारतीय समाज की संरचना के साथ जुड़ा हुआ है। प्रायः उच्च वर्ण और उच्च वर्ग के लोगों के नाम श्रेष्ठतासूचक होते हैं, जबकि जाति-व्यवस्था में हीन अवस्था में रहने वाले लोगों के नाम हीनता के द्योतक होते हैं। प्रेमचन्द नामों के इस मनोविज्ञान और समाजशास्त्र से खूब परिचित थे। इसीलिए उनके कथा-साहित्य में गरीब और छोटी जाति के लोगों में होरी, गोबर, धनिया, झुनिया, सिलिया, झिंगुरी, दुखी, जोखू, हल्कू, घीसू आदि हैं तो दूसरी ओर उच्च वर्ग और वर्ण के राय साहब अमरपाल सिंह, राजा महेन्द्र प्रताप, विनय सिंह, दातादीन, मातादीन ओंकार नाथ आदि और स्त्रियों में मिस मालती, सोफिया, इन्दु, सुमन, शान्ता, निर्मला आदि पात्र हैं। पात्रों के ये नाम गाँव के लोगों के लिए नितान्त परिचित हैं, इसीलिए प्रेमचन्द के उपन्यासों और कहानियों से ग्रामीण पाठक तत्काल आत्मीयता अनुभव करते हैं और उनकी कथा को अपनी कथा मानकर पढ़ते और आत्मसात करते हैं।

प्रेमचन्द के लिए साहित्य केवल मनोरंजन का साधन या बौद्धिक ऐयाशी का माध्यम न था। उन्होंने कहा था कि "साहित्यकार का लक्ष्य केवल महफिल सजाना और मनोरंजन का सामान जुटाना नहीं है। वह देशभक्ति और राजनीति के पीछे चलने वाली सचाई भी नहीं, बल्कि उनके आगे मशाल दिखाती हुई चलने वाली सचाई है।" हिन्दी में और किसी के लेखन के लिए यह बात सच हो या न हो, पर प्रेमचन्द के कथा-साहित्य के लिए जरूर सच है।

प्रेमचन्द के इस कथन को हिन्दी में हजारों बार उद्धृत किया गया है, लेकिन उसके निहितार्थ को समझने और उसके अनुरूप व्यवहार करने की कोशिश बहुत कम हुई है। प्रेमचन्द के इस कथन में यह बात छिपी हुई है कि मशाल को खुद जलना पड़ता है, तभी दूसरों को उससे प्रकाश मिलता है। इसका तात्पर्य यह है कि लोभ-लाभ से मुक्त साहित्य-साधना ही मशाल बन सकती है, केवल बौद्धिक व्यायाम या चमत्कार से उपजा साहित्य नहीं। आजकल जो लोग साहित्य की दुनिया में रहकर आत्मसाधन को ही साहित्य-साधना का पर्याय बनाते हैं, वैसे लोगों को ध्यान में रखकर प्रेमचन्द ने दिसम्बर, 1935 के एक पत्र में कहा था—"जैसे ही मैं किसी आदमी को धनी देखता हूँ, उसकी कला और ज्ञान की सब बातें मेरे लिए बेकार हो जाती हैं। मुझको ऐसा लगने लगता है कि इस आदमी ने उस समाज व्यवस्था के सामने आत्मसमर्पण कर दिया है जो अमीरों द्वारा गरीबों के शोषण पर टिकी हुई है।" आजकल ऐसे ही लोग कला और ज्ञान की बातें करते और दूकानदारी चलाते दिखाई देते हैं और वे कभी-कभी प्रेमचन्द का भी नाम ले लेते हैं, लेकिन लगता है कि बिना किसी अपराध बोध के!

मुक्तिबोध ने ठीक ही लिखा है कि प्रेमचन्द का कथा-साहित्य अपने पाठकों को समाजोन्मुख बनाता है और आत्मोन्मुख भी। जब वह समाजोन्मुख बनाता है तब अपने समय और समाज की सभ्यता की समीक्षा करने के लिए प्रेरित करता है और जब आत्मोन्मुख बनाता है तो आत्मविश्लेषण और आत्मालोचन की भावना पैदा करता है। आज हम जैसे समय और बौद्धिक वातावरण में जी रहे हैं उसमें एक ओर सभ्यता-समीक्षा की प्रेरणा देने वाली समाजोन्मुखता कम होती जा रही है तो दूसरी ओर आत्मविश्लेषण और आत्मालोचन की भावना पैदा करने वाली आत्मोन्मुखता भी दुर्लभ हो रही है। ऐसे समय में प्रेमचन्द और उनके साहित्य को याद करना सामाजिकता के जागरण के एक अक्षय स्रोत को याद करना है।

कलाकार और विचारक प्रेमचन्द के मन में जनता के लिए जितनी सहानुभूति है उतनी ही तीव्र घृणा साम्राज्यवाद और सामन्तवाद के लिए है। आज के समय में पूँजीवाद के भूमंडलीकरण की आँधी और उत्तर-आधुनिक बौद्धिकता की बाढ़ के आने से इस देश के बहुतेरे बुद्धिजीवी, लेखक और पत्रकार स्वदेशी की भावना, जनता से सहानुभूति और अपनी जड़ों की पहचान से मुँह मोड़ते दिखाई देते हैं। ऐसी स्थिति में प्रेमचन्द की रचनाओं को पढ़ना भारतीय होने और बनने की प्रक्रिया में सहायक हो सकता है।

आज प्रेमचन्द के सपनों का भारत तबाह हो रहा है। भूमंडलीकरण के अभियान के कारण प्रेमचन्द के किसान आत्महत्याएँ कर रहे हैं और मजदूर भुखमरी के शिकार हो रहे हैं। साम्प्रदायिकता अपने इतिहास के सबसे अधिक खूँखार रूप में आज भारतीय समाज में फैल रही है। ऐसी स्थिति में प्रेमचन्द का साहित्य भारतीय समाज के आज के संकटों को पहचानने में हमारी मदद करेगा और भविष्य की राह खोजने में सहायक भी होगा। प्रेमचन्द के कथा-साहित्य का मुख्य उद्देश्य है–भारतीय समाज और साहित्य में जनतन्त्रीकरण की प्रक्रिया को तेज करना और मजबूत बनाना। आज इक्कीसवीं सदी के आरम्भ में जबकि वह प्रक्रिया दिम्भ्रमित और बिखराव की स्थिति में है, तब जिन कथाकारों और पाठकों की चिन्ता समाज और साहित्य के जनतन्त्रीकरण से जुड़ी है, उनके प्रेरणा स्रोत प्रेमचन्द आज भी हैं और कल भी रहेंगे।

सन् 1857 की विरासत और प्रेमचन्द

1857 के महाविद्रोह से प्रेमचन्द के सम्बन्ध की बात कुछ लोगों को चकित कर सकती है, क्योंकि प्रेमचन्द ने उस महाविद्रोह के बारे में सीधे-सीधे कुछ नहीं लिखा। लेकिन यह एक सच्चाई है कि प्रेमचन्द की कहानियों और उपन्यासों में उस महाविद्रोह से जुड़ी अनेक बातें मौजूद हैं, कहीं संकेत के रूप में तो कहीं प्रेरणा और प्रभाव के रूप में भी।

प्रेमचन्द का पहला संग्रह 'सोज़े वतन' 1908 में प्रकाशित हुआ। उस समय प्रेमचन्द नवाब राय के नाम से लिखते थे। उस कहानी संग्रह के छपने के बाद 1909 में उस संग्रह की कहानियों के बारे में अंग्रेजी राज के अधिकारियों की क्या राय थी और उन्होंने 'सोज़े वतन' के लेखक के साथ कैसा व्यवहार किया उसका ब्योरा अमृत राय ने 'कलम का सिपाही' में इस रूप में पेश किया है, "एक दिन मैं रात को अपनी रावटी में बैठा हुआ था कि मेरे नाम ज़िलाधीश का परवाना पहुँचा कि मुझसे तुरन्त मिलो। जाड़ों के दिन थे। साहब दौरे पर थे। मैंने बैलगाड़ी जुतवायी और रातों-रात तीस-चालीस मील तय करके दूसरे दिन साहब से मिला। साहब के सामने 'सोज़े वतन' की एक प्रति रखी हुई थी। मेरा माथा ठनका। उस वक्त मैं नवाब राय के नाम से लिखा करता था। मुझे इसका कुछ-कुछ पता मिल चुका था कि खुफिया पुलिस इस किताब के लेखक की खोज में है। समझ गया, उन लोगों ने मुझे खोज निकाला और उसी की जवाबदेही करने के लिए मुझे बुलाया गया है।

साहब ने मुझसे पूछा—यह पुस्तक तुमने लिखी है?

मैंने स्वीकार किया।

साहब ने मुझसे एक-एक कहानी का आशय पूछा और अन्त में बिगड़कर बोले—तुम्हारी कहानियों में 'सिडीशन' भरा हुआ है। अपने भाग्य को बखानो कि अंग्रेजी अमलदारी में हो। मुग़लों का राज्य होता तो तुम्हारे दोनों हाथ काट लिए जाते। तुम्हारी कहानियाँ एकांगी हैं, तुमने अंग्रेजी सरकार की तौहीन की है। फ़ैसला यह हुआ कि मैं 'सोज़े वतन' की सारी प्रतियाँ सरकार के हवाले कर दूँ और साहब की अनुमति के बिना कभी कुछ न लिखूँ। मैंने समझा, चलो सस्ते

छूटे। एक हज़ार प्रतियाँ छपी थीं। अभी मुश्किल से तीन सौ बिकी थीं। शेष सात सौ प्रतियाँ मैंने ज़माना कार्यालय से मँगवाकर साहब की सेवा में हाज़िर कर दीं।" (पृष्ठ संख्या 111)

आप कलक्टर के कथन पर ध्यान दीजिए। उसमें दो बातें महत्त्वपूर्ण हैं। पहली तो यही कि 'सोज़े वतन' की कहानियों में 'सिडीशन' भरा हुआ है। 'सिडीशन' का अर्थ है राजद्रोह या बगावत। जिन लोगों ने 'सोज़े वतन' की कहानियाँ पढ़ी हैं वे अनुमान कर सकते हैं कि उनमें राजद्रोह या बगावत कहाँ और क्यों है। उन कहानियों की बात मैं बाद में करूँगा, पहले कलक्टर के कथन की दूसरी बात पर विचार ज़रूरी है। कलक्टर ने दूसरी बात यह कही कि 'अपने भाग्य को बखानो कि अंग्रेजी अमलदारी में हो। मुग़लों का राज्य होता तो तुम्हारे दोनों हाथ काट लिए जाते।' यह दूसरी बात दो कारणों से विचारणीय है। पहली तो यही कि मुग़ल राज्य के बारे में कलक्टर की बात पूरी तरह झूठी, मनगढ़ंत और पूर्वाग्रह से भरी हुई है। पूरे मुग़लकाल में बाबर से लेकर बहादुरशाह ज़फ़र तक के शासन में ऐसे जुल्म और ज़्यादती का एक भी सबूत नहीं मिलता। फिर कलक्टर ने ऐसा क्यों कहा। क्या केवल नवाब राय (प्रेमचन्द) को डराने के लिए! जी नहीं। कलक्टर मुग़ल राज के बारे में जो कह रहा था वह मुग़ल राज के बारे में अंग्रेजी राज की सोची-समझी और बहुप्रचारित राय थी। मुग़ल राज को जुल्म और ज्यादती का राज कहकर अंग्रेजी राज खुद को हिन्दुस्तान का मुक्तिदाता और अपने शासन को उदार तथा लोकतान्त्रिक साबित करना चाहता था।

अमृत राय ने 'सोज़े वतन' का अर्थ लिखा है 'देश का दर्द'। सोज़ का अर्थ है जलन, तपिश, ताप। इन सबका मतलब क्या है दर्द। इसीलिए अमृत राय ने 'सोज़े वतन' को देश का दर्द कहा है। इस दर्द का सम्बन्ध देश के अतीत से है और वर्तमान से। इस दर्द के अतीत को समझना हो तो भारतेन्दु की कविता भारत-भिक्षा की इस मार्मिक पंक्ति को याद करना जरूरी होगा, "रहत निरन्तर अन्तरहि, कठिन पराजय पीर" भारतेन्दु ने इस पंक्ति में जिस पराजय की पीर की बात की है उसका सम्बन्ध 1857 के युद्ध में भारतीय पक्ष की हार से है। देश के दर्द का वर्तमान सन्दर्भ है देश की गुलामी से उपजा दर्द जो अत्यन्त दारुण है।

'सोज़े वतन' की कहानियों की पृष्ठभूमि में एक ओर 1857 के विद्रोह में भारतीय विद्रोहियों की पराजय है तो दूसरी ओर बंग-भंग के बाद के स्वदेशी आन्दोलन के समय उत्पन्न देशप्रेम और स्वाधीनता के ज्वार का उभार है। प्रेमचन्द ने 'सोज़े वतन' की भूमिका में लिखा था, "हरेक कौम का इल्म-ओ-अदब अपने जमाने की सच्ची तस्वीर होता है। जो खयालात कौम के दिमागों को मतहर्रिक (सक्रिय) करते हैं और जो जज़्बात कौम के दिलों में गूँजते हैं, वो नज्म-ओ-नस्त (गद्य-पद्य) के सफों में ऐसी सफाई से नज़र आते हैं, जैसे आईने में सूरत।" इस

भूमिका में उन्होंने आगे लिखा था, "अब हिन्दुस्तान की क़ौमी खयाल ने बलोग़ीयत (बालिग़पन, बुद्धिमत्ता) के जीने पर एक कदम और बढ़ाया है और हुब्बे-वतन के जज़्बात लोगों के दिलों में उभरने लगे हैं। क्यूंकर मुमकिन था कि इसका असर अदब पर न पड़ता? ये चन्द कहानियाँ इसी असर का आग़ाज (प्रारम्भ) हैं और यकीन है कि जूँ-जूँ हमारे खयाल वसीह (विस्तृत) होते जाएँगे, इसी रंग के लिट्रेचर जो रोज़-अफ्जों (प्रतिदिन बढ़ना) फरोग़ (उन्नत) होता जाएगा।"

अंग्रेज कलक्टर को 'सोज़े वतन' की कहानियों में मौजूद गुलामी के प्रति घृणा और देशप्रेम की भावना पैदा करने की कोशिश ही सबसे अधिक नागवार लगी होगी। इसी कोशिश में उसे बगावत की बू मिली होगी। 1857 का विद्रोह असल में, देशभक्तों का विद्रोह था। 'सोज़े वतन' की कहानियों में देशभक्ति की भावना ही अनेक रूपों में मौजूद है।

'सोज़े वतन' में पहली कहानी है 'दुनिया का सबसे अनमोल रतन'। इस कहानी का अन्तिम वाक्य है, "खून का वह आखिरी क़तरा जो वतन की हिफाज़त में गिरे दुनिया की सबसे अनमोल चीज़ है।" इस कहानी को पढ़कर लगता है कि प्रेमचन्द 1857 के युद्ध के किसी हिन्दुस्तानी शहीद के सीने से निकले खून के आखिरी क़तरे को ही दुनिया का सबसे अनमोल रतन कह रहे हैं। शहादत के करीब पहुँचा जवान दिलफ़िगार से कहता है, "क्या मैं अपने ही देश में गुलामी करने के लिए ज़िन्दा रहूँ? नहीं, ऐसी ज़िन्दगी से मर जाना अच्छा। इससे अच्छी मौत मुमकिन नहीं।" अपने देश की आजादी के लिए आत्मबलिदान का ऐसा ही भाव 1857 के विद्रोहियों के मन में था। प्रेमचन्द अपने पाठकों के मन में भी वही भाव जगाना चाहते थे।

इस कहानी के अन्त में दिलफ़िगार हिन्दुस्तान में दाखिल हुआ, "शाम होते-होते वह एक चटियल मैदान में पहुँचा जहाँ बेशुमार दरिन्दे मरे पड़े थे और सारा मैदान खून से लाल हो रहा था। यह डरावना दृश्य देखते ही दिलफ़िगार का जी दहल गया। या खुदा, किस मुसीबत में जान फँसी, मरनेवालों का कराहना, सिसकना और एड़ियाँ रगड़कर जान देना, दरिन्दों का हड्डियों को नोचना और गोश्त के लोथड़ों को लेकर भागना, ऐसा हौलनाक सीन दिलफ़िगार ने कभी न देखा था। यकायक उसे ख़याल आया, यह लड़ाई का मैदान है और यह लाशें सूरमा सिपाहियों की हैं।" क्या यह चित्रात्मक वर्णन 1857 के अनेक युद्धों में से किसी एक युद्ध के अन्त का वर्णन नहीं लगता।

इस संग्रह की दूसरी कहानी 'शेख़ मख़मूर' भी अपने देश की गुलामी से मुक्ति और आजादी की प्राप्ति के लिए कठिन साधना तथा सशस्त्र संघर्ष की कहानी है जिसके अन्त में कहा गया है कि मुल्के जन्नतनिशाँ अब आज़ादी और खुशहाली का घर है।

'सोज़े वतन' की तीसरी कहानी है 'यही मेरा वतन है'। इस कहानी में यह दिखाया गया है कि ब्रिटिश उपनिवेश होने के कारण भारतीय समाज, उसकी सभ्यता और संस्कृति में भी अनेक बुनियादी बदलाव आये थे। उन्हीं को देखकर कहानी का मुख्य पात्र बार-बार कहता है कि यह कोई और देश है, मेरा प्यारा भारत देश नहीं है। कार्ल मार्क्स ने भारत पर अंग्रेजी राज के दुष्प्रभाव का विवेचन करते हुए लिखा था, "इंग्लैंड ने भारतीय समाज के सारे ढाँचे को तहस-नहस कर दिया है, लेकिन पुनर्निर्माण का कोई लक्षण दिखाई नहीं देता। पुरानी दुनिया के नष्ट होने और नयी दुनिया के न बनने के कारण भारत में एक विशेष प्रकार का अवसाद मौजूद है। अंग्रेजी राज के कारण भारत अपनी पुरानी परम्पराओं और इतिहास से भिन्न लगता है।" प्रेमचन्द की यह कहानी इसी सच्चाई की मर्मस्पर्शी अभिव्यक्ति है। कहानी के लगभग अन्त में कहानी का नायक जब 15-20 भारतीय औरतों को 'प्रभु मेरे अवगुण चित न धरो' गाते हुए सुनता है तो कहता है कि यह अपने देश का राग है। फिर उसे लगता है कि अंग्रेजी राज की सारी कोशिशों के बावजूद अब भी भारत बचा हुआ है। इसके बाद वह भारत में अस्थायी रूप से रहने का निर्णय करता है। इस तरह यह कहानी भी देशप्रेम की कहानी है।

'सोज़े वतन' की पाँचवीं कहानी इटली के प्रसिद्ध देशभक्त, स्वाधीनता सेनानी और अथक कर्मवीर मैज़िनी के संघर्ष, त्याग और देशप्रेम को चित्रित करने वाली कहानी है। भारत के स्वाधीनता आन्दोलन के आरम्भिक दौर में, विशेष रूप से बीसवीं सदी की शुरुआत के समय में, भारत के स्वाधीनता सेनानी विदेश के जिन व्यक्तियों के स्वाधीनता संघर्ष से प्रेरित और प्रभावित होते थे, उनमें इटली के मैज़िनी का विशेष महत्त्व था। माधवराव सप्रे ने 'इटालियन देशभक्त मैज़िर्नी' शीर्षक निबन्ध में लिखा था कि मैज़िनी और गैरीबाल्डी के जीवन चरित्र अनेक भारतीय भाषाओं में लिखे गये थे। उसी लेख में सप्रे जी ने यह भी लिखा है कि "हिन्दुस्तान की राजनीतिक स्थिति के लिए परदेशी इतिहास में इटली के इतिहास जैसा योग्य उदाहरण मिल सकता है वैसा किसी और देश के इतिहास से नहीं मिल सकता।" यह आश्चर्यजनक सच्चाई है कि कार्ल मार्क्स को भी हिन्दुस्तान और इटली में अनेक समानताएँ दिखाई देती थीं जिसका वर्णन उन्होंने भारत पर 1853 में लिखे एक निबन्ध में किया है। मार्क्स ने लिखा है कि हिन्दुस्तान एशिया का इटली है। ठीक यही बात महावीरप्रसाद द्विवेदी ने 'सम्पत्ति शास्त्र' में लिखी है। इन सब प्रसंगों को देखते हुए मैज़िनी पर लिखी प्रेमचन्द की कहानी का महत्त्व समझ में आता है।

इस कहानी के आरम्भ में मैज़िनी के आत्मचिन्तन का चित्रण यह है, "आह बदनसीब कौम! ऐ मज़लूम इटली! क्या तेरी क़िस्मतें कभी न सुधरेंगी, क्या तेरे सैकड़ों सपूतों का खून ज़रा भी रंग न लाएगा! क्या तेरे देश से निकाले हुए हज़ारों

जाँनिसारों की आहों में ज़रा भी तासीर नहीं! क्या तू अन्याय और अत्याचार और गुलामी के फन्दे में हमेशा गिरफ्तार रहेगी। शायद तुझमें अभी सुधरने की, स्वतन्त्र होने की योग्यता नहीं आयी। शायद मेरी क़िस्मत में कुछ दिनों और ज़िल्लत और बर्बादी झेलनी लिखी है। आज़ादी, आह आज़ादी, तेरे लिए मैंने कैसे-कैसे दोस्त, जान से प्यारे दोस्त कुर्बान किये। कैसे-कैसे नौजवान, होनहार नौजवान, जिनकी माँएँ और बीवियाँ आज उनकी कब्र पर आँसू बहा रही हैं और अपने कष्टों और आपदाओं से तंग आकर उनके वियोग के कष्ट में अभागे, आफ़त के मारे मैज़िनी को शाप दे रही हैं। कैसे-कैसे शेर जो दुश्मनों के सामने पीठ फेरना न जानते थे, क्या यह सब कुर्बानियाँ, यह सब भेंटें काफ़ी नहीं हैं? आज़ादी तू ऐसी क़ीमती चीज़ है। हाँ तो फिर मैं क्यों जिन्दा रहूँ? क्या यह देखने के लिए कि मेरा प्यारा वतन, मेरा प्यारा देश, धोखेबाज, अत्याचारी दुश्मनों के पैरों तले रौंदा जाए, मेरे प्यारे भाई, मेरे प्यारे हमवतन, अत्याचार का शिकार बनें। नहीं मैं यह देखने के लिए जिन्दा नहीं रह सकता।" इस तरह सोचने वाले उस समय भारत में भी अनेक स्वतन्त्रता सेनानी थे जिनको ध्यान में रखकर ही प्रेमचन्द ने मैज़िनी के आत्मचिन्तन को पाठकों के सामने रखा है। मैज़िनी के इस आत्मचिन्तन को पढ़ते हुए किस भारतीय देशप्रेमी के मन में अपने देश को गुलामी से मुक्ति दिलाने के लिए बेचैनी पैदा नहीं होगी। अंग्रेजी राज की गुलामी से भारत को मुक्त कराने की प्रेरणा और बेचैनी पैदा करने की प्रेमचन्द की कहानी कला में कलेक्टर को बगावत दिखाई दी होगी। इस कहानी को प्रेमचन्द ने प्रेम-कहानी के रूप में लिखा है और इसमें व्यक्तिगत प्रेम पर देशप्रेम की कथा कही गयी है। कोई चाहे तो इस कहानी की तुलना जयशंकर प्रसाद की कहानी 'पुरस्कार' से कर सकता है।

'सोज़े वतन' पर जब्ती का हुक्म जबानी हुआ था, लेकिन प्रेमचन्द के एक और कहानी संग्रह 'समर यात्रा और अन्य कहानियाँ' पर बाकायदे पाबन्दी लगी थी। यह संग्रह 1932 में छपा था। इस संग्रह में कुल बारह कहानियाँ हैं। उनके नाम हैं समर यात्रा, जेल, कानूनी कुमार, पत्नी से पति, लांछन, ठाकुर का कुआँ, शराब की दुकान, जुलूस, मैकू, आहुति, होली का उपहार और अनुभव। इस संग्रह में दस कहानियाँ राजनीतिक हैं और दो सामाजिक। प्रेमचन्द के इस कहानी संग्रह पर पाबन्दी राजनीतिक कहानियों के कारण लगी होगी।

आइए देखें कि इस संग्रह की राजनीतिक कहानियों की राजनीति का स्वरूप क्या है। ये कहानियाँ तब लिखी गयी थीं, जब भारत का स्वाधीनता आन्दोलन उभार पर था, वह व्यापक जन आन्दोलन बन रहा था। प्रेमचन्द ने स्वाधीनता आन्दोलन के इसी उभार और व्यापक जन आन्दोलन बनने की प्रक्रिया के विभिन्न पक्षों और रूपों को इस संग्रह की राजनीतिक कहानियों में चित्रित किया है। जो अंग्रेजी राज की आँखों में चुभी होंगी, इसीलिए इस संग्रह पर पाबन्दी लगायी गयी

होगी। प्रेमचन्द ने इन कहानियों में गुलामी से नफरत, आजादी से प्रेम, देशभक्ति की भावना के जागरण, सत्ता के सहायक भारतीयों के देशद्रोह की आलोचना और विलायती वस्तुओं के बहिष्कार तथा स्वदेशी वस्तुओं के प्रयोग के महत्त्व पर बल दिया है, वह सब अंग्रेजी राज को भड़काने के लिए काफी है। अब आप इन कहानियों में ऊपर लिखित बातों के प्रसंग में प्रेमचन्द के विचारों के कुछ उदाहरणों और उद्धरणों पर गौर कीजिए :

(क) 'जेल' कहानी में एक बच्चा गाता है, "झन्ना ऊँता लये अमाला, छोलाज का मन्दिर देल में है।" (झण्डा ऊँचा रहे हमारा, स्वराज का मन्दिर जेल है) 'जेल' कहानी में अंग्रेजी राज में किसानों की तबाही, बर्बादी, लूट और दमन का सजीव चित्रण है।

(ख) 'कानूनी कुमार' कहानी में एक स्त्री कहती है, "यह गुलामों का देश है, यहाँ हर बात में उसी गुलामी की छाप है।" इसी कहानी में दूसरी स्त्री कहती है "मैं खूबसूरत पराधीनता नहीं चाहती, बदसूरत स्वाधीनता चाहती हूँ।"

(ग) 'पत्नी से पति' कहानी का आरम्भ इस वाक्य से होता है "मिस्टर सेठ को सभी हिन्दुस्तानी चीजों से नफरत थी और उनकी सुन्दर पत्नी गोदावरी को सभी विदेशी चीजों से चिढ़ है।" इसी कहानी में गोदावरी ने तिरस्कार के साथ अपने पति से कहा है, "भारत के सिवा और कोई देश है जिस पर किसी दूसरी जाति का शासन हो?" इसी कहानी में कहानीकार कहता है "गुलाम की दैहिक गुलामी पीछे होती है, मानसिक गुलामी पहले ही हो जाती है।"

(घ) 'जुलूस' कहानी में प्रेमचन्द ने स्वाधीनता आन्दोलन के वर्ग चरित्र को स्पष्ट किया है। कहानी का एक पात्र मैकू कहता है, "बड़े आदमी क्यों जुलूस में आने लगे, उन्हें इस राज में कौन आराम नहीं है? बँगलों और महलों में रहते हैं, मोटरों में घूमते हैं, साहबों के साथ दावतें खाते हैं, कौन तकलीफ है! मर तो हम लोग रहे हैं! जिन्हें रोटियों का ठिकाना नहीं। इस बखत कोई टेनिस खेलता होगा, कोई चाय पीता होगा, कोई ग्रामोफोन लिये गाना सुनता होगा, कोई पारिक की सैर करता होगा, यहाँ आये पुलिस के कोड़े खाने के लिए!" इसी कहानी में एक दारोगा जब आन्दोलनकारियों के जुलूस के दमन की अपनी करतूत का ब्योरा अपनी पत्नी को सुनाता है और अपनी तरक्की की उम्मीद जाहिर करता है तब पत्नी कहती है, "यह तुम्हारी कारगुजारी का इनाम नहीं, तुम्हारे देशद्रोह की कीमत है।"

(ङ) इस संग्रह की अत्यन्त जानदार और असरदार राजनीतिक कहानी है 'आहुति' जिसमें स्वराज्य के बारे में प्रेमचन्द का अपना दृष्टिकोण व्यक्त हुआ है, जिसकी चर्चा हम बाद में करेंगे। इस कहानी का एक पात्र विशम्भर कहता

है, "सम्पूर्ण देश का स्वराज्य। इतने महान हेतु के लिए मर जाना भी इस जिन्दगी से कहीं बढ़कर है।"

(च) राजनीतिक दृष्टि से इस संग्रह की सबसे अधिक प्रेरणादायक और उत्साहवर्धक कहानी है 'समर यात्रा'। इस कहानी का शीर्षक भी सांकेतिक रूप से प्रेरक है। इसमें अंग्रेजी राज के आतंक, लूट और दमन की रीति-नीति का ब्योरा है। एक बुढ़िया नोहरी कहती है, "आज तुमने देख लिया न कि हमारे ऊपर कानून से नहीं लाठी से राज हो रहा है! आज हम इतने बेशरम हैं कि इतनी दुर्दशा होने पर भी कुछ नहीं बोलते! हम इतने स्वार्थी, इतने कायर न होते, तो उनकी मजाल थी कि हमें कोड़ों से पीटते। जब तक तुम गुलाम बने रहोगे, उनकी सेवा-टहल करते रहोगे, तुम्हें भूसा-चोकर मिलता रहेगा, लेकिन जिस दिन तुमने कन्धा टेढ़ा किया, उसी दिन मार पड़ने लगेगी। कब तक इस तरह मार खाते रहोगे? कब तक मुर्दों की तरह पड़े गिद्धों से अपने आपको नोचवाते रहोगे? अब दिखा दो कि तुम भी जीते-जागते हो और तुम्हें भी अपनी इज्जत-आबरू का कुछ खयाल है। जब इज्जत ही न रही तो क्या करोगे खेती-बारी करके, धर्म कमा कर? जी कर ही क्या करोगे?"

इस कहानी में जन आन्दोलन के ज्वार का पूरा चित्र है और प्रेमचन्द की कहानी कला तथा व्यंग्य कौशल का कमाल भी है। इसमें रंगरूटों के विजय के उल्लास को देखकर कहानीकार कहता है, "स्वराज्य चित्त की वृत्ति मात्र है। ज्योंही पराधीनता का आतंक दिल से निकल गया, आपको स्वराज्य मिल गया। भय ही पराधीनता है, निर्भयता ही स्वराज्य है।" इस कहानी में प्रेमचन्द ने एक गर्म, गहरे और दिलों में स्फूर्ति पैदा करने वाले कौमी तराने का भी उपयोग किया है जो इस प्रकार है :

एक दिन वह था कि हम सारे जहाँ में फर्द थे,
एक दिन यह है कि हम-सा बेहया कोई नहीं।
एक दिन वह था कि अपनी शान पर देते थे जान,
एक दिन यह है कि हम-सा बेहया कोई नहीं।
एक दिन वह था कि पारस थी यहाँ की सरजमीन,
एक दिन यह है कि यों बे-दस्तोपा कोई नहीं।

सन् 1857 के जनयुद्ध में भारतीय पक्ष की हार के अनेक कारण खोजे और बताये गये हैं। लेकिन उसके बड़े कारण पर बहुत दिनों तक या तो किसी का ध्यान नहीं गया या फिर जानबूझकर छिपाया गया। वह कारण था भारतीय गद्दारों का कुटिल व्यवहार। 1857 के संग्राम में एक तो इस देश के 80% जमींदार, सामन्त, राजे और रजवाड़े अंग्रेजी सत्ता की सेना के सहयोगी तथा सहायक थे और उनके साथ ही देशी जासूसों की एक बड़ी जमात थी, जो विद्रोहियों की ताकत,

गतिविधि और तैयारियों की जानकारी अंग्रेज अधिकारियों को दे रही थी। हाल के वर्षों में शम्सुल इस्लाम ने बहुत खोजबीन करते हुए इस पर कई किताबें लिखी हैं। उन्होंने केई के हवाले से लिखा है कि "यह ग़दर-युद्ध की एक अद्‌भुत विशेषता थी कि हालाँकि अंग्रेज स्थानीय नस्लों के विरुद्ध लड़ रहे थे, पर उन्हें वास्तविकता में इसी देश के स्थानीय लोगों ने समर्थन दिया। ये समर्थक जिन्हें हम अपना राष्ट्रीय शत्रु मानते थे उनकी सहायता के बिना हम एक दिन भी जीवित नहीं रह सकते थे।" 1857 के युद्ध में विजय के बाद अंग्रेजी सत्ता ने अपने समर्थकों और सहायकों को अनेक प्रकार के इनाम, पदवियाँ और पुरस्कार स्वरूप जमीन, जायदाद और जमींदारियाँ दीं। प्रेमचन्द इस बात से परिचित थे इसलिए उन्होंने अपने एक उपन्यास 'प्रेमाश्रम' में इसका उल्लेख किया है। 'प्रेमाश्रम' का एक जमींदार पात्र राय कमलानन्द कहता है, ''यह ज़ायदाद नहीं है, इसे रियासत कहना भूल है, यह निरी दलाली है। इस भूमि पर मेरा क्या अधिकार है। मैंने इसे बाहुबल से नहीं लिया। नवाबों के ज़माने में किसी सूबेदार ने इलाके की आमदनी वसूल करने के लिए मेरे दादा को नियुक्त किया था। मेरे पिता पर भी नवाबों की बड़ी कृपादृष्टि रही। इसके बाद अंग्रेजों का ज़माना आया और यह अधिकार पिताजी के हाथ से निकल गया। लेकिन राजद्रोह के समय पिताजी ने तन-मन से अंग्रेजों की सहायता की। शक्ति स्थापित होने पर हमें वही पुराना अधिकार फिर मिल गया। यही इस रियासत की हकीकत है।"

1857 के संग्राम से प्रेमचन्द के सम्बन्ध के प्रसंग में एक और बात पर ध्यान देना जरूरी है। 1857 के युद्ध में भारतीय पक्ष की पराजय के बाद अंग्रेजी राज में पूरे देश में जनसंहार और दारुण दमन का जो अभियान चलाया उसको जायज ठहराने और अपने देश की जनभावना को शान्त करने के लिए यह दुष्प्रचार किया कि भारतीय विद्रोही सिपाहियों ने विद्रोह के समय अंग्रेज स्त्रियों के साथ बड़े पैमाने पर बलात्कार किया था। बाद के समय में इतिहासकारों ने इस आरोप को झूठा साबित किया। प्रेमचन्द ने इस आरोप का उत्तर 'कर्मभूमि' उपन्यास में दिया है। प्रेमचन्द ने सभ्यता का दावा करने वाले अंग्रेजों के बर्बर आचरण का एक नमूना पेश किया है। कर्मभूमि में तीन अंग्रेज मिलकर एक भारतीय स्त्री मुन्नी के साथ बलात्कार करते हैं। मुन्नी बेइज्जती और अपमान से उपजे आक्रोश में दो अंग्रेज फौजियों को मार डालती है। जब मुन्नी पर हत्या के आरोप का मुकदमा चलता है तो उसे समाज की सहानुभूति मिलती है और खासतौर से स्त्रियाँ उसका पक्ष लेकर आवाज उठाती हैं।

1857 के महाविद्रोह की विरासत के सच्चे उत्तराधिकारी भगतसिंह और उनके साथी थे। वे भारत की स्वतन्त्रता हासिल करने के लिए 1857 के विद्रोहियों की राह पर चल रहे थे। यही नहीं वे 1857 के संग्राम के महत्त्व को जानते थे और

उसे बार-बार याद भी करते थे। उनके संगठन हिन्दुस्तान सोशलिस्ट रिपब्लिकन एसोशिएसन ने 1933 में चौथे घोषणा पत्र के रूप में '1857 का स्वतन्त्रता संग्राम' नाम की पुस्तिका प्रकाशित की, जिस पर सरकार ने तत्काल पाबन्दी लगा दी। फिर 1933 में ही भगतसिंह के संगठन ने 'उठो, जागो और तैयार हो जाओ' नाम की पुस्तिका निकाली। उस पर भी सरकार ने पाबन्दी लगा दी। स्वराज्य के स्वरूप के बारे में प्रेमचन्द और भगतसिंह के विचारों में काफी समानता है। 'समर यात्रा और अन्य कहानियाँ' की एक कहानी 'आहुति' की नायिका रूपमणि कहती है, "अगर स्वराज्य आने पर भी सम्पत्ति का यही प्रभुत्व रहे और पढ़ा-लिखा समाज यों ही स्वार्थान्ध बना रहे, तो मैं कहूँगी, ऐसे स्वराज्य का न आना ही अच्छा। अंग्रेज़ी महाजनों की धनलोलुपता और शिक्षितों का स्वहित ही आज हमें पीसे डाल रहा है। जिन बुराइयों को दूर करने के लिए आज हम प्राणों को हथेली पर लिये हुए हैं, उन्हीं बुराइयों को क्या प्रजा इसलिए सिर चढ़ाएगी कि वे विदेशी नहीं स्वदेशी हैं? कम से कम मेरे लिए तो स्वराज्य का अर्थ यही है कि जॉन की जगह गोविन्द बैठ जाए। मैं समाज की ऐसी व्यवस्था देखना चाहती हूँ, जहाँ कम से कम विषमता को आश्रय मिल सके!" यह कथन प्रेमचन्द के स्वराज्य की कल्पना और कामना का घोषणा पत्र है। 'आहुति' कहानी नवम्बर, 1930 के 'हंस' में छपी थी।

भगतसिंह ने काल कोठरी से क्रान्तिकारी कार्यक्रम का जो मसौदा 12 फरवरी, 1931 को जारी किया था, उसमें कांग्रेस के राष्ट्रवादी नेताओं से कहा गया था, "यदि आप सोचते हैं कि किसानों और मजदूरों को सक्रिय हिस्सेदारी के लिए मना लेंगे तो मैं बताना चाहता हूँ कि वे बेवकूफ नहीं बनाये जा सकते। वे साफ़-साफ़ पूछेंगे कि उन्हें आपकी क्रान्ति से क्या लाभ होगा, वह क्रान्ति जिसके लिए आप उनसे बलिदान माँग रहे हैं। भारत सरकार का प्रमुख लार्ड रीडिंग की जगह यदि सर पुरुषोत्तमदास ठाकुर हों तो इससे क्या फर्क पड़ेगा। एक किसान को इससे क्या फर्क पड़ेगा यदि लार्ड इरविन की जगह सर तेजबहादुर सप्रू आ जाएँ।"

प्रेमचन्द और भगतसिंह के स्वराज्य सम्बन्धी विचारों के इस साम्य से साबित होता है कि प्रेमचन्द भगतसिंह के माध्यम से भी 1857 की परम्परा से जुड़ते हैं।

प्रासंगिकता का प्रश्न और प्रेमचन्द की प्रासंगिकता

पिछले वर्ष प्रेमचन्द जन्म-शताब्दी के अवसर पर अनेक दृष्टिकोणों से प्रेमचन्द की प्रासंगिकता की चर्चा हुई है। गोष्ठियों और लेखों में प्रेमचन्द की प्रासंगिकता पर विचार किया गया है। इस विचार-विमर्श के दौरान कुछ लोग प्रेमचन्द को प्रासंगिक मानने वाले दिखायी देते हैं और कुछ प्रेमचन्द को अप्रासंगिक घोषित करनेवाले। कुछ लोगों को प्रेमचन्द की प्रासंगिकता का सवाल उठाना ही गैरवाजिब लगता है। प्रेमचन्द के जन्म-शताब्दी के अन्तिम दिनों में निर्मल वर्मा ने इस बहस को एक नया मोड़ दिया है। उन्होंने 'कला में प्रासंगिकता' के प्रश्न को उठाकर सीधे प्रेमचन्द को अप्रासंगिक कहने के बदले परोक्ष रूप से अप्रासंगिक साबित करने की कोशिश की है। इस लेख में निर्मल वर्मा ने कला की प्रासंगिकता के बहाने कला और साहित्य की सामाजिक सत्ता, ऐतिहासिकता, विचारधारात्मक स्वरूप, सामाजिक उपयोगिता, सोद्देश्यता, पक्षधरता और समाज के विकास में साहित्य की भूमिका का खंडन किया है। उन्होंने बीच-बीच में मार्क्सवाद, विचारधारा, क्रान्ति आदि के बारे में भी कई फतवे दिये हैं। निर्मल वर्मा ने साहित्य की सामाजिक प्रासंगिकता और प्रासंगिकता की सामाजिकता का विरोध करते हुए प्रेमचन्द को अप्रासंगिक सिद्ध करने का प्रयास किया है। निर्मल वर्मा ने कुछ साल पहले भारतीय उपन्यास की अवधारणा के प्रसंग में प्रेमचन्द को अप्रासंगिक कहा था। उसके भी काफी पहले नयी कहानी के काल में 'झाड़ी' में छिपे यथार्थ की खोज करते हुए निर्मल वर्मा ने प्रेमचन्द को अप्रासंगिक घोषित किया था। मतलब यह कि निर्मल वर्मा प्रेमचन्द और उनकी यथार्थवादी परम्परा का विरोध बहुत दिनों से करते आ रहे हैं—कभी नयी कहानी के प्रसंग में, कभी भारतीय उपन्यास के नाम पर और कभी कला की प्रासंगिकता के सवाल के बहाने।

निर्मल वर्मा ने दार्शनिक अन्दाज और दार्शनिक भाषा में कला की प्रासंगिकता पर विचार किया है। इस अन्दाज और भाषा से निर्मित मौलिकता के छद्म के भीतर प्रासंगिकता की वही नितान्त पुरानी धारणा है जिसे पुराने रीतिवादी और आधुनिक रूपवादी विभिन्न रूपों में पेश करते रहे हैं। निर्मल वर्मा की मान्यता है कि प्रासंगिकता को समाज से जोड़कर देखना गलत है। उनका यह भी कहना है

कि "कला में प्रासंगिकता की समस्या ऐतिहासिक समय पर निर्भर नहीं करती।" विचार करने की बात है कि समाज-निरपेक्ष और इतिहास-मुक्त कला की प्रासंगिकता क्या है? निर्मल वर्मा ने कला की ऐसी प्रासंगिकता सिद्ध करने के लिए कला की परिचित पुरानी रूपवादी धारणा को आधार बनाया है। उनके अनुसार, कला की दुनिया आत्मलीन पूर्ण रूप से स्वायत्त दुनिया है। यह दुनिया अपनी संरचना में पूर्ण होती है, उसका रहस्य 'उसकी नितान्त निजी बुनावट में, रचना में निहित होता है' और इस 'विशिष्ट रचना के भीतर ही काल का अनूठा सत्य होता है।' क्या निर्मल वर्मा की कला की यह धारणा रूपवादी नहीं है? कला की इस धारणा को निर्मल वर्मा के समानधर्मा बुर्जुआ कलावादी विचारक एक जमाने से यथार्थवादी कला के विरोध में पेश करते आ रहे हैं। कला की इस धारणा के साथ ही कला की प्रासंगिकता के लिए निर्मल वर्मा ने समाज-निरपेक्ष और इतिहास-मुक्त मनुष्य की भी कल्पना की है। उनके अनुसार, कला की देश-कालनिरपेक्ष प्रासंगिकता मनुष्य की गहनतम अन्तश्चेतना के मूल ढाँचे, मनुष्य की मूल छवि और मनुष्य की बुनियादी अनुभूतियों पर निर्भर है। निर्मल वर्मा का ख़याल है कि मनुष्य की अन्तश्चेतना का मूल ढाँचा, उसकी मूल छवि और उसकी बुनियादी अनुभूतियों में कोई परिवर्तन नहीं होता, इसलिए इन सबकी अभिव्यक्ति करने वाली कला हमेशा प्रासंगिक होती है। कला की प्रासंगिकता का यह आधार भी नया नहीं है। निर्मल वर्मा जैसे दुनिया-भर के नये-पुराने भाववादी विचारक कला के स्थायित्व का आधार समाज तथा इतिहास के बन्धनों से स्वतन्त्र मनुष्य, उसकी चेतना और उसके स्थायी भावों को मानते चले आ रहे हैं। निर्मल वर्मा ने सौरमंडल में (दुनिया में नहीं) मनुष्य के अस्तित्व के रहस्य की व्याख्या करते हुए लिखा है कि "वह सौरमंडल का सबसे अधूरा प्राणी है, वह अभिशप्त लावारिस अलगाव में ठिठुरता रहता है।" मनुष्य का यह 'लावारिस अलगाव और अधूरापन मनुष्य के मनुष्यत्व के बीच एक कीड़े की तरह विद्यमान है, धरती पर उसके महज होने के बोध में निहित है।' यही है निर्मल वर्मा का आदिम या आधुनिक मनुष्य। आप सरलता से देख सकते हैं कि मनुष्य के अस्तित्व की यह व्याख्या पूरी तरह अस्तित्ववादी व्याख्या है, यह आस्तिक और रहस्यवादी अस्तित्ववाद है। ऐसे मनुष्य के लिए कला की क्या प्रासंगिकता है? निर्मल वर्मा के अनुसार कला ऐसे मनुष्य के अधूरेपन के पाप से मुक्ति का स्वप्न देखती है। "यह स्वप्न ही कला की सतत प्रासंगिकता के केन्द्र में है" और "यह स्वप्न कहीं बाहर और परे न होकर स्वयं उसकी (कला) सृष्टि, उसके फार्म, उसकी संरचना में सन्निहित है।" अब यह स्पष्ट है कि कला की रूपवादी धारणा और मनुष्य की अस्तित्ववादी धारणा के मेल से निर्मल वर्मा की कला की प्रासंगिकता की धारणा बनी है। अगर किसी को मनुष्य, कला और कला की प्रासंगिकता की यह धारणा रहस्यवादी लगे तो आश्चर्य

नहीं होना चाहिए। इन तीनों की धारणा के मूल में वह आत्मनिष्ठ भाववाद है, जिसकी परिणति रहस्यवाद में होती है।

विचार करने की बात है कि निर्मल वर्मा के अनुसार कला की प्रासंगिकता का रूप क्या है! उनकी मान्यता है कि किसी रचना के "शब्दों के विशिष्ट तन्तुजाल में वह गरमायी है, जहाँ पहुँचते ही हम (अभिशप्त लावारिस अलगाव में ठिठुरता हुआ मनुष्य) एक क्षण के लिए अकेलेपन की ठिठुरन से छुटकारा पा जाते हैं।" ऐसी प्रासंगिकता उसी कलाकृति में हो सकती है जिसमें 'जलती झाड़ी' में छिपा यथार्थ प्रकट हुआ हो। निर्मल वर्मा के अनुसार कला की दूसरी प्रासंगिकता यह है कि "कोई भी कलाकृति समय की अनन्त धारा में बहते हुए इस क्षण अटके हुए 'मैं' को कितना आलोकित कर पाती है।" क्या कला की यह प्रासंगिकता रहस्यमयी लगती है? अगर ऐसा है तो कोई आश्चर्य की बात नहीं है, क्योंकि निर्मल वर्मा स्वयं कहते हैं : "महर्षि रमण जो प्रश्न अपने साधकों से पूछते थे, वही प्रश्न एक प्रासंगिक कलाकृति हर युग के पाठक या श्रोता से स्वयं उसकी भाषा में पूछती है।"

निर्मल वर्मा के अनुसार कला की तीसरी प्रासंगिकता या प्रासंगिकता की तीसरी कसौटी यह है कि "वह हमें इतिहास के सतत प्रवाह से एक क्षण के लिए बाहर ले जाती है ताकि हम स्वयं अपने को उसमें बहता हुआ देख सकें।" कला की इस प्रासंगिकता के प्रसंग में आपको हठयोग की याद आती होगी। कोई हर्ज नहीं है। निर्मल वर्मा को भी ऐसा सन्देह हुआ होगा, इसलिए उन्होंने तत्काल सफाई देते हुए लिखा है कि "एक योगी की तरह नहीं, जो धारा को असंयुक्त भाव से देखता है, एक मार्क्सवादी चिन्तक की तरह नहीं जो मनुष्य को धारा के भीतर ही डुबो देता है—बल्कि एक ऐसी अन्तर्दृष्टि जिसमें मनुष्य एक साथ ही धारा का द्रष्टा भी है और उसका अंग भी—जहाँ वह अपनी माया और यथार्थ को चीन्हने की रोशनी पा लेता है।" निर्मल वर्मा की सफाई की कोशिश के बावजूद बात बनी नहीं। अन्त में फिर माया (संसार), यथार्थ (ब्रह्म) और रोशनी (ब्रह्मज्योति) के रूपक ने कलाबोध को ब्रह्मबोध की प्रक्रिया में बदलकर पाठक को योगी बना दिया है। रूपकों की भाषा में कला-चिन्तन करने का यह कुफल भोगना ही था, लेकिन यह रूपक वहीं ले जाता है जहाँ निर्मल वर्मा जाना चाहते हैं। इस प्रसंग में निर्मल वर्मा को एक लाभ यह हुआ है कि उन्हें मार्क्सवाद की निन्दा करने का एक मौका मिल गया है। वैसे निर्मल वर्मा आजकल अपने प्रत्येक लेख में मार्क्सवाद पर आक्रमण करने का मौका निकाल ही लेते हैं। इसी लेख में उन्होंने कई घोषणाएँ की हैं, जैसे विचारधारा एक फैशन है, वह आकर्षक और घातक है, हम विचारधारा से आक्रान्त युग में रह रहे हैं, क्रान्ति एक फार्मूला है, मार्क्सवाद मनुष्य को इतिहास की धारा में डुबो देता है। अभी हाल में मुक्तिबोध पर एक

लेख में उन्होंने फरमाया है कि "मार्क्सवाद ने कभी कर्म की नैतिकता के बारे में कोई सन्तोषप्रद व्याख्या नहीं की—सिवाय इसके कि जो कर्म ऐतिहासिक शक्तियों के पक्ष में होगा, वह अनिवार्यतः नैतिक होगा, किन्तु यदि ये 'तथाकथित' ऐतिहासिक शक्तियाँ प्रगति और विकास के नाम पर स्वयं मनुष्य की आत्मा को खोखला कर दें, उसे अपने मनुष्यत्व से ही वंचित कर दें तो उसका समर्थन करने वाला कर्म भी क्या नैतिक होगा?" इसके बाद भी यदि किसी को निर्मल वर्मा के मार्क्सवाद विरोधी और जनवाद विरोधी दृष्टिकोण के बारे में सन्देह हो तो यही कहा जा सकता है कि 'येहि कुरोग कर औषधि नाहीं'।

निर्मल वर्मा के अनुसार कला की चौथी प्रासंगिकता यह है कि ''वह हर युग में बने-बनाये सत्यों और उत्तरों के पैटर्न को बिगाड़ देती है, भंग कर देती है, हर विश्वास को शंकालु बना देती है।" निर्मल वर्मा को तोल्सतोय की रचना 'अन्ना कैरेनिना' इसलिए घोर प्रासंगिक लगती है कि वह नैतिकता, सत्य और प्रेम को सन्दिग्ध बना देती है। निर्मल वर्मा नहीं मानते कि किसी रचना में कोई सत्य होता है या कोई नैतिक चेतना होती है। जो तोल्सतोय जीवन भर नैतिकता, सत्य और प्रेम के लिए लड़ते तथा रचना करते रहे, इनके अभाव को देखकर दूसरे रचनाकारों की आलोचना करते रहे, उन्हीं की रचना निर्मल वर्मा को नैतिकता, सत्य, और प्रेम को सन्दिग्ध बनाने के कारण 'घोर प्रासंगिक' लगती है। निर्मल वर्मा ऐसी किसी भी रचना को प्रासंगिक मानने के लिए तैयार नहीं हैं, जो नैतिक चेतना दे, सामाजिक सत्य का ज्ञान कराये और मानव-प्रेम की प्रतिष्ठा करे।

निर्मल वर्मा की मान्यता है कि "कला बार-बार मनुष्य को उसके बाहरी बन्धनों, ऐतिहासिक छलनाओं और स्वयं उसकी अन्दरूनी भ्रान्तियों से मुक्त करवाकर उसे वर्तमान में ले आती है—शाश्वत वर्तमान की क्रूर, किन्तु शान्त रोशनी में, उसके समूचे नंगे अस्तित्व की ओर—और यह कलाकृति को किसी भी समाज-व्यवस्था में प्रासंगिक बनाने की सबसे प्रमुख और अनिवार्य शर्त है।" यह निर्मल वर्मा के अनुसार कला की प्रासंगिकता की चौथी कसौटी है। यहाँ निर्मल वर्मा का तात्पर्य यह है कि जो कलाकृति मनुष्य को उसकी सामाजिक वास्तविकता और ऐतिहासिक स्थिति का बोध कराती है, वह प्रासंगिक नहीं है, प्रासंगिक वह है जो मनुष्य को उसके आदिम रूप और आदिम वृत्तियों की ओर ले जाती है, उसको आत्मनिष्ठ बनाती है। उनके अनुसार गरीबी, भूख और अन्याय की पीड़ा का बोध करना बाहरी बन्धनों, ऐतिहासिक छलनाओं और भीतरी कमजोरियों का शिकार होना है। जो कला इन सबको भुलाने और मनुष्य के आदिम रूप तथा वर्तमान के नंगे अस्तित्व की ओर ले जाने में मदद करती है वही कला प्रासंगिक है। निर्मल वर्मा की कला और कला की धारणा जनमुक्ति की विरोधी ही नहीं, शोषक व्यवस्था की पोषक भी है। वे जिस समूचे मनुष्य या 'स्वतन्त्र मनुष्य' की बात करते हैं वह

समाज को बन्धन और इतिहास को छलना मानता है। क्या समाज और इतिहास के बाहर भी मनुष्य स्वतन्त्र होता है?

निर्मल वर्मा की कला की धारणा रूपवादी, मनुष्य की धारणा अस्तित्ववादी और कला की प्रासंगिकता का दृष्टिकोण रहस्यवादी, जनविरोधी तथा अनैतिहासिक है। प्रत्येक मनुष्य वास्तव में किसी कलाकृति से क्या पाता है, यह इस बात पर निर्भर है कि वह किस दृष्टिकोण और उद्देश्य से कलाकृति के पास जाता है। वर्ग विभाजित समाज और उसकी कला को ध्यान में रखकर पहले की बात के साथ यह भी जोड़ लेना चाहिए कि कोई व्यक्ति किस वर्ग के दृष्टिकोण से कला की प्रासंगिकता की तलाश करता है। निर्मल वर्मा परोपजीवी बुर्जुआ वर्ग के दृष्टिकोण से कला और उसकी प्रासंगिकता को देखते हैं। उनके विचारों में अगर कहीं-कहीं सामन्ती दृष्टिकोण भी प्रकट होते हैं तो इसका कारण यही है कि भारत में बुर्जुआ वर्ग और सामन्त वर्ग का गठजोड़ मिल-जुलकर जनता का शोषण करता है और इस गठजोड़ के प्रतिनिधि बुद्धिजीवी कला के ऐसे स्वरूप तथा प्रासंगिकता की वकालत करते हैं जिससे यथास्थिति का पोषण हो, जनता की चेतना कुंठित हो और साहित्य जनसंघर्ष में सहायक न बन सके। ऐसे बुद्धिजीवी उस कला का विरोध करते हैं जो सामन्ती, पूँजीवादी और साम्राज्यवादी शोषण के खिलाफ जनता के संघर्ष को शक्ति, गति और दिशा दे।

इस लेख में निर्मल वर्मा की विचार-पद्धति की एक विशेषता यह है कि वे बार-बार कृत्रिम प्रश्न गढ़ते हैं और उनका छलमय उत्तर देते हैं। दूसरी विशेषता यह भी है कि वे कला की शाश्वतता, सार्वभौमिकता और कला में शाश्वत सत्य की अभिव्यक्ति आदि बातों का खंडन करते हैं, लेकिन कला की प्रासंगिकता के लिए स्वयं मनुष्य की अन्तश्चेतना के भूलभूत ढाँचे, उसकी मूल छवि और उसकी बुनियादी अनुभूतियों को शाश्वत मान लेते हैं। यही नहीं, वे समाज और इतिहास से पूर्णतः स्वतन्त्र जिस मनुष्य के अस्तित्व की समस्याओं की बात करते हैं वह मनुष्य भी शाश्वत है और उसकी समस्याएँ भी। अलगाव, अधूरापन और निर्वासन आदि समस्याएँ निर्मल वर्मा के अनुसार समाज से उत्पन्न समस्याएँ नहीं हैं। ये समस्याएँ मनुष्य के अस्तित्व के साथ पैदा हुई हैं, इसलिए मनुष्य और उसकी ये समस्याएँ शाश्वत हैं। निर्मल वर्मा ऐसे मनुष्य और उसकी इन समस्याओं के सन्दर्भ में ही कला की प्रासंगिकता खोजते हैं। उनका सौन्दर्यशास्त्र किसी सामाजिक मनुष्य के लिए नहीं है। वह रहस्यवादी अस्तित्ववाद के मनुष्य की शाश्वत मुक्ति का सौन्दर्यशास्त्र है। निर्मल वर्मा की चौथी विशेषता अन्दाजे-बयाँ और भाषा में दिखाई देती है। पूरे लेख में सभी कुछ बहता दिखाई देता है। इसमें समय बहता है, इतिहास बहता है, अतीत, वर्तमान और भविष्य एक साथ बह रहे हैं, महाभारत के भीतर बहती हुई बहस है, इतिहास में पाठक बह रहा है, पाठक अपने बहने को

देख भी रहा है, कोई-कोई कलाकृति जब आधुनिक मनुष्य के भीतर के प्रश्नों की जमी हुई झील की बर्फ को कुदाली बनकर तोड़ती है तो नीचे दबी चेतना पुनः बहने लगती है। इस प्रक्रिया में कब कौन-सी चीज बहते-बहते ठहर जाएगी और कौन-सी ठहरी हुई वस्तु बहने लगेगी—यह कहना बहुत मुश्किल है। स्वभावतः इस अखंड बहाव में मनुष्य, कला, कला की प्रासंगिकता का प्रश्न और प्रश्नकर्ता सभी बहते दिखाई देते हैं। धन्य है यह कला की प्रासंगिकता का 'शाश्वत जीवन नौका विहार!'

किसी कलाकृति की उत्पत्ति, उसका अस्तित्व और उसका जीवन समाज तथा इतिहास के बाहर नहीं होता। कृतिकार और पाठक भी समाज तथा इतिहास से परे नहीं होते। कलाकृति की प्रासंगिकता-अप्रासंगिकता का निर्णय भी समाज और इतिहास के भीतर ही होता है। मनुष्य की चेतना और उसकी सृजनशीलता की उपज में अपने समय, समाज और ऐतिहासिक परिस्थितियों की सीमाओं से ऊपर उठने तथा उनसे परे भी सार्थक होने की क्षमता होती है। इसका यह अर्थ नहीं है कि ऐसी चेतना और उसकी सर्जनाओं का अपने समय, समाज और ऐतिहासिक स्थितियों से कोई सम्बन्ध नहीं होता। किसी महत्त्वपूर्ण रचना में यथार्थ का केवल प्रतिबिम्बन ही नहीं होता, उसमें यथार्थ सम्बन्धी चिन्तन और यथार्थ की पुनर्रचना भी होती है। इस तरह रचना में कालबद्धता से कालजयीपन का केवल विरोध नहीं होता बल्कि विरोधी गुणों का संघर्षधर्मी साहचर्य भी होता है। जिस रचना में ऐसा संघर्षधर्मी साहचर्य जितना अधिक विकसित होता है उसमें समकालीन और स्थायी प्रासंगिकता उतनी ही अधिक होती है। जो रचना अपने समय, समाज और ऐतिहासिक स्थितियों से गहरे स्तर पर जुड़ी नहीं होती, उसमें किसी दूसरे समय और समाज में प्रासंगिक होने की क्षमता भी नहीं होती। साहित्य के ऐतिहासिक स्वरूप और उसकी सामाजिक प्रयोजनीयता की उपेक्षा करके न तो उसकी समकालीन प्रासंगिकता का निर्णय हो सकता है और न परवर्ती प्रासंगिकता पर विचार हो सकता है।

कोई भी सार्थक रचना इतिहास की उपज होती है, लेकिन उसका अपना भी एक इतिहास होता है जिसे वह स्वयं बनाती है। उसका वर्तमान होता है तो उसका अतीत भी होता है। उसके पाठकीय ग्रहण का वर्तमान होता है तो उत्पत्तिमूलक अतीत भी होता है। इन दोनों के द्वन्द्वात्मक सम्बन्ध के बोध के आधार पर ही किसी रचना की प्रासंगिकता का निर्णय हो सकता है। राबर्ट वाइमान इसको "विगत सार्थकता और वर्तमान अर्थवत्ता का द्वन्द्वात्मक सम्बन्ध" कहते हैं। उनका मत है कि किसी रचना की सौन्दर्यबोधी संरचना और उसके सामाजिक प्रयोजन में परस्पर सम्बन्ध होता है। अतीत की सार्थकता और वर्तमान अर्थवत्ता की द्वन्द्वात्मकता के कारण रचना की उत्पत्ति का उसके प्रभाव से सम्बन्ध स्पष्ट होता है। रचना की

संरचना और उसके सामाजिक प्रयोजन में एक सह-सम्बन्ध होता है। इस तरह साहित्य की रचना और उसके ग्रहण की सामाजिक क्रियाओं का बुनियादी सम्बन्ध प्रकट होता है। यह सम्बन्ध ऐतिहासिक होता है और मूल्यपरक भी, क्योंकि इस प्रक्रिया में लेखक और पाठक जगत्-बोध के साथ-साथ आत्मबोध भी प्राप्त करते हैं। राबर्ट वाइमान के अनुसार किसी रचना की प्रासंगिकता उसके सामाजिक सन्दर्भ और मूल्य-सन्दर्भ से निर्धारित होती है, इन दोनों सन्दर्भों का सम्बन्ध अतीत से भी होता है और वर्तमान से भी। कहने का तात्पर्य यह है कि प्रासंगिकता की धारणा केवल सौन्दर्यबोधी धारणा नहीं है, वह बुनियादी तौर पर सामाजिक और ऐतिहासिक धारणा है।

किसी रचना की प्रासंगिकता पर विचार करते समय यह भी देखना जरूरी है कि रचना रचनाकार की चेतना की उपज है तो वह पाठक की चेतना का निर्माण भी करती है। मार्क्स ने लिखा है कि कलाकृति ऐसे पाठक वर्ग का निर्माण करती है, उसकी चेतना को विकसित करती है जो रचना के सौन्दर्यबोध में सक्षम होता हैं। साहित्य की विकास प्रक्रिया में नयी रचनाएँ ही पैदा नहीं होती हैं, उनके बोध में सक्षम चेतना का भी विकास होता है। पाठक की चेतना के निर्माण में कृति की भूमिका और विकसित चेतना द्वारा रचना के ग्रहण के ऐतिहासिक द्वन्द्वात्मक सम्बन्ध की उपेक्षा करके मनुष्य की अन्तश्चेतना के अपरिवर्तनशील कल्पित मूलभूत ढाँचे के आधार पर कला की प्रासंगिकता तलाशना कला और मनुष्य की चेतना के इतिहास के अस्तित्व को नकारना है। प्रेमचन्द का कथा-साहित्य इस बात का सबसे पुष्ट प्रमाण है कि समर्थ रचनाओं में पाठकों के कलाबोध को विकसित करने की क्षमता होती है। प्रेमचन्द की रचनाओं से हिन्दी पाठकों की चेतना का विकास हुआ और इस विकसित चेतना के आधार पर पाठक न केवल प्रेमचन्द की रचनाओं की सार्थकता पहचानने में सक्षम हुए बल्कि पहले और बाद के कथा-साहित्य के बोध की क्षमता भी पाठकों में आयी।

किसी रचना की प्रासंगिकता का एक सन्दर्भ वर्तमान का सामाजिक और साहित्यिक व्यवहार भी होता है। मनुष्य के सभी सामाजिक व्यवहारों में घनिष्ठ सम्बन्ध होता है। व्यापक जीवन-विवेक साहित्य-विवेक का आधार होता है और जीवन के मूल्य कला-मूल्यों के मूल स्रोत होते हैं। वर्तमान के सामाजिक और साहित्यिक व्यवहार से निर्मित विवेक तथा मूल्य-चेतना के सन्दर्भ में ही अतीत की रचनाओं की प्रासंगिकता पहचानी जा सकती है। वर्तमान भारत में सामन्ती, पूँजीवादी और साम्राज्यवादी शोषण से मुक्ति के लिए संघर्ष करने वाली जनता का सामाजिक-राजनीतिक व्यवहार और इस व्यवहार से विकसित मूल्य आज की रचनाशीलता के व्यवहार के मूल स्रोत हैं। संघर्षशील जनता के मुक्ति संघर्ष के व्यवहार से जुड़ी रचनाशीलता के मूल्यों का जनविरोधी साहित्य के मूल्यों से संघर्ष

है, इसलिए अतीत के साहित्य के मूल्यांकन की कसौटियाँ भी अलग-अलग हैं। राष्ट्रीय जनवादी संस्कृति के निर्माताओं और सामन्ती, बुर्जुआ तथा साम्राज्यवादी सांस्कृतिक मूल्यों के समर्थकों के लिए अतीत की रचनाओं की प्रासंगिकता एक जैसी नहीं हो सकती।

अतीत की रचनाओं की प्रासंगिकता इस बात में नहीं होती कि वे वर्तमान जीवन के यथार्थ, सत्य और विश्वास को सन्देहास्पद बना देती हैं, उनकी प्रासंगिकता इस बात में भी नहीं है कि वे मनुष्य को समाज के इतिहास और वर्तमान से काटकर केवल उसके आदिम अस्तित्व, आदिम वृत्तियों तथा वैयक्तिक जीवन के अँधेरे तक सीमित करती हैं और इस बात में भी नहीं कि वे नैतिकता के प्रश्न को खुला छोड़कर अनैतिकता की खुली छूट दे देती हैं। सौन्दर्यबोध और नैतिक चेतना में अनिवार्य विरोध नहीं होता। सौन्दर्यबोध की विकसित दशा का नैतिक चेतना से गहरा सम्बन्ध होता है। निर्मल वर्मा को तोल्सतोय की रचना 'अन्ना कैरेनिना' इसलिए घोर प्रासंगिक लगती है कि वह नैतिकता के प्रश्न को खुला और संदिग्ध बना देती है। इसके ठीक विपरीत मुक्तिबोध को प्रेमचन्द इसलिए प्रासंगिक लगते हैं कि "उनका कथा-साहित्य एक बहुत बड़ा नैतिक प्रभाव डालता है, एक उदार और उदात्त नैतिकता की तलाश की प्रेरणा देता है।"

यह एक भ्रम ही है कि कोई भी रचना समाज के सभी वर्गों को अपने सम्पूर्ण रूप में सदैव एक समान प्रासंगिक लगती है। परिवर्तनशील समाज में कला बदलती है, उसकी रचना और बोध का स्वरूप बदलता है, कला का प्रयोजन बदलता है और उसकी प्रासंगिकता भी बदलती है। यह कहना गलत है कि तुलसीदास और शेक्सपियर की प्रासंगिकता का सवाल नहीं उठता। हिन्दी में तुलसीदास और अंग्रेजी में शेक्सपियर की बदलती हुई प्रासंगिकता पर जो बहसें हुई हैं उनसे परिचित कोई भी व्यक्ति यह नहीं कह सकता कि इन दोनों की प्रासंगिकता का सवाल कभी नहीं उठता। तुलसीदास का साहित्य कुछ लोगों के लिए स्वर्ग जाने का साधन है, ऐसे ही कुछ दूसरे लोगों के लिए वह आज भी वर्णाश्रम व्यवस्था की पुनःस्थापना के लिए प्रासंगिक है। लेकिन कुछ दूसरे लोगों के लिए तुलसीदास का साहित्य अन्याय, अत्याचार और उत्पीड़न के विरुद्ध संघर्ष का प्रेरणास्रोत है, एक मानवीय समाज के निर्माण और मानवीय मूल्यों की प्रतिष्ठा के सन्दर्भ में प्रासंगिक है। अमरीका और अफ्रीका के काले लोगों से पूछकर देखिए तो श्वेत-साहित्य की एक दूसरी प्रासंगिकता समझ में आयेगी।

कोई भी रचनाकार अपनी रचना में अपने रचनात्मक प्रयोजन को साकार करता है। इस रचनात्मक प्रयोजन से ही रचना के स्वरूप और उसकी संरचना का निर्माण होता है। रचना की प्रासंगिकता पर विचार करते समय रचनाकार के रचनात्मक प्रयोजन की उपेक्षा करके न तो रचना की सौन्दर्यबोधी संरचना को

समझा जा सकता है और न उसके सामाजिक प्रयोजन को। ऐसी उपेक्षा के कारण ही निर्मल वर्मा को महाभारत के भीतर केवल 'बहती हुई बहस' ही प्रासंगिक लगती है, उसमें व्यक्त सत्य नहीं। प्रेमचन्द की रचनाएँ पाठकों को समाज और इतिहास से अलग करके दिव्य ज्योति का दर्शन नहीं करातीं, उनके शब्दों के तन्तुजाल में लावारिस अकेलेपन की ठिठुरन से बचाने वाली 'गरमाई' नहीं है, उनमें पाठक को बहा ले जाने वाली बहती हुई बहस भी नहीं है, उनमें जनता के जीवन-संघर्ष के सत्यों और विश्वासों को शंकालु बनाने के बदले शोषण से मुक्ति के लिए संघर्ष, गति और बेचैनी पैदा करने की क्षमता है, उनसे नैतिकता-अनैतिकता, सत्य-असत्य और प्रेम तथा घृणा में फर्क करने वाला विवेक मिलता है। सबसे अधिक महत्त्वपूर्ण बात यह है कि प्रेमचन्द की रचनाओं का पाठक गरीबी, भूख और अन्याय के खिलाफ संघर्ष की वास्तविक भूमि समाज और इतिहास के भीतर देखता है, इन दोनों से कहीं बाहर या अपनी गहन अन्तश्चेतना के भीतर नहीं। इन सब बातों को देखते हुए अगर निर्मल वर्मा को प्रेमचन्द का साहित्य अप्रासंगिक लगता है तो यह कोई आश्चर्य की बात नहीं है।

किसी भी रचनाकार की प्रासंगिकता पर विचार करते समय समाज के इतिहास और साहित्य के इतिहास के सम्बन्ध तथा इन दोनों में उस रचनाकार के स्थान पर भी ध्यान देना जरूरी है। वाल्मीकि, व्यास, कालिदास, तुलसीदास, शेक्सपियर, तोल्सतोय और प्रेमचन्द में एक ही तरह की प्रासंगिकता खोजने वाली समदर्शी दृष्टि में उदारता चाहे जितनी हो, विवेक बहुत कम होगा। यहाँ प्रश्न किसी रचनाकार का वर्तमान से दस साल या दस सौ साल पीछे होने का ही नहीं है, अधिक महत्त्वपूर्ण प्रश्न समाज और साहित्य के इतिहास की वर्तमान अवस्था से उस रचनाकर के सम्बन्ध का है। प्रेमचन्द भारतीय साहित्य के इतिहास के सामन्तवाद-विरोधी, पूँजीवाद-विरोधी और साम्राज्यवाद-विरोधी संघर्ष के काल के रचनाकार हैं। वे भारतीय इतिहास की उस सामाजिक-राजनीतिक क्रान्ति के महान रचनाकार हैं जो अभी अधूरी है। वे हिन्दी साहित्य के इतिहास में जनवादी यथार्थवाद की उस परम्परा के निर्माता हैं जो आज के राष्ट्रीय जनवादी मुक्ति आन्दोलन के साथ विकासित हो रही है। ऐसी स्थिति में उनकी प्रासंगिकता कालिदास और तुलसीदास जैसी ही नहीं है, काफी कुछ भिन्न भी है। उस अधूरी सामाजिक-राजनीतिक क्रान्ति को ध्यान में रखने पर यह बात बहुत महत्त्वपूर्ण नहीं रहती कि प्रेमचन्द के समय और आज की भारतीय जनता के जीवन में कुछ मामूली परिवर्तन हुए हैं या नहीं। प्रेमचन्द की प्रासंगिकता की खोज करते हुए एक तो यह देखना जरूरी है कि अपने जमाने की सामाजिक-राजनीतिक क्रान्ति के विकास में उनका क्या योगदान है। उसका उन्होंने किस प्रकार चित्रण किया है और दूसरी ओर यह भी देखना जरूरी है कि उस सामाजिक-राजनीतिक क्रान्ति के

वर्तमान दौर में प्रेमचन्द के साहित्य की क्या प्रासंगिकता है। यही प्रेमचन्द के प्रसंग में 'अतीत की सार्थकता और वर्तमान अर्थवत्ता' का द्वन्द्वात्मक सम्बन्ध है। जिसकी नजर में क्रान्ति एक फार्मूला हो, विचारधारा एक फैशन हो और इतिहास का निर्माण करने वाली शक्तियाँ मनुष्य की आत्मा को खोखला करती दिखाई देती हों, उसके लिए राष्ट्रीय जनवादी क्रान्ति के प्रसंग में प्रेमचन्द की क्या प्रासंगिकता हो सकती है।

निर्मल वर्मा के ठीक विपरीत मुक्तिबोध भारतीय सामाजिक-राजनीतिक क्रान्ति के पिछले दौर और वर्तमान दौर में प्रेमचन्द की प्रासंगिकता को पहचानते हुए कहते हैं कि "प्रेमचन्द उत्थानशील भारतीय सामाजिक क्रान्ति के प्रथम और अन्तिम महान कथाकार थे। आज सामाजिक विषमताएँ और बढ़ गयी हैं। प्रेमचन्द का महत्त्व पहले से भी अधिक बढ़ गया है। प्रेमचन्द द्वारा सूचित सामाजिक सन्देश अभी भी अपूर्ण है।" आगे मुक्तिबोध आत्मविश्लेषण की मनोदशा में कहते हैं कि "हम जो हिन्दी के साहित्यिक हैं उसकी तरफ विशेष ध्यान नहीं दे पाते, एक तरह से यह यथार्थ से भागना हुआ।" मुक्तिबोध को उत्थानशील भारतीय सामाजिक क्रान्ति के विकास में प्रेमचन्द के योगदान का बोध है, उन्हें प्रेमचन्द द्वारा सूचित सामाजिक सन्देश के अपूर्ण होने का भी बोध है, इसलिए वे इस अधूरे सन्देश को पूरा करने में अक्षम समकालीन साहित्यिकों की आलोचना करते हैं, इसे यथार्थ से भागना कहते हैं। निर्मल वर्मा मुक्तिबोध के लगभग समकालीन साहित्यिक हैं। क्या उन पर भी मुक्तिबोध की यह आलोचना लागू होती है? शायद नहीं! निर्मल वर्मा को कभी भी भारत की सामाजिक क्रान्ति के विकास में प्रेमचन्द के महत्त्व का बोध ही नहीं हुआ, वे यथार्थ की ओर कभी गये ही नहीं तो फिर यथार्थ से भागने के लिए की गयी आलोचना उन पर क्यों लागू होने लगी?

प्रेमचन्द ने कला और साहित्य के सामन्ती और बुर्जुआ दृष्टिकोणों का खंडन किया है, उन्होंने पुराने रीतिवाद और नये रूपवाद का भी खंडन किया। उन्होंने जन-जीवन के विकास से कला के विकास को जोड़कर देखा है और सामाजिक विकास में साहित्य की क्रान्तिकारी भूमिका को महत्त्व दिया है। कला की उपयोगिता, सौन्दर्यबोध के वर्ग-आधार और कलात्मक सौन्दर्य की सामाजिक सार्थकता के बारे में प्रेमचन्द के अपने सुनिश्चित विचार हैं। इन विचारों से उनके रचनात्मक प्रयोजन का ज्ञान होता है। प्रेमचन्द की रचनाओं की प्रासंगिकता पर विचार करते समय 'कुत्सित समाजशास्त्रीयता' का हौवा खड़ा करके उनकी रचनाओं की सामाजिक उपादेयता की बात न करना या उसे प्रासंगिकता के प्रसंग में अप्रासंगिक मानना एक तरह की चालाकी है, जिसका उपयोग जनवादी साहित्य और साहित्य की धारणा के विरुद्ध जनविरोधी लोग बराबर करते आ रहे हैं। यहाँ यह भी कहना जरूरी है कि रचना की प्रासंगिकता के प्रसंग में आलोचक या पाठक की साहित्य

की धारणाओं तथा समाज से साहित्य के सम्बन्ध की धारणाओं का बुनियादी महत्त्व है। साहित्य के परिवर्तन और विकास के साथ साहित्य की धारणाओं में भी परिवर्तन एवं विकास होता है। साहित्य की रूपवादी, सामन्ती, आधुनिकतावादी और भाववादी धारणाओं के आधर पर अगर प्रेमचन्द का साहित्य अप्रासंगिक लगे तो कोई आश्चर्य की बात नहीं है। साहित्य के बारे में प्रेमचन्द की धारणा और उनके रचनात्मक साहित्य में एकता है, दोनों एक दूसरे को सिद्ध करते हैं। प्रेमचन्द की प्रासंगिकता पर विचार करने के लिए इनके आपसी सम्बन्ध को भी समझना जरूरी है।

किसी रचना या रचनाकार की प्रासंगिकता के सन्दर्भ में साहित्य की धारणा का निर्णायक महत्त्व होता है। यह बात प्रेमचन्द की आलोचना के इतिहास से भी सिद्ध होती है। प्रेमचन्द के साहित्य में सामन्ती, पूँजीवादी और साम्राज्यवादी मूल्यों का विरोध है, राष्ट्रीय जनवादी मूल्यों का समर्थन है; इसलिए प्रेमचन्द के जमाने से आज तक सामन्ती और पूँजीवादी कला मूल्यों के समर्थक आलोचकों ने प्रेमचन्द को कभी माफ नहीं किया है। वे जैसे प्रेमचन्द के जमाने में उनके पीछे पड़े थे वैसे ही आज भी प्रेमचन्द की आलोचना करते हैं; वे जैसे तब प्रेमचन्द को द्वितीय श्रेणी का रचनाकार और अप्रासंगिक मानते थे, वैसे ही आज भी मानते हैं।

प्रेमचन्द की प्रासंगिकता का एक महत्त्वपूर्ण पक्ष यह है कि वे हिन्दी साहित्य की प्रगतिशील परम्परा, हिन्दी साहित्य की राष्ट्रीय जनवादी परम्परा और हिन्दी कथा-साहित्य की जनवादी-यथार्थवादी परम्परा के निर्माता हैं। वे अपने जमाने के सामन्तवाद-विरोधी और साम्राज्यवाद-विरोधी संघर्ष के योद्धा हैं। उन्होंने अपने युग के अन्तर्विरोधों का चित्रण किया है, उस समय के ऐतिहासिक यथार्थ के विकास की दिशा को पहचाना है और जनता के जीवन-संघर्ष तथा मुक्ति संघर्ष का चित्रण किया है। प्रेमचन्द ने बुनियादी वर्गों और अन्तवर्गीय सम्बन्धों का चित्रण करते हुए हिन्दी साहित्य को नयी दिशा दी है। इन सब कारणों से उनकी क्रान्तिकारी विरासत का विशेष महत्त्व है। प्रेमचन्द की इस क्रान्तिकारी विरासत को वही समझ सकता है और उसका उत्तराधिकारी बन सकता है जो वर्तमान में प्रेचन्द की क्रान्तिकारी परम्परा का विकास कर रहा हो, वर्तमान के क्रान्तिकारी आन्दोलन का अंग हो। परम्पराद्रोही आधुनिकतावादी और सामन्ती तथा बुर्जुआ कला मूल्यों के हिमायती प्रेमचन्द की क्रान्तिकारी विरासत की प्रासंगिकता नहीं समझ सकते।

प्रेमचन्द की प्रासंगिकता का एक दूसरा पक्ष यह है कि वे भारतीय जनता के वर्तमान सामन्तवाद-विरोधी तथा साम्राज्यवाद-विरोधी राष्ट्रीय जनवादी क्रान्ति के लिए विशेष अर्थवान हैं। इस सन्दर्भ में उनका साहित्य अतीत की क्रान्तिकारी परम्परा के रूप में केवल प्रेरणा का स्रोत ही नहीं है, वर्तमान के संघर्ष में उसकी समकालीन अर्थवत्ता भी है। उनका साहित्य जनता की राजनीतिक चेतना और

मूल्य चेतना के विकास में दूसरे किसी भी आज के रचनाकार के साहित्य से अधिक प्रभावशाली तथा मूल्यवान है। प्रेमचन्द के साहित्य में मनुष्य की संवेदनशीलता के वैयक्तिक, सामाजिक और मानवीय पक्ष प्रकट हुए हैं। मानव-सम्बन्धों और संवेदनशीलता के ये रूप समकालीनता से गहरे स्तर पर संयुक्त होकर भी उसकी सीमाओं से परे प्रभावी हैं और रहेंगे। सामाजिक परिस्थितियों के बदलने पर भी इनकी नयी अर्थवत्ता होगी।

जो लोग सामाजिक परिस्थितियों के बदल जाने के बाद प्रेमचन्द के साहित्य की प्रासंगिकता समाप्त हो जाने की बात करते हैं, वे प्रेमचन्द के विरुद्ध सामाजिक क्रान्ति को और सामाजिक क्रान्ति के विरुद्ध प्रेमचन्द को खड़ा करने की कोशिश करते हैं। वास्तविकता यह है कि जनता की राष्ट्रीय जनवादी क्रान्ति के सफल होने पर प्रेमचन्द का महत्त्व और उनकी लोकप्रियता बढ़ेगी ही, घटेगी नहीं! लेनिन ने तोल्सतोय के महान साहित्य और समाजवादी क्रान्ति का सम्बन्ध स्पष्ट करते हुए लिखा था, "तोल्सतोय का महान साहित्य सचमुच सभी लोगों तक पहुँचाने के लिए यह आवश्यक है कि उस समाज-व्यवस्था के खिलाफ जेहाद छेड़ दिया जाये, जिसकी बदौलत लाखों-करोड़ों इन्सान अज्ञान, जुल्म, गुलामाना मशक्क़त और दरिद्रता के शिकार बने हुए हैं, अर्थात् एक सामाजवादी क्रान्ति की जरूरत है।" क्रान्ति के बाद तोल्सतोय के साहित्य की सम्भावित लोकप्रियता के जन-आधार को स्पष्ट करते हुए लेनिन ने लिखा था; "तोल्सतोय ने वह ललित साहित्य लिखा है जिसकी कद्र और पाठ जनता उस समय करेगी जब वह जमींदारों और पूँजीपतियों का तख्ता उलट कर अपने लिए मनुष्योचित सामाजिक जीवन की व्यवस्था कर लेगी।" प्रेमचन्द के साहित्य को भी जनता तक पहुँचाने और लोकप्रिय बनाने के लिए शोषण की वर्तमान व्यवस्था के विरुद्ध अन्तिम विजय तक संघर्ष करना जरूरी है। शोषण मुक्त मानवीय व्यवस्था में प्रेमचन्द की महत्ता बढ़ेगी क्योंकि प्रेमचन्द का साहित्य अमानवीय-व्यवस्था का विरोधी और मानवीय समाज-व्यवस्था का पक्षधर है।

प्रेमचन्द का साहित्य जनता का साहित्य है। वह जनता के सुख-दुःख और संघर्ष में आत्मीय मित्र की तरह काम आता है। प्रेमचन्द के साहित्य की लोकप्रियता से यह सिद्ध होता है कि गरीबी, भूख और अन्याय से पीड़ित जनता के लिए भी साहित्य प्रासंगिक होता है। प्रेमचन्द के साहित्य की एक बड़ी प्रासंगिकता साहित्य की प्रासंगिकता बनाये रखने में भी है। प्रेमचन्द के साहित्य की एक और प्रासंगिकता निर्मल वर्मा और उनके समानधर्माओं के साहित्य तथा साहित्य-चिन्तन को अप्रासंगिक बनाने में भी है।

प्रेमचन्द और बिहार

प्रेमचन्द के कथा-साहित्य और उनकी पत्रकारिता में अपार मानवीय संवेदनशीलता, परिवर्तनकारी सामाजिक चेतना है और मूलगामी ऐतिहासिक दृष्टि भी है। उनके कथा-साहित्य में संवेदना और कल्पना की सर्जनात्मकता है तो पत्रकारिता में सूचनाओं की संवेदनशील सजगता। दोनों का लक्ष्य है साधारण भारतीय मनुष्य के सुख-दुख, जय-पराजय, द्वन्द्व और दुविधा की ऐसी समझ पैदा करना जो सामाजिक परिवर्तन की चेतना जगाये। कथाकार प्रेमचन्द और पत्रकार प्रेमचन्द में गहरा रिश्ता है। उनका कथा-साहित्य जनजीवन की खबरें भी देता है, लेकिन ऐसे रूप में कि वे ख़बरें एक पाठ के बाद बासी नहीं होतीं और उनकी पत्रकारिता पाठकों को संवेदनशील बनाती है, पर वह भावुकता में डुबाती नहीं। इस तरह कथाकार प्रेमचन्द और पत्रकार प्रेमचन्द में समानधर्मिता है।

अगर किसी को कथा-साहित्य और पत्रकारिता के आत्मीय सम्बन्ध पर सन्देह हो तो उसे ग़ाब्रिएल गार्सिया मार्खेज़ के एक कथन पर ध्यान देना चाहिए। मार्खेज़ ने अपनी आत्मकथा लिखी है, जिसका नाम है : 'कहानी कहने के लिए जीना'। उसमें उन्होंने लिखा है : "मैं आजकल पहले से भी अधिक यह विश्वास करता हूँ कि उपन्यास और पत्रकारिता एक ही माँ की सन्तानें हैं।" दुनिया के एक और बड़े उपन्यासकार ओर्हान पामुक ने 19वीं सदी के यूरोप के महान उपन्यासकारों को याद करते हुए लिखा है : "उनके उपन्यास अपने समय की पत्रकारिता के सहयोगी थे और इसी रूप में वे अपने राष्ट्र की जनता से संवाद करते थे।" प्रेमचन्द, मार्खेज़ और पामुक उनकी ओर से बोलते हैं जिनकी आवाज़ दबी रहती है और जिनके शब्द अनसुने किये जाते हैं। प्रेमचन्द के कथा-लेखन और पत्रकारिता के बीच सहज अन्तरंगता के कारण ही उनकी भाषा में अनन्य पारदर्शिता है।

प्रेमचन्द अपने लेखकीय जीवन में कथा-लेखन और पत्रकारिता का काम साथ-साथ करते रहे। दोनों को समान रूप से ज़रूरी और महत्त्वपूर्ण मानते हुए। यह कहना मुश्किल है कि उन्होंने लेखन की शुरुआत कथा से की थी या पत्रकारिता से। लेकिन यह सब जानते हैं कि उनके जीवन का आख़िरी समय जिस तरह उनके कथा-लेखन के उत्कर्ष का समय है, उसी तरह उनकी पत्रकारिता के विकास की चरम-स्थिति का समय भी है। जब वे 'गोदान' और 'कफ़न' जैसी

कथाकृतियों की रचना कर रहे थे तभी वे 'जागरण' और 'हंस' के माध्यम से अपनी पत्रकारिता को शिखर पर पहुँचा रहे थे। प्रेमचन्द ने अपनी पत्रकारिता को जीवित और जाग्रत रखने के लिए अपने कथा-लेखन का बुनियाद की तरह इस्तेमाल किया। कथा-लेखन से प्राप्त आय और यश को 'जागरण' और 'हंस' के जीवन में लगा दिया। यह आश्चर्य की बात है कि कथाकार प्रेमचन्द का हिन्दी में जितना और जैसा मूल्यांकन हुआ है, उतना और वैसा पत्रकार प्रेमचन्द का नहीं। कथाकार प्रेमचन्द एक सहृदय कलाकार थे। उनके हृदय का विवेक साधारण आदमी की हर प्रकार की पराधीनता और यातना के विरुद्ध विद्रोह करता था। पत्रकार प्रेमचन्द एक योद्धा की तरह हर प्रकार के अन्याय, शोषण 'दमन, धार्मिक पाखंड और साम्प्रदायिकता के ख़िलाफ़ लड़ते रहते थे।

बिहार से प्रेमचन्द के गहरे सम्बन्ध के दो पक्ष हैं। एक तो बिहार की जनता के दुख-दर्द से उनकी गहरी सहानुभूति दिखाई देती है और दूसरे उपन्यासकार प्रेमचन्द की कृतियों से बिहार के लेखकों-आलोचकों का गहरा लगाव मिलता है। इस लेख में इन्हीं दो बातों पर विचार करना है :

(एक)

बिहार की जनता के जीवन की पीड़ा और यातना से प्रेमचन्द की हमदर्दी उनकी पत्रकारिता में दिखाई देती है। 15 जनवरी, 1934 को बिहार में एक भीषण भूकम्प आया था, जिससे जनजीवन बहुत तबाह हुआ था। प्रेमचन्द ने 22 जनवरी, 1934 से 7 मई, 1934 तक लगातार सत्रह लेख और टिप्पणियाँ लिखकर बिहार की जनता के दुख-दर्द को वाणी दी। प्रेमचन्द के लिए पत्रकारिता जनसेवा का माध्यम थी। वे जनजीवन के दुख से बेचैन होते थे। पिछले कुछ वर्षों में भी भीषण भूकम्प आये हैं, जिनसे बहुत बर्बादी हुई है। लेकिन उन भूकम्पों से पैदा हुई विपत्तियों को आज की पत्रकारिता दो-तीन दिनों से अधिक याद नहीं करती, जबकि प्रेमचन्द ने पाँच महीनों तक बिहार के भूकम्प से पैदा हुई तबाही पर लिखा और जनता की समस्याओं को व्यापक समाज के सामने रखा। प्रेमचन्द के उन लेखों और टिप्पणियों को पढ़ते हुए कोई भी पाठक उनकी सामाजिक संवेदनशीलता, दुविधारहित समझ, सच कहने के साहस और दो टूक भाषा से प्रभावित हुए बिना नहीं रहेगा।

बिहार के भूकम्प के प्रभाव का वर्णन करते समय कथाकार प्रेमचन्द की चित्रण-कला हमारे सामने आती है, जिसमें संवेदनशीलता के साथ-साथ चित्रमयता भी है। 'वह प्रलयंकर दिवस' नाम से जो लेख प्रेमचन्द ने लिखा था उसका एक अंश इस प्रकार है : "दोपहर का समय था, सब लोग खा-पीकर अपने-अपने कामों में लगे थे कि अचानक हर्राटा हुआ, लोग चौंके, मकानों से निकले और आसमान

की ओर देखने लगे कि कहीं हवाई जहाज तो नहीं मँडरा रहा है, पर क्षण मात्र में ही मालूम हुआ कि पृथ्वी काँप रही है, मकानों के हिलने, फटने और गिरने ने प्रलयकाल का भय भर दिया। बड़ी मुश्किल से शाम हुई और रात बीती। दूसरे दिन से समाचार आने लगे और भय बढ़ने लगा।"

प्रेमचन्द प्राकृतिक आपदा पर विचार करते हुए भी हमेशा अपने सामाजिक दृष्टिकोण को सामने रखते हैं। भारत में जब भी कोई भूकम्प जैसी प्राकृतिक घटना घटती है तो उसके कारणों की पुराणपंथी व्याख्याएँ सामने आने लगती हैं। बिहार के भूकम्प के प्रसंग में भी यही हो रहा था। प्रेमचन्द ने ऐसी व्याख्याओं का ब्योरा देते हुए लिखा है : "भारतीय धर्मशास्त्रों और पुराणों में भी भूकम्प के सम्बन्ध में बहुत कुछ गपोड़े लिखे मिलते हैं, जिनमें से एक यह भी प्रचलित है कि शेषनाग अपने सहस्रफणों पर पृथ्वी धारण किये हुए हैं और जब वे फणों को बदलते हैं, तभी भूकम्प होता है।" प्रेमचन्द यह जानते थे कि रूढ़िवाद पर केवल भारत का एकाधिकार नहीं है, इसीलिए उसी टिप्पणी में उन्होंने यह भी लिखा है : "जापानी लोग भी किसी समय विश्वास करते थे कि उनका देश एक बृहद् मछली की पीठ पर अवस्थित है और यह मछली किसी कारण अपनी देह को हिलाती है, तभी भूकम्प होता है।"

प्रेमचन्द ने ऐसी सभी धारणाओं का खंडन करते हुए लिखा है : "इन सारी निर्मूल धारणाओं को वर्तमानयुगीन विज्ञान ने नष्ट कर दिया है।" कुछ लोग भूकम्प को दैवी कोप कहते थे। प्रेमचन्द ने उनसे प्रश्न किया है कि "क्या दीन, दुखी, दरिद्र, दलित भारत पर ही कोप को आना था या इसे ग़रीब देखकर दैव भी उसे ठोकर मारता है।" प्रेमचन्द ने यह भी लिखा है : "साधु कहता है, लोग साधु-सेवा भूल रहे हैं इसलिए दैवी-कोप आया है। पंडे भी फ़रमाते हैं, देवताओं में लोगों की श्रद्धा कम हो गयी है, इसलिए देवता कुपित हो गये हैं। इसी तरह दफ़्तरों के अमले कहते होंगे, लोग दिल खोल के उनकी पूजा नहीं करते, देते भी हैं तो रोकर, इसलिए कोप आया।" प्रेमचन्द इन सबको उत्तर देते हुए कहते हैं कि "यह सब स्वार्थियों की उक्तियाँ हैं। न दैवी कोप है, न शेषनाग की करवट। यह एक प्राकृतिक विस्फोट है जो प्राकृतिक कारणों से आया करता है।"

प्रेमचन्द भूकम्प पर लिखते हुए भी न अपना सामाजिक उद्देश्य भूलते हैं और न राजनीतिक लक्ष्य। वे भूकम्प की तबाही की बात करते हुए भी स्वाधीनता के महत्त्व को याद रखते हैं। बिहार का भूकम्प नेपाल तक फैला था। उस समय यह खबर आयी थी कि भूकम्प के कारण तबाही नेपाल में भी हुई है। बहुत से मकान गिर गये हैं, लेकिन साथ ही यह भी खबर थी कि देवमन्दिर एक भी नहीं गिरा है। दूसरी ओर बिहार में अनेक मन्दिर और मस्जिद नष्ट हो गये। इस खबर पर टिप्पणी करते हुए प्रेमचन्द ने लिखा है : "ऐसा मालूम होता है कि स्वाधीन नेपाल

के देवताओं में कुछ अधिक शक्ति होगी पराधीन भारत के देवता भी आख़िर दुर्बल ही होंगे।"

पत्रकार प्रेमचन्द में सच कहने का अपूर्व साहस था और असहमति व्यक्त करने की निर्द्वन्द्व निर्भीकता भी थी। बिहार के भूकम्प के प्रसंग में गाँधी जी ने कहा था, "हमारे पापों के कारण ही यह भूकम्प हुआ है" और उनकी धारणा में अछूत कहलाने वाले मनुष्यों के साथ दुर्व्यवहार ही महापाप है। दूसरी ओर वर्णाश्रम स्वराज्य संघ वाले महात्मा जी को कोसते और कहते हैं, "अछूतों को मन्दिर में प्रवेश कराने के पाप का ही परिणाम यह भूकम्प है।" प्रेमचन्द कहते हैं, "यह सब व्यर्थ की बातें हैं। भली-भाँति विचार करने पर मालूम हो जाता है कि भूकम्प किसी पाप-पुण्य के कारण नहीं हुआ, यह प्रकृति की एक लीला है और भूगर्भ की वैज्ञानिक प्रक्रिया का एक परिणाम है।"

भूकम्प पर टिप्पणी लिखते समय भी प्रेमचन्द की सामन्तविरोधी चेतना सजग रहती है। उन्होंने बिहार में राहत कार्य के दौरान देसी रियासतों और सामन्तों की कंजूसी को लक्ष्य करके लिखा है, "जो लोग लाखों रुपये हर साल मोटरों, सैर-तमाशों में ख़र्च कर देते हैं वे ऐसे मौक़े पर दो-दो, चार-चार हज़ार देकर अपने कर्त्तव्य से मुक्त नहीं हो सकते। अगर डुमराव के राजा पचास हज़ार दान दे सकते हैं तो ऐसे कितने ही महाराजे हैं जो दो-दो चार-चार लाख दे सकते हैं। शायद इतना वे वायसराय की एक-एक दावत में ख़र्च कर देते होंगे।"

बिहार में आयी आपदा का सामना करने के लिए सरकार ने 'आकस्मिक प्रकोप बिल' पास किया था, जिसके अनुसार भूकम्प पीड़ितों को बहुत कम सूद पर क़र्ज़ देने और दस-पन्द्रह वर्षों में उसे वसूल करने का निर्णय लिया गया था। लेकिन इस बिल में एक पेंच यह था कि क़र्ज़ उन्हीं को दिया जाएगा जो जायदाद वाले हैं। प्रेमचन्द ने इस सरकारी नीति में मौजूद भेदभाव और खोखलेपन पर टिप्पणी करते हुए लिखा है : "हम पूछते हैं, जिसकी सारी लेई-पूँजी ज़मीन में धँस गयी या जिस-जिस मकानदार के सारे मकान ज़मींदोज़ हो गये या जिस किसान के खेतों में पानी भर गया, वे ग़रीब किस जायदाद के बल पर क़र्ज़ लेंगे और जिनके पास जायदाद है उन्हें क़र्ज़ देनेवाली एक सरकार ही थोड़े ही है।"

प्रेमचन्द के लेखन की एक विशेषता है उनकी व्यंग्य की विशिष्ट कला। उस कला का कमाल कथा-साहित्य में दिखाई देता है और उनकी पत्रकारिता में भी। हिन्दी में कबीर ने व्यंग्य को सामाजिक आलोचना का एक हथियार बनाया था और भारतेन्दु हरिश्चन्द्र ने राजनीतिक आलोचना का। प्रेमचन्द ने कबीर और भारतेन्दु की व्यंग्य की कला को आत्मसात करते हुए उसे सामाजिक और राजनीतिक आलोचना के हथियार के रूप में विकसित किया और उत्कर्ष तक पहुँचाया। प्रेमचन्द की व्यंग्य की कला की धार तब सबसे अधिक तेज़ और मारक होती है

जब सामन्तवाद और साम्राज्यवाद की आलोचना के लिए उसका प्रयोग होता है। बिहार के भूकम्प से हुई तबाही की स्थिति ब्रिटिश जनता को समझाने के लिए मिस्टर एंड्रूज ने प्रयत्न किया था। उन्होंने अपने भाषण में यह भी कहा था कि जिस समय ब्रिटेन संकट में था, भारत ने एक अरब रुपये से उसकी मदद की थी। इस पूरे प्रसंग पर प्रेमचन्द ने 7 मई, 1934 को एक टिप्पणी लिखी थी, जिसमें उन्होंने कहा था, "मि. एंड्रूज शायद यह भूल जाते हैं कि भारत भारत है और ब्रिटेन ब्रिटेन। दोनों कभी एक नहीं हो सकते।" इसके बाद प्रेमचन्द ने भारतीय समाज में मौजूद सामन्ती अवशेषों की खरी आलोचना करते हुए व्यंग्य के साथ लिखा है : "यहाँ के लोग ऋषियों की सन्तान हैं, उनका सारा जीवन ही यज्ञ होता था। भारत आज इस गिरी हुई दशा में भी पचास लाख साधुओं और पाँच करोड़ पंडों-पुजारियों को तर माल खिला रहा है।" इसके बाद प्रेमचन्द ने ब्रिटेन की साम्राज्यवादी नीति को ध्यान में रखकर लिखा है : "ब्रिटेन तो सारे काम तिजारत के नियमों से ही करता है, वह भला ऐसी भावुकता के झमेले में क्यों पड़ने लगा! भारत उसके माल की मंडी है और उसकी फ़ालतू आबादी के लिए धन कमाने का क्षेत्र।" प्रेमचन्द ने यह भी लिखा है : "गिरे हुए प्राणियों की मदद करना तो तिजारत का कोई सिद्धान्त नहीं है, फिर वह ऐसी बेक़ायदा बातें क्यों करने लगा? वह क्यों ऐसी बात जाने कि कुछ गँवाना पड़े, कुछ वसूली की बात हो तो देखिए कितना मुस्तैद हो जाता है।" प्रेमचन्द जानते थे कि नस्ली भेदभाव साम्राज्यवादी नीति का हिस्सा है, इसलिए उस पर व्यंग्य करते हुए उसी टिप्पणी में आगे लिखा है : "काले आदमियों की ज़िन्दगी की क़दर ही क्या? पच्चीस-तीस हज़ार आदमी ही तो मरे। चलो इतना कूड़ा कम हुआ। ब्रिटेन जो कुछ करेगा, अपनी दुकानदारी! इसके सिवा उसके पास कोई दूसरी नीति नहीं है।"

प्रेमचन्द की गहरी दिलचस्पी बिहार के हिन्दी साहित्य में थी और साहित्यकारों की गतिविधियों में भी। 21-22 सितम्बर को पटना में हिन्दी साहित्य परिषद् का वार्षिकोत्सव हुआ था जिसके सभापति थे माखनलाल चतुर्वेदी। प्रेमचन्द स्वयं उस उत्सव में शामिल होना चाहते थे, लेकिन बीमारी के कारण वहाँ न जा सके। बाद में वार्षिकोत्सव का समाचार और सभापति का भाषण प्राप्त होने पर उन्होंने अक्तूबर, 1935 में एक टिप्पणी लिखी थी। उस टिप्पणी में प्रेमचन्द ने अतीत और वर्तमान के सम्बन्ध पर अत्यन्त महत्त्वपूर्ण बातें कही हैं। उन्होंने सभापति के भाषण की चर्चा करते हुए लिखा है : "इस भाषण में जीवन है, आदेश है, मार्ग व निदर्शन है और साहित्यसेवियों के लिए आदर्श है, मगर आपने पूर्वजों का जो बोझ मस्तक पर लादने की बात की है, वह हमारी समझ में नहीं आयी। हमारा ख़याल है कि हम पूर्वजों का बोझ ज़रूरत से ज़्यादा लादे हुए हैं और उसके बोझ के नीचे दबे जा रहे हैं। हम अतीत में रहने के इतने आदी हो गये हैं कि वर्तमान और

भविष्य की जैसे हमें चिन्ता ही नहीं रही। प्राचीन हमें अगर आदर्श और मार्ग देता है तो उसके साथ ही रूढ़ियाँ और अन्धविश्वास भी देता है।" इस टिप्पणी में प्रेमचन्द ने पश्चिम के लोगों के जीवन सम्बन्धी दृष्टिकोण और व्यवहार से भारतीयों के दृष्टिकोण और व्यवहार की तुलना करते हुए लिखा है : "पश्चिम के नाविक समुद्र के तूफ़ान का मुक़ाबला करके संसार को जीत रहे थे और हमारे बाबा-दादा बैठे मुक्ति का मार्ग ढूँढ़ रहे थे। पश्चिम ने जिस वस्तु के लिए तपस्या की उसे वह वस्तु मिली। हमारे पूर्वजों ने जिस वस्तु की तपस्या की, वह उन्हें मिली या मिलेगी। जिसके लिए संसार मिथ्या हो और दुख का घर हो, उसकी यदि संसार उपेक्षा करे तो उन्हें शिकायत का क्या मौक़ा है?"

22-23 फ़रवरी, 1936 को पूर्णिया में बिहार का प्रान्तीय साहित्य सम्मेलन हुआ। प्रेमचन्द व्यस्तता, थकान और बीमारी के बावजूद, अमृतराय के शब्दों में "चौबीस घंटे का बहुत लम्बा और ऊबाने वाला सफ़र करके अगले दिन 12 बजे पूर्णिया पहुँचे और मुश्किल से आठ-नौ घंटे रहकर उसी चौबीस घंटे के सफ़र के लिए रवाना हो गये।" प्रेमचन्द की इस यात्रा पर आश्चर्य व्यक्त करते हुए अमृतराय ने लिखा है : "यह हो क्या गया है, मुंशी जी को? मुंशी जी जो इतने यात्रा-भीरु थे, यकबयक ऐसे यात्रा-शूर कैसे हो गये? हिन्दुस्तानी और प्रगतिशील साहित्य का भूत सवार है आजकल सर पर, जहाँ जिस मंच से अपनी बात कह सकें।" इसी आकांक्षा और उद्देश्य से प्रेमचन्द पूर्णिया के सम्मेलन में गये थे। वहाँ से लौटकर उन्होंने पूर्णिया सम्मेलन के बारे में मार्च, 1936 में एक टिप्पणी लिखी थी, जिसमें उन्होंने यह स्वीकार किया था, "हमें नहीं मालूम था कि कविता में खड़ी बोली के व्यवहार की प्रेरणा पहले बिहार में हुई और हिन्दी साहित्य सम्मेलन की कल्पना भी बिहार की ही ऋणी है।" इस टिप्पणी में प्रेमचन्द जी ने हिन्दी-उर्दू की एकता पर ज़ोर दिया है और यह भी लिखा है : "हिन्दी और उर्दू को हम जहाँ तक मिलाये रख सकें वहाँ तक मिलाये रखने में कोई आपत्ति नहीं होनी चाहिए। भाषा के भेद को अगर मिटाया जा सके तो हमें इसमें हानि के बदले लाभ ही नज़र आता है।" इस टिप्पणी के अन्त में उन्होंने ऐसी कविता की माँग की है जिसमें जागृति पैदा करने की शक्ति हो और साथ ही उन्होंने उदाहरण के लिए इक़बाल की एक कविता का अंश उद्धृत किया है। इक़बाल प्रेमचन्द के प्रिय कवि थे। उन्होंने प्रगतिशील लेखक संघ के पहले अधिवेशन के अध्यक्ष पद पर जो भाषण दिया था उसमें कई बार इक़बाल की कविता उद्धृत की है। कवि इक़बाल की क्रान्तिकारी चेतना से वे एकता अनुभव करते थे। इस टिप्पणी में कविता के बारे में जो राय व्यक्त की गयी है उसकी प्रतिध्वनि प्रगतिशील लेखक संघ के अध्यक्ष पद से दिए गये भाषण में सुनाई देती है।

(दो)

प्रेमचन्द की उपन्यास-कला के निखार, उसके महत्त्व की समझ का विस्तार, उसकी विश्वसनीय व्याख्या और उसके समुचित मूल्यांकन में कुछ भूमिका बिहार के लेखकों और आलोचकों की भी है। इस सन्दर्भ में लेख के इस भाग में शिवपूजन सहाय, जनार्दन प्रसाद झा 'द्विज' और नलिनविलोचन शर्मा के योगदान की चर्चा है।

प्रेमचन्द उर्दू से हिन्दी में आये थे। वे हिन्दी में कहानियाँ बहुत पहले से लिख रहे थे। लेकिन आरम्भ में उपन्यास प्रायः गाढ़ी उर्दू में लिखते थे। उनके अनेक महत्त्वपूर्ण उपन्यास पहले उर्दू में लिखे गये, लेकिन छपे पहले हिन्दी में और फिर बाद में उर्दू में। 'सेवासदन', 'प्रेमाश्रम' और 'रंगभूमि' के साथ यही हुआ। प्रेमचन्द के जो उपन्यास उर्दू से हिन्दी में या हिन्दी से उर्दू में आये उनके रूपान्तरण का काम वे खुद कम ही करते थे। इस काम में वे प्रायः दूसरों की मदद लेते थे।

'रंगभूमि' पहले उर्दू में लिखा गया, लेकिन छपा पहले हिन्दी में। फिर उसे उर्दू में रूपान्तरित किया गया और नाम हुआ 'चौगाने-हस्ती'। उसकी भूमिका में प्रेमचन्द ने स्वयं लिखा है कि "अगर्चे रंगभूमि पहले उर्दू में ही लिखी गयी थी, मगर उसका उर्दू एडीशन हिन्दी एडीशन हो जाने के तीसरे साल शाया हो रहा है। हिन्दी एडीशन तैयार करते वक़्त उर्दू मसविदे में इतनी तरमीम हो गयी कि वह उस हालत में प्रेस के क़ाबिल न था। इसके अलावा कई अबवाब (अध्याय) हिन्दी में और बढ़ा दिए गये। उन्हें दोबारा उर्दू मसविदे में शामिल करना ज़रूरी था। इसीलिए सारा उर्दू मसविदा हिन्दी मसविदे के मुताबिक करके दोबारा लिखना पड़ा। मैं अपने करमफ़र्मा मुंशी इक़बाल वर्मा 'सेहर' साहब हितगामी का बेहद ममनून हूँ कि उन्होंने इस बार को अपने ज़िम्मे लिया और किताब को इस सूरत में तैयार कराया जिसमें आज वह आपके सामने हाज़िर है।"

हिन्दी में 'रंगभूमि' के पाठ के तैयार होने और उसके छपने की कहानी भी कम दिलचस्प नहीं है। इस कहानी में शिवपूजन सहाय की भूमिका अत्यन्त दिलचस्प है। उसे आप स्वयं शिवपूजन सहाय के शब्दों में पढ़िए। शिवपूजन सहाय ने प्रेमचन्द के संस्मरण में लिखा है : "मुझे प्रेमचन्द जी के सुप्रसिद्ध उपन्यास 'रंगभूमि' की पांडुलिपि प्राप्त हुई, जो पहले से भार्गव जी (दुलारे लाल भार्गव) के पास आ चुकी थी। मैंने सुना था कि वे (प्रेमचन्द) पहले उर्दू में कहानी या उपन्यास लिख जाते हैं, फिर हिन्दी के किसी जानकार से नागराक्षरों में लिखवाते हैं। पर जब 'रंगभूमि' की कॉपी मिली, मेरे आश्चर्य और आनन्द का ठिकाना न रहा। सारी कॉपी प्रेमचन्द की ही लिखी हुई थी। दो मोटी जिल्दों में ख़ासा एक बड़ा पोथा, छोटे-छोटे अक्षर, घनी लिखावट, कहीं काट-छाँट नहीं, मानो पूरी पुस्तक एक साँस में लिखी गयी हो। भार्गव जी के 'गंगा पुस्तकमाला' की

पुस्तकों का सम्पादन जिन नियमों के अनुसार होता था उन नियमों को मैं जान चुका था। जब मैं 'रंगभूमि' की कॉपी पढ़ने लगा, नियमों का ध्यान छूट गया, मन रीझकर भाषा की बहार लूटने लगा। पचासों पन्ने उलट जाने के बाद अचानक उत्तरदायित्व का ज्ञान होता, फिर पीछे लौटकर नियमों की पाबन्दी करनी होती। कुछ हिन्दी शब्दों की लिखावट में भूल मिलती थी और कुछ के उपयुक्त प्रयोग में भी। वाक्यावली और वर्णन शैली तो गंगा की धारा-सी स्वच्छ और सवेग थी। बँधे नियमों के अनुसार कुछ अक्षर बदलने पड़े। कुछ मात्राएँ इधर-उधर हुईं, कुछ प्रसंगानुकूल यथोचित शब्द चस्पाँ किये गये। प्रेस कॉपी तैयार हो गयी।'' इस संस्मरण में कहानी जितनी सीधी और सरल है, वास्तव में ऐसी न थी। शिवपूजन सहाय ने प्रेमचन्द के प्रति अपार आदर और अपनी स्वाभाविक विनयशीलता के कारण 'रंगभूमि' के संपादन में अपनी भूमिका को बहुत कम आँका और प्रस्तुत किया है। 'रंगभूमि' की कथा-भाषा ललित है और जानदार भी। साथ ही उसकी संरचना अत्यन्त सुगठित भी। 'रंगभूमि' की ये विशेषताएँ शिवपूजन सहाय की क़लम की देन हैं जो लोग शिवपूजन सहाय की मनोरम भाषा और अनूठी गद्य-शैली से परिचित हैं, उन्हें 'रंगभूमि' की भाषा और शैली में शिवपूजन सहाय की छाप पहचानने में कठिनाई नहीं होगी। स्वयं प्रेमचन्द शिवपूजन सहाय की मनोहर भाषा के कायल थे। उन्होंने 22 फ़रवरी, 1925 के एक पत्र में शिवपूजन सहाय को लिखा था : "प्रिय शिवपूजन सहाय जी, बन्दे। मुझे तो आप भूल ही गये। लीजिए, जिस पुस्तक पर आपने कई महीने दिमाग़रेजी की थी, वह आपका अहसान अदा करती हुई आपकी ख़िदमत में जाती है और आपसे विनती करती है कि मुझे दो-चार घंटे के लिए एकान्त का समय दीजिए और तब आप अपनी निस्बत जो राय क़ायम करें वह अपनी मनोहर भाषा में कह दीजिए।"

सामान्य रूप से हिन्दी साहित्य और विशेष रूप से हिन्दी आलोचना में व्याप्त रूढ़िवाद के कारण आधुनिक काल के अनेक महान लेखकों और कवियों को उग्र विरोध का सामना करना पड़ा है, ओछे आरोप सहने पड़े हैं और गहरी मानसिक यातना से भी गुज़रना पड़ा है। हिन्दी साहित्य और आलोचना में मौजूद रूढ़िवाद के सबसे अधिक शिकार प्रेमचन्द और निराला हुए हैं। प्रेमचन्द और निराला का उग्र विरोध करने वालों का रूढ़िवाद केवल साहित्य तक सीमित नहीं था। वह उनके सामाजिक दृष्टिकोण में भी मौजूद था। यह कहना ज़्यादा सही होगा कि साहित्य का रूढ़िवाद सामाजिक रूढ़िवाद को ढँकने का साधन था।

प्रेमचन्द ने हिन्दी कथा-साहित्य की संस्कृति को बदला। भारतीय समाज के जो हिस्से, समुदाय और व्यक्ति, समाज की मुख्यधारा से अलग हाशिए पर रहने के लिए मजबूर थे, वे साहित्य के भी हाशिए पर रहने के लिए अभिशप्त थे। प्रेमचन्द के कथा-साहित्य में प्रायः समाज के बहिष्कृत, उपेक्षित, अदृश्य और

बेज़ुबान जन को जगह मिली। उन्हें प्रेमचन्द ने अपने कथा-संसार का नागरिक बनाया और नायक भी। यही नहीं, उन्होंने अपने कथा-साहित्य में उन्हें खलनायक बनाया जो पहले नायक हुआ करते थे। 'रंगभूमि' में जिस सूरदास को नायक बनाया गया है वह ग़रीब, अन्धा, भिखारी और दलित है, पर प्रेमचन्द के शब्दों में उसकी अन्तर्दृष्टि खुली हुई है। वह अपने अदम्य साहय और संघर्ष के कारण 'रंगभूमि' उपन्यास का ही नहीं, अपने समय और समाज का भी नायक बनता है। 'रंगभूमि' में खलनायक हैं ठाकुर महेन्द्र प्रताप और जॉन सेवक, जो समाज में नायक बने घूमते थे। साहित्य की इस संस्कृति के परिवर्तन का परिणाम यह हुआ कि सामान्य जन भी स्वयं को साहित्य-संसार का नागरिक समझने लगा। यही बात साहित्य और समाज के सन्दर्भ में रूढ़िवादी दृष्टिकोण रखने वालों को परेशान करती थी और वे बौखलाहट में प्रेमचन्द पर आक्रमण करते थे तथा उन पर तरह-तरह के आरोप भी लगाते थे।

जब तक प्रेमचन्द उर्दू में उपन्यास लिखते रहे, तब तक हिन्दी वालों को उनकी चिन्ता नहीं थी। लेकिन जैसे ही उनके उपन्यास हिन्दी में प्रकाशित होने लगे वैसे ही उन पर आक्रमण और ओछे आरोपों का दौर शुरू हुआ। आरोप लगाने और आक्रमण करने वालों में श्रीनाथ सिंह, अवध उपाध्याय, हेमचन्द्र जोशी, रामकृष्ण शुक्ल शिलीमुख, ज्योति प्रसाद निर्मल और नन्ददुलारे वाजपेयी आदि प्रमुख थे। प्रेमचन्द को नक़लची, घृणा के प्रचारक, हिन्दू-द्रोही, ब्राह्मण विरोधी आदि कहा गया। एक आलोचक उन्हें 'उपन्यास सम्राट' कहे जाने पर व्यंग्य करता था तो दूसरा उन्हें उथला और प्रचारक साबित करता था। रीतिवाद और कलावाद के पुजारी प्रायः प्रेमचन्द को असफल कथाकार या दूसरे दर्जे का उपन्यासकार कहते थे। इन सब आरोपों को सुनते और सहते हुए प्रेमचन्द जिस मानसिक दशा से गुज़र रहे थे उसकी अभिव्यक्ति 14 नवम्बर 1934 को बनारसीदास चतुर्वेदी को लिखे एक पत्र में इस रूप में हुई है, "किसकी बुराई करने वाले लोग नहीं हैं। खुद मेरे चारों तरफ बुरा-भला कहने वाले जमा हैं जो मुझ पर चोट करने का एक भी मौका हाथ से जाने न देंगे। एक समय ऐसा था, जब किसी की एक अमित्रतापूर्ण चोट से मैं रात की रात जागता रह जाता था, आँखों की नींद उड़ जाती थी। मगर अब वह हालत गुज़र चुकी है और मैं अपने आप को पहले से कहीं ज़्यादा अच्छी तरह जानता हूँ। मतभेद सदा रहेंगे, लेकिन उनकी चिन्ता हम क्यों करें। सब लोग मेरी प्रशंसा नहीं करेंगे और न यही कहा जा सकता है कि मैंने जो कुछ लिखा है, सब का सब निर्दोष है।" इसी पत्र में प्रेमचन्द ने यह भी लिखा है कि, "वातावरण में ईर्ष्या और संकीर्णता छायी हुई है।"

ऐसे ही वातावरण में जनार्दन प्रसाद झा 'द्विज' आगे आये, प्रेमचन्द के पक्ष में खड़े हुए और 'प्रेमचन्द की उपन्यास-कला' नाम की पुस्तक लिखी, जिसका पहला

संस्करण 1933 में वाणी मन्दिर प्रेस, छपरा से छपा। इस पुस्तक के प्रकाशन के पहले जनार्दन प्रसाद झा 'द्विज' ने 'माधुरी' के जून, 1923 के अंक में 'साहित्यिक कला और प्रेमाश्रम' शीर्षक लेख लिखकर 'प्रेमाश्रम' पर लगाये जाने वाले आरोपों का उत्तर दिया था। 'प्रेमचन्द की उपन्यास-कला' नामक पुस्तक का पहला संस्करण जब छपा था तब तक 'गौदान' का प्रकाशन नहीं हुआ था। जब 'प्रेमचन्द की उपन्यास-कला' का दूसरा संस्करण 1941 ई. में छपा तब तक 'गोदान' प्रकाशित हो चुका था और प्रेमचन्द स्वर्गीय हो चुके थे। जनार्दन प्रसाद झा 'द्विज' से प्रेमचन्द की आत्मीयता थी। 'द्विज' ने अपनी पुस्तक के दूसरे संस्करण के विषय-प्रवेश में यह संकेत दिया है कि प्रेमचन्द ने उन्हीं के अनुरोध पर अपने उपन्यास का नाम 'गौदान' के बदले 'गोदान' रखा।

जिस समय 'द्विज' ने 'प्रेमचन्द की उपन्यास-कला' नामक किताब लिखी वह प्रेमचन्द, निराला और आचार्य रामचन्द्र शुक्ल का समय था। उस समय साहित्य का लक्ष्य था लोकमंगल—रचना में और आलोचना में भी। प्रेमचन्द ने अपने उपन्यासों में लोकमंगल की स्थापना के लिए जो कला-साधना की थी उसी का विवेचन इस पुस्तक में है। प्रेमचन्द के आलोचक उन्हें उपदेशक और प्रचारक कहते थे। इस बात को याद करते हुए 'द्विज' ने लिखा है : "इनके आदर्शवाद के कारण कुछ लोग इन्हें उपदेशक या प्रचारक की संज्ञा देना अधिक उपयुक्त समझते हैं। उनका ऐसा समझना कहाँ तक युक्तिसंगत है, वे ही जानें। हम तो यही समझते हैं कि आदर्शवाद के बिना लोकोपयोगी साहित्य का निर्माण किया ही नहीं जा सकता।" 'द्विज' ने अपना साहित्य सम्बन्धी दृष्टिकोण स्पष्ट करते हुए लिखा है : "जो कलाकार अपनी कला में उच्च आदर्शों की प्रतिष्ठा नहीं करता वह और क्या करता है? उसकी कला का अस्तित्व ही फिर किसलिए है? पवित्र उद्देश्य तथा नीति से सम्बन्ध रखने वाले लोकोपयोगी विचारों का बहिष्कार करके कला के मंगलमय रूप का विधान कैसे किया जा सकता है?"

जनार्दन प्रसाद झा 'द्विज' प्रेमचन्द के युगान्तरकारी महत्त्व को समझ रहे थे और उसी की व्याख्या के लिए उन्होंने यह पुस्तक लिखी थी। उनके अनुसार प्रेमचन्द के उपन्यासों का एक महत्त्व यह है कि उनके कथा-साहित्य में व्यापकता बहुत है। उन्होंने लिखा है : "ये (प्रेमचन्द) केवल पारिवारिक जीवन का चित्र या किसी सम्प्रदाय विशेष की दुरवस्थाओं का वर्णन उपस्थित करके ही अपना काम पूरा नहीं कर लेते, अपने विस्तृत समाज और विशाल राष्ट्र की व्यापक और गम्भीर समस्याओं पर पूरा-पूरा प्रकाश डालते हुए, भिन्न-भिन्न अवस्थाओं में विभक्त सांसारिक जीवन की विशद् व्याख्या करना भी इनका उद्देश्य रहता है। अपने इस उद्देश्य की पूर्ति के लिए ये जीवन-व्यापार के प्रायः सभी क्षेत्रों से कथा-सामग्री का संचय किया करते हैं। किसान, ज़मींदार, राजा, रंक, साधु, चोर, हाकिम, पुलिस,

वकील, विद्यार्थी, अध्यापक, राजनीतिक, धर्मनीतिज्ञ, सुधारक, प्रचारक, देशसेवक, पंडे, गुंडे आदि सभी प्रकार के लोगों की जीवन-घटना के रंग-बिरंगे चित्र खींचकर ये हमारे मनोवैज्ञानिक अध्ययन की पूरी-पूरी सामग्री तो प्रस्तुत करते ही हैं, साथ ही इस बात का भी ध्यान रखते हैं कि इनकी इस सामग्री में हमें अपने जीवन को उत्साहपूर्ण, उद्योगी, सुदृढ़ और शिक्षामय बनाने की सुविधाएँ प्राप्त हों।" 'द्विज' जी ने ठीक ही लिखा है कि प्रेमचन्द के उपन्यासों की यह वस्तु सम्बन्धी विविधता सचमुच बेजोड़ है।

'प्रेमचन्द की उपन्यास-कला' में वस्तु-विन्यास के विवेचन के दौरान ही प्रेमचन्द की विलक्षण पर्यवेक्षण शक्ति का विश्लेषण है जिससे उनकी सर्जनात्मक कल्पना की क्रियाशीलता सामने आती है। 'द्विज' जी ने ठीक ही लिखा है : "अपने समय के भारतीय औपन्यासिकों में ये ही ऐसे सर्वदर्शी कलाकार हैं, जो अपने सामाजिक और राष्ट्रीय वातावरण के समस्त उपकरणों को बार-बार उलट-पुलटकर देखते रहते हैं और उस वातावरण में पलने वाले मानव-स्वभाव के एक-एक अंग को खूब अच्छी तरह पहचानते हैं।" 'द्विज' के अनुसार इसी पर्यवेक्षण शक्ति के कारण उनकी दृष्टि "कहीं-कहीं लोक-स्वभाव के अत्यन्त सुन्दर चित्र अंकित करती चलती है।" अपूर्व पर्यवेक्षण शक्ति के कारण ही उनके चरित्र-चित्रण में सजीवता आती है और सम्पूर्णता भी। इसीलिए उनके चरित्रों में स्वाभाविकता भी मिलती है। प्रेमचन्द उपन्यास को 'मानव-चरित्र का चित्र' मानते थे। अपनी इसी मान्यता और सृजनशीलता के बल पर उन्होंने अविस्मरणीय चरित्रों की सृष्टि की है।

प्रेमचन्द के कथा-साहित्य में कथोपकथन का विशेष महत्त्व है। कथोपकथन के माध्यम से वे अपने उपन्यासों और कहानियों में व्यंग्य और विनोद का ऐसा प्रयोग करते हैं, जिसे एक ओर कोई-न-कोई मनोवैज्ञानिक सत्य प्रकट होता है तो दूसरी ओर कोई-न-कोई सामाजिक विडम्बना भी। 'द्विज' ने उनके उपन्यासों में प्रयुक्त कथोपकथन की विशेषताओं को ध्यान में रखकर यह लिखा है : "कथोपकथन का मुख्य उद्देश्य पात्रों के चरित्र की मनोरंजक और मनोवैज्ञानिक व्याख्या करना ही होता है। इनके पात्रों का पारस्परिक वार्तालाप अधिकतर वही किसी प्रकार की नवीन घटना या स्थिति का चित्रण कर सकता है जहाँ वह उनके (पात्रों के) किसी प्रकार के स्वाभाविक भावावेश को उत्तेजित करने का अवसर पा जाता है।"

प्रेमचन्द के उपन्यासों पर बार-बार यह आरोप लगाया जाता था कि उनमें समसामयिकता बहुत है, चिरन्तनता नहीं। 'द्विज' शाश्वततावादियों के इस आरोप से परिचित थे, इसलिए उन्होंने 'देशकाल का प्रतिबिम्ब' नामक अध्याय में लिखा है : "प्रेमचन्द जी के उपन्यास या तो सामाजिक समस्याओं से सम्बन्ध रखने वाले होते हैं या राष्ट्र की चलती हुई राजनीतिक समस्याओं से, किन्तु समाज या राष्ट्र के किसी एक ही अंग को पकड़कर ये नहीं चलते, उसके भिन्न-भिन्न अंगों तथा

स्वरूपों का विश्लेषण करते हुए, ये देशकाल का जो मार्मिक चित्र उपस्थित करते हैं, उसमें इतिहास की सच्चाई भी रहती है और कला की सुन्दरता भी।" 'द्विज' ने यह भी लिखा है : "प्रेमचन्द हमारे नीरव अतीत को अपनी कल्पना के आँगन में कभी नहीं बुलाते, बोलते हुए वर्तमान से ही हमारा साक्षात्कार कराते हैं।" प्रेमचन्द के कथा-साहित्य पर समसामयिकता और अख़बारीपन का आरोप लगानेवालों को ध्यान में रखकर 'द्विज' ने लिखा है : "अपनी कृतियों में अपने समय का सर्वांग सुन्दर चित्र उतारना यदि साहित्यिक अक्षमता है तो इसी अक्षमता के नाते प्रेमचन्द जी भारतीय कथा-साहित्य के संसार में आज अपने समय के सबसे बड़े विश्वस्त प्रतिनिधि कलाकार कहे जा सकते हैं।"

प्रेमचन्द के समकालीन शाश्वततावादी आलोचक यह शाप दिया करते थे कि प्रेमचन्द के उपन्यासों का कोई स्थायी महत्त्व नहीं है। इस शाप का उत्तर देते हुए 'द्विज' ने लिखा है कि प्रेमचन्द की रचनाएँ सामयिक होकर भी सर्वकालीन हैं, क्योंकि ''सामयिकता का आश्रय ग्रहण किए बिना कोई भी कला अपनी स्वाभाविकता और सजीवता का सच्चा प्रभाव अभिव्यक्त नहीं कर सकती, अपने समय का सच्चा चित्र खींचे बिना कोई भी कलाकार अपनी कला के द्वारा लोकधर्म का पालन नहीं कर सकता।"

जनार्दन प्रसाद झा 'द्विज' की उपन्यास की समझ अपने समय के अन्य आलोचकों से अधिक विकसित है। वे उपन्यास और इतिहास के गहरे सम्बन्धों को पहचानते हैं, इसलिए उन्होंने प्रेमचन्द के उपन्यासों के स्थायित्व की ओर संकेत करते हुए यह लिखा है : "इनका साहित्य आगे चलकर हमारे युग के इतिहास का भी काम करेगा। हमारी सामाजिक एवं राष्ट्रीय अवस्थाओं के स्वरूप-परिवर्तन की जो चेष्टाएँ की जा रही हैं, उनसे हमारे जातीय इतिहास का स्वरूप भी बदल जाएगा और आने वाली पीढ़ी के लोग इन्हीं 'प्रेमाश्रम', 'रंगभूमि', 'कर्मभूमि' आदि उपन्यासों के द्वारा हमारे युग की मूल प्रवृत्तियों का सच्चा परिचय प्राप्त करेंगे। यह सम्भावना भी इनकी कला के स्थायित्व का एक आधार है।" साहित्य और इतिहास के बीच ऐसा ही सम्बन्ध प्रेमचन्द भी मानते थे। उन्होंने लिखा है : "साहित्य अपने समय का इतिहास होता है, इतिहास से कहीं अधिक सत्य।'' आज इतिहास, समाजशास्त्र और राजनीति शास्त्र के विचारक प्रेमचन्द की रचनाओं के आधार पर उत्तर भारत के जनजीवन के इतिहास की खोज का जो प्रयत्न कर रहे हैं उनसे जनार्दन प्रसाद झा 'द्विज' की मान्यता की पुष्टि होती है।

प्रेमचन्द के ज़माने के कुछ आलोचक हिन्दी और अन्य भाषाओं के उपन्यासकारों से प्रेमचन्द की तुलना करते हुए उनको छोटा और सतही उपन्यासकार घोषित करते थे। इस बात को ध्यान में रखकर 'द्विज' जी ने अपनी पुस्तक में हिन्दी के जयशंकर प्रसाद, विश्वम्भर नाथ शर्मा 'कौशिक', वृन्दावनलाल वर्मा, चतुरसेन

शास्त्री, पांडेय बेचन शर्मा 'उग्र' आदि से प्रेमचन्द की तुलना की है और साथ ही बाङ्ला के रवीन्द्र और शरत्, अंग्रेज़ी के हार्डी और गॉल्सवर्दी तथा रूसी के गोर्की से भी। इस तुलनात्मक आलोचना की प्रक्रिया में 'द्विज' जी ने प्रेमचन्द की सामाजिक दृष्टि, राजनीतिक चेतना और कथा की कला की विशिष्टता का विस्तार से विवेचन किया है। इस पूरे तुलनात्मक विवेचन से यह स्पष्ट है कि 'द्विज' एक बहुपठित और सुलझे हुए आलोचक थे। रामविलास शर्मा ने 'प्रेमचन्द' नामक अपनी पुस्तक के दूसरे संस्करण की भूमिका में 'द्विज' जी की पुस्तक के महत्त्व का विवेचन इन शब्दों में किया है, "जनार्दन प्रसाद झा 'द्विज' की पुस्तक 'प्रेमचन्द की उपन्यास-कला' प्रेमचन्द पर, मेरी जानकारी में, पहली आलोचना-पुस्तक है, वह निश्चय ही प्रेमचन्द के उपन्यासों पर ध्यान केन्द्रित करनेवाली पहली पुस्तक है और प्रगतिशील दृष्टिकोण से प्रेमचन्द-साहित्य का विश्लेषण करनेवाली भी वह पहली पुस्तक है। प्रेमचन्द अपने कथा-साहित्य में जो दृष्टि अपनाते हैं, उसी का प्रतिफलन झा की आलोचना है। इस प्रकार मूल कथा-साहित्य और उसकी आलोचना में यहाँ ज़बर्दस्त सामंजस्य है। यह इस पुस्तक का युगान्तकारी महत्त्व है।"

प्रेमचन्द हिन्दी-उर्दू के सबसे लोकप्रिय कथाकार हैं, यह उनके परम विरोधी भी मानते हैं। कुछ लोग उनको प्रगतिशील राजनीतिक तथा सामाजिक दृष्टि का कथाकार होने के कारण महत्त्वपूर्ण समझते हैं, लेकिन प्रेमचन्द की उपन्यास-कला की श्रेष्ठता स्वीकार करने वाले और उसकी व्यवस्थित व्याख्या करने वाले बहुत कम आलोचक हैं। ऐसे एक आलोचक हैं नलिन विलोचन शर्मा। यह कहने वाले पहले भी बहुत लोग रहे हैं और आज भी हैं कि प्रेमचन्द की कहानियाँ तथा उपन्यासों में कला का उत्कर्ष नहीं है। नलिन जी की प्रेमचन्द सम्बन्धी आलोचना की केन्द्रीय विशेषता है—कथाकार प्रेमचन्द की रचनाओं की कला के उत्कर्ष की व्याख्या। नलिन जी ने प्रेमचन्द जी को युगान्तरकारी महत्त्व का कथाकार माना है। इसलिए वे हिन्दी उपन्यास के इतिहास को प्राक् प्रेमचन्द युग और प्रेमचन्दोत्तर युग में विभाजित करते हैं। उन्होंने लिखा है : "प्रेमचन्द उस शिखर के समान हैं जिसके दोनों ओर पर्वत के दो भागों के उतार-चढ़ाव हैं।" वे यह भी कहते हैं कि 'गोदान' की रचना करने वाले प्रेमचन्द ही हिन्दी के वर्तमान और भविष्य के निर्देशक हैं।

प्रेमचन्द ऐसे लेखक थे जो बिना कोई शोर-हंगामा किये अपनी रचनात्मक क्षमता के बल पर किसी साहित्य की संस्कृति को बदलता है। इस सत्य को पहचानते हुए नलिन जी ने लिखा है : "उन्होंने आलोचना के प्रतिमानों को चुनौती न देकर नये मूल्य स्थापित किये। हंगामा ज़रा भी न हुआ और परिवर्तन बहुत बड़ा हो गया, खून की एक बूँद गिरे बिना क्रान्ति हो गयी।" यह कवि नलिन विलोचन शर्मा का कथन है जिसका जितना अर्थ सामने है उससे अधिक ओट में है।

नलिन जी ने उपन्यास की एक नयी समझ के आधार पर प्रेमचन्द के

उपन्यासों के महत्त्व का विश्लेषण किया है। वे मानते हैं कि समाज के स्वरूप से साहित्य के रूप का आत्मीय सम्बन्ध होता है, इसलिए समाज के स्वरूप में परिवर्तन के साथ-साथ साहित्य के रूपों में भी परिवर्तन होता है। यह जगज़ाहिर बात है कि कविता में महाकाव्य सामन्ती युग का प्रतिनिधि काव्य-रूप था। इसलिए सामन्ती युग के अन्त के साथ महाकाव्यों की रचना का भी अन्त हो गया। यह भी सब लोग जानते हैं कि आधुनिक युग के आगमन के साथ उपन्यास का उदय हुआ और वह आधुनिक काल का प्रतिनिधि साहित्य-रूप बना। जो लोग समाज के स्वरूप से साहित्य के स्वरूप के सम्बन्ध को नहीं जानते-पहचानते, वे ही आधुनिक युग के महाकाव्य 'उपन्यास' में सामन्ती युग के महाकाव्य के लक्षणों की खोज करते हैं और उन्हें न पाकर निराश होते हैं। नलिन जी ने सामन्ती युग के महाकाव्य से आधुनिक युग के उपन्यास का फ़र्क़ समझाते हुए लिखा है : "हिन्दी उपन्यास का इतिहास किसी भी देश के इतिहास की तरह हिन्दी भाषी क्षेत्र की सभ्यता और संस्कृति के नवीन रूप के विकास का साहित्यिक प्रतिफलन है। समृद्धि और ऐश्वर्य की सभ्यता महाकाव्य में अभिव्यंजना पाती है; जटिलता, वैषम्य और संघर्ष की सभ्यता उपन्यास में।" नलिन जी का यह कथन साबित करता है कि वे अपने समय के हिन्दी आलोचकों के सामान्य साहित्य-विवेक से कितना आगे थे और आधुनिक भी।

प्रसिद्ध मार्क्सवादी आलोचक टेरी ईगल्टन ने 2006 के अपने एक निबन्ध में यह लिखा है कि जिस तरह आधुनिक काल के आने से सत्य की खोज का प्रत्यन धर्म और आदर्शवाद के बदले जीवन के अस्तित्व में होने लगा, उसी तरह आधुनिक युग में उपन्यास के उदय के साथ साधारण आदमी के दैनिक जीवन की गतिविधियों को साहित्य में जगह मिलने लगी। पहले के साहित्य में साधारण लोग दास, सेवक या विदूषक की भूमिका में आते थे, जबकि आधुनिक काल में, और विशेष रूप से उपन्यास में, साधारण मनुष्यों के जीवन के अनुभव साहित्य के केन्द्र में आये। यह साहित्य की दुनिया में एक बड़ी क्रान्ति थी।

'प्रेमचन्द की उपन्यास-कला' का विश्लेषण करते हुए नलिन जी बराबर इस बात को ध्यान में रखते हैं कि साहित्य और कला में नया और सार्थक वही रच सकता है जो अन्तर्वस्तु का निरन्तर अन्वेषण और नये रूपों का आविष्कार करने में सक्षम हो। नलिन जी के अनुसार प्रेमचन्द की महत्त्वपूर्ण देन 'उपन्यास के स्थापत्य से सम्बद्ध' है। इस स्थापत्य को वे 'समानान्तर स्थापत्य शैली' कहते हैं जिसका आविष्कार प्रेमचन्द ने 'गोदान' में किया था।

प्रेमचन्द के अनेक उपन्यासों में समानान्तर स्थापत्य शैली की खोज करते हुए और 'गोदान' में उसके उत्कर्ष की पहचान करते हुए नलिन जी ने लिखा है : "स्वयं प्रेमचन्द के ही 'सेवा सदन' की सुगठित स्थापत्य शैली और 'प्रेमाश्रम' या

'रंगभूमि' की अंशतः समानान्तर स्थापत्य शैली से भिन्न है 'गोदान' का स्थापत्य। प्रेमचन्द के 'गोदान' में "एक साथ ही एक दूसरे से विच्छिन्न से लगने वाले ग्राम भारत और नगर भारत बलात् ग्रन्थित भी हो जाते हैं और विकलांग भी नहीं होते। प्रायः यह कहा जाता रहा है कि 'गोदान' में कथावस्तु का बिखराव है, उसमें ग्रामीण और नागरीय जीवन की कथाएँ परस्पर असम्बद्ध हैं। नलिन जी ने इस आरोप का उत्तर देते हुए असम्बद्धता को 'गोदान' के स्थापत्य का गुण माना है और लिखा है कि "वस्तुतः यही 'गोदान' के स्थापत्य की वह विशेषता है जिसके कारण उसमें महाकाव्यात्मक गरिमा आ जाती है। नदी के दो तट असम्बद्ध दिखते हैं, पर वे वस्तुतः असम्बद्ध नहीं रहते। उनके बीच से जलधारा बहती है। इसी तरह 'गोदान' की असम्बद्ध-सी दीख पड़ने वाली दोनों कहानियों के बीच से भारतीय जीवन की विशाल धारा बहती जाती है। भारतीय जनजीवन का जो एक ओर नागरिक है और दूसरी ओर ग्रामीण और जो एक साथ ही प्राचीन भी है और जागरण के लिए छटपटा भी रहा है, इतने बड़े पैमाने पर इतना यथार्थ चित्रण हिन्दी में ही क्यों किसी भी भारतीय उपन्यास में नहीं हुआ है। यदि 'गोदान' का स्थापत्य कृत्रिम रूप से सुसंघटित रहता तो अवश्य ही वह भारतीय जीवन के वैविध्य और आँखों के सामने चलनेवाली, अतः स्पष्ट परिवर्तन की प्रक्रियाओं का चित्रागार नहीं बन पाता।"

नलिन जी ने प्रेमचन्द की चित्रण-कला की जैनेन्द्र से तुलना करते हुए लिखा है : "प्रेमचन्द के चरित्रों में, कथावस्तु में, वर्णनों में गति रहती है। वे सैकड़ों खंड चित्रों की सहायता से एक ऐसा चल चित्रात्मक प्रभाव उत्पन्न कर देते हैं, जो जैनेन्द्र के कौशल से सर्वथा भिन्न है।" उन्होंने यह भी लिखा है : "प्रेमचन्द के चित्र सर्वांगपूर्ण होते हैं, उनमें सादे, पर गहरे रंगों का यथेष्ट समावेश रहता है और उनका अंकन सधी एवं निर्भीक उँगलियों से परिचालित तूलिका के द्वारा होता है।" प्रेमचन्द के चित्रांकन की ये विशेषताएँ उनके उपन्यासों में मिलती हैं और उनकी कहानियों में भी।

प्रायः यह सभी लोग कहते हैं कि प्रेमचन्द की भाषा और शैली सरल है और सहज भी। नलिन जी ने प्रेमचन्द की भाषा-शैली की इस विशिष्टता की पहचान करते हुए लिखा है : "शैली की यह सरलता पत्रकारिता की सरलता नहीं है, जीवन की साधारणता को व्यक्त करने की मौलिक और वैशिष्ट्यपूर्ण प्रचेष्टा है।" प्रत्येक रचनाकार की भाषाशैली में उसके सोच की शैली प्रतिबिम्बित होती है और सामाजिक जीवन से उसके सम्बन्ध की शैली भी। प्रेमचन्द की शैली में जो सरलता है वह उनकी सोच और जीवन की सरलता की ही अभिव्यक्ति है। 'गोदान' की गद्य-शैली की विशिष्टता को स्पष्ट करते हुए नलिन जी ने लिखा है : "गोदान में प्रेमचन्द की शैली उर्दू गद्य की आलंकारिकता के निर्मोक से सर्वथा मुक्त हो गयी

है। 'गोदान' की महत्ता का स्थापत्य-कौशल के अतिरिक्त मुख्य कारण है शैली—वह शैली, जिसकी ओर ध्यान भी नहीं जाता। यहाँ तक कि विद्वानों ने उसका उल्लेख भी अनावश्यक समझा है।"

नलिन विलोचन शर्मा ने कथाकार प्रेमचन्द की एक ऐसी विशेषता की ओर संकेत किया है, जिसे सब लोग जानते हैं, लेकिन उसे एक विशेषता के रूप में पहचानते नहीं। वह विशेषता है क़िस्सागोई की। क़िस्सागोई की परम्परा प्रेमचन्द ने अनेक स्रोतों से अर्जित की थी। उनके सामने एक ओर दास्तानों की परम्परा थी तो दूसरी ओर 'फ़साना-ए-आज़ाद' की भी। इनके अलावा उन्होंने देवकीनन्दन खत्री की कथा-शैली को आत्मसात् किया था और लोककथा की कहन शैली को भी। नलिन जी ने साहित्य के एक व्यापक सन्दर्भ को ध्यान में रखकर प्रेमचन्द की क़िस्सागोई की कला की चर्चा की है। उन्होंने लिखा है : "प्रेमचन्द पैदाइशी क़िस्सागो थे—एक गुणाढ्य, सोमदेव, अलिफ़ लैलाकार की गहराई और विस्तार लिए हुए, एक बोकैचियो, चॉसर, बॉल्ज़ाक की अशेष उर्वर प्रतिभा वाले गल्पकार।"

प्रेमचन्द की अपार लोकप्रियता के कारणों की व्याख्या करते हुए नलिन जी ने लिखा है : "प्रेमचन्द की महत्ता इस बात में निहित है कि उन्होंने दिलचस्प और लोकप्रिय क़िस्सा-कहानी एवं साहित्यिक तथा कलापूर्ण गल्प के बीच की झूठी खाई को मिटा दिया था। तथाकथित उच्चकोटि के साहित्यिक गल्पों में शैली की विशिष्टता और चरित्र तथा भाव के कुशल अंकन के बावजूद, साहित्यिकता की दृष्टि से, हमें क़िस्सा-कहानियों के घटना-वैचित्र्य, प्रवाह, नाटकीयता और मनुष्यता के अभाव खटकते हैं। प्रेमचन्द ने साहित्य के इस उच्च वर्ग और निम्न वर्ग के वैषम्य को अपनी कृतियों से दूर कर दिया था।" यही कारण है कि प्रेमचन्द की कृतियों की लोकप्रियता रामचरितमानस की लोकप्रियता से होड़ करती है।

नलिन जी पर लिखे विनिबन्ध में गोपेश्वर सिंह ने ठीक ही कहा है : "प्रेमचन्द की कला का नलिन विलोचन शर्मा सा पारखी आलोचक दूसरा न हुआ।" नलिन जी एक बहुपठित ही नहीं, सुपठित आलोचक हैं, इसीलिए वे प्रेमचन्द सम्बन्धी अपनी आलोचना में उनकी कला सम्बन्धी विशिष्टताओं के सुविज्ञ व्याख्याकार के रूप में हमारे सामने आते हैं। उनकी व्याख्या से प्रेमचन्द की उपन्यास कला की अर्थवत्ता सामने आयी है और सार्थकता भी प्रकट हुई है। प्रायः अर्थवत्ता रचनानिष्ठ होती है और सार्थकता समाजसापेक्ष।

खण्ड : तीन

'सुनीता' और स्त्री की स्वतन्त्रता

जैनेन्द्र कुमार हिन्दी के अत्यन्त महत्त्वपूर्ण उपन्यासकार, कहानीकार, निबन्धकार और विचारक के रूप में विख्यात हैं। प्रेमचन्द के बाद के कथाकारों में उनका विशिष्ट स्थान है। हिन्दी के कथा-लेखन के क्षेत्र में तीन प्रकार के लेखक हैं। कुछ बड़े उपन्यासकार हैं तो कुछ बड़े कहानीकार, बहुत थोड़ ऐसे लेखक हैं जो कहानी और उपन्यास लेखन में समान रूप से सफल हैं। जैनेन्द्र कुमार ऐसे ही लेखक हैं, इसलिएं उन्हें केवल उपन्यासकार या केवल कहानीकार के बदले सफल कथाकार कहना उचित होगा।

जैनेन्द्र कुमार का कथा-साहित्य हिन्दी आलोचना के लिए एक असमंजस या दुविधा की तरह रहा है। एक ओर उनकी कथा-दृष्टि की नवीनता, शिल्प में सतत आविष्कार की कोशिश और कथा-भाषा के विशिष्ट रचाव का दुर्निवार आकर्षण रहा है तो दूसरी ओर उनकी सभ्यता समीक्षा से लोग बिदकते भी रहे हैं। प्रायः दुनिया के महान लेखकों के साथ ऐसी स्थिति दिखाई देती है। उनके साहित्य के प्रबल आकर्षण और तीव्र विकर्षण के द्वन्द्वों में ही उनकी महानता छिपी रहती है।

जैनेन्द्र कुमार का लेखकीय जीवन स्वाधीनता आन्दोलन सम्बन्धी उनकी गतिविधियों के साथ-साथ विकसित हुआ है। उनकी पहली कहानी 'खेल' 1927 में 'विशाल भारत' में प्रकाशित हुई। 1929 का वर्ष उनके कथा-लेखन के सन्दर्भ में अत्यन्त महत्त्वपूर्ण है। इसी वर्ष एक ओर उनका 'परख' नामक पहला उपन्यास छपा और 'फांसी' नाम का कहानी संग्रह भी। इन दोनों के माध्यम से जैनेन्द्र की हिन्दी कथा-लेखन की दुनिया में एक जगह बनी, विशिष्ट और सुरक्षित जगह। उनके बाद उनके उपन्यास, कहानी और निबन्ध लेखन का सिलसिला 20वीं सदी के 80 के दशक तक लगातार चलता रहा। उन्होंने लगभग एक दर्जन उपन्यासों की रचना की है। कहानियों के अलावा जैनेन्द्र के वैचारिक और ललित निबन्धों की अनेक पुस्तकें हैं।

जैनेन्द्र कुमार ने जब कथा-लेखन आरम्भ किया था, तब प्रेमचन्द अपनी ख्याति और लोकप्रियता के शिखर पर थे। वे हिन्दी कथा-लेखन के मानदंड बन चुके थे। ऐसी स्थिति में प्रायः नये लेखक पुराने लेखकों की बनाई रचनात्मक राह

पर चलते हैं। यह सुविधाजनक तो होता है, पर सार्थक नहीं। जैनेन्द्र कुमार भी यदि प्रेमचन्द की कथा-दृष्टि का अनुसरण करते हुए उपन्यास और कहानी लिखते तो वे न तो मौलिक होते न महत्त्वपूर्ण ही। इसीलिए उन्होंने प्रेमचन्द से स्वतन्त्र कथा-रचना की और नयी कथा भाषा भी निर्मित की।

प्रेमचन्द के कथा-साहित्य में अपने समय के समाज की चिन्ता अधिक है, उस समाज की संरचनाओं में मनुष्य की यातना की अचूक पहचान है ओर उसमें मुक्ति की छटपटाहट भी है। लेकिन जैनेन्द्र के कथा-साहित्य में, उन्हीं के शब्दों में "आदमी के मन के भेदों को खोजा गया है और उलझनों को खोलने की कोशिश है। व्यक्ति को परिधि मानकर सवाल जमाये और पूछे गये हैं।" प्रेमचन्द की रचनाओं में वस्तु विश्लेषण पर जोर है तो जैनेन्द्र के यहाँ चेतना की तहों को टटोलने की कोशिश है। प्रेमचन्द की दृष्टि वस्तुवादी है तो जैनेन्द्र की आस्थावादी। जैनेन्द्र कुमार का एक महत्त्वपूर्ण निबन्ध है 'प्रेमचन्द का गोदान यदि मैं लिखता'। इस निबन्ध को पढ़कर प्रेमचन्द और जैनेन्द्र की कथा-दृष्टियों के अन्तरों को समझा जा सकता है। इस लेख से यह स्पष्ट है कि प्रेमचन्द और जैनेन्द्र के बीच फर्क केवल सामाजिक और राजनीतिक दृष्टिकोणों का ही नहीं है बल्कि कथा-भाषा सम्बन्धी दृष्टियों का भी है। जैनेन्द्र ने लिखा है कि "प्रेमचन्द में वहाँ भी शब्द मुखर हैं जहाँ मैं इनसे हार मान बैठता और शब्दहीनता में सहारा ले रहता।" इससे जाहिर है कि जैनेन्द्र कुमार उन कथाकारों में से हैं जो मौन के सौन्दर्यशास्त्र का निर्माण करते हैं।

यह सुखद आश्चर्य की बात है कि जैनेन्द्र कुमार ने अपने पहले उपन्यास 'परख' की भूमिका में अपनी कथा-दृष्टि को स्पष्ट किया है ताकि उपन्यास के पाठक नये शिल्प से चकित और भ्रमित न हों। वे उपन्यास की यथार्थवादी दृष्टि को स्वीकार नहीं करते। उन्होंने लिखा है कि "उपन्यास में जैसी दुनिया है वैसी ही चित्रित नहीं होती। दुनिया का कुछ उठा हुआ, उन्नत, कल्पित रूप चित्रित किया जाता है।" उन्होंने उपन्यास लेखन में लेखक की स्वतन्त्रता को मूल्यवान माना है। यह स्वतन्त्रता कथा की परम्परा से है और कथा सम्बन्धी समकालीन आग्रहों से भी। इसीलिए उन्होंने यह भी लिखा है कि "क्या कहूँ और कैसे कहूँ इन दोनों बातों में मैंने किसी नियम को सामने नहीं रखा है और यह भी कि न भाषा का शिकंजा है न भाव का। दोनों किसी के नियम में बँधकर नहीं रह सकते।"

जैनेन्द्र कुमार के उपन्यासों के पाठक यह जानते हैं कि उन्होंने उपन्यासों को सायास किस्सागोई से मुक्त किया है। यह भी प्रेमचन्द से भिन्न और स्वतन्त्र कथा-दृष्टि विकसित करने की कोशिश का एक पक्ष है। प्रेमचन्द ने अपने पहले के उर्दू और हिन्दी कथा-लेखन की परम्परा से प्राप्त किस्सागोई को लिया, उसके साथ लोकजीवन में मौजूद कथा-कथन की शैली को जोड़ा और फिर उस सबको

अधिक कलात्मक बनाकर अपने कथा-साहित्य में नये रूप में रचा, इसीलिए उनका कथा-साहित्य अत्यन्त लोकप्रिय हुआ। जैनेन्द्र को लोकप्रियता की चिन्ता कभी नहीं रही है। उन्होंने उपन्यास को कलात्मक बनाने की कोशिश करते हुए उसे कथा के प्रवाह के आवेग से मुक्त किया है। किस्सागोई असल में मौखिक परम्परा की देन है, जबकि उपन्यास मुद्रण की संस्कृति की उपज है, जिसमें प्रयोगों की अपार सम्भावनाएँ होती हैं। जैनेन्द्र ने अपने उपन्यास को किस्सागोई से मुक्त करने के प्रयत्न की ओर संकेत करते हुए 'परख' की भूमिका में लिखा है : "मैंने जगह-जगह कहानी के तार की कड़ियाँ तोड़ दी हैं। वहाँ पाठक को थोड़ा कूदना पड़ता है।" उन्होंने 'सुनीता' की प्रस्तावना में भी लिखा है कि "कहानी सुनाना मेरा उद्‌देश्य नहीं है।" ऐसे प्रयासों के माध्यम से जैनेन्द्र ने एक ओर हिन्दी उपन्यास की कला का विकास किया है तो दूसरी ओर उपन्यास के पाठकों की मानसिकता को भी बदला है।

जैनेन्द्र कुमार हिन्दी के सम्भवतः अकेले ऐसे कथाकार हैं जो उपन्यास की कला और चित्रकला में समानधर्मिता देखते ही नहीं बरतते भी हैं। 1902 के अपने 'कादम्बरी' शीर्षक मराठी लेख में विश्वनाथ काशीनाथ राजवाड़े ने लिखा था कि "चित्रकारी की भाँति उपन्यास लेखन एक कला है। चित्र में किसी वस्तु का हू-ब-हू आरेखन कर पाना असम्भव होता है, काले और सफेद रंग का सम्मिश्रण कर सही आकार का भ्रम आँखों के सामने उपस्थिति करना होता है; उपन्यास के सम्बन्ध में भी वही घटित होता है।" जैनेन्द्र कुमार ने 'परख' की भूमिका में उपन्यास कला से चित्रकला की समानता की ओर संकेत करते हुए लिखा है कि उपन्यास में लेखक की संवेदना चित्र में भाव की तरह सारी कृति में रमी रहती है। 'परख' की रचनाशीलता को स्पष्ट करते हुए उन्होंने यह भी लिखा है कि "कहीं एक साधारण भाव को वर्णन से फुला दिया है, कहीं लम्बा-सा रिक्त छोड़ दिया है, कहीं बारीकी से काम लिया है, कहीं लापरवाही से, कहीं हल्की धीमी कलम से काम लिया है, कहीं तीक्ष्ण और भागती से। मैं समझता हूँ कि यह सब कुछ चित्र में खूबी और असलियत लाने के लिए जरूरी हो पड़ता है। यह कम ज्यादे रंग की शोभा रंग-बिरंगेपन में और स्वाद देती है।" 'सुनीता' की प्रस्तावना में भी जैनेन्द्र ने उपन्यास के रचना विधान को चित्र के सादृश्य के माध्यम से स्पष्ट किया है। उन्होंने 'सुनीता' में केवल तीन-चार पात्रों की उपस्थिति और कथा तत्व की कमी की कैफियत बयान करते हुए लिखा है कि "इस विश्व के छोटे-से-छोटे खंड को लेकर हम अपना चित्र बना सकते हैं और उसमें सत्य के दर्शन कर सकते हैं। इसलिए अपने चित्र के लिए बड़े कैनवास की जरूरत मुझे नहीं हुई। थोड़े में समग्रता क्यों न दिखाई जा सके।" 'सुनीता' उपन्यास का केन्द्रीय पात्र हरिप्रसन्न क्रान्तिकारी ही नहीं चित्रकार भी है। उसने सुनीता के घर में रहते हुए उसका जो

चित्र बनाया है उसमें उसकी अपनी मनोदशा के साथ-साथ सुनीता के बारे में उसकी आकांक्षाएँ भी व्यक्त हुईं। जैनेन्द्र ने उस चित्र का विश्लेषण भी उपन्यास में किया है। वह चित्र उपन्यास की केन्द्रीय संवेदना और प्रश्न को प्रत्यक्षतः और प्रतीकात्मक रूप में व्यक्त करता है।

'सुनीता' में चित्र के साथ संगीत का भी प्रभावकारी उपयोग है। सुनीता हरिप्रसन्न के प्रति अपने आर्कषण से उपजे अन्तर्द्वन्द्व और तनाव को सितार के संगीत के माध्यम से अभिव्यक्त करती है। उसका अत्यन्त संवेदनशील और कलात्मक चित्रण जैनेन्द्र ने इस प्रकार दिया है, "उसने सितार खींचा और स्वर मिलाने लगी। वह फिर कुछ झंकार उठाएगी, जो गूँज-गूँजकर सब कहीं व्याप जाए। जो गूँजे और गूँजे' और थक जाए। तब सो जाए। अत्यन्त सबल राग में उसने सितार को बजाया। यहाँ तक कि सितार के टूटने का डर होने लगा। जितना खिंच सकता था उतना खींचकर वह उसमें मोड़ देती थी। मानो अपने भीतर की झल्लाहट को, उस अकारण अहेतु खीझ को वह इस प्रकार खींचकर ध्वनि में मूर्त करके भेज देना चाहती है कहीं दूर—कहीं पार।"

'सुनीता' का प्रकाशन सन् 1935 में हुआ था। यह जैनेन्द्र का सबसे महत्त्वपूर्ण उपन्यास भले ही न हो, लेकिन सर्वाधिक चर्चित और विवादास्पद जरूर है। सबसे अधिक विवाद हरिप्रसन्न के सामने सुनीता के निर्वसन होने को लेकर हुआ। इस प्रसंग को कुछ आलोचक शालीनता की सीमा का अतिक्रमण समझते हैं तो कुछ शालीनता की सीमा में कैद मानसिकता की अभिव्यक्ति। इस बहस में आलोचकों की अपनी नैतिक दुविधा ही अधिक व्यक्त हुई है। नग्नता का चित्रण चाहे चित्रकला में हो, मूर्तिकला में या फिर उपन्यास में, वह जिस कलात्मक संयम और कौशल की माँग करता है उसकी छानबीन प्रायः आलोचकों ने नहीं की है। जैनेन्द्र ने अत्यन्त सावधानी और कुशलता से सुनीता के निर्वसन होने की प्रक्रिया का चित्रण किया है और उसका हरिप्रसन्न पर वैसा ही प्रभाव पड़ा है जैसा उपन्यासकार चाहता है।

पिछले चार-पाँच दशकों से भारतीय समाज में स्त्री की स्थिति, उसकी पराधीनता का प्रश्न और स्वाधीनता की आकांक्षा से जुड़ी समस्याओं पर विचार-विमर्श और रचनाशीलता की प्रक्रिया तेज हुई है और व्यापक भी। इस प्रसंग में यह स्वीकार करना होगा कि रचना और विचार के स्तर पर इस प्रक्रिया को प्रारम्भ करने वालों में जैनेन्द्र कुमार की भूमिका अग्रगामी रही है। जैनेन्द्र के अधिकांश उपन्यासों की मुख्य चिन्ता भारतीय स्त्री की स्वतन्त्रता है। यह जरूर कहा जा सकता है कि वह स्वतन्त्रता मानसिक अधिक है और सामाजिक कम। लेकिन क्या मानसिक मुक्ति के बिना सामाजिक मुक्ति सम्भव है? स्त्री की पराधीनता और स्वाधीनता के केन्द्र में है स्त्री-पुरुष का सम्बन्ध। जैनेन्द्र ने अपने उपन्यासों में स्त्री-पुरुष के बीच के

सम्बन्धों की विविधता और जटिलता को जीवन के विभिन्न प्रसंगों में रखकर अनेक कोणों से देखने, समझने और समझाने का प्रयास किया है। भारतीय स्त्री परिवार, विवाह और दाम्पत्य आदि संस्थाओं की सीमाओं और रूढ़ियों में कैद रही है। जैनेन्द्र इन संस्थाओं को स्त्री की दृष्टि से देखने की कोशिश करते हैं और इनके बारे में तरह-तरह के प्रश्न पैदा करते हैं। विवाह के बाद स्त्री अपनी अस्मिता खो देती है, उसका नाम बदल जाता है, उसके नाम के साथ पति के कुल, गोत्र और जाति का नाम जुड़ जाता है। इस स्थिति के बारे में जैनेन्द्र, 'सुनीता' उपन्यास में हरिप्रसन्न की जिज्ञासा के रूप में प्रश्न करते हैं, "विवाह और पत्नीत्व ऐसी क्या वस्तु है कि स्त्री अपना नाम भी खो दे और अमुक एक पुरुष के नाम का अपने ऊपर छत्र लेकर उसके नीचे उसकी सम्पत्ति होकर रहे।"

जैनेन्द्र के उपन्यासों की एक विशेषता है प्रश्न पूछने की प्रवृत्ति। वे प्रश्न सबसे अधिक स्त्री के मन के हैं; क्योंकि भारतीय स्त्री का जीवन सवालों का एक सिलसिला ही है। वैसे भी प्रश्न स्वतन्त्रता की चेतना के लक्षण हैं। और स्वतन्त्रता की राह के मार्गदर्शक भी। जैनेन्द्र के उपन्यासों में स्त्री जब प्रश्न करती है तब उसका बौद्धिक, तर्कशील और आत्मतेजस् रूप सामने आता है। प्रश्नों के माध्यम से ही वह पुरानी नैतिकता को चुनौती देती है, उन्हें तोड़ने और बदलने की माँग करती है। 'सुनीता' उपन्यास में प्रश्न की प्रवृत्ति सबसे अधिक सुनीता और हरिप्रसन्न में है, क्योंकि इन्हीं दोनों के बीच के राग, अनुराग और लगभग विराग का आख्यान है वह। जैनेन्द्र के उपन्यासों में स्वतन्त्रता और नैतिकता के प्रश्न प्रायः अन्तरात्मा के प्रश्न हैं। लेकिन वे यह भी जानते हैं कि ऐसे प्रश्न समाज में पैदा होते हैं, इसलिए वे व्यक्ति की सामाजिकता का ध्यान रखते हैं। ये प्रश्न भारतीय समाज में स्त्री की जटिल और उलझी हुई स्थिति के बारे में पाठकों को सजग बनाते हैं और उन्हें इन प्रश्नों पर विचार करने के लिए मजबूर भी करते हैं। यही जैनेन्द्र कुमार चाहते भी हैं।

'सुनीता' में जैनेन्द्र कुमार ने श्रीकान्त, हरिप्रसन्न और सुनीता के त्रिकोण के माध्यम से वैवाहिक जीवन की जड़ता को उजागर किया है और उसमें व्याप्त एकरसता, निरसता और उदासी को पहचाना भी है। जैनेन्द्र ने लिखा है कि "श्रीकान्त चाहता है कि घर में कुछ ऋतु बदले। नहीं तो वहाँ अलसता और जड़ता-सी छा जाती है।" सुनीता के परिवार और जीवन में हरिप्रसन्न के आने से चंचलता आयी, वेग आया, राग पैदा हुआ, दाम्पत्य जीवन की जड़ता से मुक्ति का सुनीता को मार्ग मिला। यह उस अन्तर्द्वन्द्व का परिणाम है जिसे सुनीता पहले से जी रही थी। वह अन्तर्द्वन्द्व यह था, "उसे ऐसा लगता था कि वह दरवाजे के बाहर से ही शुरू होकर अगणीय आकाश तक चित्र-विचित्र दुनिया फैली है, यह क्या इसलिए है कि उसकी तरफ से पीठ फेरकर इस घर में ही रह जाए। क्या हमारा

'सुनीता' में रवीन्द्रनाथ टैगोर के उपन्यास 'घरे बाहिरे' की तरह घर और बाहर का द्वन्द्व निर्मित हुआ है। जैनेन्द्र ने लिखा है कि "पानी बहते-बहते कहीं बँध गया है। उसे खुलना चाहिए। जीवन को बहिर्गमन मिले, और घर के भीतर की गृहस्थी को घर के बाहर की दुनिया का और अधिक संसर्ग, और अधिक संघर्ष मिले तो शायद कुछ इसकी सृष्टि हो, चैतन्य जागे।" सुनीता घर में रहना चाहती है, पर जैनेन्द्र उसे बाहर लाने के लिए प्रयत्नशील हैं और जो हरिप्रसन्न घर से बाहर रहना चाहता है उसे घर बुलाने की चिन्ता उपन्यासकार को है। यही घर और बाहर का द्वन्द्व है। हरिप्रसन्न विलक्षण है, इसलिए उसके प्रति सुनीता के मन में विस्मय है, आकर्षण है और जिज्ञासा भी है। सुनीता के लिए घर और मन के बन्धनों से मुक्ति का एक मार्ग है हरिप्रसन्न, एक बीहड़ मार्ग, जिस पर चलना आकर्षक तो होता है, पर सदा सुगम नहीं।

प्रायः आलोचकों ने 'सुनीता' उपन्यास के प्रसंग में रवीन्द्रनाथ टैगोर के 'घरे बाहिरे' को याद किया है और दोनों की तुलना भी की है। स्वयं जैनेन्द्र कुमार ने भी 'घरे बाहिरे' को याद करते हुए कहा है कि " 'सुनीता' में उसका भी किंचित् योग रहा है। रवीन्द्रनाथ ने सामाजिक यथार्थ की अपनी रचना में मानो रक्षा की चिन्ता रखी है, गृहस्थी टूटी नहीं है। पत्नी द्वारा पश्चात्ताप कराया गया है। और जो नायक महिमामय रूप में कथा के आरम्भ में अवतरित हुआ है, अन्त की ओर उसे ही स्खलित और परास्त होकर मुँह बचाकर भाग जाना पड़ा है। गृहस्थी तो 'सुनीता' में भी नहीं टूटी है, लेकिन जिस भाँति उसकी रक्षा हुई है वह पलायन का प्रकार नहीं है। 'घरे बाहिरे' पढ़ते हुए मुझे प्रतीत हुआ था कि समस्या के निदान की दृष्टि से उसमें पूरा न्याय नहीं हो सका है।"

जैनेन्द्र कुमार के अन्य उपन्यासों की तरह 'सुनीता' भी आख्यानपरक नहीं, विमर्शपरक उपन्यास है। कोई चाहे तो इसे वैचारिक उपन्यास भी कह सकता है। इसमें विचारों के अनुरूप ही पात्र की कल्पना और स्थितियों की रचना है। इसकी एक विशेषता है संवादधर्मिता। यह संवादधर्मिता उनके कथा-साहित्य में ही नहीं वैचारिक लेखन और निबन्धों में भी मिलती है। इसका एक कारण सम्भवतः यह है कि वे स्वयं लिखते नहीं बल्कि प्रायः बोलकर लिखवाते रहे हैं।

हिन्दी उपन्यास को जैनेन्द्र कुमार की एक बड़ी देन है उनकी विशिष्ट कथा-भाषा, जो न केवल प्रेमचन्द की भाषा की लोकोन्मुखता से भिन्न है, बल्कि अज्ञेय की अभिजात भाषा और यशपाल की अभिधात्मक कथा भाषा से भी अलग है। जैनेन्द्र एक दार्शनिक कथाकार हैं, इसलिए उनकी भाषा में दार्शनिक संकेत और इशारे भी हैं। उस भाषा में कहीं अनेकान्तवाद की झलक है तो कहीं स्याद्वाद की। कहीं-कहीं गाँधी की अमूर्त्तन वाली सूत्र-शैली भी उनकी भाषा में है। वहाँ न भाषा का फैलाव है, न शब्दों की फिजूलखर्ची और न विशेषणों की भरमार।

'सुनीता' की कथा-भाषा में सादगी की साधना है और बात कहने का खास जैनेन्द्रीय अन्दाज। सुनीता की भाषा में एक ओर ऐसा नागरपन है जिसमें अंग्रेजी के शब्दों और वाक्यों का प्रयोग है तो मुहावरों के अनुवाद भी हैं और दूसरी ओर देशज शब्दों तथा कथन भंगिमाओं का कुशल प्रयोग। जैनेन्द्र कुमार जब पात्रों की मनोदशा और जीवन की स्थितियों के आपसी सम्बन्धों का चित्रण करते हैं तब गहरा काव्यात्मक प्रभाव पैदा करते हैं। 'सुनीता' में ऐसे प्रसंग अनेक हैं। एक प्रसंग यह है—"लेकिन वह तो कमरे के बाहर तैर गयी। उस समय उसकी रेशमी साड़ी की धानी आभा ही काँपती हुई झलमल-झलमल हरिप्रसन्न की आँखों में रह गयी। और उसके कानों में साड़ी की तरल परतों को छूकर जाती हुई समीर की सरसराहट भरने लगी। मानो कुछ हौले-हौले बज रहा हो। कुछ भीना-भीना बरस रहा हो और भीतर से उसे भिगो रहा हो।" यह पढ़ते हुए या सुनते हुए अगर आपको निर्मल वर्मा की कथा-भाषा याद आये तो आपको यह मानना होगा कि हिन्दी में इस कथा-भाषा के जनक और गुरु जैनेन्द्र हैं।

जैनेन्द्र की कथा-भाषा में विचारों की सघनता के साथ कथनभंगिमा के अमूर्त्त इशारों के कारण पाठक कभी-कभी परेशान भी होते हैं। उनकी दशा लगभग वैसी ही है जैसी जैनेन्द्र के ही शब्दों में जार्ज बनार्ड शॉ के पाठकों की होती है, "इस पंक्ति में वह जो देता है, अगली में उसे काट भी देता है। अगर मन में हिसाब लगाने बैठिए कि क्या पाया, तो पता चलेगा कि सिफर से अधिक कुछ भी नहीं पाया। पर इसमें भी कम मजा नहीं है कि कुछ तो पाया, और अगला क्षण आते-आते पाया कि वह छिन भी गया है। पाते चलते और साथ-साथ खोते से चलने में भी कुछ स्वाद है। क्योंकि पाने का स्वाद और पाने की आशा दोनों साथ-साथ चलते रहते हैं।"

'सुनीता' के माध्यम से जैनेन्द्र कुमार ने भारतीय समाज, परिवार और विवाह में स्त्री की परतन्त्रता और उसकी स्वतन्त्रता की आकांक्षा तथा कोशिश के बारे में 1935 में जो प्रश्न उठाये थे वे आज भी प्रश्न ही हैं। उन प्रश्नों के रू-ब-रू होने और उन्हें हू-ब-हू जानने के लिए 'सुनीता' को एक बार फिर पढ़ना आवश्यक है।

'रतिनाथ की चाची' और स्त्री की पराधीनता का प्रश्न

नागार्जुन कवि के रूप में विख्यात हैं। उन्होंने हिन्दी के साथ-साथ मैथिली, संस्कृत और बांग्ला में भी कविताओं की रचना की है। हिन्दी के तो वे महाकवि हैं ही, मैथिली में उन्हें आधुनिक कविता का प्रवर्तक माना जाता है। कवि के रूप में उनकी व्यापक लोकप्रियता के कारण हिन्दी और मैथिली के उपन्यासकार के रूप में उनके महत्त्व की पहचान कम हुई है। निराला की तरह नागार्जुन कविता और उपन्यास के क्षेत्र में समान रूप से सफल हैं। निराला और नागार्जुन के प्रसंग में यह प्रश्न सामने आता है कि उन्होंने कविता के साथ उपन्यास की रचना क्यों की। सम्भव है ये दोनों यह सोचते हों कि अपने समय और समाज के इतिहास से जैसी सीधी मुठभेड़ उपन्यास में सम्भव है, वैसी कविता में नहीं। यह सच है कि इन दोनों के उपन्यासों में इनके समाज के बहुआयामी यथार्थ की जटिल समग्रता के चित्रण और विश्लेषण की जैसी पूर्णता है, वैसी कविताओं में नहीं। कविता में केवल संकेत सम्भव है, समग्रता का चित्रण नहीं।

नागार्जुन के लगभग एक दर्जन उपन्यास प्रकाशित हैं। उनका पहला उपन्यास 'पारो' मैथिली में लिखा गया था, जो सन् 1949 में प्रकाशित हुआ। अपने एक हिन्दी उपन्यास 'नई पौध' का 'नवतुरिया' नाम से मैथिली में उन्होंने पुनर्लेखन किया जो सन् 1954 में छपा। हिन्दी में नागार्जुन के कुल ग्यारह उपन्यास हैं : 'रतिनाथ की चाची' (1948), 'बलचनमा' (1952), 'नई पौध' (1953), 'बाबा बटेसरनाथ' (1954), 'वरुण के बेटे' (1957), 'दुखमोचन' (1957), 'कुंभीपाक' (1960), 'हीरक जयन्ती' (1962), 'उग्रतारा' (1963), 'जमनिया का बाबा' (1968), और 'गरीबदास' (1990)। उनका एक अधूरा अप्रकाशित उपन्यास भी है जो 'नागार्जुन रचनावली' में संकलित है। नागार्जुन के कुछ उपन्यास दो नामों से अलग-अलग छपे हैं। उनका कुम्भीपाक उपन्यास 'चम्पा' नाम से भी छपा है। इसी तरह 'हीरक जयन्ती' 'अभिनन्दन' नाम से और 'जमनिया का बाबा' 'इमरतिया' नाम से प्रकाशित है। इससे पाठक प्रायः भ्रम के शिकार होते हैं और आलोचकों को शिकायत करने का मौका मिलता है। अब नागार्जुन का सम्पूर्ण साहित्य प्रामाणिक रूप में 'नागार्जुन रचनावली' में उपलब्ध है जो सात खंडों में प्रकाशित है।

नागार्जुन मिथिलांचल के जनजीवन की समग्रता की कथा कहने वाले उपन्यासकार हैं। उनके उपन्यासों में मिथिला के ग्रामीण समाज की प्रकृति, संस्कृति और विकृति के विभिन्न रूपों की पहचान तथा अभिव्यक्ति है। उनके उपन्यासों में केन्द्रीय स्थिति किसान की है, और किसान जीवन का प्रकृति से जैसा तादात्म्य होता है, वैसा ही नागार्जुन के उपन्यासों में दिखाई देता है। उनके उपन्यासों में तालाब है और उससे जुड़ा जनजीवन है, आम के बाग हैं और उनमें असंख्य रूप-रंग और स्वाद के आम हैं, धान की अनगिनत किस्में हैं और मछलियों की अनन्त प्रजाजियाँ भी हैं। वहाँ मिथिलांचल के रीति-रिवाज, तीज-त्योहार, रहन-सहन, खान-पान ही नहीं, बोली-बानी के रंग-ढंग और व्यंग्य-विनोद के विभिन्न रूप जगह-जगह दिखाई देते हैं।

गाँव का समाज अपने जीवन-व्यवहार के दौरान जो संस्कृति रचता और जीता है, उसका भी चित्रण नागार्जुन ने किया है। लेकिन उस संस्कृति को चित्रित करते हुए वे जनसंस्कृति या कि श्रमजीवी संस्कृति की प्राणवत्ता को अभिजात संस्कृति की पतनशीलता से अलगाते चलते हैं। नागार्जुन अपने उपन्यासों में छोटे किसानों, भूमिहीन खेतिहर मजदूरों और छोटी जातियों के लोगों के जीवन-संघर्ष की कथा कहते हैं और उन्हीं की सांस्कृतिक विशिष्टता की अभिव्यक्ति भी करते हैं। इसके साथ ही वे मिथिला के ग्रामीण समाज में मौजूद रूढ़ियों, गलाज़तों, कुनबारपरस्तियों और सामूहिक तथा पेशागत मजबूरियों से जुड़ी विकृतियों का भी चित्रण करते हैं। उन्होंने मिथिला के ब्राह्मण-समाज में बाल-विवाह तथा बहुविवाह की प्रथाओं और पितृसत्तात्मक मूल्यों की जंजीरों में जकड़ी स्त्री की पराधीनता की यातनाओं का जैसा और जितना मार्मिक चित्रण किया है, वैसा अन्यत्र दुर्लभ है। वे मिथिला के ग्रामीण समाज में व्याप्त पराधीनता की वास्तविकताओं और स्वाधीनता की आकांक्षाओं तथा इन दोनों के बीच के संघर्षों को चित्रित करने वाले उपन्यासकार हैं। नागार्जुन कविता में ही नहीं, अपने उपन्यासों में भी शोषित-पीड़ित और पराधीन वर्गों के पक्षधर कलाकार हैं।

नागार्जुन को प्रेमचन्द की परम्परा का उपन्यासकार माना जाता है। प्रेमचन्द की तरह नागार्जुन के उपन्यासों में भी किसानों के जीवन-संघर्ष और मुक्ति-संघर्ष के आख्यान हैं। लेकिन प्रेमचन्द की कथा-दृष्टि से नागार्जुन की कथा-दृष्टि में कुछ अन्तर भी है। नागार्जुन के उपन्यासों में स्थानीयता या आंचलिकता प्रेमचन्द से अधिक है। वहाँ जनपदीयता की जमीन पर खड़ी है भारतीयता। इसलिए वहाँ स्थानीय संस्कृति अधिक मुखर है। फणीश्वरनाथ रेणु के उपन्यासों में भी स्थानीयता है, आंचलिकता है, लेकिन किसानों और खेतिहर मजदूरों में नयी चेतना के जागरण, उनके आन्दोलन और संघर्ष का जैसा चित्रण नागार्जुन के यहाँ है, वैसा रेणु के यहाँ नहीं। नागार्जुन ने एक साक्षात्कार में ठीक ही कहा है कि "फॉसिस्टी

मनोवृत्ति वाले भूमिपतियों और भाग्यवाद, अन्धविश्वास आदि की जड़ें सींचने वाले ब्राह्मणों ने हमारे लाख-लाख गाँवों को खण्डहर बना दिया है।" इसलिए इन सबसे गाँव-समाज की मुक्ति में सहायक बनने के लिए "ग्राम-कथाकार को भूमिहीन खेत-मजदूरों और छोटे से खेतिहरों का पक्षधर होना पड़ेगा।" यही प्रयत्न नागार्जुन ने अपने उपन्यासों में किया है। इस प्रक्रिया में उन्होंने 'बलचनमा' और 'वरुण के बेटे' जैसे उपन्यासों को परिवर्तनकामी राजनीति का पोषक बनाया है और साथ ही गाँवों में मौजूद सामन्ती संस्थाओं, व्यवस्थाओं, मूल्यों, संस्कारों और रूढ़ियों की तीखी आलोचना भी की है। उन्होंने इन सबके दुष्प्रभावों का चित्रण किया है और इनके शिकार लोगों को जगाने का प्रयास भी किया है।

नागार्जुन लोकमन और लोकमत के भी उपन्यासकार हैं। वे लोकमत को जानते हैं, उसके संकेतों को पहचानते हैं और उससे सहज आत्मीयता अनुभव करते हैं। लोकमन से अंतरंगता के कारण वे लोकमत के बनने, बदलने, जड़ीभूत होने और टूटकर पुनः निर्मित होने की प्रक्रियाओं से भी खूब परिचित हैं। वे लोकमत के जड़ीभूत तत्वों की आलोचना करते हैं और उसके अनुभवाश्रित यथार्थपरक अग्रगामी तत्वों को विकसित करने में लोक की मदद करते हैं। अंतोनियो ग्राम्शी ने लोकमत की व्याख्या करते हुए लिखा है कि प्रत्येक वर्ग का अपना लोकमत होता है और साधुमत भी; जो उसकी विश्व-दृष्टि है। यद्यपि लोकमत के निर्माण में धर्म की महत्त्वपूर्ण भूमिका होती है, लेकिन लोकमत की निर्मिति आम जनता के इन्द्रियबोध और अनुभव से होती है, इसलिए उसमें भौतिक तत्वों की प्रधानता होती है और यथार्थपरकता की भी। लोकमत लोकजीवन का दर्शन भी है और भविष्य का लोक वृत्तान्त भी। ग्राम्शी यह भी कहते हैं कि जिन्हें लोकमत को बदलने और उसे साधुमत बनाने की चिन्ता हो, उनको लोकमत से जुड़कर उसके भविष्योन्मुखी तत्वों, पक्षों और रूपों की आलोचना करते हुए दृष्टि तथा दिशा देनी चाहिए। यह सब एक सलाहकार की तरह करना चाहिए, न कि उपदेशक की तरह। नागार्जुन लोकमत से गहरी एकता स्थापित करते हुए उसके विकास तथा परिष्कार के लिए उसकी आलोचना करते हैं और नयी दिशाओं की ओर संकेत भी करते हैं। वे लोकमत से एकता के बावजूद उससे एक प्रकार की दूरी बनाये रखते हैं, ताकि वे लोकमत के जड़ीभूत पक्षों पर व्यंग्य कर सकें और उस व्यंग्य के माध्यम से लोक की चेतना जगा सकें।

वैसे लोकमन और लोकमत की कथाएँ नागार्जुन के अनेक उपन्यासों में हैं, लेकिन 'बाबा बटेसरनाथ' में लोकमत की जटिलता और समग्रता को ही उपन्यास के साँचे में ढालने का प्रयत्न किया गया है। उन्होंने बरगद के एक पुराने पेड़ को बाबा बटेसरनाथ बनाकर एक फैंटेसी के माध्यम से लोकजीवन, लोकमन और लोकमत का ऐसा आख्यान रचा है, जिसमें जनजीवन के इतिहास से प्रकृति और

संस्कृति की सहज एकता है। भारत के लोकजीवन में बरगद और पीपल का अनुपम स्थान होता है। वे लोकजीवन से भी जुड़े होते हैं, और जनसंस्कृति से भी। इसीलिए 'बाबा बटेसरनाथ' की कथा लोककथा लगती है। ऐसा लगता है कि उपन्यास में बाबा बटेरसरनाथ स्वयं नागार्जुन हैं। वे सहज रूप से जनजीवन का इतिहास बनाते हैं और उसके भविष्य की दिशा भी। लोकमन और लोकमत से अंतरंगता स्थापित करने का एक माध्यम लोकभाषा है। नागार्जुन के उपन्यासों में लोकमन की गतिविधि और लोकमत की बनावट को मैथिली के शब्दों, मुहावरों और कथन-भंगिमाओं के सहारे व्यक्त किया गया है।

नागार्जुन के उपन्यासों को समझने के लिए उनकी कथा-दृष्टि के निर्माण में क्रियाशील समाजशास्त्रीय कल्पना को समझना जरूरी है। यह समाजशास्त्रीय कल्पना एक ओर जनजीवन को समझने में लेखक की मदद करती है तो दूसरी ओर कथा की संरचना के निर्माण में भी सहायक होती है। सी.डब्ल्यू. मिल्स ने ठीक ही लिखा है कि "समाजशास्त्रीय कल्पना हमें इतिहास और जीवनी के बोध की क्षमता देती है और दोनों के बीच सम्बन्धों की पहचान की चेतना भी।" इसका अर्थ यह है कि नागार्जुन अपने उपन्यासों के प्रत्येक पात्र के व्यक्तिगत जीवन के सुख-दुख और जय-पराजय को उन पात्रों के सामाजिक जीवन के इतिहास से जुड़ा हुआ देखते और दिखाते हैं। इस प्रक्रिया में प्रत्येक पात्र की वैयक्तिकता उजागर होती है और उसकी सामाजिकता भी सामने आती है।

नागार्जुन अपने उपन्यास के पात्रों की व्यक्तिगत पीड़ा और परेशानियों को सामाजिक संरचना की देन मानते हैं, इसलिए समाज को बदले बिना व्यक्ति की मुक्ति सम्भव नहीं देखते। समाजशास्त्रीय कल्पना के सहारे ही नागार्जुन अपने पात्रों की नितान्त व्यक्तिगत समस्याओं की जड़ें कभी इतिहास की प्रक्रिया में खोजते हैं तो कभी सामाजिक संस्थाओं, रूढ़ियों और परम्पराओं में। उनकी समाजशास्त्रीय कल्पना उनके उपन्यासों को सांस्कृतिक विमर्श भी बनाती है, इसीलिए उनके उपन्यास मिथिलांचल की संस्कृति के बारे में सांस्कृतिक अन्तर्दृष्टि देने में सक्षम हैं, क्योंकि उपन्यासों में कथाकार की संवेदनशीलता और समाजशास्त्री की समझदारी की सर्जनात्मक एकता है। नागार्जुन मानते हैं कि उपन्यासों में कथा की प्रक्रिया को सामाजिक प्रक्रिया के रुख से मिलता-जुलता होना चाहिए।

'रतिनाथ की चाची' नागार्जुन का हिन्दी का पहला उपन्यास है, जो सन् 1948 में छपा था। लेकिन कथा की मार्मिकता, यथार्थबोध की साहसिकता, सामाजिक चेतना की प्रखरता और कथा-भाषा की सर्जनात्मकता के लिए वह आज भी अत्यन्त चर्चित और स्मरणीय उपन्यास है। उसका रचनाकाल सन् 1947 है।

नागार्जुन का यह उपन्यास जब छपा, तब इसके कुछ (पुरुष) समलैंगिक प्रसंगों के चित्रण पर अश्लीलता का आरोप लगा था और आपत्तियाँ की गयी थीं।

हिन्दी कथा-साहित्य के इतिहास में ऐसी छुईमुई वाली नैतिकता का सामना पांडेय बेचन शर्मा 'उग्र' को 'चाकलेट' कहानी-संग्रह के प्रसंग में करना पड़ा था और अज्ञेय को 'शेखर : एक जीवनी' के लिए। जिस समाज में शालीनता की चादर से ढँककर अश्लीलता छुपाना ही संस्कृति का लक्ष्य और लक्षण माना जाता हो, वहाँ जीवन के सच को साहित्य में लाना अपराध बन जाता है। साहित्य की संस्कृति के रक्षकों के दबाव के कारण 'रतिनाथ की चाची' के दूसरे संस्करण में नागार्जुन को समलैंगिक प्रसंगों से जुड़ी कुछ पंक्तियों को निकलना पड़ा। अब 'रतिनाथ की चाची' का वही सुधरा हुआ पाठ पाठकों को प्राप्त है।

'रतिनाथ की चाची' मिथिला के ब्राह्मण समुदाय की गौरी नाम की विधवा की यातना की कथा है जो अपने देवर जयनाथ की वासना का शिकार होने के कारण गर्भवती हो जाती है। उसके बाद वह अपमान, लांछन, ग्लानि, लज्जा और पश्चात्ताप की आग में जलती-झुलसती जिन्दगी गुजारती है। रतिनाथ उसके देवर का बेटा है जो बचपन से ही अपने पिता की क्रूरता, धार्मिक पाखंड और व्यभिचारी स्वभाव का साक्षी है। वह अपनी चाची के संत्रस्त जीवन की दारुण-दशा का गवाह भी है। वही अपनी चाची के कठिन जीवन-संघर्ष की कथा, उपन्यास के रूप में कहता है। रतिनाथ को चाची से जितना गहरा लगाव है, उतना ही गहरा अलगाव अपने पिता जयनाथ से है, इसलिए चाची की व्यथा-कथा अत्यन्त संवेदनशील होकर कहता है, तो पिता के चरित्र का आख्यान तटस्थ भाव से प्रस्तुत करता है। रतिनाथ चाची की स्थिति और वेदना को देखकर सोचता है कि 'समाज व्यक्ति के प्रति इतना निष्ठुर, इतना नृशंस कैसे हो सकता है।' उसके मन में अपने व्यभिचारी पिता, पुरुष जाति, मिथिला के ब्राह्मण समाज और रूढ़िबद्ध हिन्दू मानस के प्रति विद्रोह का भाव जगता है और आलोचनात्मक चेतना भी पैदा होती है, जिसके प्रमाण जगह-जगह उपन्यास में मिलते हैं।

विधवा गौरी की यातना और संत्रास का मूल कारण है मिथिला के ब्राह्मण-समाज की मानसिकता, उसके रीति-रिवाज, उसकी परम्पराएँ, प्रथाएँ और रूढ़ियाँ। नागार्जुन ने इस उपन्यास में मिथिला के ब्राह्मणवाद की जैसी आलोचना की है, वैसी अन्यत्र शायद ही कहीं दिखे। मिथिला के ब्राह्मण-समाज में कुलीनता का दरिद्रता से गहरा सम्बन्ध है। उपन्यासकार ने लिखा है, "मिथिला का ब्राह्मण जो जितना कुलीन होता है उसकी दरिद्रता उतनी ही बड़ी हुआ करती है, कुलीनता और दरिद्रता की चक्की में पिसी जाती है स्त्री।" मिथिला के ब्राह्मण समाज में स्त्री की दुर्गति का एक और कारण है विवाह नाम की संस्था का विशिष्ट स्वरूप। वहाँ बहुविवाह की प्रथा प्रचलित थी। उपन्यासकार ने लिखा है कि "शकुन्तला के पति की सात शादियाँ हुई थीं और जनक किशोरी के पति की दस।" यही नहीं "रतिनाथ के नाना की दस विमाताएँ थीं और जयनाथ के परदादा ने इक्कीस शादियाँ की थीं।"

नागार्जुन ने यह भी लिखा है कि "तिब्बत में जैसे बहुपति प्रथा अभी तक जायज और जीवित है उसी तरह रतिनाथ के मिथिला में बहुपत्नी प्रथा जायज और जीवित है।" इसका एक कारण सौराठ नाम की 'विवाह सभा' या 'विवाह मेला' भी है। इस उपन्यास में नागार्जुन ने विवाह मेला का इतिहास बताते हुए उसके वर्तमान रूप का वर्णन इस प्रकार किया है—"वहाँ हजारों विवाहार्थी इकट्ठे होते हैं। कन्याओं की तरफ से उनके अभिभावक बड़ी तादाद में जमा रहते हैं।" इस मेले के साथ जुड़े हैं पंजीकार, जिनके बारे में नागार्जुन ने लिखा है कि "पंजीकार लोग छह सौ वर्षों तक निर्लोभ और तटस्थ रहकर यह काम करते आये हों सो बात नहीं। कुलीनता बनाम अभिजात्य विनिमय, क्रय-विक्रय आदि का प्रामाणिक इतिहास अभी काल के गर्भ में छिपा रहे, यही अच्छा।" जहाँ बिकौआ पति मिलते हों और बिकाऊ स्त्री भी मिल जाती हो, वहाँ दलाली भी होती है। ऐसे ही एक दलाल पुरोहित के बारे में उपन्यासकार ने लिखा है, "असमर्थ व्यक्तियों के प्रति इस ब्राह्मण के हृदय में असीम करुणा थी। कितने ही लूले, लँगड़े, अन्धे, अपाहिज और बूढ़े भोला पंडित की कृपा पाकर निहाल हो गये। एक-एक विवाह में पचास-पचास रुपये पंडित के बँधे हुए थे।" जहाँ ऐसी स्थिति हो वहाँ स्त्री की यातना असीम होगी और अकल्पनीय भी।

इस उपन्यास में एक ओर पुरोहितवाद की तीखी आलोचना है तो दूसरी ओर धार्मिक पाखंड की भी। इसमें पुरोहिती के कर्मों-कुकर्मों के जितने उदाहरण हैं, उससे अधिक धार्मिक पाखंड के प्रसंग हैं। कहीं-कहीं धार्मिक पाखंड व्यभिचार को ढकने का साधन भी है। जयनाथ ऐसा ही व्यक्ति है। ऐसे चरित्र के सामने आते ही उपन्यासकार की व्यंग्य की धार तेज हो जाती है और आलोचना प्रखर। क्योंकि उस स्थिति का सबसे अधिक शिकार स्त्री ही होती है। इस उपन्यास में ब्राह्मणवाद की तीखी आलोचना स्त्रियाँ ही करती हैं; क्योंकि वे ही इसके दंश का संबसे अधिक अनुभव करती हैं और उसकी दी हुई पीड़ा की गवाह भी होती हैं। काशी में जयनाथ से एक विधवा स्त्री कहती है, "तुम जिस जाति, जिस समाज में पैदा हुए हो, वह जिन्दा नहीं मुर्दा धार है, छाड़न है।" यही नहीं, गौरी का गर्भ गिराने वाली एक दलित स्त्री उसकी माँ से ब्राह्मण समाज की निष्ठुरता और अमानवीयता की आलोचना करते हुए कहती है, "बड़ी जात वालों की तुम्हारी यह बिरादरी बड़ी मलिच्छ, बड़ी निष्ठुर होती है मलिकाइन! हमारी भी बहू-बेटियाँ रांड हो जाती हैं, पर हमारी बिरादरी में किसी के पेट से आठ-आठ, नौ-नौ महीने का बच्चा निकालकर जंगल में फेंक आने का रिवाज नहीं है। ओह, कैसा कलेजा होता है तुम लोगों का!"

ऐसे समाज में सबसे अधिक दयनीय और दर्दनाक स्थिति विधवाओं की होती है। गौरी की माँ ठीक कहती है कि, "जिस समाज में हजारों की तादाद में विधवाएँ

रहेंगी वहाँ यही सब होगा।" इस उपन्यास के केन्द्र में एक विधवा की दुखान्त कथा तो है ही, इसके अध्याय चौदह में काशी की विधवाओं के जीवन और व्यवहार का ब्योरेवार वर्णन भी है। काशी सवर्ण विधवाओं की शरणस्थली है, लीला-स्थली है और अन्त में मरणस्थली भी है। एक कहावत प्रचलित है, 'रांड़, सांड़, सीढ़ी, संन्यासी, इनसे बचें तो सेवैं काशी।' सब लोग इनसे बचना ही नहीं चाहते, कुछ इन्हीं के साथ रमना चाहते हैं, जैसे कि जयनाथ। वह गाँव में जवान विधवाओं की खोज में रहता था, और काशी में भी यही करता है। उपन्यासकार ने ठीक ही लिखा है कि "सेंध लगाने की फिराक में भीतों की ओर घूरते रहने वाला चोर क्या खाक चैन से रहेगा।"

'रतिनाथ की चाची' में दमयन्ती या दम्मो फुआ एक विलक्षण चरित्र है। वह स्त्री होकर भी गर्भवती गौरी की वेदना को घटाने के बदले बढ़ाने में दिलचस्पी लेती है और कोशिश भी करती है। वह गौरी को अपमानित और पीड़ित करने में गाँव की दूसरी स्त्रियों का नेतृत्व भी करती है। यही नहीं, वह सहानुभूति का चारा डालकर शिकार को अपने वश में करती है। उपन्यासकार ने लिखा है कि, "शिकार को गिरफ्त में करके बाघिन को जितना सन्तोष होता है, इस समय फूफी के सन्तोष की भी यही मात्रा थी।" आश्चर्य की बात तो यह है कि वह स्त्री होकर भी पुरुष के व्यभिचार की शिकार स्त्री के पक्ष में खड़ी नहीं होती, बल्कि व्यभिचारी पुरुष का पक्ष लेती है। उसकी नजर में जयनाथ का अपराध क्षम्य है, और गौरी का अपराध अक्षम्य, जबकि गौरी का अपराध केवल इतना है कि वह औरत है। उपन्यासकार के शब्दों में "दमयन्ती समाजपतियों के कूटनीतिक शतरंज की एक खिलाड़िन है।" दमयन्ती के चरित्र और व्यवहार को देखते हुए यह कहा जा सकता है कि औरत भी औरत की दुश्मन होती है। हमारे समाज में स्त्रियाँ भी दूसरी स्त्रियों का शिकार करती हैं। आज के स्त्री-विमर्श को इस पर भी ध्यान देना चाहिए।

इस उपन्यास के अध्याय दस के आरम्भ में नागार्जुन ने लिखा है, "समाज उन्हीं को दबाता है जो गरीब होते हैं। शास्त्रकारों को बलि के लिए बकरे ही नजर आये। बाघ और भालू का बलिदान किसी को नहीं सूझा। बड़े-बड़े दाँत और खूनी पंजे पंडितों के सामने थे। इसलिए उधर से नजर फेरकर बेचारे बकरों की बलि का फतवा दे डाला।" नागार्जुन उन लोगों के हमदर्द और पक्षधर लेखक हैं, जिन्हें भारतीय समाज की शक्तिशाली सत्ताएँ दबाती हैं, उनका शोषण और दमन करती हैं। नागार्जुन की यह पक्षधरता उनकी कविताओं में है और उपन्यासों में भी।

भारतीय समाज में सबसे अधिक शोषण और दमन स्त्रियों और दलितों का होता है। नागार्जुन ने अपनी रचनाओं में इन दोनों की गुलामी के साथ-साथ उनके शोषण और दमन का चित्रण किया है और उनसे छुटकारे के लिए झटपटाहट,

बेचैनी और कोशिश का भी। भारतीय समाज में स्त्रियों की पराधीनता, उनके शोषण और दमन का इतिहास जितना पुराना है, उतना ही सर्वग्रासी और जटिल भी। नागार्जुन ने इस स्थिति के अनेक पक्षों को अपनी कविताओं और उपन्यासों में व्यक्त किया है। उन्होंने सन् 1945 में मैथिली में एक कविता लिखी थी– 'लखिमा', जिसमें लखिमा की पराधीनता की पीड़ा और उसके विरुद्ध बेचैनी तथा पराधीन बनाने वाले के प्रति घृणा भी। वह कहती है–

महाराज से होती घृणा
धिक्-धिक्!
स्वयं तो खुद
एक से बढ़ एक ऐसी–
निरुपम गुण सुन्दरी शत-शत किशोरियों को
विविध छल-छद्म से
किंवा प्रताप की प्रबलता से
मँगवा पकड़कर
अन्न-जल भूषण-वसन श्रृंगार-सामग्री की लगाकर ढेर
सुरक्षित अन्तःपुर के इस पशु कारागार में
बना रखे हैं कई रनिवास
बन्दी शिविर की तरह डेराओं की पाँत
जिससे एक-दूसरे के साथ रह न पावे मेल
इसीलिए रचते हैं चक्र चाल।

हिन्दी में नागार्जुन की एक प्रसिद्ध कविता–'तालाब की मछलियाँ', में स्त्री की गुलामी और मुक्ति की सम्भावना का पूरा रूपक है। कविता 1948 की है। तालाब के घेरे से मुक्त एक मछली एक पराधीन स्त्री से बात करती हुई कहती है–

हमें इन्होंने कैद कर लिया तालाबों में
इसीलिए तो
तुम्हें इन्होंने कैद कर लिया
सात-सात डेवढ़ियों वाली हवेलियों में
सुविधा और सामर्थ्य मुताबिक।

स्वयं मुक्ति का अनुभव करने वाली मछली स्त्री-जाति की मुक्ति की नयी सम्भावनाओं के नये युग की बात करती हुई कहती है–

उथल-पुथल है जन-जीवन में
सभी ओर उत्क्रान्ति हो रही,
टूट रहे हैं अन्तःपुर के ढाँचे
आज या कि कल

तुम भी तो निकलोगी बाहर
हवेलियों से, डेवढ़ियों से
फिर जनपद के खंड नरक ये मिट जाएँगे...
'औरतदारी' रह न जाएगी।

नागार्जुन ने 'रतिनाथ की चाची' के अतिरिक्त दूसरे उपन्यासों में भी स्त्री की पराधीनता की पीड़ा के सच और स्वाधीनता की सम्भावना के लिए प्रयत्न की अभिव्यक्ति की है। उनका पहला उपन्यास है—'पारो'। इसमें एक पन्द्रह वर्ष की अल्हड़ किशोरी पारो की पैंतालीस वर्ष के पुरुष से जबर्दस्ती विवाह और पत्नीत्व की वेदी पर उसकी बलि की हृदयद्रावक करुण-कथा कही गयी है। एक ऐसा विवाह जिसमें स्त्री की इच्छा, भावना और सहमति की कोई चिन्ता नहीं। अनमेल विवाह के बाद अल्पायु किशोरी के साथ अधेड़ पति का संभोग, बलात्कार ही है। ऐसे अनुभव से गुजरने के बाद पारो ठीक ही कहती है, "हे भगवान, लाख दण्ड दे, मगर फिर औरत बनाकर इस देश में जन्म नहीं दे।" पारो के साथ उसके पति के बलात् व्यवहार को उपन्यासकार ने एक रूपक के माध्यम से इस तरह व्यक्त किया है—"ध्यान में गुलाब की एक कली आयी। उसी कली के पास आकर एक बूढ़ा खूसट बारहसिंगा खड़ा हो गया। मैंने लाख उसे हटाया, मगर वह नहीं ही हटा। तब उसने उस कली को सूँघा और अपने थूथने को बिचकाकर नाक फरफराने लगा, उसके बाद वह लम्पट अपनी सींग से उस कली को कुरेदने लगा। मैंने मना किया तो मनुष्य की आवाज में बोल उठा कि— तुम क्यों टर्र-टर्र कर रहे हो? मैं जंगली जीव हूँ और यह गुलाब भी जंगल का ही है। इसकी कली के उपभोग का अधिकार केवल भौंरे को ही नहीं, मुझे भी है। कली नहीं खिली रहेगी, तो इसलिए छोड़ दूँगा?" इस रूपक के माध्यम से पति के व्यवहार में निहित पशुता की पूरी प्रतीकात्मक अभिव्यक्ति हुई है। 'पारो' एक मार्मिक उपन्यास से अधिक पुरुष सत्ता की क्रूरता की शिकार एक किशोरी की मृत्यु पर लिखा गया लम्बा शोकगीत लगता है। 'पारो' में निहित भावना और चेतना की ही एक और अभिव्यक्ति 'रतिनाथ की चाची' में हुई है।

नागार्जुन ने भारतीय समाज में स्त्री के यौन-शोषण के विस्तार को दिखाने के लिए 'कुम्भीपाक' नाम का एक उपन्यास लिखा है। इस उपन्यास का प्रत्येक पाठक यह अनुभव करेगा कि स्त्री के शोषण और दमन की स्थितियाँ और प्रक्रियाएँ केवल गाँवों तक सीमित नहीं हैं, बल्कि उनका प्रसार शहरों में अधिक है। स्त्री के लिए शहर में जगह-जगह अलग-अलग नामों से अनेक 'कुम्भीपाक'; नरक मौजूद हैं। ऐसे ही एक 'कुम्भीपाक' नरक में रहने वाली एक स्त्री कुन्ती पूछती है, "क्यों औरतें बिकती हैं? क्यों उन पर डाक बोली जाती है? क्यों उन्हें बाड़े के अन्दर कैद रखा जाता है? मामूली भूल-चूक पर औरतों को क्यों घर से

निकाल देते हैं? मुझे और तुम्हें किसने बर्बाद किया?" इससे यह भी जाहिर होता है कि पूरा भारतीय समाज पौरुष के आंतक में जीने वाली स्त्रियों के लिए कमोबेश 'कुम्भीपाक' ही है।

नागार्जुन ने भारतीय समाज में पुरुष सत्ता के आतंक में जीने-मरने वाली स्त्रियों के जीवन पर ही उपन्यासों की रचना नहीं की है। उन्होंने एक ऐसा उपन्यास भी लिखा है, जिसमें एक स्त्री कठिन स्थितियों का सामना करती हुई अपनी स्वतन्त्रता की आकांक्षा पूरी करने के लिए निर्णय लेती है और अपनी स्वतन्त्रता अर्जित भी करती है। वह उपन्यास है–'उग्रतारा'। इस उपन्यास की नायिका 'उगनी' या कि 'उग्रतारा' अपने नाम को सार्थक करती हुई उस पुरुष को छोड़ देती है जो मजबूरी में हठात् उसका पति बना था और अपने प्रेमी के साथ रहने लगती है। उग्रतारा में आत्मनिर्णय की तत्परता है और अपने आचरण के औचित्य पर आत्मविश्वास भी। वह नये युग की नयी नारी है।

'रतिनाथ की चाची' का कथा-काल सन् 1937 से 1940 के मध्य का है। उस काल में नागार्जुन जमींदारों के विरुद्ध किसानों के आन्दोलन से सक्रिय रूप से जुड़े हुए थे, परिणामस्वरूप उन्हें जेल भी जाना पड़ा था। उस समय किसान आन्दोलन स्वाधीनता आन्दोलन का अंग था। यह स्वाभाविक ही है कि 'रतिनाथ की चाची' में किसान आन्दोलन और स्वाधीनता आन्दोलन की झलक मिले। सन् 1937 में प्रान्तों में कांग्रेस की सरकारें बनीं तो जनता की उम्मीदें भी बढ़ीं। किसानों को लगा कि वे नये राज्य में जमींदारों के अत्याचारों से मुक्त हो जाएँगे, लेकिन ऐसा कुछ नहीं हुआ। उपन्यासकार के शब्दों में "मंत्रियों ने अपनी पीठ कर दी किसानों की ओर और मुँह कर दिया जमींदारों की ओर।" ऐसे में आन्दोलन के अलावा किसानों के सामने और कोई उपाय न था, इसलिए सभा, जुलूस, दफा 144, गिरफ्तारी, सजा, जेल, भूख हड़ताल, रिहाई का सिलसिला चल पड़ा। लेकिन किसानों का संघर्ष अवसरवादी नेताओं के व्यवहार के कारण असफल हो गया। कही-कहीं आन्दोलन में संघर्ष भी हुए। एक आन्दोलन में संघर्ष की तस्वीर यह है–"किसानों ने सत्याग्रह आरम्भ किया। मालिक को लठैत और पुलिसवाले मिल गये। ऊपर कांग्रेसी मंत्रिमंडल था, नीचे धरती माता थीं। सत्याग्रही पृथ्वीपुत्र जब पिटने लगे तो खून से तिरंगा लाल हो उठा। इस छोटे से महाभारत में दो कुर्मियों और एक ब्राह्मण की जान गयी।" किसान आन्दोलन के साथ-साथ उपन्यासकार की नजर स्वाधीनता आन्दोलन पर भी है। प्रेमचन्द की तरह नागार्जुन भी यह मानते हैं कि "गरीबों के स्वराज और धनिकों के स्वराज में आकाश-पाताल का अन्तर है।"

'रतिनाथ की चाची' ग्रामीण जीवन का उपन्यास है। लेकिन उसमें गाँव समाज के बारे में कोई मोह नहीं है, कोई भ्रम नहीं है, कोई रोमेंटिक लगाव नहीं है और मैथिलीशरण गुप्त की तरह "अहा, ग्राम्य-जीवन भी क्या है' का भाव भी नहीं

है। नागार्जुन गाँव को सरलता, सादगी और सज्जनता का केन्द्र नहीं समझते। वे यह जानते और कहते हैं कि गाँव में अपार निष्ठुरता है और अकूत कुटिलता भी। वहाँ जयनाथ जैसे व्यक्ति मिलते हैं और जयदेव जैसे लोग भी। जयदेव के बारे में उपन्यासकार ने लिखा है कि "शायद ही कोई कुकर्म उनसे छूटा हो। तरुणी विधवाओं को प्रेम-पाश में फँसाकर फिर उनकी जायदाद अपने नाम लिखवा लेना और चूसे आम की गुठली की भाँति फिर उन्हें फेंक देना; दो खेत वालों में सीमा का झगड़ा खड़ा करके मुकदमों में बझा देना और उनमें से एक को खदुका बनाकर लील जाना; सस्ते दामों में अंगूठे (हैडनोट) खरीदकर पीछे ज्यादा-से-ज्यादा रकम चढ़ाकर उन्हें अदालत में पेश कर देना, और अपने घर में आप ही सेंध डलवाकर पड़ोसी को गिरफ्तार करवा देना—इसी रास्ते से चलकर उस मंजिल तक पहुँचे थे, जहाँ कि चोरों का सरदार, और थाने का दरोगा, समान श्रद्धा-भक्ति से स्वागत पाता है।" ऐसे ही लोग गाँवों को छल-छद्म और कुचक्रों का केन्द्र बनाये रखते हैं।

'रतिनाथ की चाची' नागार्जुन का आत्मकथात्मक उपन्यास भी है। रतिनाथ के बचपन में नागार्जुन के बचपन की स्मृतियाँ हैं। रतिनाथ की चाची में एक दृश्य इस प्रकार है, "रतिनाथ की बीमार माँ बिस्तरे पर उतान लेटी पड़ी है और जयनाथ रूद्र रूप धरकर बेचारी की छाती पर बैठा है। हाथ में कुल्हाड़ी है और वह अपनी स्त्री की गर्दन रेतता जा रहा है। वह घिघिया रही है, लेकिन कोई भी इस नरमेध में हस्तक्षेप करने वाला वहाँ मौजूद नहीं है...माँ घिघियाती है, साढ़े तीन साल के अबोध रत्ती ने यह दृश्य देखकर दम साधे लिया है।"

अब मार्च, 1973 में 'सारिका' में लिखे गये नागार्जुन के आत्मवक्तव्य 'आईने के सामने' का यह अंश देखिए, "(मैं तेरा हाथ काट लूँगा! क्यों अंट-शंट लिख मारा है तूने? बाप की बुराई कौन करता है?)...मगर मैंने झूठ थोड़े ही लिखा है। मेरी चाची से आपका क्या रिश्ता था? उस रोज दुपहर की उमस में अन्दर लेटी हुई मेरी माँ का गला कुल्हाड़ी से किसने काटना चाहा था? समाज की दसियों औरतों से आपके लगाव थे।" इन दोनों अंशों को एक साथ पढ़ने पर यह स्पष्ट होता है कि नागार्जुन ही रतिनाथ हैं और जयनाथ उनके पिता जो रतिनाथ या कि नागार्जुन की माँ का गला कुल्हाड़ी से काटने की कोशिश कर रहे हैं। नागार्जुन ने अपने अनेक साक्षात्कारों में यह स्वीकार किया है कि 'रतिनाथ की चाची' में अनेक आत्मकथात्मक तत्व हैं। उन्होंने जिस निस्संग तटस्थता के साथ आत्मकथात्मक तत्वों का इस उपन्यास में समावेश किया है, वह आश्चर्यजनक है।

'रतिनाथ की चाची' में कवि की संवेदनशीलता और उपन्यासकार की आख्यानपरकता का अद्भुत संयोग है। विशेष रूप से चित्रण-कला के प्रसंग में कवि की संवेदनशीलता अधिक सृजनशील सिद्ध हुई है। इसमें व्यक्तियों, वस्तुओं, स्थितियों और भाव-दशाओं के ऐसे अनेक प्रभावशाली चित्र हैं जो एक कवि की

बिम्बधर्मी प्रतिभा की देन लगते हैं। उपन्यासकार ने चाची के रूप और मनोदशा का चित्रांकन अत्यन्त मनोयोग और कुशलता से किया है। उदाहरण के लिए एक चित्र यह है–"चाची जाकर बिस्तरे पर लेट गयी। बिस्तर क्या था, खजूर के पत्तों की चटाई थी। बीच घर में वही बिछाकर लेट गयी, न तकिया लिया, न सुजनी। दायीं बाँह पर सिर रखकर वह पड़ी रही और आँखों की रोशनी को घने अन्धकार में भटकने के लिए छोड़ दिया, जैसे थका और भूखा चरवाहा लापरवाह होकर अपनी गायों को जंगल में छोड़ देता है।"

इस उपन्यास की एक और विशेषता सप्राण भाषा और सजीव गद्य-शैली है, जो लोकजीवन और लोकभाषा से उपन्यासकार के अन्तरंग सम्बन्ध की देन है। नागार्जुन इस उपन्यास के गद्य में मैथिली के ऐसे शब्दों का प्रयोग करते हैं जो अपने साथ व्यापक सामाजिक और सांस्कृतिक सम्बन्ध लिए हुए हैं। रैल्फ फॉक्स ने ठीक ही लिखा है कि "अच्छा गद्य लिखने की कला चीजों को उनके सही नाम से पुकारने की कला है।" इस कला को साधने के लिए लेखक में सूक्ष्म निरीक्षण की क्षमता के साथ-साथ सच कहने का साहस भी होना चाहिए, जो नागार्जुन में है, इसलिए वे चीजों और स्थितियों को सही नाम से पुकार सके हैं; वे चीजें और स्थितियाँ चाहे उनके व्यक्तिगत जीवन से जुड़ी हों या फिर मिथिला के सामाजिक और सांस्कृतिक जीवन से। निडर होकर सच कहने से ही यथार्थवादी कला उन्नत होती है और सार्थक भी।

अगर उपन्यास का एक लक्ष्य मानव-जीवन के अन्तर्विरोधों की पहचान और उन अन्तर्विरोधों से उपजे संत्रास की अभिव्यक्ति है तो 'रतिनाथ की चाची' एक सफल उपन्यास है।

यथार्थ से मिथक बनते समुदाय की व्यथा-कथा

'ग्लोबल गाँव के देवता' एक ऐसा उपन्यास है जिसमें भारत के, विशेष रूप से झारखंड के एक आदिवासी समुदाय का अपने अस्तित्व, आत्मसम्मान और अस्मिता की रक्षा के लिए लम्बे संघर्ष और लगातार मिटते जाने की प्रक्रिया का संवेदनशील चित्रण है। वह समुदाय है असुर नाम के आदिवासियों का। 'असुर' शब्द सुनते ही हिन्दी पाठकों की कल्पना में ऐसे लोगों का चित्र उभरता है जो विचित्र, भयानक, मायावी, खूँखार, नरभक्षी और असभ्य हों तथा जिनके नाखून और दाँत बहुत बड़े-बड़े हों। असुरों का यह चित्र भारतीय साहित्य में गढ़ी गयी और प्रचारित की गयी कथाओं तथा धारणाओं की देन है। वैदिक साहित्य से शुरू होकर रामायण, महाभारत और विभिन्न पुराणों में निर्मित असुरों की यह छवि एक ओर उनके समुदाय और जीवन के दानवीकरण और दूसरी ओर उनके जीवन के यथार्थ के मिथकीकरण का परिणाम है। प्रभुत्वशाली सत्ताएँ जिनका विनाश करना चाहती हैं उनका पहले दानवीकरण करती हैं, फिर उन पर हमला करती हैं और बाद में उनकी ज़मीन तथा जीवन पर कब्ज़ा करती हैं। भारत में यह प्रक्रिया वैदिक काल से लेकर आज तक चल रही है। यही प्रक्रिया अमेरिका में कोलम्बस के समय से जार्ज बुश के समय तक, अमेरिका के मूल निवासी रेड इंडियन से आरम्भ होकर सद्दाम हुसैन तक चलती दिखाई देती है। दानवीकरण की प्रक्रिया से जुड़ी हुई है मिथकीकरण की प्रक्रिया। मिथकीकरण की प्रक्रिया में कल्पना की मदद से यथार्थ को अयथार्थ बनाया जाता है और इतिहास को रहस्यमय। इस छल-योजना के सहारे विरोधियों के अस्तित्व की अनिवार्यता को अस्वीकार करना आसान हो जाता है। दानवीकरण और मिथकीकरण की प्रक्रिया उस बौद्धिक साम्राज्यवाद का हिस्सा है जो भौतिक साम्राज्यवाद के आगे-आगे चलता है।

आदिवासी समुदायों पर उपन्यास लिखते समय उपन्यासकार का एक काम आदिवासियों के जीवन के यथार्थ को समग्रता के साथ समझना है तो दूसरा काम उनके बारे में प्रचलित और प्रचारित मिथकों के प्रभाव से मुक्त होकर आदिवासियों के जीवन के इतिहास को व्यक्त करना है। 'ग्लोबल गाँव देवता' के लेखक रणेन्द्र ने ये दोनों काम किये हैं। इस उपन्यास के आरम्भ में ही लेखक का पहला परिचय

एक असुर व्यक्ति से होता है जिसका नाम है लालचन्द असुर। उस सुदर्शन व्यक्ति को देखकर उपन्यासकार चकित है क्योंकि असुरों के बारे में प्रचलित कथाओं के आधार पर उनके सम्बन्ध में जो धारणा लेखक के मन में थी, उसके एकदम विपरीत है वह व्यक्ति जो उसके सामने है। वह व्यक्ति मैदान के किसी भी अन्य व्यक्ति की तरह ही है इसलिए लेखक सोचता है : "सुना तो था कि यह इलाक़ा असुरों का है, किन्तु असुरों के बारे में मेरी धारणा थी कि खूब लम्बे-चौड़े, काले-कलूटे, भयानक दाँत-वात निकले हुए माथे पर सींग-वींग लगे हुए होंगे। लेकिन लालचन्द को देखकर सब उलट-पुलट हो रहा था।" एक असुर का यह रूप उपन्यास के पाठकों को भी चकित करेगा और असुरों के रूप रंग तथा व्यवहार के बारे में प्रचारित धारणा को तोड़ेगा भी।

इस उपन्यास के माध्यम से असुर आदिवासियों का जो इतिहास पाठकों के सामने आता है, वह अपने जंगल, ज़मीन और जीवन को आक्रमणकारियों से बचाने के लिए आदिवासियों के कठिन, घातक और कई हज़ार वर्ष लम्बे संघर्ष का इतिहास है। भारत में जब भी शक्तिशाली सम्राटों और साम्राज्यों का उदय हुआ है तब-तब असुरों के जंगल, ज़मीन और जीवन पर सांघातिक आक्रमण हुए हैं। ऐसे संघर्ष का आरम्भ वैदिक काल में उदय हुआ था जब इन्द्र ने वृत्रासुर का वध किया था। जयशंकर प्रसाद का एक निबन्ध है 'प्राचीन आर्यावर्त और उसका प्रथम सम्राट'। उस निबन्ध में प्रसादजी ने लिखा है कि महावीर इन्द्र की विजयों ने प्राचीन आर्यावर्त के त्रिसप्तक नद प्रदेश से असुर उपासकों को हटा दिया। इन्द्र ने असुरों पर विजय प्राप्त की और आर्यावर्त में साम्राज्य स्थापित किया। संसार में इन्द्र पहले सम्राट थे। (कोशोत्सव स्मारक संग्रह, पृ. 114) यह इतिहास असुर समुदाय के प्रबुद्धजन जानते हैं, इसलिए 'ग्लोबल गाँव के देवता' का एक पात्र रुमझुम कहता है, "हम वैदिक काल के सप्तसिन्धु के इलाक़े से लगातार पीछे हटते हुए आजमगढ़, शाहाबाद, आरा, गया, राजगीर से होते हुए इस वन-प्रान्तर, कीकट, पौंड्रिक, कोकराह या चुटियानागपुर पहुँचे। हज़ार सालों में कितने इन्द्रों, कितने पांडवों, कितने सिंगबोंगा ने कितनी बार हमारा विनाश किया। कितने गढ़ ध्वस्त किये, उसकी कोई गणना किसी इतिहास में दर्ज नहीं है। केवल लोककथाओं और मिथकों में हम ज़िन्दा हैं।"

इस उपन्यास से यह भी स्पष्ट होता है कि असुरों से देवताओं का संघर्ष जितना पुराना है, उतना ही जटिल भी। वैदिक साहित्य के सभी जानकार यह मानते हैं कि सुर और असुर पहले एक साथ रहते थे। ऋग्वेद के आरम्भिक अंशों में असुर भी देवता के रूप में वर्णित हैं। वेदों के एक भाष्यकार सायणाचार्य असुरों को बलवान, प्रज्ञावान, शत्रुओं का नाश करने वाला और प्राणदाता कहते हैं। इस उपन्यास में भी यह बात लिखी हुई है। असुरों ने आग की खोज की, उन्होंने धरती

से कच्चा लोहा निकाला और उसे पिघलाकर उससे तरह-तरह के हथियार और औजार बनाने की कुशलता विकसित की, इसलिए उन्हें आर्यों ने मायावी तथा राक्षस कहना शुरू किया। इस उपन्यास से यह भी मालूम होता है कि सप्तसिन्धु से खदेड़े जाने के बाद असुर लम्बे समय तक इस देश के मैदानी भागों में रहे ही नहीं बल्कि राज भी किया। जनश्रुतियों और मानव वंश शास्त्रियों के हवाले से उपन्यासकार ने यह लिखा है।

आर्यों का संघर्ष केवल वैदिक काल या महाकाव्यों तक सीमित न था। भारत के इतिहास के एक महान सम्राट थे अशोक। कहा जाता है कि वे पहले जितने खूँखार थे, बौद्ध धर्म स्वीकार करने के बाद उतने ही अहिंसक और सहनशील बन गये। लेकिन अपने साम्राज्य के विस्तार और समृद्धि के प्रश्न पर उनका भी दृष्टिकोण वही था जो दूसरे सम्राटों का था। इतिहासकार रोमिला थापर ने एक निबन्ध में लिखा है कि यद्यपि अशोक ने युद्ध और हिंसा से मुँह मोड़ लिया था फिर भी जंगल के निवासियों पर आक्रमण करने और उन्हें जान से मारने की धमकी दी थी। रोमिला थापर ने यह सवाल किया है कि क्या यह राज द्वारा जंगलों पर कब्ज़ा करने और उसका आदिवासियों द्वारा प्रतिरोध करने का परिणाम था? उन्होंने यह भी लिखा है कि भारत के इतिहास में यह सब लगातार होता रहा है और आज भी हो रहा है। (ई.पी.डब्ल्यू., 7 नवम्बर, 2009, पृ. 32)

राज्य का जंगलों पर कब्ज़ा, उससे आदिवासियों की तबाही और उस सबका आदिवासियों द्वारा प्रतिरोध ब्रिटिश उपनिवेशवाद के परिवेश में जारी था। उपनिवेशवादी सत्ता लोभ और लूट के इरादों से जंगलों को हथियाने और उसका विरोध करने वाले आदिवासियों को दबाने का निरन्तर प्रयत्न करती रही। अंग्रेज अधिकारी आदिवासियों को बदमाश, हिंसक, अर्द्ध बर्बर, अधार्मिक और असभ्य कहते थे। उन्होंने लूट की प्रक्रिया को अधिक व्यापक बनाने के लिए मैदानी भागों से लोगों को लाकर जंगलों के आसपास बसाना शुरू किया ताकि उनके सहयोग और समर्थन से जंगल के संसाधनों का शोषण और आदिवासियों का दमन सम्भव हो। इन सबके परिणामस्वरूप अनेक आदिवासी विद्रोह हुए। प्रायः पराजित व्यक्ति, समुदाय और समाज विजेताओं की घृणा का पात्र होता है, इसलिए सन् 1857 के महाविद्रोह के दमन के बाद अंग्रेजों ने आदिवासियों के दमन की प्रक्रिया पहले से अधिक उग्ररूप में तीव्र की। सन् 1871 में अपराधी जनजाति क़ानून बना जिसके अनुसार सैकड़ों जनजातियाँ जन्म से अपराधी मान ली गयीं और उनके ख़िलाफ़ दमन का काम ब्रिटिश सत्ता का कर्तव्य बन गया। आजादी के बाद भारत की केन्द्रीय सरकारों ने अंग्रेजों से केवल सत्ता ही नहीं पायी, उसके साथ शासन करने का ढंग भी सीखा, इसलिए आदिवासियों का शोषण और दमन पहले की तरह ही आज भी चल रहा है।

पिछले 20 वर्षों से भूमंडलीकरण के साथ जो धारणाएँ भारत में आयी हैं, उनमें

से एक है ग्लोबल विलेज या ग्लोबल गाँव की धारणा। उसके अनुसार यह माना जा रहा है कि सारा विश्व एक गाँव बन गया है। ग्लोबल गाँव के रूप में देशी-विदेशी का कॉकटेल विचारों का विलक्षण नशा पैदा कर रहा है। व्यक्ति और समाज के जीवन के हर प्रसंग में देशी-विदेशी का फर्क मिट गया है। लोभ और लूट से संचालित पूँजीवाद के भूमंडलीकरण के दौर में भारत की प्रकृति और सम्पत्ति की लूट की खुली छूट मिली हुई है। प्रायः प्राकृतिक खनिज पदार्थ सबसे अधिक वहीं हैं जहाँ आदिवासी रहते हैं। इसीलिए आदिवासियों की ज़मीन और ज़िन्दगी खतरे में है। आदिवासियों की सबसे बड़ी चिन्ता यही है कि उनकी ज़मीन और उनकी बेटियाँ उनसे छीनी जा रही हैं। यह चिन्ता इस उपन्यास में बार-बार दोहराई गयी है।

इस उपन्यास में ग्लोबल गाँव के दो देवताओं का उल्लेख है। पहला है विदेशी वेदांग, ग्लोबल गाँव का बड़ा देवता। कम्पनी है विदेशी पर नाम देशी। दूसरा देवता है टाटा, जिसने असुरों के लोहा गलाने और औजार बनाने के हुनर का अन्त कर दिया है। इसलिए असुर मानते हैं कि टाटा कम्पनी ने उसका जो विनाश किया है वह असुर जाति के पूरे इतिहास की सबसे बड़ी हार है। उपन्यासकार की मूल मान्यता यह है कि असुरों के विरुद्ध "जो लड़ाई वैदिक युग में शुरू हुई थी, हज़ार-हज़ार इन्द्र जिसे अंजाम नहीं दे सके थे, ग्लोबल गाँव के देवताओं ने वह मुकाम पा लिया है। असुर-बिरिजिया, बिरहोर-कोरबा, आदिम जाति आदिवासी सब मुख्यधारा में शामिल होने ही वाले हैं। मुख्यधारा की लहरें चाँद छूने को बेताब थीं। वह लहराती-इठलाती राज्यों की राजधानियों से होती वाया दिल्ली, वाशिंगटन डीसी की ओर दौड़ी जा रही हैं।" ऐसा इसलिए है कि अब पूँजीवाद वह विश्व व्यवस्था है जिसका केन्द्र अमेरिका है। आर्य देवता असुरों की हत्या को धर्म मानते थे, लेकिन ग्लोबल गाँव के देवता असुरों और अन्य आदिवासियों को अपने विस्तार के रास्ते का रोड़ा मानते हैं, इसलिए उनके अस्तित्व को अनावश्यक समझते हैं।

यद्यपि 'ग्लोबल गाँव के देवता' के कथा के केन्द्र में झारखंड के कीकट क्षेत्र के असुर समुदाय का जीवन है, लेकिन उपन्यासकार यह जानता है कि जब से भारत में पूँजीवाद का भूमंडलीकरण आया है तब से पूरे देश के आदिवासी समुदायों का सब कुछ, उनकी प्रकृति, संस्कृति और ज़िन्दगी, खतरे में है इसलिए वे सभी आत्मरक्षा के लिए लड़ रहे हैं। इस उपन्यास में छत्तीसगढ़, मणिपुर, केरल, महाराष्ट्र और मध्य प्रदेश के आदिवासियों के संघर्षों की ओर संकेत है और उन सभी संघर्षों में स्त्रियों की नेतृत्वकारी भूमिका और बहादुरी के प्रति गहरा सम्मान व्यक्त हुआ है। इन आदिवासियों की लड़ाई अपनी धरती को बचाने की लड़ाई है इसलिए उपन्यासकार सोचता है कि 'धरती भी स्त्री, प्रकृति भी स्त्री, सरना माई भी स्त्री और उसके लिए लड़ाई लड़ती सत्यभामा, इरोम शर्मिला, सी.के. जानू, सुरेखा दलबी और

यहाँ पाट में बुधनी दी और साहिया ललिता भी स्त्री। शायद स्त्री-ही-स्त्री की व्यथा समझती है। सीता की तरह धरती की बेटियाँ—धरती में समाने को तैयार।'

आज आदिवासी जिस विकराल संकट का सामना कर रहे हैं उसका मूल कारण है राष्ट्र-राज्य की अपार ताकत और आतंकवादी हिंसक प्रवृत्ति। यद्यपि भूमंडलीकरण की विचारधारा के रूप में जो उत्तर-आधुनिकतावाद आया उसने यह घोषणा की थी कि राष्ट्र-राज्य का अन्त हो गया है, लेकिन वास्तविकता यह है कि भूमंडलीकरण की प्रक्रिया को सफल बनाने और उसका विरोध करने वाली हर कोशिश को कुचलने के लिए राष्ट्र-राज्य कटिबद्ध है, भारत में और सारी दुनिया में। 'ग्लोबल गाँव के देवता' का लेखक यह जानता है, इसलिए ललिता के माध्यम से वह सोचता है कि राज्य-राष्ट्र की हिंसा का कोई जवाब नहीं हो सकता। राज्य की नींव में ही केवल हिंसा की ईंटें नहीं लगी हैं बल्कि उसके महल की भी हिंसा की ईंटों से ही चिनाई हुई है। यही एक मात्र संस्था है जिसने हिंसा को भी सांस्थानिक रूप दिया है। उसकी सेना, सशस्त्रबल, पुलिस, सब सैद्धान्तिक तौर पर हिंसा के लिए प्रशिक्षित हैं। राज्य-राष्ट्र अपने को सुरक्षित रखने के लिए इंसानों-का-इंसानों के द्वारा ही नाश करवाता है।"

जब राष्ट्र-राज्य का ग्लोबल गाँव के देवताओं से गठजोड़ होता है तब वे दोनों जितने अधिक लालची होते हैं उतने ही अधिक खतरनाक भी। उनके लोभ-लालच को बढ़ाने में विज्ञान उनकी मदद करता है। वे "सैटेलाइट की आँखों से छत्तीसगढ़, उड़ीसा, मध्यप्रदेश, झारखंड आदि राज्यों की खनिज सम्पदा, जंगल और अन्य संसाधन देखते हैं तो उन्हें लगता है कि अरे, इन सब पर तो हमारा हक है।" इस प्रक्रिया के साथ ही आदिवासियों के अस्तित्व के अन्त का आरम्भ होने लगता है। पूँजीवाद के भूमंडलीकरण के इतिहास से पूँजीवादी सभ्यता की दो बुनियादी विशेषताएँ सामने आती हैं जिनकी ओर कार्ल मार्क्स ने संकेत किया है। वे विशेषताएँ हैं, जन्मजात बर्बरता और अथाह पाखंड। इसीलिए भूमंडलीकरण के दौर में शान्ति के नाम पर भयावह युद्ध हुए हैं, स्वतन्त्रता के नाम पर भीषण दमन हुआ है, मानवता के नाम पर घोर अमानवीयता का तांडव हुआ है और विकास के नाम पर अभूतपूर्व विनाश हुआ है।

जब राष्ट्र-राज्य और एकाधिकारी पूँजीवाद की एकता के स्वागत में जनसंचार के माध्यमों के नगाड़े बजने लगते हैं, तब विरोध का कोई भी विसंवादी स्वर सुनाई नहीं देता। आजकल भारत में यही हो रहा है। जब से पूँजी की सत्ता और सत्ता की शक्ति ने मिलजुल कर खनिज पदार्थों को हथियाने के लिए आदिवासी क्षेत्रों के जंगल और ज़मीन पर सम्मिलित रूप से हमला शुरू किया है तब से विभिन्न क्षेत्रों के आदिवासी समुदायों ने भी अपने अस्तित्व और अस्मिता की रक्षा के लिए सक्रिय प्रतिरोध करना आरम्भ किया है। उस प्रतिरोध को दबाने के लिए सरकार

ने अभियान चला रखा है। आदिवासियों को ज़मीन से बेदखल करने और मार भगाने के लिए पहले उनको दानव कहा जाता था अब उनको माओवादी कहा जाता है। यह दानवीकरण की प्रक्रिया की नयी भाषा है। इस उपन्यास के लेखक ने इस प्रक्रिया को भी पहचाना है। इसमें एक ऐसे प्रकरण का चित्रण है जिसमें पुलिस दुर्व्यवहार से विक्षुब्ध आदिवासी संघर्ष समिति के सदस्य जब विरोध प्रकट करने के लिए पुलिस थाने पहुँचते हैं तब उन्हें गालियाँ सुनने को मिलती हैं और अन्त में गोलियाँ। पुलिस द्वारा गोली चलाने के परिणामस्वरूप छः आदिवासी मारे जाते हैं। इस पूरी घटना की ख़बर अख़बार में इस तरह छपती है—"पाथरपाट में हुए पुलिस मुठभेड़ में छः नक्सली मारे गये। मारे गये नक्सलियों में कुख्यात एरिया कमांडर बालचन भी शामिल।" इसी तरह अख़बार, रेडियो और टेलीविज़न आदि जनसंचार के माध्यम सरकार की साख और पूँजी की सत्ता को मजबूत बनाते हैं।

आदिवासियों का शोषण, दमन और विनाश केवल भारत में ही नहीं हुआ है। ऐसा दुनिया के अन्य देशों और महादेशों में भी हुआ है। दक्षिण अमेरिका और अफ्रीका के विभिन्न देशों में उत्तरी अमेरिका में भी 'ग्लोबल गाँव के देवता' का लेखक यह सब जानता है। भारत के असुर समुदाय की विनाश लीला को देखते और उसके बारे में सोचते हुए उसे "बरबस प्राचीन अमेरिका के इंका, माया, एज्टैक और सैकड़ों अन्य रेड इंडियन्स याद आये। इसी तरह से खदेड़े जानेवाले, इसी तरह से मार दिये जानेवाले। असुरों की तरह ही उनकी चन्द संख्या ही बची थी। बदहाल ज़िन्दगी गुजारती, संस्कृतविहीन, भाषाविहीन, धर्मविहीन। शायद मुख्यधारा पूरा निगल जाने में ही विश्वास करती है।" इसके साथ ही उत्तरी अमेरिका में वहाँ के मूल निवासियों—रेड इंडियन—को यूरोप के साम्राज्यवादियों ने कैसे छलबल, धोखाधड़ी, अत्याचार और सामूहिक संहार के सहारे समाप्त किया, उस सबका भी ब्योरा इस उपन्यास में है।

वर्तमान समय में भारत के आदिवासी समुदायों के सामने एक खतरा उन्मूलन का है और दूसरा अनुकूलन का। उन्मूलन का अर्थ है अस्तित्व का अन्त तो अनुकूलन का अर्थ है अपनी अस्मिता को खोकर दूसरे धर्मों, संस्कृतियों और समाजों में विलय। उन्मूलन का खतरा सत्ता की ओर से है तो अनुकूलन का धर्मों की ओर से। ईसाई धर्म को आदिवासियों पर लादने का प्रयास दक्षिण अमेरिका में हुआ था, उत्तरी अमेरिका में भी और अफ्रीका में भी। भारत में उपनिवेशवाद के काल में अंग्रेजों ने आदिवासियों के विरोध को शान्त करने के लिए ईसाई मिशनरियों को आमन्त्रित किया था। सन् 1845 से यूरोप के अनेक देशों के ईसाई मिशनरी झारखंड क्षेत्र में आये और आदिवासियों को ईसाई धर्म में दीक्षित करते हुए उन्हें अंग्रेजी राज के अनुकूल बनाने में लगे रहे। स्वाधीनता के बाद हिन्दुत्ववादी आदिवासियों को हिन्दू धर्म में दीक्षित करने और शामिल करने का प्रयत्न करते

रहे हैं। ऐसे ही एक प्रयत्न का विस्तार से चित्रण 'ग्लोबल गाँव के देवता' में कोयलाश्रम के शिवदास बाबा और उनके कंठीधारी आन्दोलन का है जिसमें बाबा के कृत्यों और कुकृत्यों का ब्योरेवार वर्णन किया गया है।

'ग्लोबल गाँव के देवता' का एक आकर्षक पहलू यह है कि इसमें असुर समुदाय की अस्मिता के विभिन्न पक्षों का ऐसा चित्रण है जो पाठकों का ज्ञान बढ़ाने वाला तो है ही साथ में असुर समुदाय के प्रति संवेदनशीलता जगाने वाला भी है। असुर समुदाय प्रकृति की पूजा करता है। वह अपने आसपास की प्रकृति के विभिन्न रूपों से गहरी अन्तरंगता अनुभव करता है और उनके गुणों को आत्मसात भी करता है, इसलिए असुरजनों के व्यक्तित्व में चट्टान की दृढ़ता, नदी की तरलता और हवा की गति की एकता मिलती है। वह समतावादी और भेदभाव से मुक्त समाज है। उस समाज का जीवन लोकतान्त्रिक है और सामुदायिक भी। असुरों के प्रत्येक गाँव के बीच में या बाहर एक अखाड़ा होता है, "जहाँ गुरुवार के दिन गाँव के सारे बुजुर्ग, समझदार, सयाने बैठते और गाँव-घर-समाज की समस्या पर बतियाते हैं।" वहाँ पुरुष के साथ-साथ स्त्रियाँ भी होती हैं और प्रकृति के साथ संस्कृति भी। बहस के बाद नृत्य का कार्यक्रम भी चलता है। अखाड़ा असुर समुदाय के सामाजिक और सांस्कृतिक जीवन का केन्द्र भी है। उपन्यासकार ने असुर समुदाय में मौजूद उन अन्धविश्वासों का भी उल्लेख किया है जिनके कारण लोग तबाह होते हैं।

असुर समाज में बढ़ती ग़रीबी और भूख के कारण उस समुदाय की जवान लड़कियों में सम्पन्न ज़मींदारों, नौकरशाहों, खदान के मालिकों और प्रभावशाली कारिन्दों की रखैलों के रूप में उनके हाथों का खिलौना बनने का उल्लेख भी इस उपन्यास में है। इसमें यह भी लिखा है कि इस स्थिति में असुर समुदाय के लोग चिन्तित हैं और बेचैन भी, जिसकी अभिव्यक्ति एक गीत में हुई है : *काठी बेचे गेले असुरिन, बाँस बेचे गेले गे, मेठ संगे नजर मिलयले, मुंशी संग लासा लगयले गे, कचिया लोभे कुला डूबाले, रुपया लोभे जात डूबाले गे।*

इस गीत में आलोचना है, शिकायत है और विलाप भी है।

असुर समाज में स्त्री-पुरुष के बीच समानता है और स्त्री अपना सहज जीवन जीने के लिए स्वतन्त्र है। उपन्यासकार के शब्दों में "महिलाएँ इस समाज में सियानी कहलाती थीं, जनानी नहीं। 'जनानी' शब्द कहीं-न-कहीं केवल जनन, जन्म देने की प्रक्रिया तक उन्हें संकुचित करता है, जबकि 'सियानी' शब्द उनकी समझदारी-सयानेपन को इंगित करता मालूम होता है।" असुर समाज में स्त्री-पुरुष के बीच प्रेम का विकसित होना मुख्यधारा की तरह गुनाह नहीं माना जाता बल्कि वह उत्सव का अवसर होता है। आजकल बड़े शहरों में विवाह की रूढ़ियों से मुक्त होकर स्त्री-पुरुष एक साथ रहते जीते हैं जिसे क़ानून की भाषा में 'लिविंग टुगेदर'

कहा जाता है। इस उपन्यास की लगभग नायिका ललिता से लिविंग टुगेदर की बात सुनकर उपन्यासकार जब चौंकता है तब ललिता कहती है, "आदिवासी समाज में तो यह बहुत पुराने दिनों से मान्य है। विवाह में किसी तरह की कठिनाई आ रही हो, तो लड़का-लड़की साथ-साथ रहना शुरू कर देते हैं। लेकिन बेटा-बेटी की शादी के पहले अपनी शादी की रस्म निभानी पड़ती है। यह लिविंग टुगेदर का फैशन यहीं से वहाँ गया है।"

संगीत और नृत्य आदिवासी संस्कृति की सहज विशेषता है, जिसमें स्त्री-पुरुष के बीच के राग, प्रकृति से अनुराग और जीवन से प्रेम की सहज अभिव्यक्ति होती है। इस उपन्यास में एक उत्सव पर, आयोजित झूमर नाच की गति, लय और प्रभाव का बिम्बात्मक चित्रण इस प्रकार है : "अर्द्धवृत्ताकार में झुककर कुछ क़दम आगे बढ़ाना फिर सिर उठाकर पीछे हटना। मानो हरे-भरे धान के खेत में हवा बह रही हो और फसल हवा के संग झूमकर झुक रही हो, उठ रही हो। मानो बाँस का जंगल, तेज़ हवा के साथ लचक-लचक कर किलोल कर रहा हो। मानो नदियों की लहरें धीमी लय में गिर-उठ रही हों। आकाश में पंछी, समूह में उड़ान भरते घोंसले को वापस जा रहे हों। प्रकृति खुद अपने आदिम रूप में पूरे ब्रह्मांड के दिव्य नाच के साथ एकाकार हो रही हो।"

संरचना के लिहाज से 'ग्लोबल गाँव के देवता' ऐसा उपन्यास है जिसमें आख्यान और कविता का, कथादृष्टि और काव्य संवेदना का दुर्लभ सामंजस्य है। ऐसा इसलिए भी है कि उपन्यासकार रणेन्द्र कवि भी हैं। इस उपन्यास में पाँच कविताएँ हैं वे कथा को गति देती हैं और प्रभाव को गहराई भी। उपन्यास के आरम्भ के पहले एक असुर मन्त्र है जो असुर जीवन की सीमा और सम्भावना, सच्चाई और आकांक्षा तथा भावना और कल्पना को व्यक्त करता है। दूसरा गीत असुरों के परिवार में देवर-भाभी के बीच मौजूद आत्मीय सम्बन्ध को व्यक्त करता है, जैसा कि मुख्यधारा के गाँवों में भी दिखाई देता है। तीसरा गीत शिकायत या विलाप का है, जिसका उल्लेख पहले हो चुका है। चौथा गीत प्रेम की प्रगाढ़ता का है जो एक प्रेम प्रंसग में गाया गया है। पाँचवाँ गीत एक रेड इंडियन गीत है जो रेड इंडियन समुदाय के सर्वनाश की वास्तविकता और असुर समुदाय के अन्त की सम्भावना का गीत है। यह विषाद से भरा गीत इस उपन्यास का प्राण है, मरणांतक दर्द से छटपटाता प्राण। यह असुर समाज की हताशा का भी गीत है जो इस प्रकार है : *"हम बाक़ी दिन कैसे गुज़ारेंगे, इसका कोई अर्थ नहीं, हमारी रात, भरपूर काली रात होने का आश्वासन दे रही है, क्षितिज पर एक भी तारा नहीं, उदास हवाएँ, दूर कहीं विलाप कर रहीं, हमारे क़दमों के ठीक पीछे, हमारा दुर्भाग्य चल रहा है, एक जख्मी हिरण, अपने पीछे भागते शिकारी की आवाज़ सुनकर, अपने आप को, अपनी पूर्ण मृत्यु के लिए तैयार कर रहा है।"*

इस उपन्यास की संरचना की एक विशेषता यह भी है कि इसमें आख्यान और विमर्श साथ-साथ चलते हैं, परस्पर गुँथे हुए, एक-दूसरे का सहयोग करते हुए। विमर्श को आख्यान का सहयात्री बनाने की प्रक्रिया यह है कि इतिहास के तथ्यों, मिथकों के वृत्तान्तों और समकालीन जीवन की घटनाओं के बीच से पैदा होने वाले ज्ञान को पाठकों पर लादने के बदले उन सबके निहितार्थों के बारे में नये ढंग से सोचने की प्रेरणा कथा देती है।

भारतीय समाज और संस्कृति के इतिहास लेखन में भारत के आदिवासी समाजों और उनकी संस्कृतियों के लिए कोई जगह नहीं है, न उनके होने का उल्लेख होता है, न उनके विनाश का इतिहास। लेकिन आदिवासी जीवन पर लिखा गया कोई भी सार्थक उपन्यास उनके जीवन और संस्कृति के इतिहास की उपेक्षा नहीं कर सकता। उपन्यास वह साहित्य रूप है जो मनुष्य को इतिहास के आतंक से मुक्त करता है। वह ऐसा इतिहास से युक्त होकर करता है, इतिहास से मुक्त होकर नहीं। मिशेल जेराफा ने ठीक ही लिखा है कि "उपन्यास कथा की वह पहली कला है जिसमें से ऐतिहासिक और सामाजिक रूप से निरूपित मनुष्य व्यक्त होता है। मिथक में मनुष्य सामाजिक तो होता है लेकिन उसकी कथा में देवताओं और जादुई तत्वों का हस्तक्षेप भी होता है। उपन्यास के साथ समाज इतिहास में और इतिहास समाज में प्रवेश करता है।"

जो लोग समाज में पराधीनता और दमन के शिकार होते हैं उनकी आवाज़ इतिहास में बहुत कम सुनाई देती है। समाज के अछूत इतिहास के भी अछूत होते हैं। वे समाज से बहिष्कृत होते हैं, इसलिए इतिहास से भी बहिष्कृत रहते हैं। वे मुख्यधारा की दृष्टि से इतिहासविहीन जन हैं। ऐसे लोगों के समाज और संस्कृति का इतिहास उपन्यास में लिखा जाता है। अमेरिका की अश्वेत कथा लेखिका टोनी मॉरिसन कहती हैं : "इतिहास जहाँ मौन होता है वहीं साहित्य मुखर होता है। मैं जो कुछ लिखती हूँ वह साहित्य भी है और इतिहास भी। हम ऐसे देश में रहते हैं जहाँ अतीत मिटाया जाता है और भविष्य निर्दोष हुआ करता है।"

'ग्लोबल गाँव के देवता' टोनी मॉरिसन की कथादृष्टि की परम्परा का उपन्यास है, जिसमें असुर समुदाय के जीवन और संस्कृति के अदृश्य इतिहास की भूली-बिसरी पगडंडियों के ज्ञान और उस समुदाय के स्त्री-पुरुषों की ज़िन्दगी की यातनाओं के प्रति गहरी संवेदनशीलता के ताने-बाने से बुना हुआ आख्यान है।

शाद अज़ीमाबादी का उपन्यास 'पीर अली'

शाद अज़ीमाबादी उर्दू के मशहूर शायर हैं। यह बात उर्दू का हर आदमी जानता है और मानता भी है। लेकिन शाद साहब एक अच्छे उपन्यासकार भी हैं, इसके बारे में उर्दू वालों की राय एक नहीं है। उर्दू अदब में ऐसे लोग भी हैं जो शाद साहब को उपन्यासकार मानने से इनकार करते हैं। वे कहते हैं कि शाद शायर थे, उपन्यासकार नहीं। सवाल यह है कि क्या शायर उपन्यासकार नहीं हो सकता? सारी दुनिया के अदब की बात छोड़ भी दें और केवल हिन्दी तक इस सवाल को सीमित रखें तो यह सच्चाई सामने आयेगी कि हिन्दी में एक दो नहीं अनेक ऐसे साहित्यकार हैं जो जितने बड़े कवि हैं, उतने ही महत्त्वपूर्ण उपन्यासकार भी हैं। ऐसे लोगों में जयशंकर प्रसाद, सूर्यकान्त त्रिपाठी निराला, सच्चिदानन्द हीरानन्द वात्स्यायन अज्ञेय और विनोद कुमार शुक्ल आदि प्रमुख हैं। इसलिए यह कहना बेमानी है कि शाद सिर्फ़ शायर हैं उपन्यासकार नहीं। शाद अज़ीमाबादी के पोते नकी अहमद इरशाद ने 'पीर अली' उपन्यास के प्राक्कथन में लिखा है–शाद अज़ीमाबादी का एक बड़ा उपन्यास 'सूरतुल ख़याल' उनके जीवन में 1876 में छपा जो उनका पहला उपन्यास है। उसके बाद दो और उपन्यास उन्होंने लिखे थे–एक है 'बधावा' जो 1889 में लिखा गया और दूसरा 'अफयूनी' (1890-91)। ये दोनों उपन्यारा छपे नहीं हैं। शाद साहब का चौथा उपन्यास है 'पीर अली' जो पहले उर्दू में 1993 में और बाद में हिन्दी में 2007 में छपा है।

यह सच है कि 'पीर अली' नाम का उपन्यास आज हमारे सामने जैसा है वैसा शाद अज़ीमबादी ने नहीं लिखा था, लेकिन यह भी सच है कि सन् 1857 में हिन्दुस्तान की आज़ादी के लिए जो पहली जंग हुई उसके एक नायाब शहीद पटना के पीर अली की अंग्रेज़ी राज़ के ख़िलाफ़ चकित करने वाली मुखालफत, बहादुरी और शहादत की कहानी शाद साहब ने अपनी अनेक किताबों में न लिखी होती तो 'पीर अली' नाम का उपन्यास पैदा न होता। नकी अहमद इरशाद ने लिखा है कि शाद साहब ने मरदुम दीदा, शाने रियासत, तारीखे बिहार और नक़्शे पायेदार नाम की अपनी किताबों में 'पीर अली' के बारे में जो कुछ लिखा है उसी के आधार पर 'पीर अली' नाम का उपन्यास पुनर्निर्मित हुआ है।

भारतीय इतिहस में ऐसे कई उदाहरण मौजूद हैं जो इस बात की गवाही देते

हैं कि कुछ लेखक और कवि अपनी किताबें अधूरी छोड़ गये और बाद में दूसरों ने उन्हें पूरा किया। कहा जाता है कि संस्कृत के महान लेखक बाणभट्ट अपनी प्रसिद्ध कथाकृति 'कादम्बरी' अधूरी छोड़ गये थे, जिसे बाद में किसी ने पूरा किया। यह भी कहा जाता है कि महाकवि चंदबरदाई ने अपनी कविता पुस्तक पृथ्वीराज रासो को अधूरे रूप में अपने पुत्र को सौंपा था और उसे उनके पुत्र ने पूरा किया। इन दोनों प्रसंगों में यह बात ध्यान देने लायक़ है कि मूल लेखक के अलावा किसी दूसरे द्वारा पूरी की गयी पुस्तकों और उनके मूल लेखकों का महत्त्व कभी कम नहीं हुआ। फिर शाद अज़ीमाबादी की मूल सामग्री के आधार पर पुनःसंयोजित उपन्यास 'पीर अली' पर इतना बबाल क्यों?

'पीर अली' उपन्यास सन् 1857 में ब्रिटिश साम्राज्यवाद के विरुद्ध भारतीय जनता के महाविद्रोह के दौरान एक साधारण आदमी पीर अली के असाधारण साहस, वीरता और बलिदान का दहकता दस्तावेज़ है। पीर अली पटना का किताब बेचने वाला एक साधारण दुकानदार था। उसके मन में लूट और दमन में लगे अंग्रेजों के राज के ख़िलाफ़ अथाह नफ़रत थी और हिन्दुस्तान की आज़ादी से बेहद मुहब्बत। उसी नफ़रत और मुहब्बत के कशमकश से विद्रोह का वह जज्बा पैदा हुआ जिसने पीर अली को अंग्रेज़ों से लड़ने और अपना वजूद तक मिटा देने के लिए प्रेरित किया। अंग्रेज़ों से उसकी घृणा और हिन्दुस्तान से उसकी मुहब्बत, आज़ादी के लिए उसका दीवानापन, विद्रोह के लिए उसकी समझदारी, सूझबूझ और निर्भयता का ऐसा चित्रण उपन्यास में है कि हर पाठक के मन में पीर अली की कभी न मिटने वाली तस्वीर बस जाती है। पीर अली केवल बागी नहीं था, वह समझदारी के साथ विद्रोह का संगठन करने वाला और साहस के साथ नेतृत्व करने वाला व्यक्ति था। उसने अंग्रेजी राज के विरुद्ध पटना की सड़कों पर निकलने वाले पहले जुलूस का नेतृत्व किया था। यही नहीं, 03 जुलाई, 1857 को पटना सिटी में रोमन कैथोलिक पादरी के निवास पर विद्रोहियों ने जो हमला किया था उसकी अगुवाई पीर अली ने ही की थी। इसी हमले में डाक्टर लायल नाम का अंग्रेज़ मारा गया था। यह पटना में विद्रोह की शुरुआत करने वाली घटना थी।

पीर अली चार या पाँच जुलाई को गिरफ़्तार हुए और ब्रिटिश शासन के ख़िलाफ़ बगावत करने और डाक्टर लायल की हत्या करने के जुर्म में 7 जुलाई 1857 को उन्हें फाँसी दे दी गयी। फाँसी के पहले पटना के कमिश्नर टेलर ने पीर अली से कहा था कि दूसरे नेताओं का नाम बताकर तुम अपनी ज़िंदगी बचा सकते हो। टेलर के जवाब में पीर अली ने कहा था, "तुम हमारे जैसे लोगों को फाँसी पर लटका सकते हो, लेकिन हमारे आदर्श को फाँसी नहीं दे सकते।" उन्होंने यह भी कहा था, "ज़िन्दगी में कई मौक़े आते हैं जब जान बचाना अक्लमन्दी का काम होता है, लेकिन ऐसे मौक़े भी आते हैं, जब जान की परवाह

किये बग़ैर उसूल के लिए जान कुर्बान कर दी जाती है। तुम लोग मुझे और मेरे साथियों को फाँसी दे सकते हो, लेकिन हमारे खून से हज़ारों वीर पैदा होंगे और अंग्रेज़ी राज का खात्मा कर देंगे।'' ('मीडिया', अप्रैल-जून, 2007, पृ. 114) ऐसा बयान एक समझदार, दूरदर्शी और सच्चा क्रान्तिकारी ही दे सकता है।

सन् 1857 के महाविद्रोह पर हिन्दी, उर्दू, मराठी, बांग्ला, अंग्रेज़ी आदि भाषाओं में अनेक उपन्यास लिखे गये हैं। लेकिन वे अधिकतर उस विद्रोह में शरीक उच्च वर्ग के व्यक्तियों, राजाओं और रानियों पर, बहादुरशाह जफर, कुँवर सिंह, अमर सिंह, नाना साहब, झाँसी की रानी और बेगम हजरत महल आदि पर ही लिखे गये हैं, पीर अली जैसे साधारण आदमी पर नहीं, जबकि हिन्दुस्तान के साधारण जन ही उस विद्रोह की रीढ़ की हड्डी थे और वे ही उसमें सबसे अधिक मारे गये। उस विद्रोह में आम जनता के बीच से आये और शहीद हुए एक व्यक्ति पीर अली के बारे में उपन्यास केवल शाद अज़ीमाबादी ने ही लिखा। यह उपन्यास साबित करता है कि 1857 का विद्रोह आम जनता का विद्रोह था। यह उपन्यास उस विद्रोह को नयी नज़र से, आम जनता के अनुभव और दृष्टिकोण से देखने की माँग करता है।

1857 ई. के विद्रोह में पीर अली की भूमिका को देखते हुए उसके संघर्ष और शहादत की कहानी लिखने के बारे में शाद साहब के सोचने और बार-बार लिखने की कोशिश करने को जानकर 1857 के विद्रोह, उसमें हिन्दुस्तानी जनता की शिरकत और उस सबको एक ऐतिहासिक उपन्यास में पेश करने से सम्बन्धित शाद अज़ीमाबादी का जो नया नज़रिया सामने आता है उस पर ध्यान देना ज़रूरी है।

जार्ज लुकाच ने 'द हिस्टोरिकल नावेल' नाम की पुस्तक में वाल्टर स्काट के बारे में लिखा है कि वह जनता की ओर से लिखता है, जनता के अनुभव और उसकी आत्मा की ओर से। यह बात 'पीर अली' उपन्यास को पढ़ते हुए शाद अज़ीमाबादी के बारे में कही जा सकती है। जार्ज लुकाच ने उसी किताब में यह भी लिखा है कि, ''जनता इतिहास का अनुभव सीधे करती है। इतिहास उसका ही उत्थान और पतन है, उसकी खुशियों और दुःखों का सिलसिला है। अगर ऐतिहासिक उपन्यासकार ऐसे चरित्रों और स्थितियों का सफलतापूर्वक चित्रण कर सके जिनमें एक युग की सामाजिक-मानवीय अन्तर्वस्तु, समस्याएँ और आन्दोलन सीधे प्रकट हों तो वह जनता की नज़र से और जन जीवन की ज़मीन से इतिहस को पेश कर सकता है।'' (पृ. 344)

'पीर अली' को उपन्यासकार ने एक असली इंकलाबी के रूप में पेश किया है। उसने लिखा है कि, ''पीर अली एक ग़रीब शख्स था मगर उसने देश की आज़ादी का उस वक़्त बीड़ा उठाया था जब देश इसके लिए तैयार न था। जहालत का बाज़ार गर्म था, समाजी और सियासी कमज़ोरियाँ मौजूद थीं। वह जानता था कि उसको अपने मकसद में कामयाबी नहीं मिलेगी। फिर भी एक सच्चे इन्कलाबी

की तरह वह सब कुछ अपने फर्ज की कुर्बानगाह पर निछावर कर देने को तैयार था।'' (पृ. 30) इस उपन्यास से यह भी साबित होता है कि पीर अली अपने समय, समाज और दिल्ली से लखनऊ तक फैले विद्रोह की बातों से बाख़बर इन्सान था।

वह अंग्रेज़ी राज़ में हिन्दुस्तान की हालत से भी पूरी तरह वाकिफ़ था और उसका विद्रोह आज़ादी के लिए जानबूझकर लिये गये फ़ैसले का नतीजा था। विद्रोह की तैयारी दिल्ली में हो रही थी, जिससे वह परिचित ही नहीं जुड़ा हुआ भी था, क्योंकि उसके पास एक झंडा था, जिसे वह जंगे-आज़ादी का निशान मानता था, वह दिल्ली से आया था।

1857 का विद्रोह क्यों हुआ, इसके बारे में तरह-तरह की बातें कही गयी हैं। इस उपन्यास और इसके नायक पीर अली के अनुसार विद्रोह का कारण अंग्रेज़ी राज में जनता का शोषण और दमन था और उससे जनता की मुक्ति भी। एक जगह पीर अली खुद कहते हैं, "अवाम आमतौर पर बग़ावत के लिए तैयार नहीं होते हैं। कोई जान के आग में कूदना नहीं चाहता है, मगर एक वक़्त ऐसा भी आता है कि आग को जलता देखकर उसमें कूद पड़ते हैं। तुम शायद नहीं जानते हो कि नील के विलायती सौदागर उत्तरी बिहार में क्या कर रहे हैं। बलात्कार और अत्याचार तो मामूली बातें हैं। वह अपनी रैयतों को कुत्ते के बराबर भी नहीं समझते हैं। इस सूरत में बात छोटी है या बड़ी, बहाना मिलना चाहिए।" (पृ. 33)

इस उपन्यास में आज़ादी के बाद देश की शासन व्यवस्था की चिन्ता है और उसकी एक रूपरेखा भी। इसमें राजा और रानी नाम के दो व्यक्तियों की बातचीत की मदद से आज़ादी के बाद की शासन व्यवस्था की रूपरेखा पेश की गयी। राजा पीर अली की कही हुई बात रानी को बताते हुए कहता है कि, "नवाब लोगों का समय चला गया। राजा लोगों का समय चला गया। अब गोरों का अखाड़ा साफ़ करना है। उसके बाद जनता का राज बनेगा।" राजा पीर अली के हवाले से पंचायती राज की बात करता है।

इस उपन्यास की एक विशेषता यह है कि इसमें 1857 के विद्रोह में हिन्दुस्तानी सेनाओं की हार के एक ऐसे कारण को सामने लाया गया है जिस पर न इतिहासकारों ने पूरा ध्यान दिया है, न उपन्यासकारों ने। इस उपन्यास से मालूम होता है कि उस लड़ाई में हिन्दुस्तानियों की हार का एक बड़ा कारण देशभर में फैले देशी गद्दार जासूसों का जाल था। 'पीर अली' उपन्यास में बिहार के विद्रोह की कथा कही गयी है। इसलिए इसमें बिहार के गद्दारों की बात कही गयी है। जाइजा नामक अध्याय में यह लिखा है कि पीर अली और उनके साथी यह जानते थे कि "सैयद विलायत अली को शहर की पूरी ख़बरें मिलती हैं और अंग्रेज़ हुक्काम के कानों तक पहुँच जाती हैं।" पीर अली यह भी जानता था कि सूबे में जो रजवाड़े कहे जाते हैं वह अंग्रेज़ों के ताबेदार हैं। ऐसे लोगों की बेहतरी अंग्रेज़ों

का साथ देने में है। इस उपन्यास में सैयद विलायत अली की करतूत का ब्योरा इस तरह दर्ज है, "जब ख़ौफ़ और बेचैनी बढ़ी तो अज़ीमाबाद के रईस सैयद विलायत अली ख़ान ने गवर्नर जनरल कलकत्ता के नाम एक अर्जी भेजी, जिसका खुलासा यह था, "मैं दिलोजान से हुकूमत इंग्लिशया की ताबेदारी और फरमाँबरदारी में सरगर्म हूँ। ऐसी हालत में हुकूत जो खिदमत दे, मैं उसकी तामील में हाजिर हूँ।"

इस उपन्यास में विलियम टेलर के नाम महाराज बेतिया का एक ख़त है जो उनकी नीयत और मानसिकता की गवाही देता है। वह ख़त इस प्रकार है :

''आली जनाब! ग़रीब परबर सलामत। कमतरीन का सलाम।

मैं यह अर्ज करते हुए शर्मिंदगी महसूस कर रहा हूँ कि चंद झूठों ने यहाँ यह ख़बर फैला दी है कि दौलते बरतानिया, कम्पनी बहादुर के ज़रिए अपनी तमाम रैयतों को ईसाई बनाना चाहती है। इसी से तमाम बदअम्नी फैली हुई है। मैंने तमाम लोगों को होशियार कर दिया है कि यह सिर्फ़ झूठों की शरारतें हैं। इस पर किसी को ध्यान न देना चाहिए। सौ साल से कम्पनी बहादुर की हुकूमत इस देश में है, लेकिन कभी भी मजहबी मामलात में इस हुकूमत ने दखलअन्दाज़ी नहीं की। मैंने अपने तहसीलदारों के ज़रिए तमाम रैयतों को आगाह कर दिया है कि इस तरह का फितना फैलाने वालों की हुकूमत सख़्त से सख़्त सज़ाएँ करेगी।''

कमतरीन

बंदा

महाराजा बहादुर, 9 जून, 57''

मालूम नहीं कि यह खत असली है या नकली। लेकिन यह मालूम है कि ऐसे खत उस समय के बिहार के राजे महाराजे अँग्रेज़ अधिकारियों को लिखकर अपनी वफ़ादारी ज़ाहिर कर रहे थे।

पिछले कुछ वर्षों से हिन्दुस्तान और पाकिस्तान में कुछ लोग 1857 के युद्ध के दौरान गद्दार जासूसों की भूमिका से सम्बन्धित दस्तावेज़ों और पत्रों की खोज कर रहे हैं। पाकिस्तान में सलीम कुरेशी और हिन्दुस्तान में सफ़दर इमाम कादरी तथा शम्सुल इस्लाम ने गद्दार जासूसों के खतों को जमा करने और सामने लाने की कोशिश की है। शम्सुल इस्लाम की सम्पादित किताब 'जासूसों के खतूत' में ऐसे 108 ख़त हैं। सफदर इमाम कादरी ने 'मीडिया' (अप्रैल-जून, 2007) नाम की पत्रिका में गद्दार जासूसों के 52 ख़तों का हिन्दी अनुवाद पेश किया है। इन सब ख़तों को पढ़ने के बाद यह कहा जा सकता है कि गद्दार जासूसों की मदद से ही 1857 की लड़ाई में अंग्रेज़ जीते और हिन्दुस्तानी हारे। यह बात स्वयं अंग्रेज़ इतिहासकार भी स्वीकार करते हैं। विलियम केई ने अपनी किताब 'ए हिस्ट्री ऑफ सीपोय वार इन इण्डिया, 1857-58' खंड-2 में लिखा है, "यह गदर-युद्ध की एक अद्‌भुत विशेषता थी कि हालाँकि अंग्रेज़ स्थानीय नस्लों के विरुद्ध लड़ रहे थे, पर उन्हें वास्तविकता में इसी देश के स्थानीय लोगों ने समर्थन दिया। ये समर्थक

जिन्हें हम अपना राष्ट्रीय शत्रु मानते थे उनकी सहायता के बिना हम एक दिन भी जीवित नहीं रह सकते थे।" (जासूसों के खतूत, पृ. 33)

अगर गदर के दौरान गद्दारों की भूमिका का ठीक से विश्लेषण किया जाए तो 1857 की लड़ाई का नया इतिहास लिखना सम्भव होगा। यह भी उस इतिहास का एक हिस्सा है कि विद्रोह के दमन के बाद अंग्रेज़ों ने गद्दारों को कई तरह के इनाम दिये। गद्दारों को अंग्रेज़ी राज से पदवियाँ मिलीं, गद्दियाँ मिलीं, पद मिले और पैसे भी मिले। उस इतिहास की एक विडम्बना यह भी है कि हिन्दुस्तान के आज़ाद होने पर उन गद्दारों की सन्तानें राज्यों और केन्द्र की सरकारों की सत्ता में साझेदार बनीं। इसका अलग से अध्ययन होना चाहिए।

आलोचन की दुनिया का एक पुराना मुहावरा है कि कला का रहस्य कला को छुपाने में है। किसी साहित्यिक कृति में वह कला सबसे अधिक कारगर साबित होती है जिसका होना पाठकों के बोध में बाधक न बने। 'पीर अली' उपन्यास में उपन्यास की कला ऐसी ही है। इसमें कविता का उपयोग है जो उपन्यास की कथा की गति और प्रभाव की गहराई को बढ़ाने में मददगार है। शाद अज़ीमाबादी खुद एक बड़े शायर थे, इसलिए उनके उपन्यास में शायरी की मौजूदगी स्वाभाविक है। वैसे उर्दू और हिन्दी के आरम्भिक उपन्यासों में कविता का उपयोग होता रहा है। इस उपन्यास में शायरी का उपयोग दो जगह है। इसमें गफलत नाम का एक पात्र है जो सड़क पर खुलेआम शराब पीता है और सामने के कोठे पर बैठी नैनी नाम की वेश्या से इश्क़ का इजहार शायरी में करता है। जैसा नाम वैसा काम। दूसरी जगह एक सजी-सँवरी महिफ़ल में एक वेश्या गाने के रूप में शायरी पेश करती है, वह हिन्दी के दोहों को ठुमरी में गाती है। बाद में वह नसीम देहलवी की एक ग़ज़ल भी गाती है। उपन्यास में कविता का उपयोग 19वीं सदी के अज़ीमाबाद की सामन्ती संस्कृति को सामने लाने के लिए किया गया।

उपन्यास की कला असल में तीन कलाओं का संगम है। वे कलाएँ हैं—कथा कहने की कला, वर्णन की कला और चित्रण की कला। कथा कहने की कला अगर उपन्यास की आत्मा है तो वर्णन और चित्रण की कलाएँ शरीर के हिस्से हैं। कथा कहने की कला ही उपन्यास को सामाजिक बनाती है और लोकतान्त्रिक भी। उसी के माध्यम से उपन्यास में जीवन के अनुभवों और आकांक्षाओं की अभिव्यक्ति होती है। वर्णन की कला में ब्योरों की बारीकियों पर ध्यान दिया जाता है और चित्रण में वस्तुओं और स्थितियों के चित्र या बिम्ब निर्मित किये जाते हैं।

'पीर अली' उपन्यास में कथा के बुनियादी उद्देश्य को प्रभावकारी रूप में प्रकट करने के लिए दो प्रतीक-कथाओं (अलेगरीज) का प्रयोग किया गया है। इस उपन्यास में कथा का बुनियादी उद्देश्य है विद्रोह में शामिल लोगों के इरादों और विद्रोह के कारणों को सामने लाना। पहली प्रतीक कथा एक साँप से सम्बन्धित

है। पीर अली की दुकान में उसके कुछ साथी बैठकर विद्रोह के बारे में सलाह-मशविरा कर रहे थे। दुकान में बाँस की मचान से लटका हुआ लोहे का पिंजरा था जिसमें एक तोता था। कहीं से अचानक एक ज़हरीला साँप निकला और उसने तोते पर हमला कर दिया। तोते ने अपनी चोंच से साँप के सिर पर चोट की, फिर तोता चिल्लाने लगा। सबका ध्यान उधर गया। पीर अली के एक साथी ने अपनी लाठी से साँप पर वार किया। साँप छप्पर में घुस गया और पिंजरा नीचे आ गिरा। उसके बाद पीर अली के साथियों के बीच जो बातचीत हुई उसी में प्रतीक कथा का अर्थ छिपा हुआ है। कुछ देर बाद साँप बलखाता हुआ छप्पर से नीचे गिर पड़ा। इमामुद्दीन ने फौरन नन्दा की लाठी से उसे मार डाला। उसके बाद पीर अली ने कहा कि लगता है तुम्हारे ही हाथ से पहला दुश्मन मारा जाएगा। पीर अली और उसके साथियों की बातचीत से ज़ाहिर है कि इस प्रतीक कथा में अंग्रेज़ ही साँप है।

दूसरी प्रतीक कथा को सीधे उपन्यासकार के शब्दों में पढ़िए, "एक छिपकली बड़े से पतिंगे को मुँह में दबाये थी और पतिंगा पेड़ की डाल पर बराबर पर मार रहा था, मगर छिपकली की गिरफ़्त और मजबूत होती जा रही थी। अभी छिपकली पतिंगे को पूरा निगल भी नहीं पायी थी कि एक चिड़िया आयी और छिपकली को पकड़ के खाने लगी। राजा ने उसे मारने के लिए मिट्टी का एक ढेला उठाया मगर वह चिड़िया छिपकली को ले उड़ी। राजा ने कहा, देखो रानी! यह दशा दुर्बल की है, मगर कब तक?" (पृ. 88) इस प्रतीक का अर्थ राजा के कथन से स्पष्ट है। इसमें भारतीय जनता के विभिन्न तबक़ों को पतिंगा और छिपकली के रूप में रखा गया है और अंग्रेज़ों को शिकारी चिड़िया के रूप में।

इस उपन्यास में वर्णन और चित्रण के माध्यम से उपन्यास के अर्थ को व्यापक और प्रभाव को गहरा बनाने की कोशिश है। वर्णन की कला का एक नमूना यह है, "दुकान के सब तख्ते बन्द थे। अन्दर एक टिमटिमाता चिराग रौशन था। जिसके उजाले में कुछ कल्मी (हस्तलिखित) किताबें, कुछ मुसव्वदे, काग़ज़ काटने की कतरनी, आटे की लेई, कलमतराश और दुकान के एक किनारे में चटाई की लिपटी हुई जानिमाज। यह सब चीज़ें नज़र आ रही थीं। एक तरफ़ ताँबे का मुरादाबादी लोटा, एक कटोरा और एक मिट्टी का घड़ा था। सिर पर बाँस की मचान थी और उसी से लटका हुआ तोते का एक लोहे का पिंजरा था।" (पृ. 21) इसके बाद चित्रण की कला का एक उदाहरण देखिए : "रात का अँधेरा छँट चुका था, मगर सूरज ने अभी अपना नकाब नहीं उलटा था। सड़क और गली की हरी-भरी पत्तियों से रह-रहकर ओस के मोती जैसे क़तरे टपक जाते थे।" (पृ. 36) उपन्यासकार ने वर्णन की कला के सहारे वस्तुस्थिति के बोध को सघन बनाया है और चित्रण की मदद से प्राकृतिक दृश्य को मूर्त रूप में प्रस्तुत किया है। ऐसे वर्णनों और चित्रणों के कारण इस उपन्यास की पठनीयता बढ़ गयी है।

निर्मम आलोचना का उपन्यास

कार्ल मार्क्स ने 1843 में अपने एक मित्र आर्नोल्ड रूज को एक पत्र में लिखा था, "हमारा उद्देश्य न भविष्य की रूपरेखा निर्मित करना है और हर सवाल का अन्तिम उत्तर देना नहीं है। हमें जो पूरा करना है वह है, जो कुछ है उसकी निर्मम आलोचना करना। निर्मम दो अर्थों में। एक तो उस आलोचना के निष्कर्षों से भयभीत न होना और दूसरे सत्ता से टकराहट से भी न डरना।" संजीव ने अपने उपन्यास 'रह गई दिशाएँ इसी पार' में समकालीन पूँजीवाद की जीव-विज्ञान सम्बन्धी अतियों और विकृतियों की जो निर्मम आलोचना की है, उसमें वे भी न तो अपने निष्कर्षों के बारे में चिन्तित हैं और न वर्तमान पूँजीवाद की सत्ता से संघर्ष के बारे में। संजीव ने एक वैज्ञानिक की तरह जीव-विज्ञान के नवीनतम अनुसंधानों, उपलब्धियों और प्रयोगों का ब्योरेवार विश्लेषण करते हुए एक कथाकार की तरह प्रकृति, संस्कृति और मनुष्य के जीवन के सन्दर्भों में उस सबके प्रभावों, परिणामों और परिणतियों को अपने उपन्यास में प्रस्तुत किया है।

पिछले कुछ दशकों में जीव-विज्ञान में अपूर्व अनुसन्धान और प्रयोग हुए हैं और उनकी उपलब्धियाँ भी अपूर्व ही हैं। इस प्रक्रिया में लिंग परिवर्तन, उधार की कोख, हार्मोन थिरैपी, क्लोनिंग, टैस्ट ट्यूब बेबी, कृत्रिम गर्भाधान, टिश्यु कल्चर आदि का वर्तमान पूँजीवाद में व्यापार करने और लाभ कमाने के लिए कितना और कैसा वीभत्स दुरुपयोग किया है, यह जानना हो तो 'रह गई दिशाएँ इसी पार' को पढ़ना आवश्यक है और उपयोगी भी। इस उपन्यास का एक पात्र विशाल एक जगह कहता है, "ये पैसे वाले ज्ञान-विज्ञान की सारी बौद्धिक सम्पदा को हथिया लेना चाहते हैं—अब तक सुनता ही आया था, आज प्रत्यक्ष हो गया।" (पृष्ठ सं. 118) इस उपन्यास में संजीव का जीव-विज्ञान का ज्ञान चकित करने वाला है। उसका एक उदाहरण देखिए : "वैज्ञानिक कहते हैं कि करोड़ों-करोड़ वर्ष पहले एक ही कोशिका में समाये थे डिम्ब और शुक्राणु। फिर वे अलग हुए। बड़ा अंश डिम्ब बना, छोटे-छोटे अंश शुक्राणु। पुरानी स्मृतियाँ उन्हें मिलन के लिए खींचती हैं। प्रायः दो अरब वर्ष पहले कुछ विकसित जीवों में काम-क्रिया का विकास होता है। बड़े से डिम्ब के लाखों शुक्राणुओं को अभिसेचित करने का संघर्ष। जैसे दो प्यासी आत्माएँ...ये दो 'दो' नहीं 'एक' हैं। शोधित होती रही यह प्रक्रिया। हर संयोग के

साथ बदलते रहे जीन। जीन्स के आदान-प्रदान से धरती भर गयी स्पीसिस से। वे ही बाधित रहे जो निषेधवादी या कुंठित थे।" (पृष्ठ 102)

पूँजीवाद व्यापार में लाभ के लिए क्या-क्या करता है और कर सकता है, यह इस उपन्यास में विष्णु बिजारिया के माध्यम से दिखाया गया है। विष्णु बिजारिया की माँ अपने बेटे के व्यापार के बारे में सोचती है, "जो श्वेत चूहे शुभ माने जाते हैं और जिनकी वे पूजा करती रही हैं, उन्हें ही तरह-तरह से तकलीफें देकर मरवाता फिरता है, उनका बड़ा बेटा। जिन गायों की रक्षा करने में उनके छोटे बेटे किस्नू ने जीवन लगा दिया, उन गायों को कटवाता है उनका बड़ा बेटा। भेड़-बकरी भी, यहाँ तक कि सूअर भी। घर में मांस-मछली वर्जित है और मछलियों का धन्धा करता है उनका विस्नू। आदमी तक के मांस का कारोबार करता है।" (पृष्ठ 233)

पूँजी कैसे विज्ञान को अपने वश में करती और रखती है, इसकी ओर संकेत भी इस उपन्यास में है, "वैज्ञानिक के पास प्रतिभा होती है लेकिन पैसा...? पैसा तो पूँजीपति के पास होता है या फिर शासक या सरकारों के पास। ये सेठ और सरकारें उन्हें खिलाती-पिलाती हैं, पैसे देती हैं, पालतू बनाती हैं। कभी कहती हैं ऐसा करो, कभी कहती हैं वैसा और कभी-कभी कुछ कहती भी नहीं, ये उसकी इच्छा को अच्छे स्वामिभक्त की तरह स्वयं ही समझ लेते हैं।" (पृष्ठ 283) जे.डी. बर्नाल ने 'साइंस इन हिस्ट्री' नाम की पुस्तक में ठीक ही लिखा है कि "जब व्यक्तिगत लाभ और विनाश के साधन के रूप में विज्ञान का उपयोग होता है तब उससे समाज में जो हताशा और विकृति फैलती है तब ही विज्ञान का सचमुच अनादर होता है।" पूँजीवाद ने विज्ञान का उपयोग व्यक्तिगत लाभ के लिए किया है और भीषण विनाश के लिए भी।

पूँजीवाद की संस्कृति की एक विशेषता यह है कि इसमें सब-कुछ बिकता है। उपन्यास के लगभग अन्त में मछुआरिनों के माछ बेचने के प्रसंग में उपन्यासकार ने लिखा है–

"माछ ले लो माछ! टटका माछ! मांस लेना है मांस? किस जीव का मांस? आदमी तक का माँस हमारे पास है। बोलो, क्या चाहिए।

पूरा देश बैठा है बेचने। क्या बेच रहे हैं लोग?

मछली? मांस?

सिर्फ मछली नहीं, सेक्स, आँख, दिल, खून, किडनी स्टेम सेल्स, कोख...।

अलसायी-अलसायी धूप में टाँगें फैलाये–डिम्ब ले लो डिम्ब।

मछली, घड़ियाल, कछुए, मुर्गी, हंस के नहीं, आदमी के डिम्ब, आदमी के। उकड़ूँ बैठी...टाँगें फैलाये–स्पर्म ले लो स्पर्म, जैसा चाहो वैसा स्पर्म! यकीन नहीं आता?

लोग हथेलियों पर रखकर अपना माल दिखा रहे हैं–ये देखो, ये डिम्ब, ये

वीर्य, ये कोख, ये...

सब बेच रहे हैं खुद को, झेंपने की जरूरत नहीं। श्लील, अश्लील, मूल्य, संस्कार की सारी रेखाएँ मिट गयी हैं।

क्या कहा? असलहे? असलहे भी। कितने चाहिए? हाँ, किसे मारना है और किसे जिलाये रखना है—यह हम तय करेंगे, आप नहीं।" (पृष्ठ 302)

जहाँ यह सब बिकता है वहाँ कौमार्य भी बिकता है और खरीददार हैं विष्णु बिजारिया जैसे पूँजीपति। इस उपन्यास की एक पात्र कौशल्या कहती है, "दूर-दूर तक कोई चारा न था। सिर्फ देह थी और मैं थी। थैंक गॉड कि देह जवान थी और कौमार्य अक्षत। फिर तुम्हारे भेजे हुए स्पान्सर्स। उन्होंने सबसे पहले मेरा नाम बदला। 'वो कौशल्या से थोड़ा पवित्र-पवित्र और थोड़ा गँवारू-गँवारू की बू आती है। अब से तुम कौशल्या नहीं क्रिस्टीना हो' फिर चाल बदली, ढाल बदली, बोली बदली, अदा बदली और इंटरनेट और चैनलों के प्रचार के चंग पर चढ़ा दिया। कोलकाता की गली की कौशल्या दुनिया भर की क्रिस्टी हो गयी जिसकी वर्जिनिटी की बोली लगी। सवा करोड़ पर बोली टूटी।" (पृष्ठ 253)

आज के समय में पूँजीवाद की सच्ची और खरी आलोचना तभी हो सकती है जब उसके साथ साम्राज्यवाद की भी आलोचना हो। इस उपन्यास में संजीव ने अमेरिकी साम्राज्यवाद की निर्मम आलोचना की है। अमेरिका के सत्ताधारी जो सोचते और करते हैं उसकी ओर स्पष्ट संकेत करते हुए और अमेरिकी नेताओं की नकल करते हुए उपन्यासकार ने लिखा है, "मैं अमेरिकी जनता से कहता हूँ कि यह प्रार्थना करने का और अमेरिकी जनता के अधिकारों की रक्षा करने का समय है और मैं अमेरिकी जनता से अपने राष्ट्रपति की उस कार्रवाई पर विश्वास करने को कहता हूँ जो वह अमेरिकी जनता की ओर से करने जा रहे हैं।...विश्व की शान्ति और स्वतन्त्रता के लिए। जो भी विश्व शान्ति के लिए खतरा होगा हम मानवता और विश्व की रक्षा के लिए उसे सबक सिखा देंगे। इस समय 132 देशों में हमारे 702 सैन्य प्रतिष्ठान हैं। शान्ति की रक्षा के लिए हमारे पास आठ हजार एक्टिव न्यूक्लियर बम हैं। हमने हिरोशिमा, नागासाकी, वियतनाम, निकारागुआ, ग्वेतमाला, क्यूबा, रूस, इराक, अफगानिस्तान जैसे शान्ति के शत्रुओं को मजा चखाया। कई सूअर मर गये मगर उनकी चिंग्घाड़ सूअरनुमा नेताओं के मुँह में जिन्दा है।" बोलते-बोलते वह एक पल को रुका, फिर बोला, मैं भारत के हर नेता को वह टॉनिक देना चाहता हूँ ताकि वियाग्रा की तरह उन्हें देश की जनता से बलात्कार करने का पौरुष मिले।" (पृष्ठ 251)

अमेरिका क्या है, उसका इतिहास कैसा है, यह भी संक्षेप में इस उपन्यास में है। इस उपन्यास में अमेरिका के अनेक राष्ट्रपतियों की करतूतों का ब्योरा भी मौजूद है, "बर्बर लोगों की बात ही छोड़िए। जार्ज वाशिंगटन जैसे अमेरिकी स्वतन्त्रता के महान

योद्धा तक की वसीयत में 160 गुलाम थे...। बैंजामिन फ्रैंकलिन और 'स्वाधीनता का घोषणा पत्र' के रचयिता टामस जेफरसन छाँट-छाँट कर नीग्रो युवतियाँ खरीदते थे। मुक्त करने के लिए? नहीं आरती उतारने के लिए! अरे भोगने के लिए। फ्रैंकलिन का तो दास उत्पादन का व्यापार ही था। भोगी हुई औरतों से जो लड़कियाँ पैदा होतीं, यानी उनकी अपनी बेटियाँ, वे भी बेच दी जातीं। प्रेसिडेंट जेफरसन अपनी ऐसी कन्याओं को सीधे रंडीखाने में बेचा करते।" (पृष्ठ 284-85)

इस उपन्यास में आलोचनाएँ और भी हैं जिनका सम्बन्ध भारतीय समाज व्यवस्था से है। उपन्यास में एक जगह जाति व्यवस्था के निर्माण के लिए मनु की आलोचना है तो दूसरी जगह हिन्दू धर्म की विवाह व्यवस्था पर यह टिप्पणी है, "तुम तो हिन्दू हो चुकी एक तरह से, उनके धर्म को जानती होगी, कोई हिन्दू औरत एक बार पति की हुई फिर सारी जिन्दगी न मिली तो भी तो उसका पत्नीत्व बना रहता है। आदमी तो आदमी किसी पेड़-पर्वत से भी विवाह हो जाय तो भी निभाती हैं हिन्दू औरतें।" (पृष्ठ 217)

यह उपन्यास भारत और दुनिया की समस्याओं और सूचनाओं की खान है, वे समस्याएँ और सूचनाएँ उपन्यास की संरचना के अन्तरंग हिस्से हैं। छिटपुट और बिखरे हुए नहीं। इसमें गिरमिटिया मजदूरों की कथा है, मारवाड़ियों की व्यापार यात्रा के किस्से हैं, गुजरात के जनसंहार की खबर है, आज के मीडिया के चरित्र का खुलासा है, सुनामी का ब्योरा है, पेशेवर डॉक्टरों और वकीलों के व्यवहार की जानकारी है, बहुराष्ट्रीय कम्पनियों की जटिल संरचना की सूचना है और धन से धर्म के रिश्तों का ब्योरा भी है।

इस उपन्यास में अनेक पात्र हैं। वैज्ञानिक अजय है, और अतुल या जिम भी है, विष्णु बिजारिया है, उसका भाई किश्नु बिजारिया है, डॉक्टर जैक्सन है, मत्स्यजीवी श्रमिक संगठन के लीडर मनीष मंडल हैं, माली बेग है, शायरनुमा आरिफ हैं, जिया अहमद हैं, देबू ठाकुर हैं, विशाल है, प्रोफेसर सत्य प्रकाश हैं, पाँचु है, जयन्त है, विनय बाबू हैं, शाहनवाज है और नागप्पा भी है। स्त्री पात्रों में एलिस है, कैथरीन है, मधु है, बेला है, कमला है, लारा है, शीला है, सिम्मी है और जूली, कृष्णा, शुभा, तेलम्मा तथा लूसी आदि हैं।

वैसे तो इस उपन्यास के प्रत्येक पात्र की, चाहे वह पुरुष हो या स्त्री, अपनी विशिष्टता है, पहचान है, सोच है, और क्रियाशीलता भी है। लेकिन उपन्यास के केन्द्रीय पात्र हैं अजय, जिम और विष्णु बिजारिया, जिनके क्रिया-कलाप, गुण-दोष और उत्थान-पतन की कथा कहता है यह उपन्यास। इसमें अजय उपन्यासकार का लगभग प्रतिनिधि है, जो जिम और विष्णु की कथा और जीवन व्यापार से सम्बद्ध है, लेकिन तटस्थ द्रष्टा और साक्षी भी है। जिम जीव-विज्ञान की उपलब्धियों और विकृतियों की देन है और अभिशाप भी। विष्णु बिजारिया एक आधुनिक पूँजीपति

की तरह सर्वग्रासी नर पिशाच है। विष्णु का भाई किशना बिजारिया 'वंचक भगत' है। इस उपन्यास का अत्यन्त शानदार पात्र है बेला नाम की मछुआरिन, जिसके बारे में कुछ विस्तार से आगे बात होगी।

बेला एक मछुआरे की बेटी है। साँवली, सलौनी, जवान, जिद्दी, साहसी और संघर्षशील। वह माँ-बाप के समुद्र में गायब हो जाने के बाद स्वयं मछली पकड़ने और उन्हें बेचकर अपने जीवनयापन का काम करती है। इसी प्रक्रिया में एक नयी स्थिति सामने आती है। मछली के व्यापार में बहुराष्ट्रीय कम्पनियों के आने से मछुआरों का काम, उनका पेशा, उनकी आमदनी और जिन्दगी संकट में पड़ जाती है। मत्स्य उद्योग में बहुराष्ट्रीय कम्पनियों के प्रवेश से मत्स्य-न्याय की जो प्रक्रिया शुरू हुई उसका ब्योरा उपन्यासकार ने दिया है।

फिर भी बेला अपने व्यवसाय में लगी रही। छोटी-छोटी नावों की मदद से मछली पकड़ने वाले मछुआरों के सामने संकट यह था कि बड़े मत्स्य उद्योग के ट्रेलर जब समुद्र में आते थे तब छोटी नावों की मदद से मछली पकड़ने वाले मछुआरों की पकड़ में मछली नहीं आती। ऐसे ही एक मौके पर बेला की भेंट और मुठभेड़ जिम और अजय से हुई, जो एक ट्रेलर पर सवार होकर मछली का शिकार कर रहे थे। सुन्दर बेला को देखकर जिम और अजय चकित थे और आकर्षित भी और बेला उनके ट्रेलर के शिकार पर नाराज। दूसरी बार अजय और जिम से बेला की भेंट पन्द्रह दिन बाद हुई। जिम और अजय ने बेला को ललचाने और पटाने की कोशिश की लेकिन बेला ने निर्भीक और दो टूक भाषा में जिम के सहजीवन के निमंत्रण को अस्वीकार कर दिया। बाद में अजय बेला के गाँव केंदुली में मत्स्यजीवी संघ समवाय केन्द्र के उद्घाटन के अवसर पर गया और उसके महीने भर बाद फिर केंदुली पहुँचा लेकिन बेला वहाँ नहीं मिली।

बेला केंदुली से कोच्चि पहुँच गयी और उसके साथ ही उपन्यास की कथा बंगाल से केरल पहुँची। उपन्यास की कथा शुरू होती है बंगाल के सुन्दरवन से। फिर वह समुद्र और मत्स्य उद्योग के विस्तार के साथ बंगाल से केरल पहुँचती है। बीच में तमिलनाडु और आन्ध्रप्रदेश के मत्स्य उद्योगों के साथ जुड़ती हुई वह केरल पहुँचती है। इस उपन्यास की एक विशेषता यह है कि इसका आख्यान अपने फैलाव में अखिल भारतीय है। ऐसा अखिल भारतीय आख्यान वाला उपन्यास हिन्दी में दूसरा शायद ही हो।

कोच्चि में बेला के जीवन में एक नया मोड़ आता है। वह स्वतन्त्र मत्स्यजीवी व्यक्ति से परतन्त्र मजदूरनी बन जाती है। वह जहाँ काम करती है वहाँ की स्थिति और वहाँ का वातावरण यह है, "पक्के फर्श पर चारों ओर पसरा हुआ है पानी, खून, मांस चोईंटे का ठण्डा पानी। बीच-बीच में अल्यूमीनियम शीट से मढ़े चार लम्बे-लम्बे टेबुल हैं, जिन पर मछलियाँ रखी हैं।" (पृष्ठ 173)

कोच्चि का मत्स्य उद्योग बड़ा है, एक बड़े घर और घेरे में फैला है। उसमें बेला के साथ अनेक स्त्रियाँ काम करती हैं। उनके बीच बहनापा विकसित होता है और साथ ही अपनी मजदूरी और मजबूरी की स्थिति का बोध भी पैदा होता है। उन मजदूर स्त्रियों की जिन्दगी की वास्तविकता यह है, "सभी की सभी गरीब तबकों और निचली जातियों की लड़कियाँ थीं जो पति, पिता, चाचा, या अन्य रिश्तेदारों की प्रताड़ना के चलते काम पर आयी थीं। प्रायः सभी अनपढ़। पैसे का हिसाब-किताब कन्ट्रैक्टर रखता है जो कुछ न कुछ पैसे मार लेता है। इसके बावजूद वे खुश थीं, कम से कम परिवार के दमघोंटू वातावरण से उन्हें निजात मिली थी। तो क्या जिस परिवार के लिए वह तरसती रही वह इतनी बड़ी जेल है? और खुली हवा...? आत्मनिर्भरता ही शायद वह खुली हवा है।" (पृष्ठ 176) आत्मनिर्भरता का बोध पैदा हुआ तो अपने अधिकार की चेतना जगी और शोषण के विरुद्ध विद्रोह का भाव भी पैदा हुआ। गुजरात से बंगाल तक मछुआरे ट्रेलर वाले, कारखानेदारों और दूसरों की ज्यादतियों के विरुद्ध आन्दोलन करने लगे। इस आन्दोलन में बेला शामिल थी। नेतृत्व की भूमिका में। उपन्यासकार के शब्दों में, "बेला जहाँ जाती थी, शोलों के बीज बोती चलती थी। मछुआरों का आन्दोलन चल पड़ा।" (पृष्ठ 194) ट्रेलर बनाम देश भर के मछुआरों के आन्दोलन में एकता आयी। आन्दोलनकारियों को संघर्ष की प्रेरणा देती हुई बेला ने कहा, "सिर्फ गुस्से के दम पर इस अन्याय का खात्मा नहीं किया जा सकता। हमें मुक्ति चाहिए। मुक्ति चाहिए इस दरिद्रता से, बेबसी से, हर घड़ी मुँह बाये चली आ रही असुरक्षा से, मुक्ति चाहिए इन महाजनों की कृपा से, इन बिचौलियों से, दलालों से। यह मुक्ति कौन देगा...? कोई नहीं। हमें खुद आगे बढ़कर इसे हासिल करना है।" (पृष्ठ 195) बेला के क्रान्तिकारी व्यक्तित्व के माध्यम से संजीव ने एक नयी स्त्री चेतना की अभिव्यक्ति की है जो स्त्रीवादी होने के साथ-साथ समाजवादी भी है। इस प्रक्रिया में बेला का जानदार और असरदार व्यक्तित्व उभरकर सामने आता है।

बेला के भाषण से यह भी स्पष्ट होता है कि वह मछली उद्योग की समग्रता को समझती है और पूँजीवाद के भूमंडलीकरण की प्रक्रिया के खतरे को भी। इसीलिए वह कहती है, "समुद्र में क्या प्रमाण है कि कौन कहाँ तक आया... इसलिए प्रतिरोध, पूँजी और विकल्प तीनों चाहिए, इसलिए एकता चाहिए, सहकारिता चाहिए। जिस तरह पूरे देश के जंगल, पहाड़, नदी, जमीन और सम्पदा को छीनकर बेचा जा रहा है, उसी तरह हमारे आठ हजार किलोमीटर सागर तट के अधिकारों को हमसे छीनकर बड़ी कम्पनियों को बेच दिया जाएगा। अब भी वक्त है आप चेत जाइए।" (पृष्ठ 196)

इस उपन्यास की एक बड़ी विशेषता है उपन्यास के आख्यान में कथा और कविता का संयोग। उपन्यास का नाम कविता की एक पंक्ति से जुड़ा है। यही नहीं

इसके अध्यायों के अधिकांश शीर्षक कविता में ही हैं। कुछ शीर्षकों में मौजूद कविता को देखिए—माया मरी न मन मरा, मर मर गया शरीर, कछु ना मेरा ना कछु तेरा, वहाँ कौन है तेरा, गंगा आये कहाँ से गंगा जाए कहाँ रे, जल भीतर एक बिरछा उपजे तामे अगिन जरे, ये न थी हमारी किस्मत आदि। उपन्यास के भीतर स्थितियों के बोध भावों की गहराई और संवेदनाओं की सूक्ष्मता तक पहुँचने के लिए संस्कृत, अंग्रेजी, हिन्दी, बांग्ला और उर्दू के काव्यांशों का प्रयोग है। इनके साथ ही तेलुगु कवि शेषेन्द्र शर्मा की एक कविता का अनुवाद भी है। काव्यांशों के प्रयोग से उपन्यास के आख्यान में सघनता आयी है और पात्रों की शक्ति, शील और सौन्दर्य की समग्रता मूर्त हुई है। उपन्यास के आख्यान से कविता का ऐसा अन्तरंग सम्बन्ध समकालीन हिन्दी उपन्यासों में दुर्लभ है। हिन्दी आलोचना में इस बात पर बहुत बहस हुई है कि काव्यालोचन के उपकरणों से कथा-साहित्य का विवेचन होना चाहिए या नहीं। लेकिन ध्यान देने की बात यह है कि जब साहित्य की एक विधा में दूसरी विधा मौजूद हो, तब उसकी पहचान और व्याख्या के लिए उस विधा के उपकरणों का उपयोग गैर-जरूरी क्यों माना जाए। मुक्तिबोध की लम्बी कविताओं में उपन्यास की संवेदना मौजूद है और संजीव के इस उपन्यास में कविता की संवेदना।

यद्यपि यह उपन्यास जीव-विज्ञान की नवीनतम खोजों, उपलब्धियों और प्रयोगों पर आधारित है, लेकिन इसके आख्यान में मिथकों के प्रयोग ने कथा के अर्थ को विस्तृत बनाया। इसमें अनेक भारतीय मिथकों का उपयोग हुआ है, लेकिन इस पर बात करने के पहले यह जान लेना जरूरी है कि विज्ञान के मिथक होते हैं या नहीं। उपन्यासकार की राय यह है कि विज्ञान के भी मिथक होते हैं। इस उपन्यास में एक प्रसंग है जिसमें एक ग्यारह साल की लड़की को षोड़शी बनाने के लिए हार्मोन्स ट्रीटमेंट की मदद ली गयी है। वह षोड़शी तो हो गयी परन्तु उसका लिंग बदल गया। वह फातिमा से फत्ते खाँ बन गयी। इसी को कहते हैं, लिखत सुधाकर, लिखगा राहू। इस प्रक्रिया और परिणाम से विज्ञान का एक मिथक ध्वस्त हो गया कि हार्मोन्स से व्यक्ति की आयु बढ़ाई जा सकती है।

इस उपन्यास में विज्ञान के एक तथ्य को स्पष्ट करने के लिए इन्द्र के मिथक का उपयोग है। प्लैंक नाम के एक वैज्ञानिक ने कहा, "कुछ रेप्टाइल्स ऐसे भी होते हैं जिनका एक लिंग से काम नहीं चलता। चार-चार होते हैं।" (पृष्ठ 109) इस बात को स्पष्ट करने के लिए उपन्यासकार ने इन्द्र के मिथक का हवाला दिया है, "हिन्दू देवी-देवताओं में एक इन्द्र थे। शाप के चलते जिनकी हजार योनियाँ हो गयी थीं।" (पृष्ठ 109) लालसा चेतना को कहाँ से कहाँ ले जाती है यह बताने और साबित करने के लिए संजीव ने सीता से सम्बन्धित एक मिथक का उपयोग किया है, "सारा राजपाट छोड़ कर आयी थीं सीता जी। फिर भी मारीच को देखते ही अवचेतन की लिप्सा भड़क उठी। सोने की चाहत ने उन्हें इस कदर अन्धा बना दिया कि भूल ही गयीं कि

मृग की छाल सोने की नहीं हो सकती और पति से कह कर उसकी जान ले लेती हैं। शायद इसी शाप वश वह सोने की लंका में बन्दिनी बनती हैं।" (पृष्ठ 115)

कभी-कभी मिथक इतिहास में प्रवेश करता है और उसके राज-रहस्य को खोलता है। ऐसा ही एक मिथक है मत्स्यगन्धा का, जो एक ओर महाभारत की कथा के मूल से जुड़ा है तो दूसरी ओर यूरोप के समुद्री डाकू साम्राज्यवादी अभियानों से। 'समुद्र में खोया हुआ आदमी' नामक अध्याय के आरम्भ में संजीव ने उस मिथक को नया रूप और अर्थ देते हुए लिखा है, "मनुष्य की हो या महाभारत की, सारी कथाएँ पानी से शुरू होती हैं। पानी से मत्स्य, मत्स्य से मनुष्य और मत्स्यगन्धा से महाभारत। महाभारत की एक कथा सागर से शुरू होकर हिमालय की ओर चली जाती है, दूसरी सागर में समायी रहती है।" (पृष्ठ 187)

उपन्यास के लोकतन्त्र का एक प्रमुख आधार है उसकी भाषा और भाषा के लोकतन्त्र का आधार है उसकी बहुलता। उपन्यास एकमात्र ऐसा साहित्य रूप है जिसमें भाषाओं की बहुलता मिलती है। हिन्दी उपन्यास में इसका सबसे बड़ा प्रमाण है फणीश्वरनाथ रेणु का 'मैला आँचल'। उपन्यास में पात्रों की बहुलता से सम्बद्ध है उनकी भाषाओं की बहुलता। व्यक्तियों की पहचान बनती है उनकी भाषा से जिसमें उनके अनुभव, जीवन-जगत का बोध, उनका सोच-विचार और उनकी विश्वदृष्टि निर्मित तथा व्यक्त होती है। 'रह गई दिशाएँ इसी पार' में पात्रों की बहुलता से जुड़ी हुई है भाषा की बहुलता। इस उपन्यास में अनेक पृष्ठभूमि, क्षेत्र, समुदाय और मानसिकता के पात्र हैं। इसमें एक पात्र हैं डॉ. जैक्सन, जो प्रायः अंग्रेज़ी में बोलते हैं। वे जैसी हिन्दी बोलते हैं उसे हिंगलिश कहा जा सकता है। वे हिन्दी भी अंग्रेजी उच्चारण के ढंग से बोलते हैं। दूसरे पात्र हैं आरिफ बेग जो कदम-कदम पर शेर कहते हैं और ख़ालिश उर्दू बोलते हैं। तीसरी है बेला जो सहज भाव से अपनी मातृभाषा बांग्ला बोलती है। इस उपन्यास में अंग्रेजी का प्रयोग बहुत है। उसका कारण यह है कि उपन्यास जिस विज्ञान के अनुसन्धानों और प्रयोगों पर केन्द्रित है उसके पारिभाषिक शब्द अधिकांशतः अंग्रेजी में ही उपलब्ध हैं। लेकिन उपन्यास के अध्यायों के शीर्षक के रूप में अंग्रेजी की उपस्थिति चकित करती है। उपन्यास के सात अध्यायों के शीर्षक अंग्रेजी में हैं। इनके अंग्रेजी में होने का कारण शायद इसलिए है कि उपन्यास जिस पाठक वर्ग के लिए लिखा गया है वह अंग्रेजीदां तो है ही, वह स्वयं को हिन्दी से अधिक अंग्रेजी में सहज महसूस करता है। यह भारतीय मध्यवर्ग की विडम्बनापूर्ण स्थिति है।

इस उपन्यास में हिन्दी क्षेत्र की एक लोकभाषा भोजपुरी की कहावतों का भी प्रयोग है। एक उदाहरण देखिए, "खुद भी किस्म-किस्म के परिधान में रहती। अभी वह पीले पठानी सूट में थी। लेकिन हाय, जिम ने कोई नोटिस ही न ली—'का पर करूँ सिंगार बलम मोर आन्हर'।" (पृष्ठ 69) कहावतें और मुहावरे लोकजीवन की

कविताएँ हैं। उनमें लोकजीवन के अनुभव और सोच का संचय होता है, इसीलिए जिस लेखक का लोकजीवन का ज्ञान जितना अधिक होता है उसकी रचनाओं में कहावतों और मुहावरों का प्रयोग उतना ही अधिक होता है। हिन्दी में प्रेमचन्द की कहानियाँ और उनके उपन्यास कहावतों और मुहावरों के भण्डार हैं।

उपन्यास की भाषा का सौन्दर्य वर्णन की कला में प्रकट होता है। कथाकार जैसी भाषा और शिल्प के साथ स्थितियों, वास्तविकताओं, व्यक्तियों, और मानसिकताओं का वर्णन करता है वैसा ही प्रभाव पाठकों पर पड़ता है। उपन्यास में इन सबके वर्णन की दो आवश्यक शर्तें हैं। एक तो यह कि वह वर्णन उपन्यास या कहानी के लिए अनिवार्य है और दूसरी शर्त यह कि वह आख्यान से सुसम्बद्ध हो। संजीव के इस उपन्यास में आकर्षक वर्णन के अनेक प्रसंग हैं। यहाँ केवल दो का उल्लेख आवश्यक है। पहला है बेला के व्यक्तित्व का वर्णन जो इस प्रकार है, "अजय ने कसी हुई साड़ी में उस साँवली लड़की का तेज देखा तो देखता ही रह गया। आँखें इत्ती बड़ी-बड़ी जैसे पूरा का पूरा समुद्र हो। नाक में सोने का नन्हा छल्ला। लहरों के ऊपर-नीचे हो रही थी उसकी डोंगी जिसकी बिसात वैसे भी इस विशाल ट्रालर के सामने कुछ भी न थी, पर वह जिस तरह निडर भाव से तर्क पर तर्क किये जा रही थी, वह उसे हैरत में डाल रहा था।" (पृष्ठ 76) यह केवल वर्णन नहीं है, बल्कि चित्रण भी है। चित्रण तब होता है जब भाषा में चित्रमयता हो। दूसरा वर्णन मुख्यतया प्रकृति के सौन्दर्य का है, पर उसके साथ बेला की क्रियाशीलता भी वर्णित है, "सुरमई भोरों को जब साँप-सी लहरदार लहरें किनारों पर अपने फन पटकती हैं, कई दिनों की गयी नावों को किनारों पर आती देख आकाश में परिन्दे और तट पर बिचौलिये महाजनों की भीड़ उमड़ने लगती है, पानी की बनती-टूटती दीवारों के बीच बेला अपनी डोंगी लेकर समुद्र की ओर चल देती है।" (पृष्ठ 98) यहाँ संवेदनशील भाषा की व्यंजकता अधिक महत्त्वपूर्ण है।

पश्चिम में अब यह स्वीकृत धारणा बन गयी है कि उपन्यास एक प्रकार का सांस्कृतिक विमर्श भी है। जैसे संस्कृति बहुअर्थी और बहुरूपी धारणा है वैसे ही सांस्कृतिक विमर्श का माध्यम होने के कारण उपन्यास के भी अनेक रूप हैं। उसका एक रूप विज्ञान से सम्बद्ध है तो दूसरा नीति से। कभी वह इतिहास विमर्श के रूप में विकसित होता है, जैसे तोलस्तॉय के 'युद्ध और शान्ति' में तो कभी दार्शनिक और धार्मिक विमर्श के रूप में जैसे कि यशपाल के उपन्यास 'दिव्या' में। नैतिकता से कथा का आत्मीय सम्बन्ध भारत की कथा और आख्यायिका में सर्वविदित है।

संजीव का उपन्यास 'रह गई दिशाएँ इसी पार' वैसे तो जीव-विज्ञान की खोजों, प्रयोगों और परिणतियों के साथ पूँजीवाद द्वारा जीव-विज्ञान की उपलब्धियों के दुरुपयोग पर विस्तृत विमर्श है, लेकिन उसके भीतर मानव जीवन, इतिहास, दर्शन, सभ्यता और भारतीय समाज से सम्बन्धित विमर्श भी हैं जो पाठकों का ध्यान आकर्षित करते हैं। इनमें कुछ विमर्श छोटे हैं तो कुछ बड़े भी। आइए, पहले भारतीय

समाज से जुड़े विमर्शों को देखें। संजीव ने भारतीय समाज में माँ बनने और होने के महत्त्व के बारे में लिखा है, "अप्सराओं को भी माँ बनने के लिए धरती पर ही आना पड़ता है। स्वर्ग मात्र स्वर्ग है, हमारी दमित वासनाओं का संपुंजन। धरती की मृण्मयता के बिना हमारी कोई गति नहीं, संगति नहीं। कभी-कभी वह विलक्षण प्रतिभा इतनी तेजस्वी होती है कि कोख सँभाल ही नहीं पाती।" (पृष्ठ 50)

इसके साथ ही संजीव ने भारतीय समाज में स्त्री की दुर्दशा और यातना पर सोचा और लिखा है, "वैसे इस देश में जहाँ तीन साल की बच्चियों तक से बलात्कार होते हैं, वहाँ क्या तो वर्जिनिटी और क्या तो उसकी कीमत।" (पृष्ठ 57) भारत और दुनिया की अन्यायपूर्ण व्यवस्था से कुंठित होती मानवीय सम्भावनाओं की स्थिति को स्पष्ट करते हुए संजीव कहते हैं—"अपरिमित सम्भावनाओं से भरा है यह हमारा जीवन। हममें से कुछ लोग नहीं चाहते कि हम इन सम्भावनाओं की बात करें। उन्होंने देश बनाये, धर्म बनाये, जाति बनायी और मनुष्य को बाँटा। वे नहीं चाहते कि हमारा दिमाग मनुष्य की बेहतरी के लिए कार्य करे, वे ललकार रहे हैं कभी जाति के नाम पर, कभी देशभक्ति के नाम पर, कभी मनुष्यता के नाम पर कि वह खतरे में है और हम आपस में ही लड़ मरें।" (पृष्ठ 133) संजीव ने काल की पश्चिमी और भारतीय अवधारणाओं में मौजूद अन्तर को भी स्पष्ट किया है।

सारी दुनिया में विभिन्न सभ्यताओं के प्रतिनिधि, विचारकों और बुद्धिजीवियों को ध्यान में रखकर उनकी सामाजिक भूमिकाओं का विवेचन संजीव ने किया है और उनकी भूमिकाओं में निहित विडम्बनाओं को भी पहचाना है। उन्होंने लिखा है, "चाणक्य, मनु, शंकराचार्य, मुहम्मद साहब, वाशिंगटन, फ्रैंकलिन, जेफरसन या रैले जैसे लोग काफी सचेत बुद्धिजीवी थे। जाति, धर्म, सेक्स और स्वामी का सवाल आने पर बड़े-बड़ों का आसन डोल जाता है। विवेकानन्द में भी जाति और स्वधर्म के प्रति कलर ब्लाइंडनेस था। पर वे ऐसे क्यों थे, इसका कोई जवाब मुझे नहीं मिलता सिवाय इसके कि हर व्यक्ति अपने समय की सन्तान होता है। मूल्य सापेक्ष होते हैं। सभ्यता का रथ कितने बेगुनाहों को पीसता हुआ रक्त पंकिल पथ से आज पूँजीवाद की प्रतियोगिता मूलक असामाजिक प्रवृत्ति तक आ पहुँचा जिसमें अब समाज नहीं होगा। एक-दूसरे को कुचलकर लोग आगे बढ़ेंगे। समाज नहीं होगा तो व्यक्ति दिनों-दिन अकेला और असहाय होता जायेगा।" (पृष्ठ 285) संजीव ने अस्तित्व के प्रश्न पर भी नयी दृष्टि और नये ढंग से विचार किया है। उन्होंने ठीक ही लिखा है कि "अस्तित्व का मतलब सबके लिए एक नहीं हुआ करता। एक का अस्तित्व ही दूसरे के अस्तित्व के लिए बाधक होता है।" यह अस्तित्व का एक सामाजिक दृष्टिकोण है।

विमर्श की इस बहुआयामी प्रक्रिया में संजीव हर तरह के अन्याय, अत्याचार तथा अतिचार के विरोधी हैं और अग्रगामी, न्यायसंगत तथा मानवीय दृष्टिकोण के पक्षधर।

प्रेमचन्द की कथा परम्परा का नवीनीकरण

मदन मोहन लम्बे समय से कहानियाँ लिखते रहे हैं। उनकी कहानियों में तबाह किसानों, मजबूर मजदूरों और सतायी गयी औरतों की जिन्दगी की यात्राएँ मुख्य रूप से मौजूद हैं। कहानीकार मदन मोहन की गहरी संवेदनशीलता, सधी हुई भाषा और दुविधारहित पक्षधरता से सब लोग परिचित हैं। उनकी कहानियों की जन्मभूमि और कर्मभूमि है उत्तरप्रदेश के पूर्वांचल का ग्रामांचल और वहाँ का जनजीवन। अब मदन मोहन ने अपने उसी परिचित परिवेश की जिन्दगी की समस्याओं, वास्तविकताओं और विडम्बनाओं की जटिल समग्रता को चित्रित करने वाला एक उपन्यास लिखा है—'जहाँ एक जंगल था'।

समकालीन हिन्दी उपन्यास में जंगल एक रूपक बन गया है आज के भारतीय समाज की तथाकथित लोकतान्त्रिक व्यवस्था का। यह रूपक जनजीवन की भाषा से उपन्यास-रचना की दुनिया में आया है। हिन्दी क्षेत्र के विभिन्न प्रदेशों की सरकारों की रीति-नीति जैसी है उसे देखकर और उसके खूँखार नतीजों को समझकर उन सरकारों को आम जनता प्रायः जंगलराज कहती है। इस जंगलराज का जितना और जैसा अनुभव जनता को है वैसा और उतना शहरी बुद्धिजीवियों को नहीं। जनता के इसी अनुभव और नामकरण से पैदा हुआ है उपन्यासों में मौजूद जंगल का रूपक। मदन मोहन के उपन्यास 'जहाँ एक जंगल था' से पहले कथाकार संजीव ने एक उपन्यास लिखा था 'जंगल जहाँ शुरू होता है'।

मदन मोहन का यह उपन्यास आकर्षक है अपनी भाषा की सहजता, संवेदनशीलता और मुहावरेदारी के लिए। कथा का जो क्षेत्र है उसकी भाषा है भोजपुरी। इस उपन्यास में भोजपुरी का भरपूर प्रयोग है। भावावेग के क्षणों में पात्र भोजपुरी में अपनी बात कहते हैं। पुरुषों से अधिक स्त्रियाँ भोजपुरी का प्रयोग करती हैं। मदन मोहन यह जानते हैं कि भाषा केवल अभिव्यक्ति का माध्यम नहीं है। वह व्यक्ति और समाज की संवेदना, सोच, अनुभव, यथार्थ के साथ जीवन के बोध और विश्वदृष्टि का निर्माण करने वाली भी है। इस उपन्यास की भाषा में हिन्दी के वाक्यों में भोजपुरी के शब्द मौजूद हैं और वे हिन्दी की अभिव्यक्ति की क्षमता का विस्तार भी करते हैं। इस उपन्यास में मनसायन, बउआना और पलिहर ऐसे

भोजपुरी शब्द हैं जिनका पर्याय हिन्दी में नहीं है। ये शब्द गाँव की संस्कृति के बोधक और वाहक हैं। भोजपुरी के शब्दों के साथ-साथ मुहावरे भी इस उपन्यास में हैं। ऐसे दो मुहावरों को प्रयोग सहित देखिए, "हम लोग पलिहर के वानर हो गये। छेदी सिंह ताड़ से छूटकर खजूर पर अटके रहते हैं।" इनके साथ ही भोजपुरी की कविताएँ भी हैं जिन पर कबीर का प्रभाव दिखाई देता है। एक उदाहरण देखिए :

आव-आव किसान भाई जतरा में
आव-आव मजूर भाई जतरा में
एकर साइत न खोज पतरा में
आव-आव किसान भाई जतरा में
आव-आव मजूर भाई... (पृष्ठ 113)

इस उपन्यास में भोजपुरी भाषा के प्रयोग से एक प्रकार की आंचलिकता आयी है। वह आंचलिकता केवल भाषा तक सीमित नहीं है। वह भाषा के साथ-साथ जनजीवन के दुख-दर्द की विशिष्टता और जनता के शोषण तथा दमन की स्थानीय स्थितियों तक व्याप्त है।

यह उपन्यास जिस क्षेत्र के जन-जीवन की कथा कहता है वह एक ऐसे संकट से घिरा है जो जितना भयावह है उतना ही दर्दनाक भी। उत्तर प्रदेश के पूर्वांचल और उससे सटे बिहार के कुछ जिलों में इंसेफलाइटिस नाम की बीमारी महामारी के रूप में फैली है। उसके बारे में उपन्यास में लिखा है, "यह बीमारी तीसेक वर्षों से अपनी जड़ जमाती हुई अब महामारी का रूप ले चुकी है। जिससे प्रतिवर्ष हज़ारों ग़रीबों और अधिकतर ग़रीब घरों और ग्रामीण क्षेत्रों के बच्चों की जानें जा रही हैं।" (पृष्ठ 84) जहाँ यह बीमारी फैली है उस इलाके में इसे जापानी बुखार भी कहा जाता है। इस बीमारी के दर्दनाक परिणामों की चिन्ता और उससे बचाव के उपाय करने की कोशिश न राज्य सरकार कर रही है न केन्द्र की सरकार। ऐसी स्थिति में इस उगन्यास के नायक गोरखनन्दन का बेटा विकास, जो अमेरिका में पढ़ता है, इस बीमारी का वैक्सीन बनाने का कारखाना गाँव में खोलना चाहता है। वह कहता है, "आपको जानकार आश्चर्य होगा पापा कि हमारी कम्पनी चूहे के ब्रेन से ही इंसेफलाइटिस के टीके बनाने जा रही है। जिसे शायद 1980-86 के दरम्यान खुद इंडिया ने कौसोली (हिमाचल प्रदेश) में बनाने शुरू किये थे। और वह हंड्रेड परसेंट सक्सेस रहा था। किन्तु तब जानते हैं, क्या हुआ था? गवर्नमेंट ने इंसेफलाइटिस जैसे किसी बीमारी का भारत में होना 'एक्सेप्ट' ही नहीं किया। और वह इस बीमारी से हो रही मौतों को किसी 'रहस्यमय बीमारी' से हो रही मौतें कह कर मामले को दबाती रही। अन्ततः सरकार की उपेक्षा और लापरवाही का शिकार हो कौसोली वैक्सीन सेंटर दम तोड़ गया।" (पृष्ठ 84)

इंसेफलाइटिस की वैक्सीन बनाने का जो कारखाना विकास गाँव में खोलना

चाहता है उसमें साम्राज्यवादी बुद्धि की जो चालाकी मौजूद है उसको गोरखनन्दन समझते हैं इसीलिए वे कहते हैं, "हमारी सरकार इस बीमारी की गम्भीरता से बाख़बर हो या न हो, लोग इसके ख़ौफ के ज़द में हों या न हों, मगर अमेरिका में इसे लेकर वहाँ के मुनाफ़े का 'साइंस' अपना काम कर रहा है! आख़िर विकास ने भारत में इस बीमारी के वैक्सीन प्लांट की जो योजना बना रखी है, वह यूँ ही तो नहीं है।" (पृष्ठ 190)

इस उपन्यास में भूमंडलीकरण के दौर में देश भर के किसानों को जैसी तबाही और बर्बादी के अनुभव से गुजरना पड़ रहा है उसका प्रभावपूर्ण चित्रण है। हाल के वर्षों में तेजी से महँगाई बढ़ी है और उसका किसानों के जीवन पर जैसा प्रभाव पड़ रहा है उसके प्रमाण गाँव देहात के बाजारों में मिलते हैं। गोरखनन्दन अपने गाँव के पास के एक बाजार में गाँव की जनता की कम उपस्थिति और उदासीनता को देखकर सोचते हैं, "गाँव-देहात में महँगाई की सबसे ज़्यादा मार किसानों पर पड़ रही थी। खाद, बीज, पानी और मशीनों से जुताई, कटाई, दवाई वग़ैरह महँगा होने से, जहाँ उनकी फ़सलों के उत्पादन पर असर पड़ रहा था, वहीं उसके उत्पाद को सरकार और महाजनों द्वारा औने-पौने में ख़रीद कर, उसे भिखारी बना दिया जा रहा था। किसान के हाथों में उसकी लागत तक की वापसी नहीं हो पा रही थी। आलू, प्याज़, चावल, दाल, गेहूँ सब उसने ही पैदा किये, क़र्ज उतारने के लिए इन्हें औने-पौने में बेच दिये, और आज जीने के लिए जब उसे उन्हीं चीज़ों की ज़रूरत पड़ रही थी, तो बाजार में उनके दाम आसमान छू रहे थे। जिन्हें पाना उसके लिए जीवन-मरण का प्रश्न बन गया था।" (पृष्ठ 146)

गोरखनन्दन यह भी जानते हैं कि गाँव के किसान पूँजीवाद के मायावी तन्त्र के जाल को नहीं समझते, इसीलिए वे अपनी बदहाली का कारण भी नहीं जानते। गोरखनन्दन कहते हैं, "किसान आज ठगा-ठगा सा था। किन्तु सिर्फ़ अर्थशास्त्र को समझ पाना उसके लिए टेढ़ी खीर ही था। जिस दिन वह इस 'रहस्य' को भेद लेगा, उस दिन से उसका जीना आसान हो जाएगा। और अगर जीना है, अपने हक-हकूक के साथ जीना है, तो उसे अपने हक़ की लड़ाई में स्वयं उतरना होगा, दूसरों पर निर्भरता त्यागनी होगी।" (पृष्ठ 146)

गोरखनन्दन गाँव के एक किसान से उसकी खेतीबाड़ी का हाल पूछते हैं तो वह कहता है, "किसानी में तब भी कुछ नहीं था और अब भी कुछ नहीं है गोरख भाई। कम-से-कम हमारे जैसे छोटे किसानों के लिए। किसानी माने, जीवनपर्यन्त संघर्ष। और ऐसा संघर्ष कि एक लगाकर आधा भी पाने की गुंजाइश नहीं। क़र्ज़-कुआम से किसी तरह खेत को ऊसर-परती न होने देना, इसी में जिन्दगी खप रही है।" (पृ. 196)

इस उपन्यास में देश और प्रदेश की राजनीति और लोकतन्त्र के वास्तविक

चरित्र और व्यवहार की समझ भी मौजूद है। उत्तर प्रदेश की राजनीति के आधार हैं उच्च वर्ग और उच्च वर्ण के लोग। गोरखनन्दन ठीक ही कहते हैं, "काँग्रेस और भाजपा की तरह, मुलायम-मायावती का भी काम बड़ी जोत वाले किसानों, दबंगों, गुंडों और माफ़िया किस्म के सवर्णों और पूँजीपतियों के बिना चलने वाला नहीं। पिछड़ों, दलितों और मुस्लिमों के हित की बात करना और उनके लिए किसी-न-किसी योजना की घोषणा करते रहना, उनकी वोट की राजनीति है।" (पृष्ठ 96) इस राजनीति का भ्रष्टाचार से गहरा रिश्ता है। भ्रष्टाचार में सभी दलों के छोटे-बड़े नेता आकंठ डूबे हुए हैं—यह भी गोरखनन्दन जानते हैं।

भारत का शासक वर्ग कहता है कि भारत दुनिया का सबसे बड़ा लोकतन्त्र है। ऐसा वह इसलिए कहता है क्योंकि दुनिया के लोकतान्त्रिक देशों में भारत की जनसंख्या सबसे अधिक है। भारत में लोकतन्त्र का केवल एक लक्षण है। वह यह कि यहाँ समय-समय पर अनेक स्तरों पर चुनाव होते हैं। लेकिन वे चुनाव कैसे होते हैं, किस प्रकार की जनता किन कारणों और किन रूपों में चुनाव में भाग लेती है, इन बातों पर विचार करते ही भारत के लोकतन्त्र की असलियत सामने आ जाती है। इस उपन्यास में एक आत्म सजग और सामाजिक संघर्षों में भाग लेने वाला युवक है राकेश। उसकी गोरखनन्दन से वैचारिक बहस होती है। उस बहस में वह भारत की चुनाव प्रक्रिया की असलियत बताता है। वह कहता है, "चुनाव एक राजनीतिक प्रक्रिया है, जिसमें हिस्सेदारी के लिए जनता यानी मतदाता को भी राजनीतिक रूप से चेतना-सम्पन्न होना चाहिए। क्या हमारे देश की बहुसंख्यक जनता का राजनीतिक-वैचारिक स्तर ऐसा है? जवाब है, नहीं। क्योंकि वैचारिक स्तर उन्नत होने पर बहुसंख्य जनता के, किसी गुंडा, माफ़िया, जातिवादी, हिंसक, साम्प्रदायिक और शोषक के पक्ष में मत देने का प्रश्न ही नहीं रह जाता। और चूँकि ऐसा नहीं है, इसलिए धनबलियों-बाहुबलियों के बूते पार्टियों द्वारा देश की बहुसंख्यक जनता को भेड़-बकरियों की तरह हाँका जा रहा है। भीड़तन्त्र को बनाये रखने के लिए वास्तविक जनतन्त्र के रास्ते अवरुद्ध किये जाते हैं।" (पृष्ठ 207) भारत में जो लोकतन्त्र है उसमें लोक पर तन्त्र हावी है। यह सच्चा और पूरा लोकतन्त्र नहीं है। राकेश की राय है कि भारत में जो लोकतन्त्र है "वह केवल और केवल दस से पन्द्रह फ़ीसदी सर्वसम्पन्न लोगों की 'संवैधानिक' व्यवस्था है। और तब इसका 'लोक' हाशिए पर है और उस पन्द्रह फीसदी लोगों का 'तन्त्र' फलफूल रहा है। जनता की, जनता के लिए और जनता द्वारा जिस व्यवस्था की परिकल्पना थी, क्या वह आपको दिखाई देती है?" (पृष्ठ 208)

इस उपन्यास में पूर्वांचल के एक आदिवासी समुदाय की जिन्दगी की तबाहियों की व्यथा-कथा है, जिन्हें वनटांगिया या वनवासी कहा जाता है। उपन्यासकार ने वनटांगिया नाम के पीछे का सच स्पष्ट करते हुए लिखा है, "टांगिया से उस

पद्धति का बोध होता है, जिसमें वन के लिए पेड़ और स्वावलम्बी होने तक उनके पौधों की क्यारियों के बीच अनाज को उगाया जाता है। टांगिया कृषि वहाँ की जाती है, जहाँ या तो नष्टप्राय जंगल-झाड़ियाँ हों, या जहाँ पुराने वृक्षों को एक ही बार सफ़ाई से काटकर वन-भाग ख़ाली कर लिया गया हो। जंगल साफ़ करके बनाये गये इन खेतों में, उन्हीं लोगों को खेती पर लगाया जाता है, जो लोग जंगल में ही रहकर खेती करें और रोपे हुए पौधों की मुस्तैदी से रखवाली करें। एक बार पौधा या उसके बीज लगाने से टांगिया किसान उससे छुट्टी नहीं पा लेता। समय-समय पर उसकी निराई-गुड़ाई भी उसे ही करनी होती है। कुछ वर्षों के बाद जब पेड़ों के पौधे जम जाते हैं, पशुओं और मौसम की मार बरदाश्त करने लायक़ हो जाते हैं, तो टांगिया किसान को एक वन-खंड से दूसरे वन-खंड की ओर बोरिया-बिस्तर के साथ कूच कर जाना होता है। (पृष्ठ 17) यह लम्बा उद्धरण इसलिए दिया गया है कि वनटांगिया आदिवासियों के जीवन की वास्तविकता को समग्रता में समझा जा सके। उन लोगों के निरन्तर बसने, उजड़ने और फिर बसने की प्रक्रिया का उपन्यास में जो चित्रण है वह पाठकों को बेचैन करने वाला है। ऐसे में उस जीवन को जीने वालों की यातना का अनुमान किया जा सकता है।

वनटांगिया जनजातियों की यातना का इतिहास अंग्रेजी राज से शुरू होकर आजाद भारत तक पहुँचता है और वैसा ही बना रहता है। वनटांगिया लोगों ने जंगल काटने और खुद को उजाड़े जाने का विरोध किया तब सरकार से यह समझौता हुआ कि जंगल काटने के बाद खाली जमीन पर वनटांगिया लोगों को बसने दिया जाए। लेकिन सरकार जैसे कभी किसी समझौते का पालन नहीं करती वैसे ही वनटांगिया लोगों के साथ हुए समझौते का भी पालन नहीं किया गया और उनकी यातना जैसी अंग्रेजी राज में थी वैसी ही स्वतन्त्र भारत में भी बनी रही।

इस उपन्यास में किसानों और मजदूरों की जागृति और उनके संगठित होने की प्रक्रिया का भी चित्रण है। इस क्षेत्र के मजदूरों और किसानों को संगठित करने का प्रयत्न राकेश करता है तो उस क्षेत्र के सभी सत्ता समर्थक उसके विरुद्ध हो जाते हैं। यहाँ तक कि उसका अपहरण कर लिया जाता है। उस अपहरण के विरुद्ध जनता आन्दोलन करती है। संघर्ष कैसे लोगों को बदलता है यह इस उपन्यास में दिखाई देता है। जनता के संघर्षों ने राकेश के पिता को बदला है जो अपने दिलो-दिमाग के पुराने दायरों से निकलकर वनवासियों के साथ कचहरी में धरना और अनशन पर बैठ जाते हैं। यही नहीं राकेश के विचारों और संघर्षों ने गोरखनन्दन को भी बदला है जो अपने पुराने संस्कारों, विचारों, सरोकारों, दुविधाओं, असमंजसों और स्वार्थों से मुक्त होकर सोचने लगे हैं, "आज़ादी के बाद की 'पूँजी' आधारित विषमतावादी व्यवस्था ने विकास के अपने झूठे शोर-शराबों में विनाश के जो बिरवे रोप डाले थे, वही अब आक्रामक और हिंसक विष-वृक्ष बनकर खूब

फलफूल रहे हैं। इनके ख़िलाफ़ मालेपार से लगायत जंगल के वाशिन्दों तक राकेश ने यदि संघर्ष और विद्रोह की चिंगारी बिखेर दी थी, तो कछार और तराई के मिलेजुले इस अभिशप्त अंचल के लिए सचमुच अजूबा ही कहा जाएगा।" (पृष्ठ 261-62)

गोरखपुर के पास ही मगहर है, जहाँ कबीर की समाधि है। इस क्षेत्र की जनता के मन में कबीर और उनके विचार बसे हुए हैं, यह बात इस उपन्यास में उभरकर आती है। इस उपन्यास में एक कबीर पंथी साधु हैं जो समाज के दुख-सुख में शामिल हैं। वे अन्धे हैं इसलिए वे सुरऊ काका कहे जाते हैं। सुरऊ काका जिन्दादिल हैं और तर्कशील भी। यही नहीं वे कबीर की परम्परा के कवि भी हैं इसलिए तत्काल कविता कहते हैं। सुरऊ काका कबीर की वाणियों का भी मौके पर उपयोग करते हैं।

इस उपन्यास में वैसे तो अनेक व्यक्ति थोड़ी-थोड़ी देर के लिए आते हैं और अपनी भूमिका निभाकर चले जाते हैं। लेकिन मुख्य पात्र चार हैं—गोरखनन्दन, उनकी पत्नी सुमित्रा, उनकी प्रेमिका पैखी और राकेश। उपन्यास गोरखनन्दन के शहर से गाँव आने और अनेक द्वन्द्वों, अन्तर्द्वन्द्वों, असमंजसों, टकराहटों तथा तनावों से गुजरने के बाद गाँव से लौटकर शहर जाने की कथा कहता है। उपन्यास के अन्त में गोरखनन्दन के कानपुर लौटने के निर्णय के बाद एक शीर्षक है 'मुक्ति का उत्सव'। कोई भी व्यक्ति यह प्रश्न कर सकता है कि आखिर किस मुक्ति के उत्सव की बात उपन्यासकार कर रहा है। उपन्यास के अन्त से यह बात निकलती है कि एक स्तर पर गोरखनन्दन ही मुक्ति का अनुभव करते हैं। उपन्यासकार के शब्दों में "आजादी का अद्‌भुत अहसास! अड़तीस दिन में मिल गयी आजादी, अट्ठावन वर्ष बाद एक लम्बी गुलामी के बाद की विलक्षण आत्ममुक्ति।" गोरखनन्दन को मुक्ति मिली अपराधबोध से, जनमुक्ति के प्रयत्न से पलायन के अपराधबोध से। व्यक्तिगत तरक्की के लिए सामाजिक उद्‌देश्य से अलगाव के अपराधबोध से और पैखी के साथ प्रेम करने के बाद उसे धोखा देने के अपराधबोध से भी। मुक्ति मिली है पैखी को भी एक पुरुष के प्रेम के विश्वासघात से।

मदन मोहन के इस उपन्यास के स्त्री पात्र पैखी, सुमित्रा और बाबूलाल की बहू, पुरुष पात्रों से अधिक साहसी और संघर्षशील हैं प्रेमचन्द के स्त्री पात्रों की तरह। यही नहीं इस उपन्यास में गोरखनन्दन और पैखी की जो प्रेमकथा है वह गोदान के मातादीन और सिलिया की प्रेमकथा की याद ताजा करती है।

इस उपन्यास का एक अत्यन्त आकर्षक पक्ष है पैखी की प्रेमकथा जिसे उपन्यासकार ने गहरी संवेदनशीलता, समझदारी और संलग्नता के साथ चित्रित किया है। पैखी की प्रेमकथा में एक स्त्री की बहादुरी है, उसका आत्मबलिदान है और साथ ही उसका स्वाभिमान भी है। इसमें पैखी और गोरखनन्दन के संयोग के

वर्णन में कविता की संवेदनात्मक गहराई और भाषा की जो आकर्षक व्यंजकता है उसे देखिए, "झोंपड़ी में चन्दन की महक भर गयी थी। पैखी की देह से चन्दन-रस झर रहा था। मदहोशी के आलम में, अपनी तरकीब से, पैखी में समा गये थे गोरखनन्दन। और पैखी गोरखनन्दन में! सारा कुछ कल्पना से परे—अद्भुत। चेतना में अमूर्त से मूर्त होते आदिम सौन्दर्य-सुख से लबरेज थे दोनों। बिना किसी जातीय या सामाजिक ऊँच-नीच की भावना के। वैसे भी उन युवा होते दिलों में, लगाव के शुरुआती पलों में ही, इन गलीज़ वर्जनाओं का शायद ही कोई एहसास रहा हो। रहा भी होगा, तो वह पवित्र मिलन की आग में जलकर राख हो गया था।" (पृष्ठ 139)

मदन मोहन ने उपन्यास के अन्त में ठीक ही लिखा है, "स्त्री ही प्रेम की प्रतिकृति होती है।"

□□